KB040417

징비록懲毖錄

판본비교
징비록 懲毖錄

서애 류성룡 지음

신태영
정영호
조규남
김태주
박진형 교감역주

논형

책을 펴내며

정본 징비록을 찾아서

2015년 TV에서 드라마 〈징비록〉을 방영할 즈음, '징비록'이란 이름을 건 책들이 홍수를 이룰 정도로 많이 출판되었다. 그런데도 본 역자들은 송구스런 마음으로 여기에 또 한 권의 책을 보태고자 한다.

그 이유는 한반도를 둘러싼 국제 정세가 파국으로 치닫고 있기 때문이다. 예로부터 한반도를 둘러싼 강대국 간의 힘의 균형이 깨질 때, 우리의 의사와는 상관없이 한반도를 배경으로 전쟁이 일어나곤 했다. 그런데 지금 중국은 G2를 넘어 G1을 넘보고 있고 일본은 침략전쟁을 일으킬 명분을 찾아 헌법 수정을 기도하고 있다. 일본과 중국은 현재도 군사 대국이지만, 여기에 만족하지 않고 군비 확충에 박차를 가하고 있다. 반만 년의 역사로 볼 때 1910년이 그제 일이고 1950년이 어제 일 같은데, 이제 또 다시 『징비록』이 필요한 것은 아닌지 두려운 생각이 앞선다.

이러한 이유로 역자들은 『징비록』에 주목하여 이를 다시 번역했다. 그러나 본서는 기존의 여러 번역서와는 다른 점이 있다. 바로 여러 판본을 비교하여 『징비록』의 정본을 정하고자 한 점이다.

역자들이 『징비록』을 번역하기 시작한 것은 2012년 3월로, 2014년 10월에서야 초고를 낼 수 있었다. 원고 수정이 막바지에 이르렀던 2015년 1월, 논형출판사와 서울대학교 인문학연구원 안재원 박사의 제안으로,

역자들은 『징비록』 판본 대조를 다시 하기에 이르렀다. 안 박사는 서양의 인문학은 판본 대조를 통한 정본 확정 과정을 거치면서 그 지식이 축적되어 이루어졌다며, 우리도 이러한 작업이 필요하다고 역설하였다. 곧 현재 한국 인문학이 수입 인문학 주도가 아닌 자생 인문학으로 나아가려면 정본 작업을 해야 한다는 것이다.

본 역자들도 이러한 제안에 흔쾌히 찬동하였다. 만일 『징비록』의 정본을 외국에서 만든다면, 우리는 그 정본을 수입해서 읽어야 하고 그 정본을 장악하고 있는 사람들의 말을 인용해서 말할 수밖에 없다. 그렇다면 우리의 인문학은 결국 수입 인문학의 수준에서 벗어날 수 없기 때문이다. 한편으론 역자들도 번역과정에서 정본의 필요성에 대한 인식을 공유하고 있었기 때문에, 판본 대조를 통한 원본 확정이 얼마나 긴 시간과 인내를 수반할지 알지 못하는 상태에서도 흔쾌히 찬동했던 것이다.

실제로 역자들이 번역을 하면서 여러 번역서를 접하였지만, 어느 판본을 대본으로 삼았는지 알 수 없는 책들도 많았고, 심지어 심한 윤문으로 인해 과연 원문을 보고 번역한 것인지 의심되는 서적들도 있었다.

결국 이러한 문제들은 모두 번역 대본으로 삼은 원문이 무엇인지 명시하지 않았고, 더 나아가 판본을 서로 대조하여 정본을 확정하지 않았기 때문에 벌어진 일들이다. 정본 작업을 너무나 소홀이 여기고 번역을 너무나 쉽게 생각한 우리 학계와 출판계의 관행 때문이기도 했다. 이러한 관행이 계속되는 한, 자생 인문학은커녕 수입 인문학조차 제대로 하기 어려울 것이다. 어쩌면 오늘날 우리 인문학의 위기는, 바로 이러한 관행에서부터 야기된 것은 아닌지 냉철한 성찰이 필요할 것이다. 그러나 무엇보다도 번역을 너무나 쉽게 생각했던 본 역자들부터 깊은 반성을 해야 할 터였다.

정본을 확정한다는 것은 말처럼 쉬운 일이 아니다. 안 박사의 주장처럼 국가적 차원에서 진행해야 할 정도로 많은 인력과 시간과 비용이 들어가는 대 작업이다. 『징비록』의 경우만 해도 목판본과 활자본 외에 수많은 필사본이 존재한다. 이를 생계를 영위해야 하는 개인이 모두 찾아서 대조한다는 것은 실로 불가능한 일이다. 또한 역사 · 문학 · 정치 · 풍속 · 어학 등등 인접 학문이 고루 발전해야 가능한 일이기도 하다. 즉 선택과 집중이 필요했다. 드디어 역자들은 아쉽지만 필사본을 제외하고 인쇄본 위주로 원본 대조 작업을 진행하였다.

기존에 알려진 『징비록』의 국내 판본은 두 종류였다. 옥연서원에서 간행한 16권본과 간행자 미상의 두 권으로 이루어진 일명 이권본이 그것이다. 여기에 일본에서 간행된 『조선징비록』과 이를 바탕으로 중국에서 간행된 『징비록』이 있었지만, 중국의 것은 오탈자가 많다고만 알려져 있었다. 그러나 역자들이 판본을 다시 조사해 본 결과, 대동문화연구원에서 간행한 『징비록』은 옥연서원본과 일부 다른 점이 나타났으며, 또 국회도서관에서 보관하고 있는 다른 판본의 『징비록』도 발견하였다. 이에 역자들은 『징비록』 번역 최초로 국내 4종과 조선총독부 1종, 일본 간행 1종 등 도합 6종을 대조하였다. 이 외에도 일명 『초본징비록』이 있지만, 이것은 어디까지나 초고이므로 글의 편차와 글자의 출입이 매우 많아 필요할 때만 참조하였다. 그리하여 판본마다 다르게 표기된 글자를 한 눈에 알아볼 수 있도록 첨부한 원문에 함께 표기하였고, 아울러 가장 적합한 글자를 선정하고자 노력하였다.

본서의 역자들은 서로 나이도 다르고 직업도 다르지만 모두 성균관대학교 문과대학 한문학과를 졸업한 동문들이다. 역자들은 2008년 1월 13일에 처음으로 모여 『순자』 「권학」편을 강독하였다. 그리고 「권학」편 중 "그러므로 '학문은 그 사람을 가까이 하는 것보다 더 편리한 것이 없다.'라고 한다. 학문의 길은 그 사람을 좋아하는 것보다 더 빠른 것이 없다.故曰 '學 莫便乎近其人' 學之經 莫速乎好其人"라는 구절에서 '서로서로 그 사람이 되어 가까이 하고 좋아하자'는 의미로 모임 이름을 "근호기인近好其人"이라 정하고 월 1회 정도 모여 2016년 5월까지 총 125차 모임을 가졌다. 그 동안 가정에 소홀한 적이 한두 번이 아니었는데도 싫은 소리 한마디 없이 성원해준 가족들에게 고마운 마음을 전한다. 그리고 어려운 여건 속에서도 흔쾌히 출간해 주신 논형 출판사와 『징비록』 최초로 6종 판본을 대조할 수 있도록 격려해주신 안재원 박사에게도 깊은 감사를 드린다.

끝으로 본 역서를 계기로 난세의 충신 류성룡 선생님의 위업이 널리 선양되고 그분의 충정이 어린 『징비록』이 널리 읽히어, 우리나라뿐만 아니라 이 지구상의 모든 나라들이 전란을 미연에 방지하여 더욱 평화롭고 정의로운 세상이 되기를 간절히 기원한다.

4349년 서기 2016년 단오일에 근호기인 쓰다

차례

권 2

녹후잡기 錄後雜記

일러두기

1. 본서에서 교감한 판본과 그 약호는 다음과 같다.

옥: 옥연서원본이다. 옥연서원(玉淵書院)에서 고종 31년(1894)에 20책 43권으로 『서애선생문집』을 중간하였다. 이 중 15책부터 20책까지가 『징비록』으로, 모두 6책 16권이며 16권 뒤에 「녹후잡기」가 첨부되어 있다. 본 역서는 15책의 1 · 2권과 20책의 「녹후잡기」를 대본으로 삼아 번역한 것이다. 국립중앙도서관(청구기호: 古3648-59-134-1-20)의 자료를 이용하였다.

대: 성균관대학교 대동문화연구원에서 1958년에 간행한 『서애문집』의 영인본이다.

국: 국회도서관(청구기호: OL 951.54 ㅇ422ㅈ)에 소장된 7책 16권본으로, 「녹후잡기」는 7책에 포함되어 있다.

이: 국립중앙도서관에 소장된 일명 2권본(청구기호: 한古朝56-나4)이다. 『징비록』 전체 16권 중 1 · 2권과 「녹후잡기」만 간행한 것으로, 2권 149쪽 4행부터 「녹후잡기」가 있다.

일: 일본에서 1695년에 간행한 『조선징비록』이다. 모두 4권으로, 16권본의 1 · 2권과 「녹후잡기」만 수록하였다. 일본인 패원독신(貝原篤信, 가이바라 아쓰노부)의 서문과, 조선의 지도 등이 실려 있다. 국립중앙도서관(청구기호: 古2154-11)의 자료를 이용하였다.

간: 조선고서간행회에서 1913년 간행한 활자본이다. 『조선군서대계속속(朝鮮群書大系續續)』 제1집으로 『징비록』 전체를 간행하였다. 국회도서관(청구기호: 951.5 ㅈ599ㅇ) 자료를 이용하였다.

※ 그 이외에 일명 『초본징비록(草本懲毖錄)』이 국보132호로 지정되어 있다. 1936년 조선사편수회에서 『조선사료총간(朝鮮史料叢刊)』 11집을 '초본징비록'이라는 이름으로 영인하였다. 다만 『초본징비록』은 이름 그대로 초본

이므로 원문의 차례나 글귀 등이 현재 유통되는 『징비록』과는 많이 다르므로, 필요한 부분에 한하여 대조하였다. 국립중앙도서관(청구기호: 한古朝51-나77)의 자료를 이용하였다.

2. 원문 교감 및 입력 원칙은 이러하다.

1) 와자(譌字)와 속자(俗子)는 정자(正字)로 표기하였다.

2) 발음과 뜻이 같은 이체자(異體字)는 정자로 표기하였다.

3) 발음이나 뜻이 다른 글자이나 이체자로도 쓰이는 글자는 별도 표기하였다.

4) 이체자나 속자지만 판본의 흐름 파악에 단서가 될 수 있는 글자는 별도 표기하였다.

5) 조선이나 명의 군왕 또는 조정을 높이기 위해 한 칸 띄어 쓰거나 행을 나누어 새로 쓴 경우는 모두 앞 글자에 붙여 표기하였다.

6) 이체자 · 속자 등은 『교학대한한사전』과 한국고전번역원의 이체자정보검색을 이용하였다.

7) 교감한 글자는 판본 표시와 함께 원문에 붉은색 글씨로 표시하였다.

예) 其在亂前者 往往[옥대泩泩;이일徃徃]亦記, 所以本其始也.

⇨ "往往"이 '옥연서원본'과 '대동문화연구원본'에는 "泩泩"으로, '이권본'과 일본에서 간행된 '조선징비록'에는 "徃徃"으로 표기되었음.

⇨ 秀吉旣殺橘康廣 [이일+又]令義智來求信使.

다른 판본에는 없지만 '이권본'과 '조선징비록'에는 "又"가 있음.

⇨ 自壬辰 至于[이일-]戊戌

다른 판본에는 있지만 '이권본'과 '조선징비록'에는 "于"가 없음.

3. 본서의 원문 표점은 기존 표점과 다른 새로운 방식을 적용하였다.

1) 기존에 한문 원문을 첨부할 때는, ① 아예 표점이 없이 모두 붙여 쓰거나 ② 띄어쓰기만 하거나 ③ 매번 띄어 쓸 때마다 쉼표나 마침표를 기본으로 표기하고, 여기에 물음표 · 느낌표 · 따옴표 등등을 사용한 경우도 있다. ④ 한편 중국식 표점 방식에 따라 지명이나 인명 등을 구별하여 밑줄을 치거나 세미콜론이나 콜론까지 사용하기도 한다.
그러나 본서에서는 띄어쓰기를 했는데 또 매번 쉼표를 찍을 필요는 없다고 보고, 되도록 한글처럼 띄어 쓰되 한문 원문의 문맥을 고려하여 읽기 편하도록 적절히 쉼표를 넣었다. 이러한 시도는 처음이어서 다소 어색할 수 있고 또 통일성이 부족해 보일 수도 있지만, 이를 통해 가독성을 높일 수 있고, 또 중국식이 아닌 우리 언어 습관에 맞는 한국식 표점 방법을 모색하는 데에도 도움이 되리라 생각한다.

2) 현토하는 관습대로 띄어쓰기를 하였으나 한문의 특성과 기존 표점 방식을 고려하여 되도록 4자와 5자 단위로 띄어쓰고자 하였다.

3) 이에 따라 주어 다음에는 띄어 써야 하지만, 4자나 5자를 만들기 위해 붙여 쓴 경우도 있다.

4) 원문의 표점은 최대한 번역문과 일치시키기 위해 노력하였다. 종종 원문은 끊어지지 않고 이어지지만 번역문이 몇 개의 문장으로 나누어진 경우에도, 번역문을 기준으로 원문에 표점을 가하였다.

5) '왈(曰)'자 다음에는 중국식의 콜론(:)을 붙이지 않고, 한 칸 띈 다음 큰따옴표를 사용하였다. 번역문에서는 행을 나누어 처리했으나 원문에서는 행을 나누지 않고 이어서 처리하였다. '언(言)' 다음에는 작은따옴표를 사용하

여 간접인용문으로 처리하였다.

6) 지금까지 기술한 표점 기준은 반드시 준수해야 하는 철칙이 아니라 편리함을 위한 도구라고 보고, 상황에 따라 다르게 처리된 경우도 있다.

4. 대표적인 정자와 고자 · 동자 · 속자 등은 이러하다.

1) 다음의 동자 · 속자 · 약자 · 이체자 · 간체자 등은 모두 정자로 통일하였다.

- 蓋: 盖는 속자.
- 啓: 啟는 동자.
- 關: 関은 속자.
- 懼: 惧는 간체자.
- 岐: 歧는 동자.
- 答: 荅은 속자.
- 糧: 粮은 동자이자 간체자.
- 旁: 㫄은 본자. 㝑은 고자.
- 敍: 叙는 속자.
- 搖: 揺는 약자.
- 樵: 撨는 이형자.
- 歎: 嘆은 동자.
- 闊: 濶은 속자.
- 携: 攜는 본자. 擕는 동자.
- 擧: 舉는 이체자.
- 鼓: 皷는 속자.
- 館: 舘은 속자.
- 鬮: 𨷺는 동자.
- 棄: 弃는 동자.
- 等: 䒭은 동자.
- 萬: 万은 속자.
- 輩: 軰는 동자.
- 收: 収는 동자.
- 迪: 廸은 동자.
- 叢: 藂은 동자.
- 風: 凨은 고자.
- 況: 况은 속자.
- 洶: 汹은 동자.
- 決: 决은 속자.
- 功: 㓛은 속자.
- 怪: 恠는 속자.
- 叫: 呌는 속자.
- 佞: 侫은 속자.
- 亂: 乱은 간체자.
- 貌: 䫉는 동자.
- 事: 叓는 동자.
- 沿: 㳂은 동자.
- 鐵: 鉄은 약자.
- 總: 緫은 속자.
- 協: 恊은 동자.
- 回: 囘·廻·迴는 모두 동자.

2) 다음 글자는 모두 별도 표기하였다.

- 卻: 却의 본자. 郤은 '틈 극'으로 다른 글자이다.
- 怯: 㤼은 동자. 劫은 '위협하다 · 겁탈하다'는 뜻으로 의미가 다르다.

• 裹: 菓는 원래 '자루 척', '쌀 과'로 별자이지만, 이형자로도 사용된다.
• 畿: 圻는 동자.
• 斂: 歛과 歛은 목판본에서 흔히 혼용된다.
• 毋: 목판본에서 毋와 毌는 혼용되는 경향이 있다. 悔의 경우도 그러하다.
• 幷: 並은 통자.
• 船: 舡은 속자 또는 이형자.
• 往: 泩은 "물넘칠 생"으로 별자이지만 이체자로도 쓰인다.
• 巖: 岩은 속자.
• 擘: 孽은 동자 또는 속자.
• 藉: 籍과 별개의 글자이나, '의지하다'라는 의미로 쓰일 때는 둘 다 '자'로 읽는다.
• 第: 苐는 '싹 제'로 별도의 글자이지만 목판본에서는 종종 혼용된다.
• 曹: 성씨로 쓰일 때는 曺로, 그 이외에는 曹로 표기하였다.
• 裏: 裡는 동자.
• 時: 旹는 고자.
• 氈: 氊은 동자.
• 弔: 吊는 속자.
• 最: 寂는 동자.
• 歎: 嘆은 동자.
• 炮: 砲와 별자이나 서로 통용된다.
• 倏: 倐은 속자.
• 牆: 墻은 동자.
• 竊: 窃은 속자.
• 遞: 逓는 동자.
• 漆: 柒과 桼은 동자.
• 銳: 鋭는 '날카로울 예'로 별자.
• 閑: 閒은 본자.

5. 그 외

1) 쉬운 번역

한자어 위주의 한문 투 번역이 아니라, 한글세대가 무난히 읽을 수 있는 쉬운 말로 번역하고자 하였다.

2) 번역문 다음에 원문 배치

번역문 다음에 바로 원문을 배치하여 필요한 경우 곧바로 확인할 수 있도록 하였다.

3) 긴요하지만 간결한 각주

『징비록』을 아무리 쉬운 말로 번역해도 과거의 글이므로 번역문을 보조할 주석이 없을 수 없다. 그런데 요즘은 휴대폰으로도 인터넷 검색을 쉽게 할 수 있으므로, 너무 상세하고 긴 주석은 오히려 효율성을 떨어뜨릴 수 있다. 그래서 주석은 모두 각주로 처리하되, 되도록 꼭 필요한 정보만 담고자 하였다.

자서 自序

『징비록』이란 어떤 책인가? 임진왜란의 일을 기록한 책이다. 그 중에 왜란 이전에 있었던 일도 종종 기록했으니, 전란의 시초를 찾으려는 이유에서였다.

아아! 임진왜란의 재앙은 정말로 참혹했다. 수십 일 사이에 삼도三都(서울 · 개성 · 평양)를 모두 지키지 못하였고 온 나라가 와해되어 임금님께서 피란까지 가셨으니, 아마도 오늘날 우리가 살아 있을 수 있었던 것은 천운이 있었기 때문이리라. 또한 역대 임금님들의 어질고 두터운 은택이 백성에게 굳게 맺혀져 백성의 나라 사랑하는 마음이 끊어지지 않았고, 훌륭하신 주상 전하의 큰 나라를 섬기는 정성이 명나라 황제를 감동시켜 천자의 군대가 여러 번 나왔기 때문이리라. 그렇지 않았다면 위태로웠을 것이다.

『시경詩經』(주송周頌 소비장小毖章)에, "내 이전의 잘못을 반성하여, 후환을 조심할 수 있을까." 하였는데, 이것이 『징비록』을 지은 까닭이다.

나 같은 사람은 정말 못난 자인데도 전란으로 백성들이 떠돌고 나라가 어지러워졌을 때 국가의 중임을 맡게 되었다. 하지만 나라가 위태로운데도 부지하지 못하였고 거꾸러지는데도 부축하지 못하였으니, 그 죄는 죽음으로써도 용서받을 수 없다. 그런데도 시골 촌구석에서 눈을 뜨고 숨을 쉬며 구차하게 목숨을 유지할 수 있었으니, 이 어찌 너무나도 관대한 은전이 아니겠는가?

『징비록』

이 책은 서애 류성룡이 임진왜란이 끝난 뒤, 뒷날을 경계하고 반성하는 뜻에서 전란에 대한 일을 직접 기록한 책으로, 1633년(인조 11)에 간행하였다. 국보 제132호로 지정되었다.

근심과 두려움이 조금씩 진정되자 매번 예전에 있었던 일이 생각날 때마다 당혹스럽고 부끄러워 몸 둘 바를 모르곤 했다. 그래서 틈 날 때마다 임진년(선조 25, 1592)부터 무술년(선조 31, 1598)까지 귀로 듣고 눈으로 본 것을 대략 기록하여 약간의 글을 모았고, 이어서 장계狀啓(왕명으로 지방에 나간 관원이 올린 보고서)와 소차疏箚(간략한 상소문), 문이文移(공문서) 및 잡록雜錄(여러 기록문) 등을 그 뒤에 덧붙였다.

비록 볼만 한 것은 없지만, 모두 다 그 당시에 있었던 일이므로 없앨 수는 없었다. 이미 이 책에 시골구석에 살면서도 간절히 충성하고자 하는 마음을 깃들였고, 또 못난 신하가 나라의 은혜에 보답하지 못한 크나 큰 죄상을 드러내려고 한 것이다.

원문

自序[옥대간-;이일懲毖錄序][1]

『懲毖錄』者何? 記亂後事也. 其在亂前者 往往[옥대泩泩;이일徃][2]亦記, 所以本其始也.

嗚[일嗚]呼! 壬辰之禍 慘矣. 浹旬之間, 三都失守 八方瓦解 乘輿播越, 其得有今日 天也. 亦由祖宗仁厚之澤 固結於民 而思漢之心 未已, 聖上事大之誠 感動皇極 而存邢之師 屢出. 不然則殆矣.

『詩』曰 "予其懲, 而毖後患." 此『懲毖錄』所以作也.

若余者 以無似受國重任於亂[옥이일간流][3]離板蕩之際. 危不持 顚不扶, 罪死無赦. 尙視息田畝間 苟延性命, 豈非寬典!

憂悸稍定, 每念前日事 未嘗不惶愧靡容. 乃於閑中 粗述其耳目所逮者 自壬辰 至于[이일-]戊戌 總若干言, 因[대仍]以狀啓・疏箚[일-]・文移及雜錄 附其後.

雖無可觀者 亦皆當日事蹟[이일迹] 故 不能去. 旣以寓畎畝惓惓願忠之意, 又以著愚臣報國無狀之罪云.

---

1 [국]은 서문 전체가 낙장이다.

2 『징비록』 [옥대]에는 '생생(泩泩)'으로 되어 있으나, 이때의 생(泩)은 '물넘칠 생'이 아니라 '이따금 왕(往)'의 이체자이다. 왕(徃)은 왕(往)의 이형자이다.

3 난리(亂離)와 유리(流離): 난리는 전쟁이나 정치로 인해 어지러워져 백성들이 근심에 빠지거나 난을 피하여 흩어지는 것, 유리는 거처할 곳을 잃고 떠도는 일을 말한다. 문맥상 '난리(亂離)'가 더 적절하다고 보았다.

권 1

1

일본 사신 귤강광이 국왕 평수길의 서신을 가져오다

만력萬曆(명 신종의 연호 1573~1619) 병술 연간(선조 19, 1586)에 일본국 사신 귤강광[1]이 그 나라 국왕 평수길[2]의 국서를 가지고 왔다.

처음에 일본 국왕 원씨源氏(무로마치 막부의 3대 쇼군. 족리의만足利義滿[아시카가 요시미스]에게 명나라에서 일본 국왕의 칭호를 내렸음)가 홍무洪武(명 태조의 연호 1368~1398) 초기에 나라를 세워 우리 조선과 수교한 지 거의 200년이 되었다. 처음에는 우리나라에서도 일찍이 사신을 보내 축하와 조문의 예를 행해왔으니, 신숙주[3]가 서장관[4]으로 왕래한 것이 곧 그 하나의 사례이다.

훗날 신숙주가 임종할 때 성종께서 하고 싶은 말이 있는지 물으시자 이렇게 대답하였다.

"원하옵건대, 우리나라는 일본과 화평을 잃어서는 아니 되옵니다."

---

1 귤강광(橘康廣): 다치바나 야스히로를 말한다. 대마도주의 가신이다.

2 평수길(平秀吉): 풍신수길(豊臣秀吉[토요토미 히데요시])을 말한다. 평(平)은 일본 왕이 호족에게 내린 성이다. 일본 전국시대를 통일하였으며 임진왜란을 일으킨 장본인이다.

3 신숙주(申叔舟): 1417(태종 17)~1475(성종 6). 1439년(세종 21) 친시문과에 급제하였다. 1442년 서장관으로 일본에 다녀왔으며, 이 때의 경험으로 훗날 『해동제국기(海東諸國記)』를 저술하여 일본의 정치 · 군사 · 지리 · 풍속 등에 대한 상세한 기록을 남겼다. 세조 때 여러 차례 공신이 되었고 벼슬은 영의정까지 지냈다. 시호는 문충(文忠)이다.

4 서장관(書狀官): 조선 시대 외국에 보내는 사행직의 하나로, 정사 · 부사와 함께 삼사(三使)로 불린다. 주로 사행 중의 일을 기록하여 임금님에게 보고하는 임무를 담당하였고, 일행을 감찰하고 점검하는 행대어사(行臺御史)의 임무를 겸하였다.

성종께서 그 말에 감동하여 부제학 이형원[5]과 서장관 김흔[6]을 보내 더 화목하게 지내려고 하셨다. 사신이 대마도에 도착하였을 때 풍랑에 놀라 병이 났기 때문에 글을 올려 그 상황을 말하였다. 성종께서는 대마도주에게 서신과 예물만 전달하고 돌아오라고 명하셨다. 이로부터 다시는 사신을 보내지 않았고, 매번 그 나라에서 사신이 올 때마다 예를 갖추어 접대만 하였다.

이 무렵 평수길이 원씨(직전신장織田信長[오다 노부나가]를 말함)를 대신하여 왕이 되었다. 평수길이란 자에 대해 어떤 사람은, '원래 중국 사람인데 왜국에 흘러 들어와 땔나무 장사로 생계를 이었다. 어느 날 국왕이 길에서 우연히 그를 보았는데, 그 사람됨을 남다르게 여기고 불러서 군대에 보충시켰다. 평수길은 용맹스럽고 싸움을 잘하여 공을 쌓아 높은 벼슬에 이르렀고 이 일을 기회로 권력도 잡게 되어 마침내 원씨의 자리를 빼앗아 대신하였다.'라고 하였다. 또 어떤 사람은 이렇게 말했다.

"원씨가 다른 사람에게 시해를 당하자, 평수길이 또 그 사람을 죽이고 나라를 빼앗았다고 한다."

군대를 동원하여 여러 섬을 평정하고 왜국 내 66주를 합하여 통일하였다. 그리고 마침내 외국을 침략할 뜻을 품고 이렇게 말하였다.

"우리 사신은 매번 조선에 가는데 조선 사신은 오지 않는다. 이것은 우리를 업신여긴 것이다."

---

5 이형원(李亨元): ?~1479(성종 10). 1451년(문종 1) 증광문과에 급제하였다. 신숙주가 성종에게 일본과 화친을 잃지 말라고 유언을 한 일로 일본에 사신으로 가던 중, 대마도에 이르러 험난한 바다를 보고 놀라, 성종의 승인을 얻어 폐백만 대마도주에게 전하고 되돌아왔다. 예조참판에 추증되었다.

6 김흔(金訢): 1448(세종 30)~1492(성종 28). 1471년(성종 2) 별시문과에 장원급제하였다. 1479년 통신사의 서장관으로 대마도까지 갔다가 되돌아왔다. 1481년에는 질정관(質正官)으로 명나라에 다녀왔다. 시호는 문광(文匡)이다.

드디어 귤강광을 사신으로 보내 통신사通信使(조선 국왕이 일본 막부의 장군에게 보낸 공식외교사절단)를 보내달라고 요구했는데, 그 서신의 말이 매우 거만했으니 '지금 천하가 짐의 한 줌 안으로 돌아올 것이다.'라는 말까지 있었다.

대략 원씨가 망한 지 벌써 10여 년이나 지났지만, 여러 섬의 왜인들이 해마다 우리나라를 왕래하면서도 그 엄한 영을 두려워하여 그 사실을 누설하지 않았다. 그래서 우리 조정에서는 알지 못하였다.

귤강광은 당시 50여 세로 용모가 뛰어나고 수염과 머리털은 반백이었다. 역관을 지날 때마다 반드시 제일 좋은 방에서 묵었고 행동이 거만하여 이전의 왜국 사신과는 아주 달랐으니, 사람들이 매우 이상하게 여겼다.

예로부터 사신이 다니는 길의 군과 읍에서 왜국의 사신을 맞게 되면, 그 지역의 장정들을 뽑아 창을 잡고 길가에 늘어서서 군대의 위엄을 보이게 하였다. 귤강광이 인동 고을을 지나다가, 창 잡은 사람을 흘겨보고 비웃으며 말하였다.

"너희들 창자루가 너무 짧구나."

상주에 도착하자 목사 송응형[7]이 그를 접대하였다. 기녀들이 춤추고 노래하려고 줄지어 있었는데, 귤강광은 송응형이 쇠약해 백발이 된 것을 보고 통역관을 시켜 말하였다.

"늙은 이 사람은 여러 해 동안 전쟁터에 있느라 수염과 머리털이 모두 다 희어졌소만, 목사께서는 노래하는 기녀들 사이에 있으면서 근심거리가 전혀 없었을 것인데, 오히려 이 사람보다 머리가 더 허옇게 된 것은

7 송응형(宋應泂): 1539(중종 34)~1592(선조 25). 1571년(선조 4) 음직으로 예빈시별제가 되었다가 다음해 별시문과 병과에 급제하였다. 1586년 상주목사가 되었고, 1592년 임진왜란 때 황주목사였는데, 병으로 사직하고 귀경하던 도중에 죽었다.

어찌 된 일입니까?"

이 말은 송응형을 비꼰 것이다.

서울에 도착하여 예조판서가 잔치를 열었을 때였다. 술자리가 무르익자 귤강광이 자리 위에 후추 열매를 뿌리자 기녀와 악공들이 다투어 줍느라 걷잡을 수 없이 질서가 무너졌다. 귤강광이 숙소로 돌아와서 탄식하며 통역에게 말하였다.

"너희 나라는 망할 것이다. 기강이 이미 허물어졌으니 어찌 망하지 않기를 바랄 수 있겠는가."

귤강광이 돌아갈 때 조정에서는 다만 그 서신에 회답만 하고 물길을 잘 모른다고 둘러대며 사신 파견을 허락하지 않았다. 귤강광이 돌아가 보고하자, 평수길이 크게 화를 내며 귤강광을 죽이고 또 그 일족까지 모두 죽였다.

대체로 귤강광이 그의 형 귤강년橘康年과 함께 원씨 때부터 우리나라에 와서 조회하고 관직명까지 받았는데, 그의 말이 매우 우리나라의 입장을 위하였기 때문에 평수길에게 살해되었다고 한다.

원문

萬曆丙戌間, 日本國使橘康廣 以其國王平秀吉書來.

始 日本國王源氏 立國於洪武初 與我修隣好 殆二百年. 其初我國 亦嘗遣使修慶弔[이일吊]禮, 申叔舟 以書狀往來 卽其一也.
後 叔舟臨卒 成宗 問所欲言, 叔舟對日 "願 國家 毋與日本失和." 成廟感其言, 命副提學李亨元·書狀官金訢 修睦. 到對馬島 使臣 以風水 驚疑得疾 上書言狀. 成廟 命致書幣於島主而回. 自是 不復遣使, 每其國信使至 依禮接待而已.

至是 平秀吉 代源氏爲王. 秀吉者 或云'華人 流入倭國 負薪爲生. 一日 國王 出遇於路中 異其爲人 招補軍伍. 勇力善鬪 積功至大官 因得權 竟奪源氏而代之.' 或[8]曰 "源氏 爲他人所弑, 秀吉 又殺其人而奪國云." 用兵 平定諸島 域內六十六州 合而爲一. 遂有外侵之志, 乃曰 "我使 每往朝鮮 而朝鮮使 不至. 是 鄙我也."

遂使康廣 來求通信, 書辭甚倨 有'今 天下 歸朕一握'之語.

蓋源氏之亡 已十餘年, 諸島倭 歲往來我國 而畏其令嚴 不泄. 故 朝廷不知也.

康廣 時年五十餘 容貌傀偉 鬚髮半白. 所經館驛 必舍上室 擧止倨傲 與 平時倭使絕異 人頗怪之.

故事 一路郡邑 凡遇倭使, 發境內民夫 執槍夾道 以示軍威. 康廣過仁同 睨視執槍者, 笑曰 "汝輩槍竿 太短矣."

到尙州 牧使宋應泂[일洞]享之. 妓樂成列 康廣見應泂[일洞]衰白 使譯官 語之曰 "老夫 數年 在干戈中 鬚髮盡白, 使君 處聲妓[이일伎]之間 百無所 憂 而猶爲皓白 何哉?" 蓋諷之也.

及至禮曹判書押宴. 酒酣 康廣 散胡椒於筵上, 妓工爭取之 無復倫次. 康 廣 回所館 歎[국嘆]息語譯曰 "汝國亡矣. 紀綱已毁 不亡何待?"

及還 朝廷 但報其書 辭以水路迷昧 不許遣使. 康廣歸報 秀吉大怒 殺康 廣 又滅族.

蓋康廣 與其兄康年 自源氏時 來朝我國 受職名, 其言頗爲我國地 故 爲 秀吉所害云.

---

8 [국]에는 파본으로 "信使至 依禮接待而已. 至是" "秀吉者 或云 華人 流入倭國 負" "出遇於路中 異其爲人 招補軍伍" "或" 등이 탈락되어 있다.

2

황윤길과 김성일이 일본에 사신으로 가다

일본국 사신 평의지[9]가 우리나라에 왔다.

평수길이 귤강광을 죽인 후에 평의지를 보내 통신사를 요구하게 하였다. 평의지는 그 나라의 병권을 주관하는 대장 평행장[10]의 사위로 평수길의 심복이었다. 대마도 태수 종성장宗盛長은 대대로 대마도를 지키며 우리나라를 성심으로 섬겨왔다. 이때 평수길이 종씨를 제거하고 평의지에게 대마도를 다스리게 하였다.

우리나라는 바닷길을 알지 못한다는 핑계로 통신사를 거절했기 때문에, 평수길은 '평의지는 곧 대마도주의 아들이어서 바닷길에 익숙하니 그와 함께 오시오.'라고 속여서 말했다. 이는 곧 우리나라가 거절할 말이 없도록 한 것이다. 그리고 우리나라의 허실을 엿보기 위해 평조신[11]과 승려 현소[12] 등

---

9 평의지(平義智): 대마도 도주인 종의지(宗義智[소 요시토시])이다. 임진왜란이 일어나자 제1진으로 소서행장과 함께 침입하였고 정유재란 때도 쳐들어왔다.

10 평행장(平行長): 일본 상인 출신으로 풍신수길이 아끼던 장수 소서행장(小西行長 고니시 유키나가)이다. 임진왜란 당시 일본군 선봉장이 되어 온갖 만행을 저질렀다. 대마도주 종의지의 장인이며, 가등청정과 앙숙 관계였다.

11 평조신(平調信): 류천조신(柳川調信[야나가와 시게노부])이다. 일본의 무장으로 임진왜란 전에 종의지를 따라 조선에 와서 정탐하였고 전쟁에도 참여하였다.

12 현소(玄蘇): 일본 성복사(聖福寺[세이후쿠사])의 승려이다. 조선에 와서 일본과 수호 관계를 맺고 통신사를 파견하라고 요청하였다. 임진왜란이 일어나자 국사(國使)와 역관 자격으로 종군하였다.

이 함께 왔다.

평의지는 나이가 어리지만 날쌔고 사나웠기 때문에 왜인들이 모두 그를 두려워해 엎드려 무릎으로 기면서 감히 고개를 들어 쳐다보지도 못했다. 동평관[13]에 오래 머물면서 기필코 우리 사신을 맞이하여 함께 가고자 했으나, 조정에서는 의논이 분분하여 결정을 내리지 못하고 있었다.

수년 전에 왜구가 전라도 손죽도[14]에서 노략질하다가 변방의 장수 이태원[15]을 죽인 일이 있었다. 그때 생포된 왜적이 말하기를, '조선의 변방 백성 중 사을배동沙乙背同이란 자가 배반하여 왜국으로 도망가, 왜구의 길잡이가 되어서 도적질을 하였다.'라고 하므로 조정에서는 분개하고 있었다. 이때에 사람들이 혹 말하기를, '마땅히 일본에게 배반한 백성을 돌려보내게 한 후에, 통신사에 대해 의논하면서 성의가 있는지 여부를 살펴봐야 한다.'라고 하였다. 동평관의 관리에게 넌지시 이를 말하게 하였다.

평의지가 말하였다.

"이는 어렵지 않다."

곧바로 평조신을 보내 자기 나라로 돌아가 보고하게 하니, 몇 달만에 우리나라 백성으로 그 나라에 있는 사람 10여 인을 모두 잡아와 바쳤다.

---

13 동평관(東平館): 조선시대 서울로 올라온 일본 사신이 머물던 숙소로 왜관(倭館)이라고도 불렀다. 임진왜란 때 소실되었는데 그 후 일본 사신의 상경 자체를 불허했기 때문에 동평관은 사라졌다. 그 터가 지하철 을지로3가역 8번 출구 인현어린이공원 정문 화단 안에 있다.

14 손죽도(損竹島): 전라남도 여수시 삼산면에 딸린 섬이다. 녹도만호 이태원이 전사한 곳으로, 큰 인물을 잃어 크게 손해를 보았다고 하여 '손대도(損大島)'로 불리다가 손죽도(損竹島)로 바뀌었다. 지금은 '손죽도(巽竹島)'로 불린다.

15 이태원(李太源): 손죽도의 사적과 인명사전에는 모두 '이대원(李大源)'으로 되어 있다. 녹도는 전라남도 고흥군 도양읍 소록도로 수군만호가 있었다.

임금님께서 인정전仁政殿(창덕궁의 정전)에 나아가 군사의 위엄을 크게 벌이고, 사을배동 등을 묶어 뜰 안에 끌고 와 꾸짖어 물은 다음 성 밖에서 베어 죽이고, 평의지에게는 내구마內廐馬(임금의 수레와 말을 관리하는 내사복시[內司僕寺]의 말) 한 필을 상으로 주었다. 그런 후에 왜국 사신 일행을 불러 보시고 잔치를 베풀었다. 평의지와 현소 등이 모두 대궐 안으로 들어와서 차례로 술잔을 올렸다. 당시 나는 예조판서였는데, 예조에서도 왜국 사신에게 잔치를 베풀었다.

그렇지만 통신사에 대한 논의는 오랫동안 결정되지 못했다. 나는 대제학이었기 때문에 왜국에 보낼 국서를 지어야 했으므로 임금님께 논의를 빨리 정하여 두 나라 사이에 틈이 생기지 않도록 해야 한다고 청했다. 다음날 조강朝講(이른 아침에 강연관이 임금에게 학문을 강연하던 일)에서 지사 변협[16] 등도, '마땅히 사신을 보내 보답하도록 하고, 또 저들의 동정도 살펴보고 돌아오게 하는 것도 잘못된 계책은 아닐 것입니다.'라고 아뢰었다. 그래서 조정의 논의가 비로소 결정될 수 있었다. 임금님께서 사신으로 보낼 만한 사람을 선발하도록 명하시니, 대신들이 첨지僉知(중추원의 정3품 무관직) 황윤길[17]과 사성司成(성균관의 종3품 관직) 김성일[18]을 상사와 부사로 삼고,

---

16 변협(邊協): 1528(중종 23)~1590(선조 23). 을묘왜변 때 왜구를 격파해 공을 세웠고, 전라우방어사로서 녹도(鹿島) · 가리포(加里浦)의 왜구를 격퇴하였으며, 공조판서 · 포도대장을 지냈다.

17 황윤길(黃允吉): 1536(중종 31)~?. 1561(명종 16) 식년문과에 병과로 급제하였다. 1583(선조 16)년 황주목사가 되었고 이후 병조참판이 되었다. 1590년 통신사의 정사가 되어 일본에 다녀와, 일본이 반드시 침입할 것이라고 보고하였다. 일본에서 조총 두 자루를 가지고 왔다. 병조판서를 지냈다.

18 김성일(金誠一): 1538(중종 33)~1593(선조 26). 1568년 증광문과에 병과로 급제하였다. 1584년 나주목사가 되었다. 1590년 통신사의 부사로 일본에 다녀와, 일본이 침략하지 않을 것이라고 보고하였다. 1592년 경상우도 병마절도사로 있다가 임진왜란이 일어나자 체포되어 서울로 소환되던 중 사면을 받고 풀려나 경상우도 초유사가 되었다. 이후 의병에 진력하였다. 1593년 경상우도순찰사가 되었으나 병으로 죽었다.

전적典籍(성균관의 정6품 관직) 허성[19]을 서장관으로 삼았다.

경인년(선조 23, 1590) 3월에 통신사 일행이 드디어 평의지 등과 함께 떠났다. 이때 평의지가 공작새 두 마리와 조총 · 창 · 칼 등의 물품을 바쳤는데, 공작새는 남양의 섬에 놓아주고 조총은 군기시軍器寺(병기 제조 등을 관장한 관청)에 두라고 명하였다. 우리나라가 조총을 가진 것은 이로부터 시작되었다.

원문

[20]日本國使平義智 來.

秀吉 旣殺橘康廣 [이일+又]令義智來求信使. 義智者 其國主兵大將平行長 女壻[간婿]也, 爲秀吉腹[대服]心. 對馬島太[일大][21]守宗盛長 世守馬島[일嶋] 服事我國. 時 秀吉 去宗氏 使義智 代主島務.
以我國不暗[옥국이일간諳]海道[이일島]爲辭 拒通信, 詐言'義智 乃島主子 熟海路 與之偕行.' 便欲使我 無辭以拒. 因又窺覘我虛實 平調信 · 僧玄蘇等同至.
義智 年少精悍, 他倭 皆畏之 俯伏膝行 不敢仰視. 久留東平館 必邀我使與俱, 朝議依違而已.

---

19 허성(許筬): 1548(명종 3)~1612(광해군 4). 1583(선조 16)년 별시문과에 병과로 급제하였다. 1590년 통신사의 종사관으로 일본에 다녀왔다. 김성일이 침략의 우려가 없다고 하자, 같은 동인이었지만 이에 반대하며 침략 가능성이 있다고 보고하였다. 임진왜란이 일어나자 강원도 소모어사(召募御史)를 자청하여 군사모집에 진력하였다. 벼슬이 이조판서에 이르렀다. 허균의 형이고 허난설헌의 오빠이다.

20 [일]에서는 앞장과 이어져 있다.

21 태(太)와 대(大)는 혼용되기도 한다.

數年前 倭 寇全羅道損竹島 殺邊將李太源. 捕得生口 言'我國邊氓 沙乙背同者 叛入倭中 導倭爲寇' 朝廷憤之. 至是 人或言, '宜令日本 刷還叛民 然後, 議通信 以觀誠否.' 使館客[이일+者]諷之. 義智曰 "此不難." 即遣平調信 歸報其國, 不數月 悉捕我民之在其國者十餘人 來獻.

上 御仁政殿 大陳兵威, 鎖沙乙背同等 入庭詰[일誥]問 斬於城外, 賞義智內廏馬一匹. 後 引見倭使一行 賜宴. 義智・玄蘇等 皆入殿內 以次進爵[이일酌].[22] 時 余判禮曹 亦宴倭使於曹中.

然 通信之議 久未決. 余爲大提學 將撰國書, 啓請速定議 勿致生釁. 明日朝講 知事邊協等 亦啓'宜遣使報答, 且見彼中動靜而來 非失計也.' 於是 朝議始定. 命擇可使者, 大臣 以僉知黃允吉・司成金誠一爲上副使 典籍許筬爲書狀官.

庚寅三月, 遂與義智等 同發. 時 義智 獻二孔雀及鳥銃・槍刀等物, 命放孔雀於南陽海島 下鳥銃於軍器寺. 我國之有鳥銃 始此.

22 진작(進爵): 여기서는 술을 따라 올린다는 뜻으로, 특히 궁중에서 군왕이나 왕후에게 술을 올릴 때 사용하였다. 조선이나 중국에서는 진작(進酌)이란 단어는 거의 사용하지 않았다.

3

왜침에 대한 두 사신의 의견이 엇갈리다

신묘년 봄(선조 24, 1591)에 통신사 황윤길과 김성일 등이 일본에서 돌아왔다. 왜인 평조신과 현소도 같이 왔다.

애초에 황윤길 등은 작년 4월 29일에 부산포에서 배를 타고 대마도에 도착해 한 달 동안 머물렀고, 또 대마도에서 물길로 40여 리를 가서 일기도에 이르렀다. 박다주 · 장문주 · 낭고야를 지나 7월 22일에야 비로소 수도 교토京都에 도착했다. 왜인들이 일부러 길을 멀리 돌아서 가고 또 지나는 곳마다 머물러 지체했기 때문에 몇 개월이 걸려서야 도착한 것이다.

통신사들이 대마도에 머물 때 평의지가 사신들을 초청하여 산속의 절에서 잔치를 열었다. 사신들이 이미 자리에 앉았는데 평의지가 교자를 탄 채 문으로 들어와 섬돌 아래에서 내리자 김성일이 화를 내며 말하였다.

"대마도는 우리나라의 번신藩臣(제후국)인데 사신이 왕명을 받들고 이르렀거늘, 어찌 감히 이토록 업신여기느냐? 우리는 이 잔치를 받을 수 없다!"

곧바로 일어나 나가버리자 허성 등도 따라 나갔다. 그러자 평의지가 교자꾼에게 잘못을 돌려 죽이고 그 머리를 받들고 와 사죄하였다. 이때부터 왜인들이 김성일을 공경하고 두려워하여 예를 다하여 대하였으며 멀리서 바라만 보고도 말에서 내렸다.

수도에 도착해서 큰 절에 머물렀다. 때마침 평수길은 동산도東山道를 치러가서 몇 달을 머물러 있었다. 평수길은 돌아와서도 궁실을 수리한다는 핑계를 대며 곧바로 조선의 국서를 받지 않았는데, 전후 다섯 달을 머문 뒤에야 비로소 왕명을 전할 수 있었다.

일본은 천황을 존중했는데, 평수길 이하 모두가 신하의 예로 처신하였다. 평수길은 자기 나라에선 왕이라 부르지 않고 다만 관백[23]이나 박륙후博陸侯(한나라 대장군 곽광에게 봉한 작명)로 불렸는데, '관백'이라는 말은 곽광[24]이 '모든 일은 다 자기에게 먼저 보고(관백)하라.'는 말에서 따와 이렇게 부른 것이다.

그들이 우리 사신을 맞아들일 때 교자를 타고 궁궐 안으로 들어오는 것을 허락하여서, 날라리와 피리를 앞세워 불며 인도하였고 당에 올라가 예를 거행하였다. 평수길의 생김새는 몸집이 작고 보잘 것 없었으며 얼굴빛은 검고 특별한 점은 없었지만, 다만 번쩍번쩍한 눈빛으로 남을 쏘아봄을 조금 느낄 수 있었다고 한다.

세 겹으로 자리를 설치하고 남쪽을 향해 앉았는데 사모를 쓰고 검은 도포를 입고 있었다. 여러 신하 중 몇 사람이 열을 지어 앉아 있다가 우리 사신을 인도하여 자리로 나아갔다. 잔치 도구는 갖추지 않았고 자리 앞에 탁자 하나를 두었는데 그 가운데에 떡 한 접시를 놓았으며, 질그릇

---

23 관백(關白): 일본의 옛 관명으로 태정대신 위에 있다. 왕을 보좌하여 정치를 한 영외의 관직으로, 왕이 어리면 왕의 권능을 대행하는 섭관정치를, 왕이 성인이면 관백정치를 하였다. 9세기 헤이안 시대부터 사용되었다가 메이지 유신 때 폐지되었다.

24 곽광(霍光): ?~기원전 68. 10여 세 때부터 한무제를 섬기다가, 무제가 죽을 무렵 대사마 대장군(大司馬大將軍)·박륙후(博陸侯)가 되었다. 무제가 죽자 8세로 즉위한 소제를 보필 하였는데, 이때 모든 국정은 그를 거쳐서 처리되었다. 소제가 죽은 후, 그를 계승한 창읍왕을 퇴위시키고 여태자(戾太子)의 손자(선제)를 즉위시켰으며, 또 황후 허씨를 독살하고 자신의 딸을 황후로 삼게 하였다. 그러나 선제는 곽광이 죽은 후 그의 일족을 반역죄로 몰아 모두 처형하였다.

에 술을 차례대로 따랐는데 술은 탁주였다. 그들의 예는 지극히 간략하여 몇 순배 돌고는 끝마쳤으며, 절하고 읍하며 술잔을 주고받는 절차도 없었다.

잠시 뒤 평수길이 갑자기 일어나 안으로 들어갔는데 자리에 있던 자들이 모두 움직이지 않았다. 조금 뒤에 어떤 사람이 편한 옷차림에 어린아이를 안고 안에서 나오더니 마루 안을 어슬렁거리며 돌아다니기에 보았더니 평수길이었다. 자리에 있던 사람들은 그저 엎드려 있을 뿐이었다.

이윽고 난간으로 나가 우리나라 악공을 불러 여러 음악을 성대하게 연주하도록 하고 듣고 있었다. 그때 안고 있던 아이가 평수길의 옷에 오줌을 싸자 평수길이 웃으면서 시녀를 불렀다. 어떤 왜인 여자가 그 소리를 듣고 달려 나오자 아이를 주고는 다른 옷으로 갈아 입었다. 이처럼 제멋대로 우쭐거리는 것이 마치 옆에 아무도 없다는 듯이 행동했다.

사신들이 인사를 하고 나왔는데, 그 후로 다시는 볼 수 없었다. 상사와 부사에게 은 400냥을 주었고 서장관과 통사 이하 사람들에게도 차등 있게 주었다.

우리 사신이 돌아오려고 할 때, 그 즉시 답서를 써주지 않고 먼저 가라고만 하였다. 그러자 김성일이 말하였다.

"우리는 사신이 되어서 국서를 받들고 왔소. 만일 답서가 없다면 나라의 명을 풀밭에 버리는 것과 같소."

하지만 황윤길은 억류당할까 두려워 급히 출발하여 계빈界濱(현 오사카부 사카이시)에 이르러 답서를 기다렸다. 그제야 답서가 도착하긴 했지만 답서의 말이 거칠고 거만해서 우리가 바라는 내용이 아니었다. 김성일이 답서를 받지 않고 몇 번이나 고치게 한 후에야 길을 떠날 수 있었다. 우리 사신 일행이 지나는 곳마다 왜인들이 선물을 주었지만, 김성일은 이를 모두 물리치고 받지 않았다.

황윤길이 부산에 도착해 급히 장계를 올려 정세를 보고하면서 반드시 전쟁이 일어날 것이라고 하였다. 서울에 도착하여 보고를 마치자 임금님께서 불러들여 물어보셨다. 황윤길은 예전과 같이 대답하였지만 김성일은 그렇지 않았다.

"신은 그런 정황을 보지 못했습니다."

이어서 '윤길이 이처럼 민심을 동요시키는 것은 마땅치 않습니다.'라고 말하였다. 일이 이렇게 되자 의논하는 자들은 혹 황윤길의 말이 옳다고 주장하기도 하고, 혹 김성일의 말이 옳다고 주장하기도 하였다.

그래서 내가 김성일에게 물어보았다.

"그대의 말은 황윤길 정사의 말과 다르오. 만일 전쟁이 일어난다면 어쩌려고 그러는 것이오?"

"저 또한 어찌 왜놈들이 끝까지 군대를 움직이지 않는다고 장담할 수 있겠습니까? 단지 황윤길의 말이 너무 지나쳐서 조정 안팎의 사람들이 놀라 어찌할 줄 모르고 있습니다. 그래서 진정시키려고 했을 뿐입니다."

원문

辛卯春, 通信使黃允吉 · 金誠一等 回自日本. 倭人平調信 · 玄蘇 偕來.

初允吉等 上年四月二十九日, 自釜山浦 乘船 抵對馬島 留一月, 又自馬[일-]島 水行四十餘里 到一岐島. 歷博多州 · 長門州 · 浪[이郞;일那]古耶 至七月二十二日 始至國都. 蓋倭人 故 迂回其路 且處處留滯, 故 累月乃至.

其在對馬島 平義智 請使臣 宴山寺中. 使臣已在座, 義智 乘轎入門 至階方下, 金誠一 怒曰"對馬島 乃我國藩臣. 使臣奉命至, 豈敢慢侮如此? 吾不可受此宴." 卽起出 許筬等 繼出. 義智 歸咎於擔轎者 殺之, 奉其首來謝. 自是 倭人 敬憚誠一 待之加禮 望見下馬.

到其國 館於大刹. 適平秀吉 往擊東山道 留數月. 秀吉回 又託以修治宮室 不卽受國書, 前後留館五月 始傳命.

其國 尊其天皇, 自秀吉以下 皆以臣禮處之. 秀吉 在國中 不稱王, 但稱關白 或稱博陸侯, 所謂關白者 取霍光'凡事 皆先關白'之語而稱之也.

其接我使也, 許乘轎入其宮 以笳角前導 陞堂行禮. 秀吉容貌矮陋 面色皺黑 無異表, 但微覺目光閃閃射人云.

設三重席 南向地坐, 戴紗帽 穿黑袍. 諸臣數人列坐 引我使就席. 不設宴具 前置一卓 中有熟餠一器, 以瓦甌行酒 酒亦濁. 其禮極簡 數巡而罷, 無拜揖酬酢之節.

有頃 秀吉 忽起入內, 在席者 皆不動. 俄而 有人便服 抱小兒 從內出 徘徊堂中, 視之 乃秀吉也. 坐中 俯伏而已.

已而 出臨楹外 招我國樂工 盛奏衆樂而聽之. 小兒 遺溺衣上 秀吉 笑呼侍者. 一女倭 應聲走出, 授其兒 更他衣. 皆肆意自得 旁[일傍]若無人.

使臣辭出, 其後不得再見. 與上副使銀四百兩 書狀 · 通事以下有差.

我使將回 不時裁答書 令先行. 誠一曰"吾爲使臣 奉國書來. 若無報書 與委命於草[일艸]莽 同." 允吉 懼見留 遽發至界濱待之. 答書始來 而辭意悖慢 非我所望也. 誠一不受 改定數次 然後 行. 凡所經由 諸倭贈遺, 誠一 皆卻[국이일却;간卻]之.

允吉 還泊釜山 馳啓情形 以爲必有兵禍. 旣復命 上引見而問之. 允吉對如前 誠一曰 "臣 不見其有是." 因言 '允吉搖動[이일動搖]人心 非宜.' 於是議者 或主允吉 或主誠一.

余 問誠一 曰 "君言 與黃使 不同. 萬一有兵 將奈何?" 曰 "吾 亦豈能必倭終不動? 但黃言太重 中外驚惑. 故 解之耳."

4
명나라에 왜국 국서의 내용을 알리다

당시 왜국의 국서에는 '군대를 거느리고 명나라로 쳐들어가겠다.'는 말이 있었다. 나는 당연히 사유를 갖추어 명나라에 즉시 알려야 한다고 하였다. 하지만 수상영의정 이산해[25]은 명나라가 우리 조선이 사사로이 왜국에 통신사를 보냈다고 문책할까 두려우니 이 일을 숨기는 것이 좋겠다고 하였다. 그래서 내가 다시 말하였다.

"일이 있어서 이웃나라와 오고가는 것은 국가로서는 피할 수 없는 일입니다. 성화成化(명 헌종의 연호 1465~1487) 연간에 일본이 일찍이 우리나라를 통해 중국에 조공하기를 요청하자, 그 즉시 이러한 사실에 의거하여 명나라에 보고하였고, 명나라에서는 칙령을 내려 이를 거절하며 타이른 적이 있었습니다. 예전에 이런 일이 있었으니 유독 오늘에만 이러한 일이 있는 것이 아닙니다. 지금 숨기고 알리지 않는다면 대의상 옳지 않습니다. 하물며 왜적이 실제로 불순한 음모를 꾸몄고 다른 곳에서 이러한 사실을 알린다면, 명나라에서는 도리어 우리나라가 왜국과 모의해서 이 사실을 숨겼다고 의심할 것입니다. 그렇게 된다면 그 죄는 왜국에 통

---

25 이산해(李山海): 1539(중종 34)~1609(광해군 1). 1561년(명종 16) 문과에 급제하였다. 1590년 영의정에 올랐다. 임진왜란이 일어나자 선조를 호종하던 중, 개성에서 국정을 그르쳐 왜적이 쳐들어왔다는 죄목으로 탄핵 받아 파직되었고, 평양에서 다시 탄핵 받아 강원도로 귀양 갔다. 1595년 돈령부영사로 복관되었고 1600년에 다시 영의정이 되었다.

신사를 보냈다는 데에 그치지 않을 것입니다."

조정에서는 내 의견이 옳다고 여기는 사람들이 많았기 때문에, 드디어 김응남[26] 등을 명나라에 보내서 급히 알리도록 하였다.

그 당시 중국 복건성 사람인 허의후許儀後와 진신陳申 등이 포로가 되어 왜국에 있었는데 벌써 왜국의 사정을 은밀히 보고하였고, 유구국琉球國(일본 오키나와현에 있던 옛 왕국 이름)의 세자 상영尙寧도 사신을 계속 보내 왜국의 소식을 알렸다. 그런데 유독 우리 조선 사신만 도착하지 않아서, 명나라에서는 우리가 왜국과 내통했다고 의심하여 이에 대한 논의가 분분했다. 그러나 일전에 우리나라에 사신으로 왔던 각로閣老(내각의 원로. 명나라 때 재상) 허국[27]만이 홀로, '조선은 지성으로 사대하므로 반드시 왜국과 함께 배반하지는 않을 것이니 잠시 기다려보자.'라고 하였다. 그런데 오래지 않아 김응남 등이 국서를 가지고 이르자, 허국 공이 크게 기뻐하였고 명나라 조정의 의심도 비로소 풀렸다고 한다.

원문

時 倭書 有'率兵超入大明'之語. 余謂'當卽具由 奏聞天朝.' 首相 以爲'恐皇朝罪我私通倭國 不如諱之.' 余曰 "因事往來隣邦 有國之所 不免. 成化間 日本 亦嘗因我 求貢中國, 卽據實奏聞, 天朝 降勅回諭. 前事已然 非

---

26 김응남(金應南): 1546(명종 1)~1598(선조 31). 1568년 증광 문과에 급제하였다. 1591년 성절사로서 명나라에 갔다가, 명나라에서 조선이 일본과 내통한다고 의심하는 자가 많았는데 이를 힘써 해명하여 의심을 풀어주었다. 임진왜란으로 왕이 피난길에 오르자 류성룡의 천거로 병조판서 겸 부체찰사가 되었다. 1595년 좌의정이 되어 영의정 류성룡과 함께 혼란한 정국을 안정시켰다. 1604년 호성공신 2등으로 책록되었으며, 시호는 충정(忠靖)이다.

27 허국(許國): 명종 22년(1567)에 명나라 목종의 즉위를 알리는 사절단의 정사로 조선에 왔다.

獨今日. 今諱不聞奏 於大義不可, 況賊若實有犯順之謀 從他處奏聞 而天朝 反疑我國同心隱諱. 則其罪 不止於通信而已也." 朝廷 多是余議者, 遂遣金應南等 馳奏.

時 福建人許儀後[일俊] · 陳申等 被擄在倭中 已密報倭情, 及琉球國世子尙寧 連遣使報聲息 獨我使未至, 天朝 疑我貳於倭 論議籍籍[국이일간藉藉].[28] 閣老許國 曾使我國 獨言'朝鮮至誠事大 必不與倭叛 姑待之.' 未久應南等 賷奏至, 許公大喜 而朝議 始釋然云.

---

28 적적(籍籍)과 자자(藉藉): 여럿이 떠드는 모양은 적적(籍籍), 많아서 어지럽게 흩어진 모양은 적적(籍籍)과 자자(藉藉) 모두 사용할 수 있다. 현대 국어에서는 자자(藉藉)를 사용하지만, 옛글이라 적적(籍籍)이 더 타당하다고 보았다. 또한 목판본에 죽(竹)과 초(艹)는 혼용되기도 한다.

5

왜침에 대비하였으나 백에 하나도 제대로 되지 않다

우리 조정에서는 왜국의 침입을 근심하여 변방의 일에 능통한 재상을 뽑아서 삼남 지방(충청 · 전라 · 경상)을 순찰하고 방비토록 하였다.

김수[29]를 경상 감사로, 이광[30]을 전라 감사로, 그리고 윤선각[31]을 충청 감사로 삼아서 병장기를 준비하고 성과 해자를 수축케 하였다. 특히 경상도에 성을 많이 쌓게 하였으니, 이를테면 영천 · 청도 · 삼가 · 대구 · 성주 · 부산 · 동래 · 진주 · 안동 · 상주의 좌우 병영을 새로 쌓거나 고쳐 쌓았다.

---

29 김수(金睟): 1537(중종 32)~1615(광해군 7). 1573년(선조 6) 알성문과에 병과로 급제하였다. 경상우감사였을 때 임진왜란이 일어나자 진주를 버리고 거창으로 도망가면서 각 고을에 격문을 돌려 백성들을 도피시켰는데, 이 일로 도내가 텅 비어서 왜적을 막을 수 없게 되었다. 후에 호조판서와 영중추부사를 지냈지만 1613년 삭탈관직을 당하였다. 시호는 소의(昭懿)이다.

30 이광(李洸): 1541(중종 36)~1607(선조 40). 1574년(선조 7) 별시문과에 병과로 급제하였다. 임진왜란이 일어나자 전라감사로서 충청도관찰사 윤선각과 경상도관찰사 김수와 함께 서울을 수복하려고 하였으나, 용인에서 적의 기습을 받고 패하여 전라도로 돌아왔다. 이후 권율과 웅치에서 왜적을 격파하였고, 전주로 향하던 왜적을 이정란(李廷鸞)과 함께 물리쳤다. 그러나 용인 전투에서 패한 죄로 파직되어 백의종군하였으며 벽동군으로 유배되기도 하였다.

31 윤선각(尹先覺): 1543(중종 38)~1611(광해군 3). 1568년(선조 1) 별시문과에 급제하였다. 1592년 충청도관찰사였는데, 왜적과 싸워 패한 죄로 삭탈관직되었다. 후에 비변사의 당상이 되어 임진왜란 뒤의 혼란한 정국을 수습하였으며, 광해군 초에 공조판서가 되었다.

이즈음 나라가 태평한 지 이미 오래 되어 중앙과 지방이 모두 무사안일에 빠져 있었기 때문에 백성은 노역을 꺼려 원망하는 소리가 길에 넘쳐흘렀다. 나와 동년배인 전적 벼슬을 지냈던 합천 사람 이노[32]는 나에게 서신을 보내 '성을 쌓는 것은 좋은 계책이 아니다.'라고 하면서, 또 이렇게 말하였다.

"삼가三嘉(경남 합천군 삼가면) 고을은 정암진鼎巖津이 앞을 막고 있는데, 왜적이 어떻게 날아서 건너올 수 있겠는가? 무엇 때문에 공연히 성을 쌓느라 백성을 힘들게 하는가?"

무릇 만리나 되는 큰 바다로도 오히려 왜적을 막아낼 수 없거늘, 한 줄기 좁은 강물을 경계 삼아 왜적이 건너오지 못할 것이라고 단정했으니, 그 사람의 계책 역시 치밀하지 못한 것이다. 하지만 그 당시 사람들의 의견도 대체로 이와 같았다.

홍문관[33]에서도 글을 올려 이 일을 논의하였다. 그러나 경상도와 전라도에 쌓은 성은 모두 제대로 된 형세를 갖추지 못했고, 게다가 넓고 크게 만들어 많은 사람을 수용하는 데만 힘썼다. 진주성으로 말할 것 같으면 본래 험준한 곳에 웅거해서 지켜낼 만했지만, 이때에 이르러 규모가 작다고 하여 성 동쪽을 넓혀 평지 아래로 내려가 쌓았다. 훗날 왜적이 이곳을 통해 성으로 들어와서 결국 지켜내지 못하였다.

---

32 이노(李魯): 1544(중종 39)~1598(선조 31). 1590년(선조 23) 증광문과에 갑과로 급제하였다. 1591년 상소문을 올려 왜국의 일을 논하였다. 다음해 임진왜란이 일어나자 동생 이지(李旨)와 함께 의병을 일으켰고, 경상우도초유사 김성일의 종사관 · 소모관 등이 되었다. 1593년 명나라 제독 이여송에게 왜국과의 화의는 잘못되었다는 글을 보냈다. 이조판서로 추증되었다. 시호는 정의(貞義)이다.

33 홍문관(弘文館): 조선시대 궁중의 경서와 사적(史籍)의 관리, 문한 처리, 왕의 자문에 응하는 일을 맡아보던 관청으로 옥당(玉堂)이라고도 한다. 사헌부 · 사간원과 함께 언론삼사(言論三司)라 불렸으며, 고위 관료로 올라가려면 이곳을 거쳐야 했을 정도로 중요한 청요직이었다.

대체로 성은 튼튼하고 작은 것을 귀하게 여기는 법이다. 그런데도 오히려 성이 넓지 않은 것을 걱정했으니, 또한 당시의 논의가 그러하였다. 군정의 근본인 장수를 뽑는 요령과 군사를 조직하고 훈련하는 방법에 이르기까지 백에 하나도 제대로 되지 않았기 때문에 패하고 말았던 것이다.

원문

朝廷憂倭 擇知邊事宰臣 巡察下三道以備之.

金睟[34]爲慶尙監司 李洸爲全羅監司 尹先覺爲忠淸監司, 令備器械修城池. 慶尙道 築城尤多, 如永川・淸道・三嘉・大丘・星州・釜山・東萊・晉州・安東・尙州左右兵營 或新築 或增修.
時 昇平旣久 中外狃安, 民以勞役爲憚 怨聲載路. 余同年前典籍李魯 陜川人 貽書余 言'築城非計', 且曰 "三嘉 前阻鼎津 倭能飛渡乎? 何爲浪築勞民?" 夫以萬里滄溟 猶不能禦倭, 而欲限一衣帶水 必倭之不能渡, 其亦疎矣. 而一時人議 如此.
弘文館 亦上箚論之. 然兩[일西]南所築 皆不得形勢, 且以濶大容衆爲務. 如晉州城 本據險可守, 至是 以爲小 移東面 下就平地. 其後 賊 由此入城 城遂不保.
大抵 城 以堅小爲貴. 而猶恐其不廣, 亦時論然也. 至於 '軍政之本 擇將之要 組練之方,' 百不一擧 以至於敗.

34 睟: 『징비록』 전편에 걸쳐 모두 '수(晬)'로 되어 있으나 '수(睟)'의 오자이기에 바로잡았다.

6

이순신을 발탁하고 진관법을 건의하다

조정에서는 정읍 현감 이순신[35]을 발탁하여 전라좌도 수군절도사로 삼았다.

이순신은 담력과 지략이 있고 말타기와 활쏘기를 잘했다. 그가 일찍이 조산만호造山萬戶로 있을 때 북쪽 변방에 시끄러운 일이 많았다. 이순신이 배반한 오랑캐 우을기내于乙其乃를 계책으로 유인해 잡아 묶어 병영으로 보냈는데 그곳에서 베어 죽였다. 이후로 오랑캐로 인한 근심이 사라졌다.

---

35 이순신(李舜臣): 1545(인종 1)~1598(선조 31). 1576년(선조 9) 식년시 무과에 병과로 급제하였다. 1591년에 전라좌도 수군절도사가 되어 왜군의 침략에 대비하였다. 임진왜란이 일어나자 옥포해전 · 적진포해전 · 사천해전 · 당항포해전에서 연이어 승리하면서 정2품 자헌대부로 승진하였다. 1593년 삼도수군통제사가 되었다. 그러나 1597년 4월에 왜적의 계략과 원균과의 갈등으로 인해 탄핵을 받아 한양으로 압송되어 국문을 받고 백의종군을 명받았다. 8월에 원균이 칠천량해전에서 대패하여 수군이 괴멸되자 다시 삼도수군통제사가 되었으며, 그 해 10월에 명량해전에서 대승하여 잠시 빼앗겼던 제해권을 다시 확보하였으나 이듬해 12월에 노량해전에서 전사하였다. 1604년 선무공신 1등에 녹훈되었고 덕풍부원군으로 봉해졌다. 시호는 충무(忠武)이다. 1707년 충청도 아산의 사당에 '현충(顯忠)'이란 호가 내려졌고, 1793년 영의정으로 추증되었다.
이순신이 제해권을 장악하였기 때문에 서해를 통해 보급품을 전달하려던 왜군의 전략이 좌절되었고, 보급품의 부족으로 왜의 육군도 결국 남해로 후퇴할 수밖에 없었다. 이순신 수군의 승리는 임진왜란을 승리로 이끈 결정적인 요인이었다.

순찰사 정언신[36]이 이순신에게 녹둔도의 둔전을 지키도록 하였다. 그런데 안개가 짙게 낀 어느 날, 군사들이 벼를 거두러 모두 나가 성채 안에는 10여 명만 남아 있었다. 그때 별안간 말을 탄 오랑캐들이 사방에서 모여들었다. 이순신이 성채 문을 닫고 몸소 유엽전柳葉箭(화살촉이 버들잎처럼 생긴 화살)으로 성채 안에서 쏘아 수십 명을 잇달아 말에서 떨어뜨리자 오랑캐들이 놀라 달아났다. 이순신이 성채 문을 열고 혼자 말을 타고 크게 고함치며 추격하자 오랑캐들이 정신없이 도망갔다. 그래서 빼앗긴 것을 모두 되찾아 돌아왔다. 하지만 조정에서 그를 밀어주고 이끌어주는 사람이 없어, 무과에 오른 지 10여 년이 되도록 높은 벼슬에 등용되지 못했는데, 이때에 비로소 정읍 현감이 된 것이다.

이때 왜적이 쳐들어온다는 소문이 날로 급속하게 퍼지자, 임금님께서 비변사[37]에 명하여 장수될 만한 재목을 각자 천거하도록 하였다. 내가 이순신을 천거하여 드디어 정읍 현감에서 등급을 뛰어넘어 수사水使(수군절도사의 약칭, 정3품의 외직)로 임명되었다. 그러자 사람들 중에 더러 고속 승진을 의심하기도 하였다.

---

36 정언신(鄭彦信): 1527(중종 22)~1591(선조 24). 1566년(명종 21) 별시문과에 병과로 급제하였다. 1582년 이탕개(尼湯介)가 쳐들어오자 함경도 도순찰사에 임명되어 이순신 · 신립 · 김시민 · 이억기 등의 명장들을 거느리고 적을 격퇴하였으며, 함경도 국경을 방어하는 데 많은 기여를 하였다. 1589년 우의정이 되었으나 정철 등에게 모함을 받아 남해로 유배되어 사형당할 뻔했다가 감형되어 갑산에 유배되어 그곳에서 죽었다. 1599년 복관되었고 문경의 소양사에 제향되었다.

37 비변사(備邊司): 조선시대 군국기무(軍國機務)를 관장한 문무 합의 기구. 외침 등 변방에 비상사태가 생기면 병조 혼자 일을 처리할 수 없어 변방을 잘 아는 고위 관료를 회의에 참여 시켰다. 그러나 즉각적인 대처가 어려웠기 때문에 남쪽 해안과 북쪽 국경에 대한 대책을 미리 마련하기 위해 1517년(중종 12) 6월 비변사를 설치하였다. 임진왜란이 일어나자 비변사의 기능과 권한이 강화되었고, 국방문제 외에 국정 전반에 대해 토의하고 결정하기에 이르렀다. 논의된 사항은 『비변사등록(備邊司謄錄)』으로 편찬하였고, 1617년(광해군 9)부터 1892년(고종 29)까지 273권이 남아 있다.

이때 조정에 있는 무장 중에서 오직 신립[38]과 이일[39]의 이름이 가장 유명하였다. 경상우병사 조대곤曺大坤은 늙고 용맹도 없었으므로, 사람들은 그가 장수의 임무를 감당하지 못할 것이라고 걱정하였다. 내가 경연에서 이일이 조대곤을 대신하도록 아뢰니, 병조판서 홍여순[40]이 말하였다.

"명장은 마땅히 서울에 있어야 하니 이일은 보낼 수 없습니다."

나는 다시 아뢰었다.

"무릇 일이란 미리 준비하는 것을 귀하게 여기는 법입니다. 하물며 군대를 다스리고 적을 방어하는 일은 더더구나 졸속으로 처리할 수 없습니다. 하루아침에 변고가 생긴다면 결국 이일을 보내지 않을 수 없습니다. 어차피 보내야 한다면 차라리 하루라도 일찍 보내 변고에 대비하게 하는 것이 아마도 이로울 것입니다. 그렇게 하지 않고 갑자기 다른 곳의 장수를 급히 내려 보낸다면 애초에 그 지방의 지리에도 밝지 못하고, 게다가 군사들이 용맹한지 비겁한지 조차도 알 수 없을 것입니다. 이것은 병법에서도 꺼리는 일이니 반드시 후회가 있을 것입니다."

---

38 신립(申砬): 1546(명종 1)~1592(선조 25). 1565년 무과에 급제하였다. 1583년 온성부사였는데 이탕개의 침입을 격퇴하고 두만강을 건너가 그 소굴을 소탕하였다. 5월에는 종성을 공격한 이탕개의 1만여 군대를 격퇴하여 육진을 지켜내었고, 그 공으로 1584년에 함경도북병사가 되었다. 임진왜란이 일어나자 김여물 등이 조령에 진을 칠 것을 주장하였지만, 기병으로 왜적을 섬멸하기 위해 탄금대로 물러나 배수진을 쳤다. 그러나 결국 패하게 되자 남한강에 투신하였다. 영의정에 추증되었고 시호는 충장(忠壯)이다.

39 이일(李鎰): 1538(중종 33)~1601(선조 34). 1558년(명종 13) 무과에 급제하였다. 1587년 함경도북병사가 되어 이탕개의 난을 평정하였고 녹둔도에 침입한 여진족을 격퇴한 뒤, 이듬해 두만강을 건너 여진을 공격하여 가옥 200여 동(棟)을 불살랐다. 1589년 전라병사가 되었다. 임진왜란이 일어나자 경상도순변사가 되어 상주에서 왜적과 맞서 싸웠으나 패하여 충주로 후퇴하였고, 탄금대에서 신립이 패하자 행재소로 갔다. 1595년 함경도북병사가 되었으며, 1601년 부하를 죽였다는 혐의로 체포되어 송환되다가 도중에 죽었다. 좌의정에 추증되었고 시호는 장양(壯襄)이다.

40 홍여순(洪汝諄): 1547(명종 2)~1609(광해군 1). 1568년(선조 1) 증광문과에 을과로 급제하였다. 임진왜란이 일어나자 병조판서로서 선조를 호종하였으나, 대간(臺諫)의 탄핵을 받고 순천부로 유배되었다. 왜란이 끝나자 류성룡을 몰아내고 정권을 잡았으나, 1600년 삭탈관직 되었다가 다음해 복관되었고, 광해군 즉위 후 다시 탄핵받아 진도에 유배되어 그 곳에서 죽었다.

임금님께서는 아무런 대답이 없었다.

나는 또 비변사로 나가 여러 사람들과 논의하여 선대의 진관법[41]을 다시 복구하고자 임금님께 청하였는데, 대략 다음과 같다.

"건국 초에는 각 도의 군병이 모두 진관에 나누어 소속되어, 유사시에는 진관이 소속된 고을을 통솔하게 하였으니, 마치 물고기의 비늘처럼 나란히 정돈되어 장군의 명령을 기다렸습니다. 경상도로 말하자면 김해 · 대구 · 상주 · 경주 · 안동 · 진주의 여섯 진관으로 되어 있습니다. 만약 적병이 쳐들어와 한 진의 군사가 비록 패한다 해도 다른 진이 차례로 엄중한 군사로 굳게 지키기 때문에, 한꺼번에 무너지지 않도록 되어 있습니다.

지난 을묘년 왜변[42] 이후에 김수문[43]이 전라도에 있으면서 처음으로 분군법分軍法(군사를 분산하여 주둔시키는 제도)을 개정하여, 도내의 여러 고을을 나누어 순변사巡邊使(변방의 군사 업무를 순찰하던 특사) · 방어사防禦使(군사

---

41 진관법(鎭管法): 조선 전기에 시행된 지방의 군사 체제로, 읍을 군사조직의 단위인 진(鎭)으로 편성해 그 크기에 따라 병마절도사가 지휘하는 주진(主鎭), 첨절제사가 지휘하는 거진(巨鎭), 군수가 지휘하는 제진(諸鎭)으로 나누었다. 어느 한 진관이 패하여도 다른 진관이 다시 방어할 수 있어서 소규모 전투에는 유리했지만, 일단 대규모 전쟁이 일어나면 이에 효과적으로 대응할 수 없는 단점도 있었다. 『경국대전』에 의하면 25개의 진관이 있었다. 그러나 시일이 지날수록 제 기능을 발휘하지 못하게 되자, 유사시 여러 지역의 군사를 특정 장소로 집결시켜 대응하는 제승방략(制勝方略)의 분군법(分軍法)으로 대체되었다.

42 을묘년 왜변: 을묘왜변(乙卯倭變). 1555년(명종 10년) 을묘년에 왜구가 전라도 영암 · 강진 · 진도 등에 침입한 변란을 말한다. 삼포왜란 이후 왜에 대한 무역을 통제하자, 왜구들이 70여 척의 배로 영암을 침략하고 이어서 진도 · 강진 · 장흥 등을 침략했다. 이에 방어사 이준경 · 김경석 · 남치훈 등을 파견하여 영암에서 왜구를 대파하였다. 10월에 대마도주가 왜구의 목을 잘라와 사과하며 무역을 할 수 있도록 세견선(歲遣船)을 간청하자 5척을 허용했다.

43 김수문(金秀文): ?~1568(선조 1). 무과에 급제하였다. 함경도 종성의 영건만호(永建萬戶)로서 야인들과 싸워 잡혀간 백성들을 구출하였다. 1555년 을묘왜변 때에 제주목사로서 왜구를 대파하였다. 이후 한성부판윤 등을 지냈고 평안도병마절도사가 되어 북방 오랑캐의 침략을 격퇴하는 공을 세웠다.

요지인 지방에 파견한 관직) · 조방장助防將(방어사를 도와 적의 침입을 방어하는 장수) · 도원수都元帥와 본도의 병사 · 수사에게 나누어 소속시켰으니, 그 명칭을 제승방략[44]이라 하였습니다.

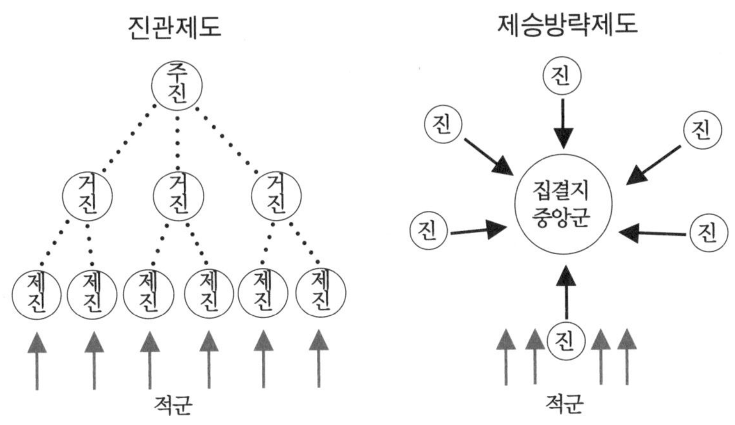

여러 도에서 이를 본받았습니다. 이렇게 되자 진관의 이름은 비록 존재하였지만, 실제로는 서로 연계가 잘 되지 않았습니다. 한 번 경계해야 할 일이 생기면 반드시 멀거나 가까운 지방이 모두 움직이게 되고, 장수가 없는 군사들은 먼저 들 가운데 모여 천리 밖에서 장수가 오기를 기다려야 하는데, 장수가 제때 오지 않고 적의 선봉이 먼저 들이닥친다면 군사들이 놀라고 두려워 할 것이니, 이것은 반드시 무너지는 이치입니다.

많은 군사들이 한 번 무너지면 다시 모으기가 어려우니, 이때에 장수가 비록 오더라도 누구와 함께 싸우겠습니까? 다시 선대의 진관제도를 회복하는 것이 좋겠습니다. 평상시에는 훈련하기에 좋고 유사시에는 군

44 제승방략(制勝方略): 유사시 고을의 수령이 소속 군사를 이끌고 배정된 지역으로 가서 대규모 군대를 편성하는 제도로, 대규모 전투에 유리하였지만 한 번 패하면 후속 군대가 없는 단점이 있었다.

사들을 모을 수 있습니다. 또 앞뒤가 서로 호응하고 안팎이 서로 의지하여 갑자기 무너지는 지경에 이르지 않을 것이니, 일을 처리하는 데 좋을 것입니다."

이 일을 본도로 내려 보냈는데 경상감사 김수가 '제승방략은 시행한 지 오래되었으니 갑자기 변경할 수 없다.'라고 하여, 이 논의는 마침내 그치고 말았다.

원문

擢井邑縣監李舜臣 爲全羅左[일右]道水軍節度使.

舜臣 有膽略善騎射. 嘗爲造山萬戶 時 北邊多事. 舜臣 以計誘致叛胡于乙其乃 縛送兵營 斬之. 虜患遂息.
巡察使鄭彦信 令舜臣護鹿屯島屯田. 一日大霧 軍人 盡出收禾 柵中 但有十餘人. 俄而 虜騎四集. 舜臣 閉柵門 自以柳葉箭 從柵內 連射 賊數十墮馬 虜驚駭退走. 舜臣開門 單騎 大呼逐之 虜衆大奔. 盡奪所掠而還. 然 朝無推挽者 登第十餘年 不調, 始爲井邑縣監.

是時 倭聲日急, 上 命備邊司 各薦才堪將帥[일師]者. 余擧舜臣 遂自井邑超拜水使. 人或疑其驟.
時 在朝武將中 惟申砬 · 李鎰 最有名. 慶尙右兵使曺大坤 年老無勇, 衆憂不堪閫[간〈閫〉]寄. 余 於經席啓請 以鎰代大坤, 兵曹判書洪汝諄 曰 "名將 當在京都 鎰 不可遣." 余 再啓曰 "凡事貴預. 況治兵禦賊[국이일敵] 尤不可猝辦[일辨]. 一朝有變 鎰終不得不遣. 等遣之 寧早往一日 使預備待變 庶或有益. 不然 倉卒之際 以客將馳下, 旣不諳本道形勢 又不識軍

士勇愡. 此兵家所忌 必有後悔." 不答.

余 又出備邊司 與諸人議, 啓請[이講]修祖宗鎭管[이菅]之法, 大略以爲.
"國初 各道軍兵 皆分屬鎭管, 有事則 鎭管 統率屬邑, 鱗次整頓 以待主將號令. 以慶尙道言之, 則金海 · 大丘 · 尙州 · 慶州 · 安東 · 晉州 是爲六鎭管. 脫有敵兵 一鎭之軍 雖或失利, 他鎭次第[일弟] 嚴兵堅守, 不至於靡然奔潰.
往在乙卯變後, 金秀文 在全羅道 始改分軍法 割道內諸邑 散屬於巡邊使 · 防禦使 · 助防將 · 都元帥及本道兵 · 水使, 名曰'制勝方略.'
諸道 皆效之. 於是 鎭管之名 雖存 而其實不相維繫. 一有警急 則必將遠近俱動, 使無將之軍 先聚於原野之中 以待將帥於千里之外, 將不時至 而賊鋒已逼 則軍心驚懼, 此必潰之道也.
大衆一[이일旣]潰 難[일雖]可復合, 此時 將帥 雖至, 誰與爲戰? 不如更修祖[옥대간朝]宗鎭管之制. 平時 易於訓鍊 有事 得以調集. 且使前後相應 內外相倚 不至於土崩瓦解, 於事爲便."
事下本道 慶尙監司金睟 以爲'制勝方略 行用已久 不可猝變' 議 遂寢.

7
신립이 왜적을 가벼이 여기다

임진년 봄에 신립과 이일을 파견하여 지방의 군비를 돌아보도록 했다.

이일은 충청도 · 전라도로 가고 신립은 경기도 · 황해도로 가서 모두 한 달이 지나서야 돌아왔는데, 점검한 것은 활 · 화살 · 창 · 칼 같은 것 뿐이었다. 군과 읍에서는 서류만 갖추어 법을 피하려고만 하였고 따로 방비할 좋은 계책은 없었다.

신립은 평소 성질이 잔인하고 난폭하다고 이름이 났는데, 이르는 곳마다 사람을 죽여 자신의 권위를 세웠다. 수령들이 그를 두려워하여 백성에게 길을 닦게 하고 지나칠 정도로 대접하였으니 비록 대신들의 행차라도 이와 같지는 않았다.

임금님께 복명한 후인 4월 1일에 신립이 우리 집으로 찾아와서 내가 물었다.

"멀지 않아 변고가 생기면 공이 마땅히 이 일을 맡아야 하는데, 공이 적의 형세를 헤아려본다면 어려움의 정도가 어떠하겠소?"

신립은 대단히 가볍게 여겨 근심할 것이 없다고 말하였다.

"그렇지 않소. 예전에는 왜적이 칼만 있었지만, 지금은 조총도 있으니 가볍게 볼 수는 없을 것이오."

신립은 불쑥 말하였다.

"비록 조총이 있다 해도 어찌 전부 다 적중시킬 수 있겠습니까?"

내가 말하였다.

"나라가 태평한 지 오래되어 사졸들은 겁이 많고 나약해졌으니 과연 급변이 생긴다면 지탱하기가 매우 어려울 것이오. 내 생각으로는 몇 해 뒤에 사람들이 군사 일에 제법 익숙해진다면 혹시라도 난을 수습할 수 있을지 알 수 없겠지만, 처음이라 나는 너무나 걱정이 되오."

그러나 신립은 도무지 깨닫지 못하고 가버렸다.

신립이 계미년(선조 16, 1583)에 온성부사로 있을 때, 배반한 오랑캐들이 종성을 포위하자 신립이 달려가 이를 구원했는데, 10여 명의 기병으로만 돌격하니 오랑캐가 포위를 풀고 도망간 일이 있었다.

조정에서는 신립의 재주가 대장을 감당할 만하다 하여 북병사 · 평안병사로 승진시켰고, 얼마 뒤 자헌대부資憲大夫(정2품 문무관의 품계)로까지 승진시켜 병조판서로 삼고자 하였다. 신립의 의기가 왕성하여 마치 옛날의 조괄[45]이 진나라를 가볍게 여기던 것처럼 일을 할 때 두려워하는 마음이 조금도 없었으므로 식자들이 걱정하였다.

원문

壬辰春, 分遣申砬 · 李鎰 巡視邊備.

---

45 조괄(趙括): ?~기원전 260. 중국 전국시대 조나라 장수로, 명장 조사(趙奢)의 아들이다. 병법의 이론에는 통달했지만 실전에는 어두워 결국 장평(長平)에서 진(秦)나라 백기(白起)에게 패해 전사하였다. 흔히 병법의 이론만 알고 실전을 알지 못하는 사람을 비유한다.

鎰往忠淸 · 全羅道, 砬往京畿 · 黃海道, 皆閱月而還, 所點者 弓矢槍[옥대국간搶]刀而已. 郡邑 率以文具避法 無他備禦長策.

砬 素 有殘暴之名, 所至 殺人立威. 守令畏之 發民治道 供帳極侈, 雖大臣之行 不如也.

旣復命 四月一日 砬來見余于私第[이苐], 余問 "早晩有變 公當任之, 公料今日賊勢 難易如何?" 砬甚輕之 以爲不足憂. 余曰 "不然. 往者 倭 但恃短兵, 今則 兼有鳥銃長技[일枝] 不可輕視." 砬遽曰 "雖有鳥銃 豈能盡中." 余曰 "國家昇平久 士卒怯弱, 果然有急 極難支[이攴]. 吾意 數年後 人頗習兵 或還收拾 未可知, 其初則 吾甚憂之." 砬 都不省悟而去.

蓋砬 於癸未 爲穩城府使, 叛胡圍鍾城 砬馳往救之, 以十餘騎突擊 虜解去.

朝廷 以砬才堪大將 陞爲北兵使 · 平安兵使, 未久 階資憲 至欲以爲兵曹判書. 意氣方銳 正如趙括輕秦 略無臨事而[간以]懼之意, 識[이談]者憂焉.

8
4월 13일에 왜적이 쳐들어오다

(3월 3일) 경상우병사 조대곤을 경질하고 임금님의 특명으로 승지 김성일에게 대신하게 하였다. 그러자 비변사에서 아뢰었다.

"김성일은 문신입니다. 이러한 때에 변방 장수의 임무를 맡기는 것은 합당하지 않습니다."

그러나 임금님께서 허락하지 않자, 김성일은 결국 임금님께 하직인사를 하고 임지로 떠났다.

4월 13일 왜병들이 국경을 침범하여 부산포釜山浦가 함락되고 첨사僉使(각 진영에 속한 종3품의 무관) 정발[46]이 전사하였다.

이보다 먼저 왜국의 평조신 · 현소 등이 통신사와 함께 와서 동평관에 묵고 있었다. 비변사에서 '황윤길과 김성일 등에게 개인 자격으로 술과 안주를 준비해 가 그들을 위로하면서, 조용히 왜국의 일을 물어 정세를 살핀 다음에 대응책을 마련하는 것이 좋겠습니다.'라고 청하여 임금님께서 허락하셨다.

---

46 정발(鄭撥): 1553년(명종 8)~1592(선조 25). 1579년(선조 12) 무과에 급제하였다. 1592년 절충장군의 품계를 받고 부산진첨절제사가 되었다. 4월에 부산에 상륙한 왜적과 싸웠으나 패하여 전사하였다. 좌찬성에 추증되었으며 동래의 충렬사에 제향되었다. 시호는 충장(忠壯)이다.

김성일이 동평관에 이르니 과연 현소가 은밀히 말하였다.

"중국이 오랫동안 일본과 국교를 끊고 조공을 바치지 못하게 하였습니다. 평수길이 이 때문에 마음속으로 분하고 치욕스럽게 여겨 전쟁을 일으키려고 합니다. 조선에서 먼저 중국에 알려 조공하는 길이 트이게 한다면 반드시 아무 일이 없을 것이고 일본 66주의 백성들도 전쟁의 고통을 벗어날 것입니다."

김성일 등이 대의로써 그들을 책망하고 타일렀다. 현소가 또 말하였다.

"옛날에 고려가 원나라의 군대를 인도하여 일본을 공격하였소. 일본이 이것 때문에 조선에 원한을 갚으려 하는 것은 형세상 당연한 것이오."

그 말투가 점점 험악해졌다. 이로부터 두 번 다시 묻지 않았고 평조신과 현소도 일본으로 돌아갔다.

신묘년(선조 24, 1591) 여름에 평의지가 또 부산포에 와서 변방 장수에게 말하기를, '일본이 명나라와 국교를 맺고자 하는데 만약 조선이 아뢰어 준다면 매우 다행이겠지만, 그렇지 않다면 두 나라는 장차 평화로운 분위기를 잃을 것이오. 이 일은 중대한 일이므로 일부러 와서 알려주는 것이오.'라고 하였다.

변방 장수가 이 사실을 아뢰었으나, 당시 조정의 논의는 통신사를 보낸 것 자체가 잘못이라 여겼고, 한편으로는 거칠고 오만한 것에 화가 나서 회답하지 않았다. 평의지는 10여 일 동안 정박해 있다가 앙심을 품고 돌아갔는데, 이후로 왜인이 다시는 오지 않았다. 부산포 왜관에 머물던 왜인들이 항상 수십여 명이나 되었는데, 조금씩 돌아가서 왜관이 거의 텅비게 되니 사람들이 이상하게 여겼다.

이 날(4월 13일), 왜적의 배가 대마도로부터 바다를 덮고 왔는데 그 끝이

보이지 않았다. 부산 첨사 정발이 절영도絶影島(부산 영도)에 사냥을 나갔다가 허겁지겁 성으로 들어왔다. 왜병이 뒤따라 상륙하여 사방에서 구름같이 모여드니 순식간에 부산성이 함락되었다.

경상좌수사 박홍[47]은 적의 세력이 큰 것을 보고 군사를 출전시키지 못하고 성을 버리고 도망갔다. 왜군은 군사를 나누어 서평포西平浦(부산시 사하구 구평동)와 다대포多大浦(낙동강 하구 최남단에 있는 포구)를 함락시켰는데, 이때 다대포 첨사 윤흥신[48]은 힘껏 싸우다 전사했다. 경상좌병사 이각은 소식을 듣고 병영에서 동래로 들어갔는데, 부산성이 함락되자 이각은 겁을 집어먹고 어쩔 줄 모르다가 '성 밖에 나가 양면 작전을 펼치겠다.'라고 핑계를 대고 성에서 나와 소산역蘇山驛(부산시 금정구 선동 하정마을에 있던 역)으로 물러나 진을 쳤다. 부사 송상현[49]이 함께 머물며 성을 지키자고 했으나 이각은 따르지 않았다.

15일에 왜군이 동래로 쳐들어오자 송상현이 성의 남문에 올라가서 싸움을 독려했으나 한나절 만에 성이 함락되었다. 송상현은 꼿꼿하게 버티고 앉아 칼날을 받고 죽었다. 왜군들은 그가 죽음으로써 성을 지킨 것을

---

47 박홍(朴泓): 1534(중종 29)~1593(선조26). 1556년 무과에 급제하였다. 임진왜란이 일어나자 경상좌도수군절도사였는데 본진을 소각하고 도주하였다. 평양으로 가던 중 좌위대장이 되어 임진강을 방어했지만 다시 패하였다. 세자의 명으로 세자를 호위하며 성천(成川)에 들어가 우위대장이 되었다. 이후 왜적과 여러 번 싸웠으나 큰 공을 세우지는 못하였다.

48 윤흥신(尹興信): ?~1592(선조 25). 1582년(선조 15) 벼슬이 진천현감에 이르렀으나 문자를 해독하지 못한다고 하여 파직되었다. 1592년 다대포첨사였는데 왜군과 싸우다 전사하였다. 그를 기리는 제단이 부산광역시 사하구 다대동에 있다.

49 송상현(宋象賢): 1551(명종 6)~1592(선조 25). 1576년 문과에 급제하였다. 호조·예조·공조의 정랑등을 거쳐 1591년 동래부사가 되어 선정을 베풀었다. 임진왜란이 일어나자 왜적들이 '싸울 테면 싸우고 싸우지 못하겠으면 길을 비켜달라'고 쓴 팻말을 동래성문 앞에 세우자 '죽기는 쉬우나 길을 비키기는 어렵다'는 글을 내걸고 군관민이 합심하여 싸웠다. 동래성이 함락되자 조복으로 갈아입고 단정히 앉아 적병에게 살해되었다. 이조판서·좌찬성에 추증되었으며, 시호는 충렬(忠烈)이다.

가상히 여겨 그 시신을 관에 넣어 성 밖에 묻고 표식을 세워 그 무덤을 알게 하였다. 이후로 여러 군과 현에서 소문만 듣고도 달아나 무너지게 되었다.

밀양부사 박진[50]은 동래에서 급히 돌아오다가 작원鵲院(경남 밀양시 삼랑진읍 검세리)의 좁은 길을 막고 왜군을 방어하려고 하였다. 왜적은 양산을 함락시키고 작원에 이르러 길목을 지키는 병사가 있는 것을 보고 산 뒤쪽으로 올라가 높은 곳에서 개미떼처럼 붙어 흩어져 내려오자 좁은 길을 지키던 군사들이 이것을 바라보고 모두 흩어졌다. 박진은 말을 빨리 달려 밀양으로 돌아와 무기창고를 불태우고 성을 버리고 산으로 들어갔다.

이각은 급히 병영으로 돌아와 먼저 그 첩을 성 밖으로 내보내자 성 안의 민심이 흉흉해졌고 군사들도 하룻밤에 네댓 번이나 놀랐다. 이각이 새벽을 틈타 또 몸을 빼내 도망가자 많은 군사들이 크게 무너지고 말았다. 왜적이 길을 나누어 먼 곳까지 쳐들어와 잇달아 여러 읍을 함락시켰지만, 한 사람도 감히 막아서는 자가 없었다.

김해부사 서예원[51]은 성문을 닫아걸고 성을 지켰는데, 적들이 성 주변의 보리이삭을 베어 해자를 메우자 잠깐 사이에 성과 높이가 똑같아졌다. 왜적이 성을 넘어 들어오자 초계군수 이모[52]가 먼저 달아났고, 서예

---

50 박진(朴晉): ?~1597(선조 30). 무신 집안 출신으로 비변사에서 근무하다가 선전관을 거쳐, 1592년에 밀양부사가 되어 작원에서 적을 맞아 싸우다 패하였다. 이후 경상좌도병마절도사가 되어 경주성을 탈환하였다. 1593년에 독포사(督捕使)로 밀양 · 울산 등에서 전과를 올렸다. 좌찬성에 추증되었으며, 시호는 의열(毅烈)이다.

51 서예원(徐禮元): ?~1593(선조 26). 임진왜란 때 김해부사였는데 성을 지키다 패주하였다. 그 뒤 의병장 김면(金沔)과 협력하여 지례의 왜적을 격퇴하고, 1차 진주성전투에 목사 김시민을 도와 왜적과 싸웠다. 김시민이 죽은 후 김성일에게 발탁되어 진주목사가 되었지만, 2차 진주성전투에서 성을 지키지 못하고 후퇴하다가 살해당하였다.

52 이모(李某): 이유검(李惟儉:1538~1592)을 말한다. 1564년(명종 19) 무과에 급제하였다. 임진왜란이 일어나자 김해 남문의 수문장이 되었지만 성을 빼앗겼다. 순찰사 김수는 이유검에게 성을 포기한 죄를 묻고 효시하였다.

원도 뒤따라서 도망치자 성은 마침내 함락되고 말았다.

순찰사 김수는 맨 처음 진주에 있었는데 변란이 일어났다는 소식을 듣고 동래로 말을 달려오다가 도중에 적병이 이미 가까이 왔다는 소문을 들었다. 김수는 더 이상 앞으로 나아가지 못하고 다시 경상우도로 달아나 어찌할 바를 몰랐다. 다만 여러 고을에 격문을 보내 백성들에게 적을 피하라고 알렸으니, 이 때문에 도내가 텅 비어서 더욱 어찌할 방도가 없었다.

용궁龍宮(경북 예천군 용궁면) 현감 우복룡[53]은 고을 군사를 거느리고 병영으로 가다가 영천의 길가에서 밥을 먹고 있었다. 그때 마침 하양河陽(경북 경산시 하양읍)의 군사 수백 명이 방어사에 소속되어 북쪽으로 향해 가다가 그 앞을 지나갔다. 우복룡은 군사들이 말에서 내리지 않고 지나가자 화를 내면서 하양군사를 붙잡아두고 반란을 꾀하려 한다고 질책하였다. 그러자 하양의 군사들이 병마절도사兵馬節度使(각도의 육군을 지휘하는 종2품의 무관)의 공문을 내보이며 막 변명을 할 때였다. 우복룡은 자기 군사들에게 눈짓을 하여 하양 군사들을 에워싸 모두 죽이니 시체가 들을 가득 덮었다.

순찰사는 이것을 공을 세웠다고 조정에 보고하여, 우복룡은 통정대부通政大夫(정3품 문관에게 주던 품계)로 승진되고 정희적[54]을 대신하여 안동부사가 되었다. 그 후 하양의 고아와 과부들이 사신이 올 때마다 말 머리를 가로막고 원통한 사정을 호소했으나, 우복룡이 그 당시에 명성이 있었으

---

53 우복룡(禹伏龍): 1547(명종 2)~1613(광해군 5). 1577년 학문과 행실이 뛰어나다는 이이의 천거로 소문전 참봉이 되었다. 1592년 용궁현감에서 안동부사로 승진하였고 강도 유수와 성천부사 등을 지냈다.

54 정희적(鄭熙績): 1541(중종 36)~?. 1568년(선조 1) 별시문과에 병과로 급제하였다. 안동부사였을 때 임진왜란이 일어나자, 근왕(勤王)을 핑계로 처자를 거느리고 길주로 달아났으나, 그곳 백성의 마음을 얻었다 하여 길주 목사에 제수되었다. 그러나 이듬해 왜적이 이르기도 전에 병장기와 창고를 불사르고 1천여 리 밖으로 도망쳐 임금을 잊고 나라를 저버렸다는 죄로 체포되었다.

므로 아무도 원통한 사정을 조정에 보고해주는 사람이 없었다고 한다.

원문

遞[국이일遆]慶尙右兵使曺大坤 特旨以承旨金誠一代之. 備[일-]邊司啓 "誠一儒臣也. 不合此時邊帥之任." 不允, 誠一 遂拜辭而行.
[55]四月十三日, 倭兵犯境 陷釜山浦 僉使鄭撥死.

先是 倭平調信 · 玄蘇等 與通信使偕來 館於東平館. 備邊司請'令黃允吉 · 金誠一等 私以酒饌往慰, 因從容問其國事 鉤察情形 以備策應.' 許之.
誠一至館 玄蘇 果密語曰 "中國 久絕日本 不通朝貢. 平秀吉 以此 心懷憤恥 欲起兵端. 朝鮮 先爲奏聞 使貢路得達 則必無事, 而日本六十六州之民 亦免兵革之勞矣."
誠一等 因以大義責諭之. 玄蘇 又曰 "昔 高麗導元兵 擊日本. 日本以此報怨於朝鮮 勢所宜然." 其言漸悖. 自是 再不復問 而調信 · 玄蘇 自回.
辛卯夏, 平義智 又到釜山浦 爲邊將言, '日本 欲通大明, 若朝鮮 爲之奏聞則幸甚, 不然 兩國將失和氣. 此乃大事 故 來告.'
邊將以聞, 時 朝議 方咎通信, 且怒其悖慢 不報. 義智 泊船[이舡]十餘日 怏怏而去, 是後 倭人 不復至. 釜山浦留館倭 常有[일在]數十餘人, 稍稍入歸 一館幾空, 人怪之.
是日 倭船[이舡] 自對馬島 蔽海而來, 望之不見其際. 釜山僉使鄭撥 出獵絕影島 狼狽入城. 倭兵 隨至登陸 四面雲集 不移時 城陷.

---

55 [이일]에서는 행을 나누어 새로 시작하였다. 『초본징비록』은 여기서부터 본문이 시작된다. 이 앞부분은 서문 일부만 남아 있다.

左水使朴泓 見賊勢大, 不敢出兵 棄城逃. 倭分兵 陷西平浦·多大浦, 多大僉使尹興信 力戰被殺. 左兵使李珏[일班] 聞聲息 自兵營入東萊, 及釜山陷 珏[일班]恇撓失措 託言'欲在外掎角' 出城退陣于蘇山驛. 府使宋象賢 留與同守, 珏[일班]不從.

十五日, 倭進迫東萊 象賢登城南門 督戰, 半日而城陷. 象賢堅坐 受刃而死. 倭人嘉其死守, 棺斂[옥대국일간歛][56]之 埋於城外 立標以識之. 於是郡縣 望風奔潰.

密陽府使朴晉 自東萊奔還 欲阻鵲院隘路以禦之. 賊陷梁山 至鵲院 見有守兵, 從山後 乘高蟻附 散漫而至, 守隘者 望之 皆散. 晉馳還密陽 縱火焚軍器倉庫 棄城入山.

李珏[일班] 奔還兵營 先出其妾, 城中洶洶 軍 一夜 四五驚. 珏乘曉 亦脫身遁去 衆軍大潰. 賊 分道長驅 連陷諸邑, 無一人敢拒者.

金海府使徐禮元 閉門城守, 賊刈城外麥禾塡壕 頃刻 與城齊. 因踰城 草溪郡守李某先遁 禮元繼出 城 遂陷.

巡察使金睟 初 在晉州聞變 馳向東萊 至中路 聞賊兵已近. 不能前, 還走右道 不知所爲. 但檄列邑 諭民避賊, 由是 道內 皆空 愈不可爲矣.

龍宮縣監禹伏龍 領邑軍赴兵營 食永川路邊. 有河陽軍數百 屬防禦使 向上道 過其前. 伏龍 怒軍士不下馬 拘之責以欲叛. 河陽軍 出兵使公文示之 方自辨. 伏龍 目其軍 圍而殺之皆盡 積尸滿野.

巡察使以功聞, 伏龍爲通政 代鄭熙績爲安東府使. 後河陽人孤兒寡妻 每逢使臣之來 遮馬首號寃, 伏龍 有時名 故 無伸理者云.

---

56 렴(斂)과 렴(歛)은 목판본에서 흔히 혼용된다. 이후 별도 표시 없이 렴(斂)으로 표기하였다.

9

이일과 신립을 선봉으로 보내다

17일 이른 아침에 전장의 보고가 처음 조정에 도착했으니 이것은 바로 좌수사 박홍의 장계였다. 대신들과 비변사 관원들이 빈청賓廳(궁궐에 설치한 회의실)에 모여 임금님을 뵙고자 하였으나 허락받지 못했다. 그래서 곧바로 글을 올려 이일을 순변사로 삼아 중로中路(조령을 경유하는 길)로 내려 보내고, 성응길[57]을 좌방어사로 삼아 좌도左道(죽령을 경유하는 길)로 내려 보내고, 조경[58]을 우방어사로 삼아 서로西路(추풍령을 경유하는 길)로 내려 보내고, 유극량[59]을 조방장으로 삼아 죽령을 지키게 하고, 변기를 조방장으로 삼아 조령을 지키게 하고, 경주부윤 윤인함[60]은 문신으로 겁이 많다

---

57 성응길(成應吉): ?~?. 무과에 급제하였다. 임진왜란이 일어나자 좌방어사가 되어 경상도로 가던 중 의흥(義興)에서 왜적을 만나자 죽령을 넘어 의주 행재소로 향하였다. 이후 방어사 심희수(沈喜壽)의 종사관이 되었으며, 요동으로 가서 원병을 요청하기도 하였다.

58 조경(趙儆): 1541(중종 36)~1609(광해군 1). 임진왜란이 일어나자 경상우도방어사가 되어 황간 등에서 싸웠으나 패하였다. 1592년 수원부사가 되어 적에게 포위된 독산성의 권율을 도왔고, 1593년 도원수 권율과 함께 행주산성에서 대첩을 거두었다. 『기효신서(紀效新書)』의 새로운 진법을 명나라 장수 낙상지에게 배워 새로 편제된 훈련도감의 당상을 겸하였다. 시호는 장의(莊毅)이다.

59 유극량(劉克良): ?~1592(선조 25). 임진왜란이 일어나 죽령에서 패하자 군사를 수습해 방어사 신할(申硈)의 부장이 되었다. 신할·한응인 등과 함께 임진강을 방어하다 전사하였다. 개성 숭절사에 제향되었고, 병조참판에 추증되었다. 시호는 무의(武毅)이다.

60 윤인함(尹仁涵): 1531(중종 26)~1597(선조 30). 임진왜란 때 경주부윤이었는데 경주성이 함락되자 의병을 모집해 싸웠다. 정유재란 때 영위사가 되어 평양으로 명나라 장수를 영접하러 나갔다가 죽었다.

하여 전 강계부사 변응성[61]을 기복起復(초상 중에 국가의 명으로 벼슬을 함)시켜 경주부윤으로 삼아서, 모두 각자 군관을 뽑아 가도록 하였다.

잠시 뒤, 부산이 함락되었다는 박홍의 보고가 또 이르렀다. 이때 부산은 적에게 포위되어 사람들이 통행할 수도 없었다. 박홍이 올린 장계에는 다만, '높은 곳에 올라가 바라보니 붉은 깃발이 성 안에 가득했으므로 성이 함락된 줄 알았습니다.'라고만 되어 있었다.

이일이 서울에 있는 정예병 3백 명을 데려가려고 병조에서 작성한 병사들의 문서를 가져와 보니, 모두 민가나 시정에서 뽑은 군사 경험이 없는 사람들로 서리와 유생이 거의 절반이나 되었다. 출발할 때 점검해보니 유생들은 관복을 갖추고 시권試券(답안을 쓸 종이)을 들고 있었고 서리들은 평정건平頂巾(앞이 낮고 뒤가 높은 두건 형식의 관모)을 쓰고 있었다. 모두들 군사에 안 뽑히려고 애쓰는 자들로 뜰에 가득할 뿐, 보낼 만한 사람이 없었다. 이일이 명령을 받은 지 3일이 되도록 떠나지 못하자 어쩔 수 없이 이일을 먼저 보내고 별장 유옥에게 군사를 거느리고 뒤따라가도록 했다.

내가 장계를 올리기를 '병조판서 홍여순은 임무를 잘 처리하지도 못하고, 또 군사들의 원망도 많으니 바꾸어야 합니다.'라고 하였다. 그래서 김응남을 홍여순 대신 병조판서로 삼고 심충겸[62]을 병조참판으로 삼았

---

61 변응성(邊應星): ?~?. 임진왜란이 일어나자 경주부사가 되었지만 왜군이 경주를 점령하여 부임하지 못했고, 이듬해 경기방어사가 되었다. 이천부사가 되어서는 여주목사 원호(元豪)와 함께 남한강에서 왜적을 무찔렀다. 광해군이 즉위한 후 훈련대장이 되었다. 시호는 양혜(襄惠)이다.

62 심충겸(沈忠謙): 1545년(인종 1)~1594년(선조 27). 1572년(선조 5) 친시문과에 장원급제하였다. 임진왜란이 일어나자 병조참판 겸 비변사 제조가 되어 선조를 호종했고, 세자 호위의 명을 받아 왜적 방비에 힘썼다. 1593년에 호조와 병조의 참판으로 군량미 조달에 공헌했으며, 이듬해 병조판서에 특진되었다. 호성공신 2등으로 청림군(青林君)에 추봉되었다. 시호는 충익(忠翼)이다.

다. 대간臺諫이 또 장계를 올려 청하기를 '마땅히 대신을 체찰사[63]로 삼아 여러 장수들을 검열하고 독려해야 합니다.'라고 하였다. 수상이 나를 추천하여 이 일을 맡게 했으므로, 나는 임금님께 청하여 김응남을 부사로 삼았다.

전 의주목사로 있던 김여물[64]은 무략이 있는 사람이었는데, 그 당시 어떤 일에 연좌되어 옥에 갇혀 있었다. 임금님께 장계를 올려 그 죄를 용서해주고 자유롭게 따르도록 하였다. 무사 중에 비장이 될 만한 사람을 모집하여 80여 명을 얻었다.

얼마 뒤, 급보가 잇달아 올라와 적의 선봉이 이미 밀양과 대구를 지났고 조령 근처까지 왔다고 하였다. 나는 김응남과 신립에게 말하였다.

"왜구가 깊숙이 쳐들어와서 사태가 매우 급박하오. 앞으로 어찌해야 겠소?"

신립이 말하였다.

"이일이 고립된 군대로 전방에 있는데도 후방에서 호응하는 군대가 없습니다. 체찰사께서 비록 내려가신다 해도 싸우는 장수가 아닙니다. 차라리 맹장에게 먼저 달려 내려가게 해서 이일을 구원하는 것이 어떻겠습니까?"

신립의 의중을 살펴보니 자신이 직접 가서 이일을 구원하고 싶어 했다. 나는 김응남과 함께 임금님을 뵙고 신립의 말을 아뢰었다. 주상께서

63 체찰사(體察使): 조선시대 임금님의 명으로 지방에 파견되어 군대의 일을 총괄하던 임시 벼슬. 정1품의 관원이면 도체찰사(都體察使), 종1품의 관원이면 체찰사, 정2품의 관원이면 도순찰사(都巡察使), 종2품의 관원이면 순찰사라 하였다.

64 김여물(金汝岉): 1548(명종 3)~1592(선조 25). 1577년(선조 10)에 알성문과에 장원급제하였다. 임진왜란이 일어나자 도체찰사 류성룡이 그가 무략에 뛰어남을 알고 옥에서 풀어주고 자기 막하에 두려고 하였지만, 신립의 청으로 그의 종사관이 되었다. 신립의 탄금대 배수진에 반대하고 조령에 진을 칠 것을 주장하였다. 결국 탄금대에서 패하게 되자 투신하였다. 영의정으로 추증되었고, 시호는 장의(壯毅)이다.

는 즉시 신립을 불러 물어보시고, 드디어 도순변사都巡邊使로 삼았다.

신립이 대궐 문 밖으로 나가서 직접 불러 모았지만 따라가기를 원하는 무사들이 없었다. 당시 나는 중추부中樞府(특별한 임무가 없는 문무 당상관을 위해 만든 관청)에 있으면서 떠날 채비를 하고 있었다. 신립이 내가 있는 곳에 이르러 계단 앞의 뜰에 응모한 자가 빽빽이 서 있는 것을 보고는, 얼굴에 노기를 띠고 김 판서(김응남)를 가리키며 나에게 말하였다.

"이런 분을 대감이 데리고 가서 어디에 쓰겠습니까? 소인이 부사가 되어 가고자 합니다."

나는 신립이 무사들이 자신을 따르지 않아 화가 났다는 것을 알았다. 그래서 웃으며 말하였다.

"똑같은 나랏일인데 어찌 피차를 구별하겠는가? 영공令公(영감令監으로 정3품이나 종2품의 벼슬아치)은 급히 떠나야 하니, 내 군관들을 먼저 데리고 가도 되오. 나는 별도로 모집해서 따라 가겠소."

그리고 군관의 명단을 주었다. 신립은 드디어 뜰에 있는 무사들을 돌아보고 말하였다.

"따라 오너라!"

그리고는 곧 이들을 이끌고 나갔다. 여러 사람들이 모두 다 낙심한 채 따라갔다. 김여물도 함께 갔는데 마음이 그다지 탐탁지 않았다.

신립이 출발할 때 임금님께서 불러 보시고는 보검을 하사하며 말씀하셨다.

"이일 이하 명을 따르지 않는 자가 있다면 이 검을 사용하라!"

신립이 작별하고 출발하면서 또 빈청으로 나아가 대신들을 보았다. 그런데 계단을 내려가려고 할 때 머리 위의 사모紗帽(관리가 평상복에 착용하던 모자)가 갑자기 땅으로 떨어졌다. 이를 본 사람들이 모두 아연실색하였다.

신립이 용인에 이르러 올린 장계에는 서명도 하지 않았으니, 신립의 마음이 어수선하다고 의심하는 사람들도 있었다.

원문

十七日 早朝, 邊報始至 乃左水使朴泓狀啓也. 大臣 · 備邊司 會賓廳請對 不許. 卽啓請以李鎰爲巡邊使 下中路, 成應吉爲左防禦使 下左道, 趙儆爲右防禦使 下西路, 劉克良爲助防將 守竹嶺, 邊璣爲助防將 守鳥嶺, 以慶州府尹尹仁涵 儒臣懦恸 起復前江界府使邊應星 爲慶州府尹, 皆令自擇軍官以去.
俄而 釜山陷報 又至. 時 釜山受圍 人不能通. 泓狀啓 但云'登高以望 赤旗滿城中 以此知城陷.'

李鎰 欲率京中精兵三百名去 取兵曹選兵案視之, 皆閭閻市井白徒 胥吏 · 儒生居半. 臨時點閱 儒生具冠服 持試卷 吏戴平頂巾[이中]. 自愬求免者 充滿於庭 無可遣者. 鎰 受命三日 不發, 不得已 令鎰先行 使別將俞沃 隨後領去.

余 啓'兵曹判書洪汝諄 不能治任, 且軍士多怨 可遞[국이일遆].' 於是 金應南 代爲判書, 沈忠謙爲參判. 臺諫啓請'宜使大臣 爲體察使 檢督諸將.' 首相 以余應命, 余 請以金應南爲副. 以前義州牧使金汝岉 有武略, 時汝岉 坐事繫獄, 啓請貸罪自隨. 募武士可堪裨將者 得八十餘人.
旣而 急報絡繹, 聞賊鋒 已過密陽 · 大丘 將近嶺下. 余 謂應南及申砬曰

"寇深 事已急矣. 將若之何?" 砬曰 "鎰 以孤軍在前 而無後繼. 體察使 雖下去 非戰將.[65] 何不使[이일+一][66]猛將星馳先下[이일下去] 爲鎰策應耶?" 觀砬意 欲自行援鎰. 余與應南請對 啓如砬言. 上卽召申砬問之, 遂以砬爲都巡邊使.

砬出闕門外 自行招募, 武士無願從者. 時 余 在中樞府 治行事. 砬至余所 見階庭間應募者簇立, 色甚怒 指金判書 謂余曰 "如此公者 大監[대국이일鑑]帶去 安用? 小人 願爲副使而去." 余 知砬怒武士不從己. 笑曰 "同是國事 何分彼此. 令公[일云]旣行急, 吾所得軍官 可先帶行. 吾當別募隨行." 因以軍官單子[이일字]授之. 砬 遂回顧庭中武士曰 "來!" 乃引之而出. 諸人 皆憮然而去. 金汝岉 亦同去 意甚不樂.

砬臨行 上引見 賜寶劍曰 "李鎰以下 不用命者 用此劍!" 砬辭出, 又詣賓廳 見大臣. 將下階 頭上紗帽 忽落在地上. 見者失色.
到龍仁 啓事狀中 不署其名, 人或疑其心亂.

---

65 [이일]에는 문장의 위치가 바뀌어 "體察使 雖下去 非戰將, 鎰 以孤軍在前 而無後繼"로 되어 있다.

66 [이]에는 "將, 鎰 以孤軍在前 而無後繼 何不使一猛將星馳下去 爲"까지가 한 행으로 구성되어 21자가 아닌 22자로 되어 있다.

10

김성일을 초유사로 삼다

경상도우병사 김성일을 체포해 하옥시키려고 했는데, 서울에 이르기도 전에 다시 초유사招諭使(난리가 났을 때 백성을 타일러 경계하는 일을 맡던 임시 벼슬)로 삼았고 함안 군수 유숭인[67]을 경상도우병사로 삼았다.

이보다 먼저 김성일은 상주에 이르러 왜적이 벌써 국경을 침범했다는 소식을 들었다. 그래서 밤낮으로 말을 달려 본영으로 오다가 도중에 조대곤을 만나 서로 인장과 발병부[68]를 교환하였다. 그 당시에 적은 벌써 김해를 함락하고 군대를 나누어 경상우도의 여러 고을을 노략질하고 있었다.

김성일이 계속 나아가다가 왜적과 우연히 마주쳤는데 장수와 병사들이 달아나려고 했다. 그러나 김성일은 말에서 내려 접의자에 앉아 꼼짝

---

67 유숭인(柳崇仁): ?~1592(선조 25). 1592년 함안군수로 있었는데 왜적에게 성이 포위당하였으나 성을 굳게 지켜냈다. 이후 진해에서 왜적을 맞아 이순신과 협공하여 무찔렀다. 여러 차례 전공을 세워 경상우도병마절도사로 특진되었다. 그 해 10월 진주성이 포위당하자, 이를 구원하기 위해 성 밖에서 왜적과 싸우다 전사하였다.

68 발병부(發兵符): 병부(兵符). 조선 시대에 군대를 동원할 수 있는 신표(信標). 동글납작한 나무패에 한 면은 '발병(發兵)'이라 쓰고 다른 면에는 관찰사나 절도사의 이름을 쓴 다음, 가운데를 쪼개어 왼쪽은 임금이 가지고 오른쪽은 해당 관원이 가진다. 군대를 동원할 때 임금이 교서와 함께 왼쪽의 신표를 내리면, 해당 관원이 이를 맞춰보고 이상이 없으면 군대를 동원한다.

도 하지 않으며 군관 이종인[69]을 불러 말하였다.

"너는 용사다! 적을 보고 먼저 달아나서는 안 된다!"

그 때 한 왜적이 철가면을 쓰고 칼을 휘두르며 돌진하여 왔다. 이종인이 말을 달려 나아가며 화살 하나를 쏘아 고꾸라뜨렸다. 그러자 왜적들이 물러나 달아나며 감히 앞으로 나오지 못하였다.

김성일이 흩어진 군사들을 불러 모으고 여러 군현에 격문을 돌려 적을 견제하는 계책으로 삼았다.

임금님께서 김성일이 일전에 일본에 사신으로 갔다가 와서 왜적이 쉽게 쳐들어오지는 않을 것이라 말하여 인심이 해이해지고 나랏일을 그르쳤다고 여기셨다. 그래서 의금부 도사義禁府都事(임금의 명으로 죄인을 추국하던 의금부 관리)를 보내 잡아오도록 명하였으니 앞일을 예측할 수 없었다. 관찰사 김수는 김성일이 체포되었다는 소식을 듣고 길에 나와서 작별하였다. 그런데 김성일의 말씨와 얼굴빛이 강개하였으며, 자신의 신변에 대해서는 한 마디 말도 하지 않았다. 다만 김수를 격려하며 힘껏 왜적을 토벌하라고만 하였다. 늙은 아전 하자용河自溶이 탄식하며 말하였다.

"자신이 죽는 것은 돌보지 않고 오로지 나랏일, 이것만 근심하다니 진정 충신이로다!"

김성일이 직산(충남 천안시 직산읍)에 이르렀을 때 임금님의 노여움이 풀렸고, 또 김성일이 경상도 선비와 백성의 마음을 얻었다는 것도 알고 계셨다. 그래서 명을 내려 그 죄를 사면하고 경상우도초유사로 삼아, 경상

---

69 이종인(李宗仁): ?~1593(선조 26). 1593년 4월 왜군이 진주성을 공격하자, 경상우병사 김성일의 아장(牙將)이 되어 선봉에서 적장을 사살하여 물리친 공로로 김해부사가 되었다. 그해 7월 왜군이 다시 진주성을 공격하자 성을 사수하다 전사하였다. 호조판서 겸지의금부사에 추증되었다. 후에 진주 사람들이 충민사(忠愍祠)를 세워 제사지냈다.

도 백성을 달래 의병을 일으켜 왜적을 토벌하도록 하신 것이다.

그 당시에 유숭인은 전공이 있었기 때문에 등급을 뛰어넘어 병마절도사로 승진시킨 것이다.

원문

逮慶尙右兵使金誠一 下獄, 未至 還以爲招諭使, 以咸安郡守柳崇仁爲兵使.

初 誠一到尙州 聞賊已犯境. 晝夜馳赴本營 遇曺大坤於路中 交印節. 時賊 已陷金海 分掠右道諸邑.
誠一 進與賊遌 將士欲走. 誠一下馬 踞胡床不動 呼軍官李宗仁曰 "汝勇士也! 不可[일-]見賊先退!" 有一賊 著金假面 揮刃突進. 宗仁馳馬[일-]而出 一箭迎射殪之. 諸賊却走 不敢前. 誠一 收召離散 移檄郡縣 以爲牽綴之計.

上 以誠一前使日本 言賊未易至 解人心誤國事. 命遣義禁府都事拿來 事將不測. 監司金睟 聞誠一被逮 出別於路上. 誠一辭氣慷慨 無一語及己事. 惟勉睟以盡力討賊. 老吏河自溶 歎[극嘆]曰 "己死之不恤 而惟國事是憂 眞忠臣也!"
誠一 行至稷山 上怒霽, 且知誠一得本道士民心. 命赦其罪 爲右道招諭使, 使諭道內人民 起兵討賊.
時 柳崇仁 有戰功 故 超拜兵使.

11

김늑을 경상좌도 안집사로 삼자 의병이 크게 일어나다

첨지 김늑[70]을 경상좌도 안집사安集使(백성을 보살피기 위해 파견된 관리)로 삼았다.

당시에 감사 김수가 우도에 있었는데 적병이 중로를 마음대로 뚫고 다녀서 좌도와 소식이 통하지 않았다. 수령들 모두가 관직을 버리고 도망갔으며 민심도 흩어졌다. 조정에서 이를 듣고 김늑이 영천 사람으로 경상도 백성들의 실정을 잘 아니 안집사로 삼을 만하다고 여겼으므로 임금님께 아뢰어 파견하였다.

김늑이 좌도에 이르자, 좌도의 백성들이 비로소 조정의 영을 듣고 차츰 모여들었다. 영천 · 풍기 두 고을에는 다행히 왜적이 이르지 않아 의병들이 꽤 크게 일어났다고 한다.

70 김늑(金玏): 1540(중종 35)~1616(광해군 8). 임진왜란이 일어나자 경상좌도안집사가 되어 백성들을 모아 의병을 조직하고 왜적을 막았다. 그 공으로 가을에 안동부사가 되었으며 안집사의 역할까지 겸하였다. 1593년 경상우도관찰사가 되었다. 진주에서 이순신을 만난 뒤 그가 백의종군할 때 구명운동을 벌였으며, 류성룡이 공격을 당하자 그를 옹호하는 상소문을 올리기도 했다. 이조판서에 추증되었으며 시호는 민절(敏節)이다.

원문

以僉知金玏爲慶尙左道安集使.

時 監司金睟 在右道, 而賊兵 橫貫中路, 與左道 聲聞不通, 守令 皆棄官逃走 民心解散. 朝廷聞之 以金玏榮川人 詳知本道民情 可以安集, 故白遣之.

玏旣至 左道之民 始聞朝廷之令 稍稍還集. 榮川 · 豐基二邑 賊幸不至 而義兵頗起云.

12

이일이 상주에서 패하고 충주로 퇴각하다

왜적이 상주를 함락시키자, 순변사 이일은 패하여 충주로 달아났다.

애초에 경상도 순찰사 김수는 왜적의 침입 소식을 듣고, 그 즉시 제승방략의 분군법에 따라 여러 고을에 공문을 보내, 각자 군사를 거느리고 약속한 곳에 모여 서울에서 오는 장수가 도착하기를 기다리게 하였다.

문경 이남의 고을 수령들은 모두 자기 소속의 군사를 거느리고 대구로 가서 냇가에서 노숙하며 순변사가 오기를 기다렸다. 그러나 며칠이 지나도 순변사는 오지 않고 왜적이 점점 가까이 다가오자, 많은 군사들이 동요하였다. 때마침 큰 비가 와서 옷이 젖고 양식까지 떨어지자, 밤중에 군사들은 모두 뿔뿔이 흩어졌고 수령들도 다 홀로 말을 타고 도망쳐버렸다.

순변사 이일이 문경에 들어왔을 때는 고을 안이 이미 텅 비어 한 사람도 보이지 않았다. 순변사가 창고의 곡식을 내어 거느리고 온 사람들을 먹이고 함창을 거쳐 상주에 이르렀다. 하지만 상주 목사 김해[71]는 참站(역

71 김해(金澥): 1534(중종 29)~1593(선조 26). 1564년 식년문과에 을과로 급제하였다. 1592년 상주목사로 재임 중 임진왜란이 일어나자 순변사 이일을 맞이한다는 핑계로 성을 버리고 피신하였다. 뒤에 판관 정기룡(鄭起龍)과 함께 향병(鄕兵)을 규합하여 개령에서 왜군을 격파하였고 상주성을 탈환하기도 하였다. 이듬해 왜적에게 포위되어 항전하다가 전사하였다.

과 역 사이의 간이역)에 미리 나가 순변사를 맞이하겠다는 핑계를 대고 산속으로 달아나버렸다. 다만 판관 권길[72] 혼자 고을을 지키고 있었다.

경북 상주시 만산동 702-1 번지. 1592년 4월 23일 이일(李鎰) 등이 상주 북천에서 왜군과 싸운 격전지에 세운 전적비이다. 순변사 이일이 이끄는 중앙군과 상주지역 관군 및 의병 800여 명이 상주의 북천에서 소서행장(小西行長[고니시유키나가])이 이끄는 왜군 선봉부대를 맞아 분전하였으나 패하였다.

임란북천 전적비

이일이 군사가 없다는 이유로 권길을 크게 꾸짖고 뜰에 끌어내어 목을 베려 하자, 권길은 직접 나가 군사를 불러 모으겠다고 애원하였다. 권길은 밤새도록 촌락을 수색하여 이튿날 아침에 수백 명을 데리고 왔으나 모두 농민들뿐이었다. 이일이 상주에서 하루를 머물며 창고를 열고 곡식을 내어 흩어져 있는 백성들을 달래 나오게 하니, 산골짜기 속에서 하나씩 하나씩 모여든 사람이 또한 수백 명이었다. 황급히 대오를 짜서 군대

72 권길(權吉): 1550(명종 5)~1592(선조 25). 음직으로 벼슬에 나가 상주판관에 이르렀다. 임진왜란이 일어나자 이일의 군대와 합세하여 상주에서 왜적과 싸웠으나 패하여 전사하였다. 상주의 충렬사(忠烈祠)에 배향되었다.

를 만들었지만 전투를 감당할 만한 사람은 하나도 없었다.

이때 왜적은 이미 선산에 이르렀다. 저녁 무렵에 개령현(경북 김천시 개령면) 사람이 와서 왜적이 가까이 왔다고 알렸지만, 이일은 사람들을 현혹시킨다며 목을 베려고 하였다. 그가 부르짖으며 말하였다.

"원컨대 잠시만 저를 가두어 두십시오. 내일 아침 왜적이 오지 않거든 그때 저를 죽여도 늦지 않을 것입니다."

이날 밤에 왜적이 장천長川(경북 구미시 장천면)에 주둔하고 있었는데 상주와의 거리가 불과 20리밖에 되지 않았지만, 이일의 군대에는 척후병이 없었기 때문에 왜적이 왔는데도 알지 못했던 것이다.

이튿날 아침 이일은 오히려 왜적이 오지 않는다고 여기고 개령 사람을 옥에서 끌어내 목을 베어 여러 사람 앞에 돌려 보였다. 그리고 권길이 데려 온 백성과 군졸에 서울에서 온 장수와 병사를 합했으나 겨우 팔구백 명에 불과했다. 상주 북천에서 이들에게 진을 익히게 하고, 산에 의지해 진을 치고 진 한가운데에 대장기를 세웠다. 이일은 갑옷을 입고 큰 깃발 아래에서 말을 탔으며, 종사관 윤섬[73]과 박지,[74] 판관 권길과 사근찰방 김종무[75] 등은 모두 말에서 내려 이일의 말 뒤에 있었다.

---

73 윤섬(尹暹): 1561(명종 16)~1592(선조 25). 1583년(선조 16) 별시문과에 을과로 급제하였다. 1587년 사은사의 서장관으로 명나라에 가서 이성계의 조상이 이인임으로 잘못 기록된 명나라의 기록을 정정한 공으로 1590년 광국공신 2등에 책록되고 용성부원군에 봉해졌다. 교리로 있다가 임진왜란이 일어나자 이일의 종사관이 되어 상주성을 지키다 전사하였다.

74 박지(朴篪): 1567(명종 22)~1592(선조 25). 1584년(선조 17) 친시문과에 장원급제하였다. 임진왜란 때 순변사 이일의 종사관이 되어 상주에서 싸우다가 전사하였다.

75 김종무(金宗武): 1548년(명종 3)~1592년(선조 25). 임진왜란이 일어나자 사근찰방으로서 이일의 휘하로 상주에서 왜군과 싸우다 전사하였다. 이일이 패하여 달아나자, 말에서 내려 군복을 바로 잡고 '군신의중(君臣義重)' 네 글자를 편지 끝에 써서 하인에게 주어 본가에 전하라고 하였다. 1675년에 충신(忠臣)으로 정표되었다. '김종무 충신정려비'가 남아 있으며, 충렬사에 배향되었다.

조금 후에 몇 사람이 숲속에서 나와 이리저리 다니며 바라보다가 돌아갔다. 여러 사람들이 왜적의 척후병인가 의심했으나 개령 사람의 일에 혼쭐나서 감히 알리지 못했다. 이윽고 또 성 안을 바라보니 여러 곳에서 연기가 피어나므로 이일은 비로소 군관 한 사람을 보내 탐지하도록 했다. 군관은 말을 타고 역졸 두 사람에게 말굴레를 잡게 하고 천천히 가고 있는데, 다리 아래 숨어 있던 왜병이 조총으로 군관을 쏴 말에서 떨어뜨리고 머리를 베어 달아났다. 우리 군사들이 이 광경을 바라보고 기세가 꺾이고 말았다.

잠시 후 왜적의 대군이 이르러 조총 10여 발을 쏘자, 총에 맞은 자들이 그 즉시 쓰러졌다. 이일이 급히 군사를 불러 활을 쏘게 했지만, 화살이 겨우 수십 보 밖에 떨어져 적을 죽일 수 없었다. 왜적은 이미 좌익과 우익으로 나누어 깃발을 들고 우리 군대 뒤를 에워싸며 포위해 다가왔다. 이일은 사태가 위급해진 것을 알고 말을 급히 돌려 북쪽으로 도망치자, 군사들이 크게 혼란해져 각자 살기 위해 도망쳤다. 그러나 탈출한 자는 몇 명에 지나지 않았고, 종사관 이하 말에 미처 올라타지 못한 사람들은 모두 왜적에게 살해되었다.

왜적이 이일을 급히 추격하자, 이일은 말을 버리고 옷을 벗어 던지고 머리카락을 풀어 헤친 채 알몸으로 달아났다. 문경에 도착하여 종이와 붓을 찾아 패전한 상황을 임금님께 빨리 보고하게 하고 퇴각해 조령을 지키려고 하다가, 신립이 충주에 있다는 소식을 듣고 마침내 충주로 달려갔다.

원문

[76]賊陷尙州, 巡邊使李鎰 兵敗奔還忠州.

初 慶尙道巡察使金睟 聞賊變, 卽依方略分軍 移文列邑, 各率所屬 屯聚信地 以待京將之至.
聞慶以下守令 皆引其軍 赴大丘 露次川邊 待巡邊使. 旣數日 巡邊使 未及來 而賊漸近, 衆軍自相驚動. 會大雨 衣裝沾濕 糧餉不繼, 夜中 皆潰散 守令 悉以單騎奔還.
巡邊使入聞慶 縣中已空 不見一人. 自發倉穀 餉所率人 而過歷咸昌 至尙州. 牧使金澥 託以支待巡邊使于出站 遁入山中. 獨判官權吉 守邑.
鎰 以無兵責吉 曳之庭 欲斬之, 吉哀告 願自出招呼. 達夜 搜索村落間詰朝 得數百人以至 皆農民也. 鎰 留尙州一[이-][77]日 發倉開糶 誘出散民, 從山谷中 介介而來 又數百餘人. 倉卒 編伍爲軍 無一堪戰者.
時 賊 已至善山. 暮 有開寧縣人 來報賊近, 鎰 以爲惑衆 將斬之. 其人呼曰 "願姑囚我. 明早 賊未至 死 未晩也." 是夜 賊兵 屯長川 距[국이拒]尙州二[이一]十里, 而鎰軍 無斥候, 故 賊來 不知.

翌朝 鎰 猶謂[이일爲]無賊 出開寧人於獄 斬以徇衆. 因率所得民軍 合京來將士 僅八九百. 習陣于州北[일比]川邊 依山爲陣 陣[일陳陳]中 立大將旗. 鎰被甲 立馬大旗下, 從事官尹暹・朴篪及判官權吉・沙斤察訪金宗武等 皆下馬 在鎰馬後.
有頃 有數人 從林木間出 徘徊[이일俳佪]眺望而回. 衆疑爲賊候 而懲開

---

76 [일]에는 앞장과 이어져 있다.

77 [이]에 한 칸 띄어져 있는데 지워진 것으로 보인다.

寧人 不敢告. 旣又望見城中 數處煙[이일烟]起, 鎰 始使軍官一人 往探. 軍官跨馬 二驛卒執鞚 緩緩去, 倭先伏橋下 以鳥銃中軍官墜馬 斬首而去. 我軍望見奪氣.

俄而 賊大至 以鳥銃十餘衝之 中者卽斃. 鎰 急呼軍人 發射, 矢數十步 輒墜 不能傷賊. 賊已分出左右翼 持旗幟繞軍後 圍抱而來. 鎰知事急 撥回馬向北走 軍大亂 各自逃命. 得脫者 無幾, 從事以下 未及上馬者 悉爲賊所害.

賊追鎰急 鎰棄馬脫衣服 披髮赤體而走. 到聞慶 索紙筆 馳啓敗狀 欲退守鳥嶺, 聞申砬在忠州 遂趨忠州.

13

흉흉해진 도성의 민심과 해이해진 군정

우상 이양원[78]을 수성대장으로 삼고, 이전李戩과 변언수[79]를 경성의 좌위장과 우위장으로 삼았으며, 상산군 박충간[80]을 경성 순검사로 삼아 도성을 경비하게 하고, 상중에 있던 김명원[81]을 불러들여 도원수로 삼아 한강을 지키도록 했다.

이때에 이미 이일이 패했다는 보고가 이르러 인심이 흉흉해지자, 궁궐

---

78 이양원(李陽元): 1526(중종 21)~1592(선조 25). 1555년(명종 10) 알성문과에 병과로 급제하였다. 1563년 종계변무사의 서장관으로 명나라에 다녀왔고, 그 공으로 광국공신 3등에 책록되었다. 임진왜란이 일어나자 유도대장(留都大將)이 되어 도성의 수비를 맡았다. 부원수 신각과 함경도병마절도사 이혼의 군사와 합세해 해유령에서 왜군을 격파하였다. 그 공으로 영의정이 되었는데, 선조가 요동으로 건너가 내부(內附: 딴 나라에 들어가 붙음)한다는 소식을 듣고 8일간 단식하다가 피를 토하고 죽었다. 시호는 문헌(文憲)이다.

79 변언수(邊彦琇): 1544(중종 39)~1592(선조 25). 1567년(선조 즉위년) 식년시에 병과로 무과에 급제하였다. 임진왜란이 일어나자 유도대장이 되어 도원수 김명원 등과 함께 한강 방어 임무를 맡았다. 구원군을 이끌고 오라는 명에 응하지 않은 죄로 백의종군을 명받았으나, 오랑캐 땅으로 도망가려는 계획이 탄로나 처형되었다.

80 박충간(朴忠侃): ?~1601(선조 34). 정여립의 역모를 고변한 공으로 평난공신 1등에 책록되었고 상산군에 봉해졌다. 임진왜란 때 순검사가 되어 왜적의 침입에 대비하였지만, 싸우다 도망간 죄로 파면되었다. 후에 영호남 지방에서 군량미를 조달하였다. 1594년에 진휼사가 되어 백성의 구호에 진력하였다.

81 김명원(金命元): 1534(중종 29)~1602(선조 35). 1561년 식년문과에 급제하였다. 1587년 도순찰사로 녹도에 침입한 왜구를 격퇴하였다. 임진왜란 때 팔도도원수가 되어 임진강을 방어하였다. 이후 행재소를 경비하였으며 명나라 장수들의 자문에 응하였다. 1597년 정유재란 때 병조판서로서 유도대장을 겸임하였으며, 후에 좌의정까지 이르렀다. 시호는 충익(忠翼)이다.

안에서는 서울을 버리자는 의견까지 있었으나 궁궐 밖에서는 알지 못했다. 이마理馬(임금님의 마필을 담당하는 사복시 정6품 잡직) 김응수[82]가 빈청에 와서 수상과 귀속 말을 하고 갔다가 다시 오자 이를 본 사람들이 의아하게 여겼다. 이것은 수상이 그 당시 사복시 제조로 있었기 때문이다.

도승지 이항복[83]이 손바닥에 '영강문 안에 말을 세워라立馬永康門內.' 하는 여섯 글자를 써서 나에게 보였다. 대간은 수상이 나라를 그르쳤다고 탄핵하며 파직을 청하였지만 임금님께서 허락하지 않으셨다.

종친들이 합문閤門(편전의 앞문) 밖에 모여 통곡하면서 도성을 버리지 말라고 청하였다. 영부사 김귀영[84]은 더욱 분개하여 여러 대신들과 함께 들어가 임금님을 뵙고 서울을 굳게 지키자고 청하였다. 그리고 또 이렇게 말하였다.

"도성을 버리자고 의논하는 자들은 곧 소인배다."

임금님께서 교지를 내려 말씀하셨다.

---

82 김응수(金應壽): 1567(명종 22)~?. 사복시 하급 잡직에서 문관의 반열에 올랐다. 임진왜란이 일어나자 선조를 모시고 황해도 평산까지 호종하였다가, 오치운(吳致雲)과 함께 선조의 명에 의해 문관에 등용되었다. 1604년 호종공신3등에 책봉되어 분성군에 봉해졌다.

83 이항복(李恒福): 1556(명종11)~1618(광해군10). 권율 장군의 사위이다. 1580년(선조 13) 알성문과에 병과로 급제하였다. 임진왜란이 일어나자 도승지로 임금을 호종하여 의주로 갔으며, 이후 병조판서를 거쳐 이조판서에 올랐다. 정유재란이 일어나자 다시 병조판서가 되었으며, 1599년 우의정을 거쳐 이듬해에 영의정이 되었고 1602년 오성부원군에 봉해졌다. 광해군이 즉위한 후 대북파가 주도한 폐모론에 적극 반대하다가 1618년 삭탈관직 되었고, 이후 함경도 북청으로 유배되었다가 그곳에서 죽었다. 시호는 문충(文忠)이다.

84 김귀영(金貴榮): 1520(중종 15)~1593(선조 26). 1547년(명종 2) 알성 문과에 병과로 급제하였다. 『중종실록』 편찬에 참여하였으며 좌의정에 올랐다. 임진왜란이 일어나자 임해군을 모시고 함경도로 피난 갔다가, 회령에서 국경인의 반란으로 왜적의 포로가 되었다. 임해군을 보호하지 못한 책임으로 삭탈관직을 당하였고, 가등청정의 강요로 강화를 요구하는 글을 받기 위해 풀려나 행재소에 갔다가, 탄핵을 받고 회천으로 유배 가다가 죽었다.

"종묘와 사직이 여기에 있는데, 내 장차 어디로 가겠느냐?"

사람들이 마침내 물러갔지만 일의 형편은 어떻게 할 수가 없었다.

고을 백성들과 공·사노비, 그리고 서리와 삼의사三醫司(의료 담당 부서 내의원·전의감·혜민서)를 뽑아서 성 위의 여장[85]을 나누어 지키게 했다. 여장은 3만 개가 넘었지만, 성을 지키는 사람은 겨우 7천 명뿐이었고, 그것도 전부 오합지졸이어서 모두들 성벽을 넘어 도망갈 마음만 먹고 있었다. 상번上番(지방의 군사를 차례로 서울로 보내 근무하게 하는 제도)하는 군사들도 비록 병조에 소속되어 있었지만, 하급관리와 농간을 부려 뇌물을 주고 제 맘대로 빠져 나간 자들이 너무나 많았다. 관원들도 군사들이 갔는지 남아 있는지 묻지도 않았기 때문에 급한 일이 닥쳤을 때는 모두 쓸모가 없었다. 군정이 해이해진 것이 온통 이 지경까지 이르렀던 것이다.

원문

以右相李陽元爲守城大將, 李戩·邊彦琇爲京城左右衛將, 商山君朴忠侃爲京城巡檢[일撿]使 使修都城, 起復金命元爲都元帥 守漢江.

時 李鎰敗報已至 人心洶洶, [86]內間有去邠之意 外庭不知. 理馬金應壽 到賓廳 與首相耳語 去而復來 觀者疑之. 蓋首相 時 爲司僕提調故也.
都承旨李恒福 於掌中 書'立馬永康門內'六字示我. 臺諫 劾首相誤國 請

85 여장(女墻): 성벽 위에서 몸을 숨기고 적을 공격할 수 있도록 구멍이나 사이를 띄어서 쌓은 작은 성벽을 말한다. 성가퀴·성첩(城堞)이라고도 한다.

86 [일]에서는 여기서 행을 나누어 새로운 장으로 보았다. [이]는 11행 21자로 이루어져 있는데, 11행의 마지막 21칸이 비워져 있다. 이로 인해 [일]은 여기서 장이 나누어진다고 착각한 듯하다. 이것은 [일]이 [이]를 저본으로 삼았다는 근거의 하나가 될 수 있을 것이다.

罷, 不允.

宗親 聚閤門外 痛哭 請勿棄城. 領府事金貴榮 尤憤憤 與諸大臣 入對 請固守京城, 且曰 "倡議[대義]棄城者 乃小人也." 上教曰 "宗社在此 予將何適?" 衆遂退, 然 事不可爲矣.

抄發坊里民及公私賤[일賊]·胥吏·三醫司 分守城堞. 計堞[일-]三萬餘 而守城人口 僅七千, 率皆烏合 皆有縋城逃散之心. 上番軍士 雖屬於兵曹 而與下吏 相與爲奸 受賂私放者 甚多. 官員 不問去留, 臨急 皆不可用. 軍政解弛 一至於此.

14

왕세자를 세워 인심을 수습하게 하다

대신이 왕세자를 세워 인심을 수습하자고 요청하자, 임금님께서 그 말을 따랐다.

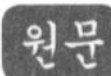

大臣 請建儲 以繫人心, 從之.

15

사신 이덕형이 평행장을 못 만나다

동지사 이덕형[87]을 왜적에 사신으로 보냈다.

상주에서 패했을 때 왜학통사 경응순이란 사람이 이일의 군대에 있다가 왜적에게 사로잡혔다. 왜군의 장수 평행장이 평수길의 서신과 예조에 보내는 공문 한 통을 경응순에게 주어 보내면서 또 말하였다.

"동래에 있을 때 울산군수를 생포하여 서신을 전하라고 보냈는데 지금까지 회답이 없다. [원주: 군수는 이언함[88]인데 적진에서 돌아왔지만 죄를 입을까 두려워 도망쳐 왔다고 말하고 그 편지는 숨기고 전달하지 않았기 때문에 조정에서는 몰랐던 것이다.] 조선에서 만약 강화할 뜻이 있다면 이덕형이 28일에 충주에서 나와 만나야 한다."

이덕형이 예전에 선위사宣慰使(외국 사신을 맞이하기 위해 임시로 둔 관직)가

87 이덕형(李德馨): 1561(명조 16)~1613(광해군 5). 1580년(선조 13) 별시문과 을과에 급제하였다. 임진왜란 때 선조를 호종하였으며 대동강에서 왜적의 사신 현소와 화의를 교섭하였으나 실패하였다. 이후 청원사(請援使)가 되어 명나라에 원병을 요청하였다. 1593년 병조판서, 이듬해에 이조판서가 되었으며, 새로 만든 훈련도감의 당상이 되었다. 1598년 좌의정이 되었고, 1601년에 경상 · 전라 · 충청 · 강원도의 4도 도체찰사가 되어 전쟁 후의 민심 수습과 군대 정비에 노력하였고 이듬해 영의정이 되었다. 1613년(광해군 5) 영창대군의 처형과 인목대비 폐모론을 반대하다가 삭탈관직 되었고 그 해 병사하였다. 시호는 문익(文翼)이다.

88 이언함(李彦諴): [국간]에는 이언성(李彦誠)으로 되어 있다.

되어 왜국 사신을 접대했기 때문에 평행장이 그를 보고자 한 것이다.

경응순이 서울에 이르렀으나 이때는 일이 다급하여 아무런 계책이 나오지 않았다. 혹시 이 일로 왜군의 진격을 늦출 수 있을까 생각했고 이덕형도 스스로 가겠다고 청하여, 예조에서 답서를 만들어 경응순을 데리고 가도록 했다. [원주: 이덕형이 가는 도중에 충주가 이미 함락되었다는 소식을 듣고 경응순에게 먼저 가서 탐색하게 하였지만, 경응순이 적장 가등청정에게 살해되었기 때문에 이덕형은 마침내 중로를 따라 돌아와 평양에서 복명하였다.]

원문

遣同知事李德馨 使倭軍.

尙州之敗 有倭學通事景應舜者 在李鎰軍中 爲賊所獲. 倭將平行長 以平秀吉書契及送禮曹公文一道 授應舜出送, 且曰 "在東萊時 生得蔚山郡守 傳送書契 而至今未報. (郡守 卽李彦誠[이간誠], 自賊中回 而畏得罪 自云逃來 隱其書不傳, 故 朝廷不知也.) 朝鮮 若有意講和, 可令李德馨 於二十八日 會我於忠州." 蓋德馨 往年 嘗爲宣慰使 接待倭使, 故 行長 欲見之.

應舜至京 時事急 計無所出. 意或因此緩兵 德馨 亦自請行, 令禮曹裁答書 挾應舜而去. (德馨 在道[이일途] 聞忠州已陷 先使應舜往探, 應舜 爲賊將淸正所殺, 德馨 遂從中路還 復命於平壤.)

16

왜적의 서울 침입에 대비하다

형혹성熒惑星(화성)이 남두육성南斗六星(수명을 관장하는 별자리)을 침범했다.

경기 · 강원 · 황해 · 평안 · 함경 등 각 도의 군사를 징발하여 서울에 들어와 구원하도록 했다. 이조판서 이원익[89]을 평안도 도순찰사로 삼고, 지사 최흥원[90]을 황해도 도순찰사로 삼아 모두 그날로 떠나보냈다. 장차 서쪽으로 피란가자는 논의가 있었는데, 이원익은 전에 안주목사였고 최흥원은 황해감사였는데 모두 어진 정치를 베풀어 민심을 얻은 일이 있었다. 그래서 이들을 먼저 보내 군사와 백성을 어루만지고 타일러 임금님의 행차를 대비하도록 한 것이다.

---

89 이원익(李元翼): 1547(명종 2)~1634(인조 12). 1569년(선조 2) 별시문과에 병과로 급제하였다. 임진왜란 때 평양이 함락되자 정주에서 군사를 모집하였고, 관찰사 겸 순찰사가 되어 왜병 토벌에 공을 세웠다. 1593년 정월 명나라 군대와 합세하여 평양을 탈환한 공로로 숭정대부가 되었다. 1595년 우의정 겸 4도체찰사로 임명되었다. 진주변무사(陳奏辨誣使)를 자원하여 명나라에 다녀왔다. 다섯 번이나 영의정을 지냈지만 오막살이 초가집에서 지냈으며, 퇴직 후에는 끼니거리조차 없을 정도로 청빈하였다. 시호는 문충(文忠)이다.

90 최흥원(崔興源): 1529(중종 24)~1603(선조 36). 1568년(선조 1) 증광문과에 병과로 급제하였다. 1588년 평안도관찰사가 되었다. 임진왜란 때 류성룡이 파직되자 대신 영의정이 되었으나, 이듬해 병으로 사직하였다. 영돈녕부사와 영평부원군에 봉해졌다. 선조를 호종한 공으로 1604년 호성공신 2등에 추록되었으며, 시호는 충정(忠貞)이다.

원문

熒惑犯南斗.

徵京畿 · 江原 · 黃海 · 平安 · 咸鏡等道兵 入援京師. 以吏曹判書李元翼爲平安道都巡察使 知事崔興源爲黃海道都巡察使, 皆卽日發遣. 以將有西狩之議, 而元翼 曾爲安州牧使 興源爲黃海監司, 皆有惠政 爲民心所喜. 故 使之先往 撫諭軍民 以備巡幸.

17
신립이 충주에서 패하다

왜적이 충주에 쳐들어오자 신립이 맞아 싸웠으나 패하여 죽고 모든 군대가 크게 무너졌다.

신립이 충주에 이르니 충청도의 여러 군과 현에서 모인 병사들이 8천여 명이었다. 신립이 조령을 지키려고 했으나 이일이 패하였다는 소식을 듣고 간담이 서늘해져 충주로 돌아왔고, 또 이일 · 변기 등을 불러 모두 충주로 오게 했다. 험준한 곳을 지키지 아니하고 명령이 번거롭고 어지러워 보는 사람들이 반드시 패할 줄을 알았다.

신립과 친한 군관이 왜적이 이미 조령을 넘었다고 몰래 보고했는데, 이 날이 27일 초저녁이었다. 신립이 갑자기 성 밖으로 달려 나가자 군사들이 소란스러워졌지만 신립이 어디에 있는지조차 몰랐는데, 밤늦게 몰래 객사로 돌아왔다. 다음날 아침에 군관이 망언을 했다고 끌어내어 목을 베고 장계를 올려 오히려, '왜적은 아직 상주를 떠나지 않았습니다.'라고 말했으니, 적병이 이미 10리 안에 와있는 사실을 몰랐던 것이다.

그런 뒤 신립이 군사를 거느리고 탄금대 앞 두 물줄기 사이에 진을 쳤는데, 그곳 좌우에는 논이 많고 수초가 뒤섞여 있어 말 달리기가 불편했다. 조금 후에 왜적이 단월역에서 길을 나누어 왔는데, 그 기세가 비바람이 몰아치는 것 같았다. 한 무리는 산을 따라 동쪽으로 오고 또 한 무리는 강을 따라 내려오는데, 총소리가 땅을 진동시키고 먼지가 하늘에 가득했다.

신립이 어떻게 해야 할지를 몰라 말을 채찍질하여 몸소 두 번이나 적진으로 돌격했지만 들어갈 수 없자, 되돌아와 강으로 달려가 물에 뛰어들어 죽었다. 군사들이 모두 강물로 뛰어들어 시체가 강을 덮어 떠내려갔다. 김여물도 혼란스러운 병사들 속에서 죽었지만, 이일은 동쪽 산골짜기를 따라 도망쳤다.

충주전투(탄금대전투)

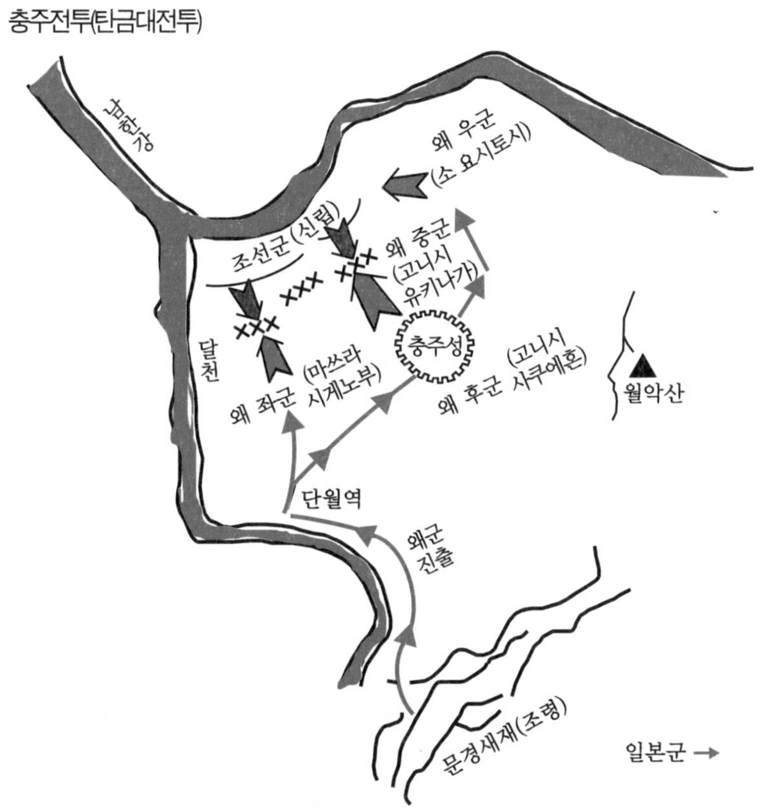

처음에 조정에서 적병이 강성하다고 듣고, 이일이 혼자 힘으로 지탱하기 어려울 것이라고 근심하였다. 그래서 조정에서는 신립은 당시의 명장으로 군사들이 두려워하고 복종한다고 여겨서 그에게 많은 군사를 거느리고 이일의 뒤를 따라가게 하였으니, 두 장수가 힘을 합쳐 적을 막아내기를 기대한 것으로, 계책 그 자체가 잘못된 것은 아니었다.

그러나 불행하게도 경상도 수군과 육군의 장수들이 모두 겁쟁이였다. 바다에 있어서는 좌수사 박홍은 한 명의 병사도 출병시키지 않았으며, 우수사 원균[91]은 비록 물길이 좀 멀기는 하지만 거느리고 있는 배가 많았고, 또 적병이 하루에 한꺼번에 쳐들어 온 것도 아니었으니, 모든 군사를 거느리고 전진하여 군대의 위세를 보이고 서로 대치했어야 했다. 다행히 한 번이라도 이겼다면 왜적은 마땅히 배후를 근심하여 갑자기 깊이 쳐들어오지는 못했을 것이다. 하지만 바라만 보고도 멀리 피해서 단 한 번도 싸우지 않았다.

왜적이 육지에 오르자 경상도 좌병사 이각은 도망쳤고 우병사 조대곤은 교체되었다. 왜적은 북을 치며 거침없이 전진하여 무인지경의 수 백리의 땅을 밟고 밤낮으로 북상하였지만, 단 한 곳도 용감하게 대항하여 조금이라도 그 기세를 누그러뜨리려는 자가 없었다.

불과 열흘도 안 되어 왜적이 벌써 상주에 이르렀다. 이일은 객장으로

---

91 원균(元均): 1540(중종 35)~1597(선조30). 무과에 급제한 뒤 조산만호와 부령부사를 거쳐 경상우도수군절도사에 부임한 지 3개월 뒤에 임진왜란이 일어나자 퇴각하여 이순신에게 원군을 요청하였다. 이순신의 수군과 함께 옥포·당포 등지에서 연전연승하였으나 포상 과정에서 이순신과 불화가 발생하였고, 1593년 8월 이순신이 신설된 삼도수군통제사직에 임명되어 지휘권을 장악하자 이에 반발해 충청병사로 전출되었다. 이순신이 체포되자 1597년 1월에 이순신을 대신해 삼도수군통제사가 되었다. 그 해 삼도 수군을 거느리고 부산의 적을 공격하던 중 칠천량해전에서 대패하고 전사했다. 선무공신 일등에 추록되었고, 원릉군에 추봉되었다.

서 거느린 군사도 없이 갑자기 싸우게 되어 형세가 진실로 대적할 수 없었다. 신립이 충주에 이르기 전에 이일이 먼저 패하여 진퇴의 근거를 잃게 되었으니, 일이 이로써 크게 그르치게 되었다. 아! 원통하도다!

나중에 들으니 왜적이 상주를 나와서도 오히려 험한 곳을 지나기를 꺼렸다고 했다. 문경현 남쪽 10여 리 쯤에 옛 성이 있는데 고모성姑母城이라 한다. 좌도와 우도가 만나는 곳에 위치해 있는데, 두 골짜기가 마치 묶어놓은 듯하며 가운데 큰 시내가 두르고 길이 그 아래로 나 있다. 왜적이 그곳을 지키는 군사가 있을까 두려워 사람을 시켜 두세 번 살펴본 뒤에 군사가 없는 것을 알고 노래 부르고 춤추며 지나갔다고 한다.

고모성

경북 문경시 마성면 신현리 고모산(姑母山)에 있는 포곡식 산성으로 2세기 말경에 축조된 것으로 추정된다. 이후 여러 차례 증축과 개축을 반복하였다. '경북팔경' 중 하나인 진남교반(鎭南橋畔)을 사이에 두고 영강이 흐르는 건너편의 어룡산(魚龍山)과 마주보고 있는 천연 요새이다.

그 후에 명나라 장수 이여송 제독이 왜적을 추격하여 조령을 지나다가 탄식하여 말하였다.

"이처럼 험한 곳이 있는데도 지킬 줄 몰랐으니 신총병은 지모가 없는 사람이라 하겠다."

대체로 신립은 비록 날쌔어 그 당시 명성이 있었지만 전략은 그의 장점이 아니었다. 옛 사람이 말하기를 '장수가 병법을 모르면 그 나라를 적에게 주는 것이다.'라고 하였다. 지금 비록 후회해도 소용없지만 그래도 훗날의 경계가 될 수 있으므로 자세히 적어두는 것이다.

원문

[92]賊兵 入忠州, 申砬 迎戰 敗績而死, 諸軍大潰.

砬至忠州 忠淸道郡縣兵來會者 八千餘人. 砬 欲保鳥嶺 聞鎰敗 膽落 還忠州, 且召李鎰 · 邊璣等 俱到忠州. 棄險不守 號令煩擾[이일撓], 見者知必敗.

有所親軍官 密報賊已踰嶺 乃二十七日初昏也. 砬 忽跳出城 軍中擾擾 不知砬所在, 夜深 潛還[일-]客舍. 明朝 謂軍官妄言 引出斬之, 狀啓猶云'賊未離尙州.' 不知賊兵已在十里內也.

因率軍 出陣[일陳]于彈琴臺前兩水間, 其地左右 多稻田 水草交雜 不便馳驅. 少頃 賊從丹月驛 分路而至 勢如風雨. 一路 循山而東, 一路 沿江而下, 炮響震地 塵埃接天.

砬 不知所爲 鞭馬 欲親自突陣者 再 不得入, 還赴江 沒于水中而死. 諸軍悉赴江中 屍蔽江而下. 金汝岉 亦死亂兵中, 李鎰 從東邊山谷間 脫走.

---

92 [일]에는 앞장에 이어져 있다.

初 朝廷 聞賊兵盛, 憂李鎰獨力難支. 以'申砬一時名將 士卒畏服', 使引重兵 隨其後, 欲兩將協勢 庶幾捍賊, 計未失也.

不幸 本道水陸將 皆恇㤼. 其在海中也 左水使朴泓 一兵不出, 右水使元均 雖水路稍遠 所領舟艦 旣多, 且賊兵 非一日俱至, 可悉衆前進 耀兵相持. 幸而一捷 則賊 當有後顧慮 未必遽深入. 而乃望風遠避 不一交兵.

及賊登陸 左右兵使李珏 · 曺大坤 或遁或遞[국이일逓]. 賊鳴鼓橫行 蹈數百里無人之地 晝夜北上, 無'一處敢齟齬 少緩其勢者.'

不十日 已至尙州. 李鎰 客將無軍 猝與相角 勢固不敵. 砬未至忠州 而鎰先敗 進退失據, 事 是以 大謬. 嗚呼 痛哉!

後聞, 賊出[옥대국간入]尙州 猶以過險爲憚. 聞慶縣南十餘里 有古城 日'姑毋[이일毋][93]'. 據左右道交會處, 兩峽如束 中盤大川 路出其下. 賊恐有守兵 使人再三覘覰 知無兵, 乃歌舞而過云.

其後 天將李提督如松 追賊過鳥嶺 歎[국이일嘆]日 "有險如此而不知守, 申總[국揔;이일摠]兵 可謂無謀矣." 蓋砬 雖輕鋭 得時名, 籌略 非其所長. 古人云'將不知兵 以其國與敵.' 今雖悔之無及, 猶可爲後日之戒 故備著云.

---

93 목판본에서 毋와 毌는 혼용되는 경향이 있다.

18
임금님께서 서쪽으로 몽진가시다

4월 30일 새벽에 임금님의 수레가 서쪽으로 향했다.

신립이 떠난 후 도성 안 사람들은 날마다 승전보를 기다리고 있었다. 그런데 전날 저녁에 전립氈笠(무관이 쓰던 모자)을 쓴 세 사람이 숭인문으로 말을 달려 들어왔다. 성 안의 사람들이 전쟁 소식을 다투어 묻자, 이렇게 대답하였다.

"우리는 순변사 군관의 노복인데, 어제 순변사께서 충주에서 패해 돌아가셨고 모든 군대가 크게 무너졌습니다. 저희들이 탈출해 홀로 온 것은 집안 사람들에게 알려 피란하도록 하려는 것입니다."

이 말을 들은 사람들은 크게 놀라 지나가는 곳마다 알려서, 얼마 안 되어 온 성 안이 모두 두려워 떨었다.

초저녁에 임금님께서 정승을 불러 서울을 떠나 피란갈 일을 의논했다. 임금님께서 동쪽 바깥채에 거둥하시어 촛불을 켜고 앉았고, 종실의 하원군[94]

94 하원군(河源君) 이정(李鋥): 1545(인종 1)~1597(선조 30). 중종 아들인 덕흥대원군의 아들로 선조의 형이다. 본래 술과 여자를 좋아하는 등 방탕을 일삼았으나 임진왜란이 일어난 후에는 나라를 위해 힘썼다. 호성원종2등공신에 책록되었고, 시호는 의헌(懿獻)이다.

과 하릉군[95] 등이 그 옆에 모시고 앉았다. 대신이, '사세가 이 지경에 이르렀으니 임금님께서는 잠시 평양으로 가시어, 명나라에 구원병을 청하여 수복을 도모하소서.'라고 아뢰었다.

그러자 장령 권협[96]이 뵙기를 청하고 임금님의 무릎 앞까지 다가와 큰 소리로 부르짖으며 서울을 굳게 지키자고 청하였는데, 그 말이 너무나 시끄러웠다. 내가 말하였다.

"비록 위급하고 혼란한 때일지라도 군신의 예의는 이럴 수가 없으니, 조금 뒤로 물러나서 아뢰시오."

그러자 권협이 연이어 소리를 지르며 말하였다.

"좌상께서도 이런 말씀을 하십니까? 그렇다면 서울은 버려야 한다는 말씀입니까?"

나는 임금님께 아뢰었다.

"권협의 말은 매우 충성스럽습니다. 그러나 사세가 어쩔 수 없습니다."

그리고 이어서 왕자들을 여러 도에 나누어 파견하여 근왕병을 모집하게 하고 세자는 임금님의 수레를 따르도록 청하여, 의논을 정했다.

대신들이 합문 밖에 나가 기다렸다가 어명을 받았다. 임해군[97]은 함경

---

95 하릉군(河陵君) 이인(李鏻): 1546(명종 1)~1592(선조 25). 중종 아들인 덕흥대원군의 아들로 선조의 둘째 형이다. 임진왜란이 일어나자 왜군을 피해 강원도 통천군에 도착했는데 왜군이 통천에까지 진입하자 목매어 자결하였다. 임진왜란 중 사망하여 한때 시신이 유실되기도 했으나 군수인 정구(鄭逑)가 시신을 찾아 수습하였다. 시호는 효정(孝貞)이다.

96 권협(權悏): 1553(명종 8)~1618(광해군 10). 1577년(선조 10) 알성문과에 을과로 급제하였다. 『명종실록』 편찬에 참여하였다. 임진왜란이 일어나자 서울을 굳게 지킬 것을 청하였다. 정유재란이 일어나자 명나라에 가서 사태의 시급함을 알리고 원병을 청하였다. 시호는 충정(忠貞)이다.

97 임해군(臨海君): 1574(선조 7)~1609(광해군 1). 광해군의 형이었지만 성질이 난폭하여 세자가 되지 못했다. 임진왜란이 일어나자 왕명에 따라 순화군과 함께 근왕병을 모집하기 위해 함경도로 갔지만, 그 해 9월에 국경인에 의해 가등청정에게 넘겨져 이듬해 부산으로 이송되었다가 석방되어 서울로 돌아왔다. 1608년 선조가 죽자 진도에 유배되었다가 강화의 교동도로 이배되어 다음해 죽었다.

도로 가는데 영부사 김귀영과 칠계군 윤탁연[98]을 따라가게 했다. 순화군[99]은 강원도로 가는데 장계군 황정욱[100]과 호군 황혁[101]과 동지중추부사 이기[102]를 따라가게 했는데, 황혁의 딸이 순화군의 부인이고 이기는 원주 사람이어서 함께 파견한 것이다.

이때 우의정 이양원을 유도대장으로 삼고, 영의정 이산해와 재신 수십 인을 호종扈從(임금을 호위하여 따르는 일) 하라고 호명하였으나, 나에게는 명한 것이 없었다. 승정원에서 '호종하는 사람 중에 류성룡이 없을 수 없습니다.' 라고 해서, 호종하라는 분부를 내렸다.

내의 조영선趙英璇과 승정원 이속 신덕린申德獜 등 10여 명이 큰 소리로, '서울을 버려선 아니 되옵니다!'라고 말하였다.

조금 후에 이일의 장계가 도착했는데, 궁궐을 지키는 군사들은 모두

---

98 윤탁연(尹卓然): 1538(중종 33)~1594(선조 27). 임진왜란이 일어나자 선조를 호종하던 중 관찰사에 임명되었다. 또 함경도 도순찰사가 되어 의병을 모집하고 왜군을 방어하다가 병으로 죽었다. 시호는 헌민(憲敏)이다.

99 순화군(順和君): 1580(선조 13)~1607(선조 40). 선조의 여섯째 왕자이다. 임진왜란이 일어나자 군대를 모집하기 위해 강원도에 파견되었다. 5월에 이복형인 임해군을 만나 함께 회령에 주둔하였다. 왜군이 함경도에 침입하자, 국경인에 의해 왜군에게 넘겨져 포로가 되었다가 1593년 8월 풀려났다. 시호는 희민(僖敏)이다.

100 황정욱(黃廷彧): 1532(중종 27)~1607(선조 40). 1558년 식년문과에 병과로 급제하였다. 임진왜란이 일어나자 왕자 순화군을 모시고 관동으로 들어가 의병을 모집하는 격문을 돌렸다. 이후 왜군을 피해 회령으로 들어갔다가 반적 국경인에게 왕자와 함께 잡혀 왜군에게 포로로 넘겨졌다가 이듬해에 석방되었다. 이 당시 왜장의 강압으로 선조에게 보내는 항복 권유문을 기초한 것이 문제가 되어 길주로 유배되었다. 1623년에 신원되었으며, 시호는 문정(文貞)이다.

101 황혁(黃赫): 1551(명종 6)~1612(광해군 4). 1580년 별시문과에 장원 급제하였다. 임진왜란이 일어나자 아버지 황정욱과 함께 순화군을 모시다 포로가 되었다가 1593년에 풀려났다. 왜장의 강압으로 항복 권유문을 썼다는 죄목으로 유배되었다. 순화군의 아들 진릉군을 왕으로 추대한다는 무고를 받고 투옥되어 옥사하였다. 1623년 인조반정 이후 복관되어 좌찬성에 추증되었다.

102 이기(李墍): 1522(중종 17)~1600(선조33). 1555년 식년문과에 을과로 급제하였다. 『명종실록』 편찬에 참여하였고 강원도관찰사와 대사간 등을 지냈다. 임진왜란이 일어나자 순화군을 모시고 의병을 모집하였다. 1596년 이조판서에 올랐고, 고관이 되어서도 청빈하게 살았다고 한다. 시호는 장정(莊貞)이다.

다 흩어져버렸고 물시계조차 울리지 않았다. 선전관청宣傳官廳(국왕의 명령을 전달하는 관청)에서 횃불을 얻어와 장계를 펼쳐 읽어보니, 그 내용에 '왜적이 오늘이나 내일 쯤 한양성에 들이닥칠 것입니다.'라고 했다.

장계가 들어온 지 한참이 지나서야 임금님의 수레가 대궐 문 밖으로 나갔는데, 삼청금군三廳禁軍(국왕의 친위군인 내금위 · 겸사복 · 우림위)들이 달아나 숨느라 어둠 속에서 서로 부딪쳤다. 때마침 우림위의 지귀수池貴壽가 앞을 지나쳐 가기에 내가 그를 알아보고서 호종하라고 책망하니, 지귀수가 말하였다.

"감히 힘을 다하지 않겠습니까?"

그리고는 우림위의 두 사람을 불러 데려왔다.

경복궁 앞을 지나가는데 큰길 양편에서 곡하는 소리가 들려왔다. 승문원承文院(외교 문서를 담당하는 관청)의 서원 이수겸이 내 말 고삐를 붙잡고 물었다.

"승문원 안의 문서는 어찌 해야 합니까?"

나는 그 문서들 가운데 긴요하게 관련된 것만 수습해서 뒤쫓아 오라고 했는데, 이수겸이 곡소리를 내면서 갔다.

돈의문을 나와 사현沙峴(서대문구 현저동 북쪽 고개)에 이르렀는데 동쪽 방향이 환해졌다. 도성 안을 돌아보니 남대문 안의 큰 창고에 불이 나서 연기와 불꽃이 이미 공중으로 치솟고 있었다.

사현을 넘어 석교石橋(독립문 남쪽 영천시장 입구에 있던 돌다리)에 이르렀는데 비가 내리기 시작했다. 경기감사 권징[103]이 뒤따라 와서 호종했다. 벽

103 권징(權徵): 1538(중종 33)~1598(선조 31). 1562년 별시문과에 병과로 급제하였다. 『명종실록』 편찬에 참여하였고, 1589년 병조판서가 되었다. 임진왜란이 일어나자 임진강에서 왜군과 싸웠으나 패하였다. 이후 경기도 순찰사로 군량미 조달에 공을 세웠으며, 권율과 함께 경기 · 충청 · 전라 3도의 의병들을 규합하여 왜군과 싸웠다. 영의정에 추증되었으며, 시호는 정익(貞翼)이다.

제역碧蹄驛(중국 사신이 서울에 들어가기 전에 묵었던 고양시 고양동에 있던 역)에 이르러 빗방울이 더 거세져서 일행이 모두 흠뻑 젖었다. 임금님께서 역에 들어갔다가 잠시 뒤 곧 떠났는데, 여러 관원들이 이때부터 도성으로 되돌아가는 자들이 많아졌고, 시종이나 대간들까지도 종종 뒤떨어져 오지 않는 자들도 많아졌다. 혜음령惠陰嶺(경기도 파주시 광탄면과 고양시 고양동 사이에 있는 고개)을 지나자 비가 퍼붓듯이 쏟아지니, 궁인들은 약한 말을 탄 채 물건으로 얼굴을 가리고 소리 내어 울면서 따라갔다.

마산역馬山驛(경기도 파주시 파주읍 파주리에 있던 역)을 지나는데, 어떤 사람이 밭에서 바라보고 통곡하며 말하였다.

"나라님이 우리를 버리고 가면 우리들은 누구를 의지해서 살아야 한단 말입니까?"

임진강에 이르렀는데도 비가 그치지 않았다. 임금님께서 배 안에서 수상 이산해와 나를 불렀다.

강을 건넜을 때 이미 어두워져 서로 얼굴도 알아볼 수 없었다. 임진강 남쪽 기슭에 옛날에 세운 승청丞廳(나루터를 관리하는 관청)이 있었는데, 왜적이 이 재목을 가져다 뗏목을 만들어 건널까 걱정되어서 불사르도록 명하였다. 불빛이 강의 북쪽까지 비추어서 덕분에 길을 찾아갈 수 있었다.

초경初更(저녁 7시~9시)이 되어 동파역東坡驛(경기도 파주시 진동면 동파리에 있던 역)에 이르렀다. 파주 목사 허진[104]과 장단 부사 구효연[105]이 지대차사

---

104 허진(許晉): 1536(중종 31)~1616(광해군 8). 1561년 식년문과에 병과로 급제하였다. 동래부사가 되었으나 파직되었다. 임진왜란이 일어나자 동지사로 중국에 들어가 조선의 상황을 알리고 또 많은 군수품을 교역하여 돌아왔다. 1616년(광해군 8)에 지중추부사에 제수되었다.

105 구효연(具孝淵): ?~?. 1589년 역적 박연령을 체포하여 횡성현감에서 당상관에 올랐다는 기록이 있다. 이조 참판에 추증되었다.

원支待差使員(임금이나 고관의 접대를 위해 파견된 관리)으로 그곳에 있으면서 임시로 수라간을 간략하게 차려놓았다. 그런데 하루 종일 굶고 온 호위하는 사람들이 수라간으로 다투어 몰려 들어가 빼앗아 먹었기 때문에 임금님께 올릴 수라조차 남아나지 않았다. 그러자 허진과 구효연이 두려워 달아났다.

5월 초하루 아침, 임금님께서 대신들을 불러보시고 남방 순찰사 중에 나랏일에 힘쓸 수 있는 자가 있는지 물어보셨다. 날이 저물어 개성으로 출발하려고 했는데, 경기도의 이속과 군졸이 도망가 흩어져 호위할 사람이 없었다. 마침 황해도 감사 조인득[106]이 황해도의 병사를 거느리고 와서 도우려고 했는데, 서흥 부사 남억이 먼저 도착하여 군사의 수가 수백 명이었고 말이 50~60필이었다. 그래서 비로소 출발할 수 있었다.

출발할 무렵 사약司鑰(궁궐의 열쇠를 담당하던 정6품 잡직) 최언준이 나와서 말하였다.

"궁중 사람들이 어제 하루 종일 굶었는데, 오늘도 또 먹지 못했습니다. 좁쌀이라도 얻어 요기를 해야 갈 수 있을 것입니다."

그래서 남억의 군인들이 가지고 있던 양식을 찾아내 쌀과 좁쌀 두세 말을 섞어 들여보냈다.

오후에야 초현참招賢站(장단도호부에 있던 역참)에 이르렀다. 조인득이 와서 조회했는데 길에 장막을 설치하고 맞아들이니, 백관들이 비로소 밥을 먹을 수 있었다. 저녁에 개성부에 행차하여 남문 밖 관아로 납시었다. 대간들이 번갈아 글을 올려 수상 이산해가 궁액(왕비나 비빈의 거처)과

---

106 조인득(趙仁得): ?~1598(선조 31). 1577년(선조 10) 알성문과에 병과로 급제하였다. 1592년 임진왜란 때 황해도병마절도사가 되었으며 1594년에 포수 양성에 노력하였다. 1595년에 도승지, 1596년에 충청도관찰사 · 공조참판 · 길주목사 등을 지냈다.

교류하였고 또 나라를 그르쳤다는 등의 죄목으로 탄핵했지만 윤허하지 않으셨다.

2일에 대간이 또 다시 글을 올려 결국 수상이 파직되었다.[107] 그리고 나를 승진시켜 수상으로 삼고, 최흥원을 좌의정으로 윤두수[108]를 우의정으로 삼고, 함경북도 병사인 신할[109]을 교체해 오게 하였다.

이날 오후에 임금님께서 남쪽 성의 문루에 납시어 백성들을 위로하고 타이르시며 각자 하고 싶은 말을 하도록 하셨다. 이때 어떤 사람이 나와서 엎드렸다. 하고 싶은 말이 무엇인지 물었더니 이렇게 대답하였다.

"정 정승을 부르시길 원하옵니다."

대개 정철[110]이 그 당시에 귀양 가서 강계에 있었기 때문에 이렇게 말

---

107 그 당시 대간이 수상 이산해가 왕비나 비빈들과 교류하였고, 또 나라를 그르치고 적을 불러들인 죄로 탄핵하였으나 윤허하지 않았다. 그러나 이후 양사(兩司)에서 수상이 제일 먼저 파천을 논의했다 하여 계속 파직을 청하자, 결국 이산해를 평해로 유배 보냈다. 애초에 수상인 이산해만 탄핵 대상이었지만 선조가 류성룡도 같이 죄를 받아야 한다고 고집하여 그날 저녁 파직되었다. 한편 유배된 이산해는 왜적이 아직 관동(關東)에 들어오기 전에 먼저 유배지에 이르러 벽지에서 피란 생활을 하였고 난리가 마무리된 뒤 풀려나 돌아왔으므로, 사람들은 그가 복이 있다고 하였다고 한다. (『선조실록』 25년(1592) 5월 2일(신유), 『선조수정실록』 25년 5월 1일(경신) 기사 참조.)

108 윤두수(尹斗壽): 1533(중종 28)~1601(선조 34). 1558년 식년문과에 을과로 급제하였다. 1590년 종계변무의 공으로 광국공신 2등에 책록되어 해원부원군에 봉해졌다. 임진왜란이 일어나자 다시 기용되어 선조를 호종하여 좌의정에 올랐다. 1594년 삼도체찰사로 세자를 모시었고, 영의정에 올랐으며 호성공신 2등에 책록되었다. 시호는 문정(文靖)이다

109 신할(申硈): 1548(명종 3)~1592(선조 25). 신립의 동생이다. 1567년(명종 22) 무과에 급제하였다. 임진왜란이 일어나자 함경도병사가 되어 선조를 호종한 공으로 경기수어사 겸 남병사가 되었다. 도원수 김명원과 임진강에서 9일 동안 왜적과 대치하다가 도순찰사 한응인의 병력을 지원받아 후퇴하는 왜적을 공격했지만 오히려 복병의 공격을 받고 전사하였다.

110 정철(鄭澈): 1536(중종 31)~1593(선조 26). 1561년 별시문과에 장원급제하였다. 1589년 정여립 모반사건 때 우의정이 되어 서인의 영수로서 동인을 철저히 추방하였다. 임진왜란이 일어나자 귀양에서 풀려나 평양에서 임금님을 맞이하고 의주까지 호종하였다. 창평의 송강서원과 연일의 오천서원 별사에 제향되었다. 시호는 문청(文淸)이다.

한 것이다. 임금님께서 "알겠노라." 하시고는 즉시 정철을 불러 행재소行在所(임금이 궁궐 밖에 행차할 때 임시로 머물던 곳)에 오도록 명하였다.

저녁에 환궁하시어 죄목을 들어 나를 파직하고, 유홍[111]을 우의정으로 삼았고 최흥원과 윤두수를 차례대로 승진시켰다. 왜적이 아직 도성에 이르지 않았다는 말을 듣고, 공론이 모두 다 도성을 떠난 것이 실책이라고 탓하였다. 승지 신잡[112]에게 도성으로 돌아가 형세를 살피도록 하였다.

초 3일에 왜적이 도성에 들어왔다. 유도대장 이양원과 원수 김명원이 모두 달아났다. 처음에 왜적이 동래로부터 세 길로 나누어 전진했다. 한 길은 양산·밀양·청도·대구·인동·선산을 거쳐 상주에 이르러 이일의 군대를 패퇴시켰다.

다른 한 길은 경상좌도의 장기·기장을 거쳐 좌병영인 울산과 경주·영천·신녕·의흥·군위·비안을 함락시키고, 용궁의 하풍진을 건너 문경으로 나아가, 중로의 군대와 합쳐서 조령을 넘어 충주로 들어갔다. 그리고 또 충주에서 두 길로 나누어서 하나는 여주로 가서 강을 건너고, 양근에서 용진을 건너서 한양 동쪽으로 들어왔다. 다른 하나는 죽산과 용인을 거쳐 한강 남쪽에 이르렀다.

또 한 길은 김해를 경유하여 성주·무계현으로 와서 강을 건넜고, 지례·금산을 지나 충청도의 영동으로 나와 청주를 함락시키고 경기도로

---

111 유홍(兪泓): 1524(중종 19)~1594(선조 27). 1553년 별시문과에 병과로 급제하였다. 1589년 정여립 모반사건을 다스려 공신이 되었으며, 이조판서를 거쳐 우의정에 올랐다. 임진왜란 때 평양에서 광해군과 함께 종묘사직의 신위를 모시고 동북방면으로 가서 도체찰사를 겸하였다. 1594년 좌의정으로 해주에 있는 왕비를 호종하다 객사하였다. 시호는 충목(忠穆)이다.

112 신잡(申磼): 1541(중종 36)~1609(광해군 1). 1583년 정시문과에 병과로 급제하였다. 임진왜란 때 비변사 당상으로 활동하였다. 1600년에 병조판서 겸 세자빈객이 되었다. 영의정에 추증되었으며, 시호는 충헌(忠獻)이다.

향하여 쳐들어오니, 깃발과 칼과 창은 천 리에 걸쳐 뻗었고 총소리가 요란하였다. 지나가는 곳마다 혹은 10리 또는 50, 60리 사이에 모두 험준한 곳을 골라 군영과 목책을 세우고 군사를 남겨 지키게 했으며, 밤에는 횃불을 밝혀 서로 응하도록 했다.

도원수 김명원이 제천정濟川亭(세조 2년 1456년에 지은 정자, 한강변 정자들 중 임금이 가장 자주 찾은 곳으로 서울 용산구 한남동에 터만 남아 있음.)에 있다가 왜적이 오는 것을 멀리서 보고는 감히 나가서 싸워보지도 못하고, 병기와 화포와 기계를 모두 강물에 집어넣고 다른 옷으로 갈아입고 도망치려고 하였다. 종사관 심우정[113]이 한사코 말렸으나 끝내 듣지 않았다. 이양원은 성 안에 있다가 한강의 군사가 이미 흩어졌다는 소식을 듣고, 성을 지키지 못할 것을 알고 역시 양주로 달아나 버렸다.

강원도 조방장 원호[114]는 처음에 군사 수백 명을 거느리고 여주의 북쪽 언덕을 지키면서 왜적과 서로 대치하자, 며칠이 지났는데도 왜적이 건너오지 못했다. 얼마 후에 강원도 순찰사 유영길이 격문으로 원호를 불러 본도로 돌아오게 했다. 왜적이 마을의 민가와 관사를 헐고 그 가옥의 재목을 가져다 연결하여 기다란 뗏목을 만들어 강을 건너려고 했다. 이때 강 가운데에서 물에 떠내려가 죽은 사람이 매우 많았다. 그러나 원호가 이미 가버려서 강가에는 지키는 사람이 아무도 없었기 때문에 왜적은 여

---

113 심우정(沈友正): 1546(명종 1)~1599(선조 32). 1583년 별시문과에서 장원급제하였다. 임진왜란이 일어나자 도원수 김명원의 종사관으로 한강·임진강 전투에 참가하였다가 패하였다. 이천에서 왕세자를 만나 필선(弼善)이 되어 해서 지방을 두루 돌며 백성들을 위로하여 안정시켰고, 강원도에서 군대를 모집하였다. 1597년 광주 목사가 되어 산성을 수축하였다. 이조판서에 추증되었다.

114 원호(元豪): 1533(중종 28)~1592(선조 25). 1567년(명종 22) 무과에 급제하였다. 경원부사 때 이탕개의 침입을 격퇴하였다. 임진왜란이 일어나자 조방장이 되어 군대를 모아 여주 신륵사에서 왜적을 대파하고, 구미포에서 패주하던 왜적을 섬멸하였다. 이 공으로 여주목사 겸 경기·강원방어사가 되었으나, 김화(金化)에서 복병을 만나 전사하였다. 좌의정에 추증되었으며 김화의 충장사에 제향되었다.

러 날에 걸쳐 모두 건너올 수 있었다.

이리하여 세 갈래 길로 북진하던 왜적이 모두 서울에 들어왔다. 하지만 성 안의 백성들은 이보다 먼저 흩어져서 단 한 사람도 남아 있지 않았다.

김명원은 이미 한강을 빼앗기고 행재소로 가려고 임진강에 이르러 장계를 올려 전쟁 상황을 아뢰었지만, 임금님께서는 다시 경기도와 황해도의 군사를 징발하여 임진강을 지키도록 하였고, 또 신할에게 함께 지키도록 명하여 적이 서쪽으로 내려오는 길을 막도록 했다.

이날 임금님의 행차는 개성을 떠나 금교역(황해도 금천군에 있었던 역)에 머물렀다. 나는 비록 파직을 당했지만 감히 뒤떨어질 수 없어서 따라갔다.

4일에 임금님의 행차는 흥의 · 금암 · 평산부를 지나 보산역(평산도호부 북쪽 20리에 있던 역)에 머물렀다. 처음 개성을 떠날 때 미처 어찌할 수 없는 상황인지라 종묘의 신주를 목청전穆淸殿(개성시 운학동에 있던 태조의 옛집)에 두고 왔다. 종실 한 사람이 '신주를 적진에 두고 올 수는 없습니다.'라고 울면서 아뢰었다. 그래서 밤을 새워 개성으로 달려가 신주를 모시고 돌아왔다고 한다.

5일에 임금님의 행차가 안성 · 용천 · 검수역을 지나 봉산군에 머물렀다.

6일에 황주에 머물렀다.

7일에는 중화를 지나 평양으로 들어갔다.

원문

四月三十日曉, 車駕西巡.

申砬 旣去, 都人 日望捷報. 前日夕 有氈笠三人 走馬 入崇仁門. 城內人 爭問軍前消息, 答曰 "我乃巡邊使軍官奴僕. 昨日 巡邊使 敗死於忠州 諸軍大潰. 俺等 脫身獨來 欲歸報家人避兵耳." 聞者 大驚, 所過 傳相告語, 不移時 滿城俱震.

初昏 召宰執議出避. 上 御東廂地坐 張燈燭, 宗室河源君 · 河陵君等 侍坐. 大臣啓 '事勢至此 車駕 暫出幸平壤, 請兵天朝 以圖收復.' 掌令權悏 請對, 造膝大聲呼 請固守京城, 語囂甚. 余謂曰 "雖危亂之際 君臣之禮 不可如是, 可少退以啓." 悏連呼曰 "左相 亦爲此言耶? 然則 京城可棄乎?" 余啓曰 "權悏言甚忠, 但事勢 不得不然." 因請 '分遣王子諸道 使呼召勤王, 世子隨駕' 定議[이일議定].

大臣 出在閤門外 得旨. 臨海君 可往咸鏡道 領府事金貴榮 · 漆溪君尹卓然從. 順和君 可往江原道 長溪君黃廷彧 · 護軍黃赫 · 同知李墍從, 蓋赫女 爲順和夫人 而李墍 爲原州人, 故 并遣之.
時 右相爲留將, 領相并宰臣數十人 以扈從點出, 余無所命. 政院啓 '扈從不可無柳某' 於是 令扈行.
內醫趙英璇 · 政院吏申德獜[이일간麟]十餘人 大呼言 '京都不可棄!'
俄而 李鎰狀啓至, 而宮[일官]中衛士 盡散 更漏不鳴. 得火炬於宣傳官廳 發狀啓讀之, 內云 '賊今明日 當入都城.'

狀入良久 駕出, 三廳禁軍奔竄 昏黑中 互相抵觸. 適羽林衛池貴壽 過前, 余認之 責令扈從, 貴壽曰 "敢不盡力." 并呼其類二人而至.

過景福宮前 市街兩邊 哭聲相聞. 承文院書員李守謙 執余馬鞚 問曰 "院中文書 當如何?" 余 令收拾其緊關者 追來, 守謙 哭而去.

出敦義門 到沙峴 東方向明. 回視城中 南大門內 大倉火起 烟焰已騰空矣.

踰沙峴至石橋 雨作. 京畿監司權徵 追至扈從. 至碧蹄驛 雨甚 一行 皆沾濕. 上入驛 少頃 卽出, 衆官 自此 多還入都城者, 侍從・臺諫 往往 多落後不至. 過惠陰嶺 雨如注, 宮[일官]人 騎弱馬 以物蒙面 號哭而行.

過馬山驛 有人 在田間 望之痛哭曰 "國家 棄我去, 我輩 何恃而生也?"

至臨津 雨不止. 上御舟中 召首相及臣入對.

旣渡 已向昏 不能辨色. 臨津南麓 舊有丞廳, 恐賊取材作桴筏[간筏橋]以濟 命焚之. 火光照江北 得尋路而行.

初更 到東坡驛. 坡州牧使許晉・長湍府使具孝淵 以支待差使員 在其處略設御廚. 扈衛人 終日飢來 亂入廚中 搶奪以食 將闕上供. 晉・孝淵 懼而逃.

五月初一日朝, 引見大臣 問'南方巡察使 有能勤王者否.' 日晩 乘輿 欲發向開城 而京畿[국圻]吏卒 逃散 無扈衛人. 適黃海監司趙仁得 率本道兵 將入援, 瑞興府使南嶷 先到 有軍數百人 馬五六十匹. 以此始發.

臨行 司鑰崔彦俊 出曰 "宮中人 昨日不食 今又未食 得小[옥대국간少]米療[옥대간饒]飢 可行." 索南嶷軍人所持糧 雜大小[옥대간少]米二三斗以入.

午 至[일室]招賢站. 趙仁得 來朝 設帳幕[이간幙]於路中 以迎之, 百官 始

得食. 夕 次于開城府 御南門外公署. 臺諫 交章 劾首相交結誤國等罪, 不允.

二日, 臺諫 仍啓 首相罷. 余陞爲之, 崔興源爲左相 尹斗壽爲右相, 咸鏡北[일比]道兵使申硈 遞[국이일遆]來.

是日午 上 御南城門樓 慰諭人民 有旨令各陳所懷. 有一人 出行俯伏 問何言, 對曰 "願召鄭政丞[간承]." 蓋鄭澈 時 竄在江界 故 云然. 上曰 "知道." 卽命召澈[일徹]赴行在.

夕還宮 余以罪罷, 兪泓爲右相 崔興源 · 尹斗壽 以次而陞[이陞]. 聞賊尙未至京城 衆議 皆咎去邠之失. 使承旨申磼 還入京城 察形勢.

初三日, 賊入京城. 留都將李陽元 · 元帥[일師]金命元 皆走. 初 賊 自東萊 分三路以進. 一路 由梁山 · 密陽 · 淸道 · 大丘 · 仁同 · 善山 至尙州, 敗李鎰軍.

一路 由左道長鬐 · 機張 陷左兵營蔚山 · 慶州 · 永川 · 新寧 · 義興 · 軍威 · 比安, 渡龍宮河豐津 出聞慶, 與中路兵合 踰鳥[일島]嶺 入忠州. 又自忠州 分兩路, 一 趨[일超]驪州渡江 由楊根渡龍津 出於京城東. 一 趨竹山 · 龍仁 至漢江之南.

又一路 由金海 從星州 · 茂溪縣 渡江, 歷知禮 · 金山 出忠淸道永同 進陷淸州 向京畿[이일圻], 旌[옥대국旍]旗劍戟 千里相連 炮[구이일砲]聲相聞. 所過或十里 或五六十里 皆據險設營柵 留兵以守, 夜則 擧火相應.

都元帥[일師]金命元 在濟川亭 望見賊至 不敢戰, 悉沈軍器 · 火炮 · 器械于江中 變服以逃. 從事官沈友正 固止[일-]不從. 李陽元 在城中 聞漢江軍已散, 知城不可守 亦出走楊州.

江原道助防將元豪 初 率兵數百 守驪州北[국일比]岸 與賊相持, 賊不能渡

者 數日. 旣而 江原道巡察使柳永吉 檄召元豪歸本道. 賊 毁閭里民家及官舍 取屋材 聯爲長筏以渡. 中流 爲水所漂 死者 甚多. 而豪旣去 江上無一守者, 故 累日畢渡.

於是 賊三路兵 皆入京城. 城中之民 先已散去 無一人矣.

金命元 旣失漢江 欲向行在 至臨津 狀啓言狀, 命更徵京畿 · 黃海兵 守臨津, 且命申硈同守 以遏賊西下之路.

是日 車駕 發開城 次于金郊驛. 余 雖罷散 不敢後 從行.

四日, 車駕過興[일與]義 · 金巖[이일岩] · 平山府 次于寶山驛. 初出開城時 倉卒 留宗廟神主于穆淸殿. 有宗室一人 號泣 啓'不當委神主於賊所.' 於是 達夜 馳至開城 奉還云.

五日, 車駕 過安城 · 龍泉 · 劍水驛, 次于鳳山郡.

六日, 進次黃州.

七日 過中和 入平壤.

19

삼도순찰사의 군대가 용인에서 패하다

삼도순찰사의 군사들이 용인에서 궤멸되었다.

처음에 전라도순찰사 이광이 본도 군사를 거느리고 도우려 했으나, 임금님은 서쪽으로 행차 하셨고 서울은 이미 함락되었다는 소식을 듣고 군사를 거두어 전주로 돌아왔다. 그러자 전라도 사람들 중에 이광이 싸우지도 않고 돌아왔다고 탓하며 분개하고 불평하는 사람이 많았다. 이광은 마음이 편치 않아 다시 군사를 징발하여 충청도순찰사 윤국형[115]과 군사를 합쳐 진격했다. 경상도순찰사 김수도 그의 도에서 군관 수십여 명을 거느리고 와서 모였으니, 병사가 총 5만여 명이나 되었다.

용인에 이르러 북두문산北斗門山(경기도 용인의 광교산 줄기의 임진산) 위를 바라보니 적의 작은 진지가 있었다. 이광은 이를 가벼이 여기고 먼저 용사 백광언[116]과

---

115 윤국형(尹國馨): 1543(중종 38)~1611(광해군 3). 1568년 증광문과에 병과로 급제하였다. 1592년 충청도관찰사가 되자 왜적의 침입에 대비해 무기를 정비하였으나 왜적에게 패해 파직되었다. 1596년 여주목사가 되었으며 광해군 초에 공조판서가 되었다.

116 백광언(白光彦): ?~1592(선조 25). 무과에 급제하였다. 1592년 모친상을 당해 태인에 머무르다 임진왜란이 일어나 이광의 조방장이 되었다. 이광이 병력을 이끌고 공주까지 갔다가 서울이 함락되었다는 소식을 듣고 물러나려 하자, 이광을 설득하여 다시 북상할 것을 약속받았다. 군대를 정비한 후 용인성 남쪽 10리에 이르러 우군선봉장으로서 왜적을 공격하였으나 패하여 전사하였다. 시호는 충민(忠愍)이다.

이지시와 이지례[117] 등에게 왜적을 시험해보게 했다. 백광언 등이 선봉대를 거느리고 산에 올라 적의 진지 십여 보 밖에까지 간 뒤에, 말에서 내려 활을 쏘았으나 왜적은 나오지 않았다. 해가 저물어 왜적은 백광언 등이 조금 해이해진 것을 보고 서슬 퍼런 칼을 빼들고 크게 소리 지르면서 갑자기 뛰쳐 나왔다. 백광언 등이 황급히 말을 찾아 달아나려고 했으나 달아나지 못하고 모두 적에게 살해되었다. 모든 군사들이 이 말을 듣고 벌벌 떨며 두려워했다.

이때 세 명의 순찰사는 모두 문인이어서 병무에 익숙하지 못하였으며, 비록 군사의 수가 많았으나 호령이 하나로 통일되지 못하였고, 게다가 험준한 곳에 방어물을 설치하지도 않았다. 진실로 옛사람이 말한 '군사 행군이 마치 봄놀이와 같다.'[118]는 격이었으니 어찌 패하지 않을 수 있었겠는가?

이튿날 왜적은 우리 군사가 겁먹었다는 것을 알고 몇 사람이 칼을 휘두르며 용력을 과시하면서 앞으로 나왔다. 삼도군이 이것을 바라보고 크게 무너졌으니 그 소리가 마치 산이 무너지는 것과 같았다. 군수물자와

---

117 이지시와 이지례[李時禮]: 원문의 이시례(李時禮)는 이지시(李之時: ?~1592)와 이지례(李之禮: ?~1592)를 말하는 것으로 보인다. 이지시는 1567년 무과에 장원급제하였다. 임진왜란이 일어나자 조방장이 되어 경상도에서 왜적과 싸워 공을 세웠다. 용인에 있는 왜적을 격퇴하기 위해 백광언 등과 함께 분전하였으나, 아우 이지례와 함께 모두 전사하였다. 선무공신에 책정되었고 병조판서에 추증되었으며 태인의 모충사에 제향되었다. 시호는 경의(景毅)이다.
이지례는 맹장이었던 이지시의 동생으로 역시 무과에 급제하였다. 임진왜란이 일어나자 함경도 길주 목사로 평양에서 이원익을 따라 종군하였는데, 형인 이지시가 용인에서 왜적과 싸우고 있다는 소식을 듣고 밤낮으로 달려 내려갔다. 형이 "어찌하여 주장(主將)을 버리고 급히 왔는가?" 묻자, "동생이 어찌 형을 버릴 수 있습니까? 오직 생사를 함께할 따름입니다."라고 하였다. 용인 전투에서 선봉장으로 싸우다가 백광언과 형 이지시와 함께 전사했다. 병조판서에 추증되었으며 태인의 모충사에 제향되었다.

118 『송사(宋史)』「열전(列傳)」 210권 '삼충의구(三忠義九)'에 보인다.

병장기를 버린 것이 셀 수 없이 많아 길이 막혀 사람이 다닐 수 없을 지경이었다. 왜적들이 모두 가져다가 불살라버렸다. 이광은 전라도로 돌아가고, 윤국형은 공주로 돌아갔으며, 김수는 경상우도로 돌아갔다.

원문

[119]三道巡察使之軍 潰於龍仁.

初 全羅道巡察使李洸 率本道兵 入援, 聞車駕西狩 京城已陷, 收兵還全州. 道內人 咎洸不戰而回 多憤惋不平者. 洸不自安 更調兵 與忠淸道巡察使尹國馨 合軍而進. 慶尙道[옥대국간-]巡察使金睟 亦自其道 率軍官數十餘人來會, 兵總五萬餘.

至龍仁 望見北斗門山上 有賊小壘. 洸易之 先使勇士白光彦 · 李時禮等嘗賊. 光彦等 率先鋒登山 去[이일拒]賊壘十餘步 下馬發射 賊不出. 日晩賊見光彦等稍解[이일懈] 發白刃 大呼突出. 光彦等 倉皇索馬欲走 不及皆爲賊所害. 諸軍聞之 震懼.
時 三巡察 皆文人 不閑兵務, 軍數雖多 而號令不一, 且不據險設備. 眞古人所謂'軍行如春遊' 安得不敗者也.

明日 賊 知我軍心怯[이일惻] 數人揮刃 賈勇而前, 三道軍 望之大潰, 聲如崩山. 委棄軍資 · 器械 無數塞路 人不能行. 賊悉聚而焚之. 洸還全羅國馨 還[이일走]公州 睟還慶尙右道.

119 [일]에서는 여기부터 권2로 나누었다.

20
승전한 부원수 신각을 참수하다

부원수 신각[120]이 왜적과 양주에서 싸워 무찌르고 머리 60여 급을 베었지만, 선전관을 보내 그 즉시 군대 안에서 신각을 참수하였다.

신각이 처음에는 김명원을 따라 부원수가 되었으나 한강에서 궤멸되자, 신각은 김명원을 따르지 않고 이양원을 따라 양주로 갔다. 이때 함경남도 병사 이혼의 군사가 때마침 도착하자 신각은 이혼의 군사들과 합세하였는데, 마침 왜적이 경성 밖으로 나와 흩어져서 민가를 노략질하고 있는 것을 보고 싸워 쳐부수었다. 왜군이 우리나라에 들어온 이래로 이번의 승리가 처음이었으므로 사람들은 모두 뛸 듯이 좋아했다.

김명원이 임진강에서 장계를 올려 '신각이 제 멋대로 다른 곳으로 떠나 명령에 복종하지 않습니다.'라고 아뢰니, 우상 유홍이 급히 임금님께 그를 죽이기를 청하였다. 선전관이 이미 떠났는데 신각의 승전보가 이르자, 조정에서 사람을 보내 쫓아가 중지시키려고 하였지만 미치지 못하였다.

---

120 신각(申恪): ?~1592(선조 25). 무과에 급제하고, 영흥부사, 경상좌수사, 경상우병사를 역임하였다. 임진왜란 때 도원수 김명원 휘하에서 부원수로 한강을 지키다가 후퇴한 뒤, 유도대장 이양원을 따라 양주로 갔다가 해유령에서 왜군을 격파하였다. 그러나 명령에 복종하지 않았다 하여 참수되었다.

신각은 비록 무인이지만 성품이 청렴하고 신중하였다. 일찍이 연안 부사로 있을 때 성을 수축하고 해자를 파고 병장기를 많이 준비해 두었다. 훗날 이정암[121]이 연안을 지켜 성을 보전할 수 있었는데, 사람들이 이것은 신각의 공이라 여겼다. 그의 죄가 아닌데도 죽었고 또 90세의 늙은 어머니까지 있었으므로, 듣는 사람들마다 원통하게 여기지 않는 이가 없었다.

지사 한응인[122]을 보내 평안도 강변의 정병 3천 명을 거느리고 임진강으로 가서 왜적을 치도록 했는데, 김명원의 지휘를 받지 말라고 영을 내렸다. 이때 한응인이 명나라 서울로부터 막 돌아왔는데, 윤좌상이 여러 사람들을 보고 말하였다.

"이 사람의 용모에 복의 기운이 있으니 반드시 일을 잘 처리할 수 있을 것이오."

이리하여 마침내 임진강으로 갔다.[123]

---

121 이정암(李廷馣): 1541(중종 36)~1600(선조 33). 1561년 식년문과에 병과로 급제하였다. 동래부사를 거쳐 이조참의가 되었다. 개성에서 왜적을 막았지만 함락되자 황해도에서 의병을 모아 활약한 공으로 황해도초토사가 되었으며, 연안에서 왜군 3천여 명을 격파하여 경기도관찰사 겸 순찰사가 되었고 후에 전라도관찰사가 되었다. 정유재란 때 다시 황해도초토사가 되어 연안을 수비하였다. 1604년 선무공신 2등으로 월천부원군에 추봉되었다.

122 한응인(韓應寅): 1554(명종 9)~1614(광해군 6). 1577년 알성문과에 병과로 급제하였다. 1591년 예조판서가 되어 진주사로 명나라에 가서 일본이 명을 공격하려 한다고 알려, 명나라의 조선에 대한 의심을 풀었다. 임진왜란이 일어나자 제도도순찰사가 되어 임진강에서 왜적을 막았으나 패하였다. 이후 호조판서가 되어 군량미 보급에 힘썼다. 중국어 실력이 뛰어나 명나라 장수를 접대하기도 하고 명나라에 여러 차례 사신으로 다녀왔다. 후에 이조판서가 되었고 우의정에 올랐다. 시호는 충정(忠靖)이다.

123 '지사 한응인~임진강으로 갔다'. 이 부분은 내용상 다음 장과 이어져야 하지만 원문의 편차대로 이곳에 두었다.

원문

副元帥[일師]申恪 與賊戰于楊州 敗之 斬首六十餘級, 遣宣傳官 卽軍中斬之[이일恪].

恪 初 從金命元爲副 漢江之潰[대濱], 恪 不從命元 隨李陽元于楊州. 時咸鏡南道兵使李渾兵 適至 恪合兵, 遇'賊 自京城出 散掠閭閻' 邀擊破之. 自倭入我國 始有此捷, 人皆踊躍.
金命元 在臨津 狀[이일-][124]啓'恪 擅自他適 不從號令' 右相兪泓 遽請誅之. 宣傳官旣行 而捷報至, 朝廷 使人追止 不及.

恪雖武人 而素淸愼. 嘗爲延安府使 修城浚壕 多備軍器. 後李廷馣 守延安全城, 人以爲恪之功. 死非其罪, 且有九十歲老母[이일毋], 聞者 莫不痛之.

[125]遣知事韓應寅 帥平安道江邊精兵三千人 赴臨津擊賊, 令勿受金命元節制. 時 應寅赴京新回, 尹左相 言於衆曰 "斯人狀貌 有福氣, 必能辦[일辨]事." 遂行.

124 [이]에서는 빈칸으로 되어 있다.

125 [이일]에서는 여기서 별도의 장으로 나누었다.

21
왜적이 임진강을 건너다

한응인과 김명원의 군사가 임진강에서 궤멸되자 왜적이 강을 건너왔다.

처음에 김명원이 임진강 북쪽에 있으면서 여러 군사들을 나누어 강여울을 줄지어 지키도록 하고, 강에 있는 배는 거두어 모두 북쪽 언덕에 두었다. 왜적이 임진강 남쪽에 진을 쳤지만 배가 없어 강을 건너지 못하고, 다만 유격병만 출동시켜 강을 사이에 두고 서로 싸울 뿐이었다.

서로 대치한 지 10여 일이 지났지만 왜적은 끝내 강을 건너지 못하였다. 하루는 왜적이 강가에 있는 여막에 불을 지르고 휘장과 장막을 거두고 병장기를 실은 다음, 물러가는 모양새를 하여 우리 군사를 유인했다. 신할은 본래 날쌔었지만 무모했기 때문에 왜적이 정말로 물러가는 것이라 여기고 강을 건너 추격하려고 했다. 경기감사 권징이 신할과 합세하자, 김명원이 이를 막을 수 없었다.

이날 한응인도 임진강에 도착하여 모든 군사를 거느리고 왜적을 쫓으려 했다. 그런데 한응인이 거느린 군사들은 모두 강변의 건아들로 북쪽 오랑캐와 가까이 있어서 전쟁 진법의 형세를 잘 알고 있었기에 한응인에게 이렇게 말했다.

"군사가 먼 곳에서 오느라 피로하고 아직 밥도 먹지 못했고 병장기도 정비되지 않았으며 후군도 전부 다 도착하지 않았습니다. 게다가 왜적이 물러가는 것이 진짜인지 가짜인지 알 수 없습니다. 조금 쉬었다가 내일 형세를 살펴 나가 싸우기를 원합니다!"

한응인은 군사들이 머뭇거린다고 여겨 몇 사람을 베어 죽였다. 김명원은 한응인이 새로 조정에서 왔고, 또 자기의 지휘를 받지 않도록 명령을 받은 까닭에 비록 한응인의 일이 옳지 않은 줄 알고도 감히 말하지 못했다. 별장 유극량劉克良은 나이가 많고 군사 일을 잘 알았는데, 경솔하게 진격하는 것이 마땅하지 않음을 힘주어 말하였다. 신할이 유극량의 목을 베려고 하자 유극량이 말하였다.

"저는 상투를 틀 때부터 군인이 되었는데 어찌 죽음을 피하려는 마음이 있겠습니까? 이렇게 말씀드리는 까닭은 나랏일을 그르칠까봐 걱정되기 때문입니다."

그리고 분해하면서 뛰어나가 소속 부하를 이끌고 먼저 강을 건넜다.

우리 군사가 위험한 지역에 막 들어서자 왜적은 과연 정예병을 산 뒤에 매복해 두었다가 일제히 일어나니 우리 군대가 달아나 무너졌다. 유극량이 말에서 내려 땅에 앉아서 말하였다.

"여기가 내가 죽을 곳이다!"

활을 당겨 적병 여러 명을 쏘아 죽이고 적에게 살해되었다. 신할 또한 죽었다. 군사들은 달아나 강 언덕까지 이르렀으나 강을 건너지 못하고 바위 위에서 강에 스스로 몸을 던지니 마치 바람에 어지럽게 날리는 나뭇잎 같았다. 미처 강물에 뛰어들지 못한 자는 왜적이 뒤에서 달려들어 긴 칼을 휘둘러 베니 모두 엎드려 칼을 받을 뿐 감히 항거하는 자가 없었다.

김명원과 한응인은 강의 북쪽에 있다가 이것을 보고 사기가 꺾였다. 상산군 박충간이 마침 군중에 있다가 말을 타고 먼저 달아났다. 군사들은 그를 보고 김명원으로 여겨 모두 외쳤다.

"원수가 달아났다!"

강여울을 지키던 군사들도 그 소리를 듣고 모두 흩어졌다. 김명원과 한응인이 행재소로 돌아왔으나 조정에서는 문책하지 않았다. 경기 감사 권징은 가평군에 들어가 난을 피하였다. 적은 드디어 승세를 타고 서쪽으로 내려오니 다시 막아낼 수가 없었다.

원문

韓應寅 · 金命元之師 潰于臨津, 賊渡江.

初 命元 在臨津北 分付諸軍 列守江灘, 斂江中船隻 悉在北岸. 賊結陣于臨津南 無船可渡, 但出遊兵 隔江交戰.

相持十餘日 賊終不能渡. 一日 賊焚江上廬幕[이일幙] 撤帷帳 載軍器, 爲退遁狀 以誘我軍. 申硈 素輕銳無謀 以爲賊實遁 欲渡江追躡, 京畿[국圻] 監司權徵 與硈合, 命元 不能禁.

是日 應寅亦至 將悉衆追賊. 應寅所將 皆江邊健兒, 與北虜近 備諳戰陣形勢, 告應寅日 "軍士 遠來罷弊 尙未食 器械未整 後軍 亦未[일-]齊到. 且賊之情僞 未可知. 願少休 明日 觀勢進戰."

應寅 以爲逗遛[간留] 斬數人. 命元 以'應寅 新自朝廷來, 且令勿受己節制,' 故 雖知不可 而不敢言. 別將劉克良 年老習兵 力言不宜輕進. 申硈欲斬之, 克良日 "吾 結髮從軍 豈以避死爲心? 所以云云者 恐誤國事耳!"

憤憤而出 率其屬先渡.

我軍 旣入險地, 賊 果伏精兵於山後 一時俱起, 諸軍奔潰. 克良 下馬坐地曰 "此 吾死所也!" 彎弓 射賊數人 爲賊所害. 申硈亦死. 軍士 奔至江岸 不得渡, 從巖石上 自投入江, 如風中亂葉. 其未及投江者 賊從後 奮長刀斫之, 皆匍匐受刃 無敢拒者.
命元 · 應寅 在江北 望之喪氣. 商山君朴忠侃 適在軍中 騎馬先走. 衆望之 以爲命元, 皆呼曰 "元帥 去矣!" 諸守灘軍 應聲皆散. 命元 · 應寅 還行在, 朝廷不問. 京畿[극圻]監司權徵 入加平郡避亂. 賊 遂乘勝西下 不可復[이일復可]止矣.

22

왜적이 함경도에서 두 왕자를 사로잡다

왜적이 함경도로 들어왔다. 두 왕자가 적의 수중에 떨어졌고, 모시던 신하 김귀영 · 황정욱 · 황혁 및 함경 감사 유영립[126]과 북병사 한극함[127] 등이 모두 다 붙잡혔다. 남병사 이혼은 달아나 갑산에 이르렀지만 우리 백성에게 살해되었다. 남북도의 군현이 모두 적의 수중에 떨어졌다.

왜학통사 함정호란 자가 서울에 있다가 적장 가등청정[128]에게 잡혀서 그를 따라 북도로 들어갔다. 왜적이 물러난 뒤 도망쳐 서울로 돌아와서, 나에게 북도의 일을 매우 상세하게 말하였다.

가등청정은 적장 중에서도 가장 용맹스럽고 싸움을 잘했다. 그는 소서

---

126 유영립(柳永立): 1537년(중종 32)~1599년(선조 32). 1568년 별시문과에 병과로 급제하였다. 1592년 강원도관찰사가 되었는데, 임진왜란이 일어나자 산속으로 피신하였다가 가등청정의 왜군에게 포로가 되자 매를 뇌물로 바치고 탈출하였다. 그러나 국위를 손상시켰다는 이유로 대간의 탄핵을 받고 파직되었다가 류성룡의 변호로 곧 복직되어 병조참판을 역임하였다.

127 한극함(韓克諴): ?~1593년(선조 26). 임진왜란 때 함경북도병마절도사로 해정창에서 가등청정의 왜군과 싸웠다. 전세가 불리하자 임해군과 순화군 두 왕자를 놓아둔 채 단신으로 오랑캐 마을 서수라(西水羅)로 도주하였다가, 그들에게 붙잡혀 경원부로 호송되어 가등청정의 포로가 되었다. 이듬해 4월 왜군이 서울을 철수할 때 혼자 탈출하여 고언백의 군대로 돌아왔으나 처형당하였다.

128 가등청정(加藤清正[가토 기요마사]): 1562~1611. 임진왜란 당시 일본군 제2군장으로 출전하였다. 함경도까지 진격하여 임해군과 순화군 두 왕자를 사로잡았다. 소서행장과의 의견 충돌로 내분을 겪다가 풍신수길에 의해 소환되었다. 정유재란 때 다시 출병하였다.

행장과 함께 임진강을 건너 황해도 안성역에 이르러 나누어 양계兩界(함경도와 평안도)를 침략하기로 도모하고 각자 갈 곳을 의논했으나 결정을 하지 못했다. 두 적장은 제비뽑기를 하여 소서행장은 평안도로 가등청정은 함경도로 가게 되었다.

이에 가등청정은 안성에 사는 백성 두 명을 사로잡아 길잡이를 시키려고 했다. 그 두 사람이 이곳에서 나고 성장하여 북쪽 길을 알지 못한다고 하자 가등청정이 곧장 한 사람을 베어 죽이니, 다른 한 사람이 두려워 길잡이를 청하였다. 왜군은 곡산 땅으로부터 노리현을 넘어 철령의 북쪽으로 나갔다. 하루에 수백 리를 가는데 기세가 마치 비바람이 몰아치는 것 같았다.

북도 병사 한극함은 육진의 군사를 거느리고 해정창海汀倉(함경도 길주의 한 지명)에서 왜적과 만났다. 북도의 군사들은 말 타기와 활쏘기를 잘하였는데, 땅도 평탄하고 넓어 좌우에서 번갈아 달려 나와 말을 달리고 활을 쏘니 왜적이 버틸 수 없어 물러나 창고 안으로 들어갔다. 이때 날이 이미 저물어 군사들은 조금 쉬었다가 적이 나오기를 기다려 다음날 다시 싸우고자 했다. 한극함은 듣지 않고 군사를 지휘하여 그들을 포위하였다.

왜적들은 창고 속의 곡식을 내어 성처럼 쌓고 화살과 돌을 피하면서 그 안에서 조총을 많이 쏘았다. 우리 군사가 빗살처럼 줄지어 서 있었고 또 묶어 놓은 듯이 겹겹이 서 있다가 총알을 맞으면 반드시 관통되었고, 간혹 총알 하나로 서너 명이 죽기도 하였으니 우리 군대가 결국 무너지고 말았다.

한극함이 병사들을 수습하여 산 고개 위로 퇴각시켜 진을 치고 날이 밝으면 다시 싸우려고 했는데, 밤중에 왜적이 몰래 와서 우리 군사를 둘러싸고 풀숲에 흩어져 숨어 있었다. 아침에 안개가 자욱하였는데, 우리 군사는 여전히 왜적이 산 밑에 있다고 생각하고 있었다. 갑자기 한 방의 총성이 나더니 여기저기에서 고함을 지르며 뛰쳐나왔는데 모두 적병이었다.

우리 군대는 놀라 무너졌고, 장수와 병사들은 적병이 없는 곳으로 달아났다가 모두 진흙탕 속에 빠졌는데, 왜적이 쫓아와 칼로 베니 죽은 사람을 헤아릴 수가 없었다. 한극함은 도망쳐 경성으로 들어갔다가 결국 사로잡혔다.

두 왕자, 임해군과 순화군은 모두 회령부로 갔다. 순화군은 처음에는 강원도에 있었는데, 적병이 강원도로 침입하였기 때문에 길을 바꾸어 북쪽 함경도로 향했다. 이때에 왜적이 왕자를 끝까지 쫓아오자, 회령의 아전 국경인[129]이 자기의 수하들을 거느리고 배반하여 먼저 왕자와 호종하는 신하들을 포박하고서 왜적을 맞아들였다. 적의 장수 가등청정이 포박을 풀어주고 군대 안에 머무르게 하고는 함흥으로 돌아와 주둔하였다.

다만 칠계군 윤탁연은 길을 가다가 병을 핑계대고 다른 길을 따라 별해보別害堡(국경 수비를 위해 설치한 군사시설)로 깊이 들어갔고, 동지중추부사 이기는 왕자를 호종하지 않고 강원도에 머물러 있었기 때문에 모두 잡히지 않았다. 유영립은 적에게 잡힌 지 며칠 지났는데, 왜적이 문관이라 여겨 감시를 소홀히 하였다. 유영립은 이 틈을 타 탈출해 행재소로 돌아왔다.

---

129 국경인(鞠景仁): ?~1592(선조 25). 전주에 살다가 회령에 유배되었다. 후에 회령부의 아전으로 들어가 치부하였다. 임진왜란이 일어나자 그곳에 와 있던 임해군과 순화군 및 그 신하들을 잡아 왜장 가등청정에게 넘겨주었다. 남쪽으로 퇴각하는 가등청정에게 회령 수비의 책임을 위임받았지만, 북평사 정문부(鄭文孚)의 격문을 받은 유생 신세준(申世俊)과 오윤적(吳允迪) 등에게 잡혀 참살 당했다.

원문

賊兵 入咸鏡道. 兩王子 陷賊中, 從臣金貴榮 · 黃廷彧 · 黃赫及本道監司 柳永立 · 北兵使韓克諴等 皆被執. 南兵使李渾 走至甲[일申]山, 爲我民所害. 南北道郡縣 皆沒于賊.

有倭學通事咸廷虎者 在京城 爲賊將淸正所得 因[일同]隨淸正 入北道, 賊退後 逃還京城, 見余言北道事頗詳.
淸正在賊將中 尤勇悍善鬪[이鬦]. 與平行長 同渡臨津 至黃海道安城驛, 謀分搶兩界 各議所向 未決. 二賊拈鬮, 行長 得平安道, 淸正 得咸鏡道.
於是 淸正 擒安城居民二人[이일-] 使向導. 二人 辭以生長此地 不諳北路 淸正卽斬之, 一人 懼請先導. 從谷山地 踰老里峴 出於鐵嶺北. 日行數百里 勢如風雨.

北道兵使韓克諴 率六鎭兵 相遇於海汀倉. 北兵善騎射 地又平衍, 乃左右迭出 且馳且射, 賊不能支 退入倉中. 時日已暮 軍士欲少休 俟賊出 明日復戰, 克諴不聽 揮其軍圍之.
賊出倉中穀石 列置爲城 以避矢石, 從其內 多發鳥銃. 我軍櫛比而立 重疊如束 中必貫穿 或一丸斃三四人, 軍遂潰.
克諴收兵 退屯嶺上 欲天明更戰, 夜賊潛行 環我軍 散伏于草間. 朝大霧 我軍 猶意賊在山下. 忽一聲炮[이일砲]響 從四面大呼突起 皆賊兵也.
軍遂驚潰, 將士 向無賊處奔走 悉陷泥澤中, 賊追至芟刈 死者 無數. 克諴 遁入鏡城 遂被擒.

兩王子臨海君 · 順和君 俱至會寧府. 蓋順和君 初 在江原道, 賊兵入江

原道 故 轉向北道. 是時 賊窮追王子, 會寧吏鞠景仁 率其類叛 先縛王子及從臣 以迎賊. 賊將淸正 解其縛 留置軍中 還屯咸興.

獨漆溪君尹卓然 路中稱病 從他路 深入別害堡, 同知李墍 不從王子 留江原道 皆免執. 柳永立 拘賊中數日[일月], 賊以爲文官 防禁少懈. 永立乘間脫走 還行在.

23
순변사 이일이 평양으로 오다

이일이 평양으로 왔다.

이일은 이미 충주 싸움에서 패한 후 한강을 건너 강원도 경계까지 들어갔다가, 이리저리 옮겨 다니다 행재소에 이르렀다. 이때에 여러 장수들은 서울에서 남쪽으로 내려갔는데 어떤 이는 도망쳤고 어떤 이는 죽기도 해 임금님의 수레를 호종하는 자가 한 사람도 없었고, 왜적이 이곳에 온다는 소문에 사람들이 더욱 두려워했다. 이일은 무장 중에서도 평소에 명성이 높아 비록 싸움에 패해 도망쳐 오기는 했지만 사람들은 그가 왔다는 소문만 듣고도 매우 기뻐하였다.

이일은 이미 싸움에 자주 패해 가시덤불 사이로 숨어 다니느라 패랭이를 쓰고 구멍 난 흰 베적삼에 짚신을 신고 왔다. 몰골이 몹시 초췌하여 보는 사람마다 탄식하였다. 내가 그에게 말하였다.

"이곳 사람들은 그대를 소중하게 여겨 의지하려고 하는데 용모가 이처럼 볼품없이 말랐으니, 어떻게 여러 사람들에게 위안을 줄 수 있겠소?"

그리고는 나의 행장을 뒤져 남빛 비단 첩리帖裏(무관 공복의 하나, 철릭)를 찾아서 주었다. 그러자 재신들 중에 어떤 이는 말총으로 만든 갓도 주고, 어떤 이는 은정자와 채색 갓끈도 줘서 당장 바꾸어 입으니 옷차림은 한

순간에 새롭게 되었으나, 신발만은 벗어주는 사람이 없어 짚신을 아직도 신고 있었다. 내가 웃으면서 말하였다.

"비단 옷에 짚신은 어울리지 않는군!"

그러자 옆에 있던 사람들이 모두 웃었다.

이윽고 벽동碧潼(평안북도 벽동군)의 토병 임욱경任旭景이 왜적이 이미 봉산까지 왔다고 탐지하여 보고하였다. 내가 정승 윤두수에게 말하였다.

"왜적의 척후가 이미 강 너머까지 왔을 것입니다. 여기 영귀루 밑으로 강물이 두 줄기로 갈라져 흘러가는데 강물이 얕아 왜적이 건너 올 수 있습니다. 만일 왜적이 우리 백성을 길잡이로 삼아서 몰래 강을 건너 갑자기 쳐들어온다면 성이 위태로울 것입니다. 이일을 급히 파견하여 얕은 강여울을 지키게 해서 예상치 못할 사태를 방비하는 것이 어떻겠습니까?"

그러자 윤두수 공이 말하였다.

"그렇군요!"

곧바로 이일을 파견하였다.

이때 이일은 강원도의 군사를 거느렸는데 겨우 수십 명뿐이어서 다른 군사들을 보태주었다. 그런데 이일은 함구문含毬門(평양성 남문)에 앉아서 병사들을 점고하고는 곧장 출발하지 않았다. 나는 급한 일이라고 생각하여 사람을 보내 살펴보게 했는데 아직까지 함구문에 머물러 있었다. 내가 윤두수 공에게 계속 말하여 재촉하게 했더니, 이일이 비로소 떠나갔다.

이미 평양성을 나왔으나 길잡이가 없어서 강의 서쪽으로 잘못 향했다가, 길에서 외지로부터 들어오는 평양 좌수座首(지방의 수령을 보좌하던 향청의 우두머리) 김내윤을 만나 그에게 길을 묻고 앞장서도록 하여 만경대 아래로 달려갔는데, 평양성과 겨우 10여 리 떨어진 곳이었다. 강의 남쪽 언덕을 바라보니 모여 있는 적병이 이미 수백 명이나 되었다. 강 가운데 작은 섬에 살던 백성들이 놀라 소리지르며 흩어져 달아났다. 이일이 급히 무사 10여 명에게 명하여 섬에 들어가 활을 쏘도록 했지만 군사들이 두려워 곧장 나아가지 않았는데, 이일이 칼을 빼들고 베려고 하자 그제야 나아갔다. 왜적이 벌써 강물 속에 들어와 있었고 언덕 가까이 온 자도 많았다. 우리 군사가 급히 강궁을 쏘아 연이어 6~7명을 쓰러뜨리자 왜적이 드디어 물러났다. 이일은 그대로 머물러 나루터를 지켰다.

원문

李鎰至平壤.

鎰 旣敗于忠州 渡江入江原道界 輾轉至行在. 時 諸將 自京城南下 或走或死[이일或死或走], 無一人扈駕者, 聞賊將至 人心益懼. 鎰於武將中 素有重名, 雖奔敗之餘 而人聞其來 無不喜悅.
鎰旣屢敗 竄荊棘中 戴平凉子 穿白布衫 草履[일屨]而至. 形容憔悴 觀者歎[국이일嘆]息. 余語之曰 "此處人 將倚君爲重 而槁枯如此, 何以慰衆?" 索行橐 得藍色紗帖裏[국이일裡] 與之. 於是 諸宰 或與騣笠 或與銀頂[일項]子 · 彩纓, 當面改換 服飾一新, 獨無有脫靴與之者 猶著[국일着]草履[일單履]. 余笑曰 "錦衣草履[일艸履] 不相稱矣!" 左右皆笑.

俄而 碧潼土兵任旭景 探報賊已至鳳山. 余謂尹[간左]相曰 "賊之斥候[일侯] 應已至江外. 此間 詠歸樓下 江水 岐而爲二 水淺可涉. 萬一 賊 得我

民嚮導[이일道] 而暗渡猝至 則城[대誠]危矣. 何不急遣鎰 往把淺灘 以防不測乎?" 尹公曰 "然!." 卽遣鎰.

時 鎰所率江原道[이일-]軍 僅數十餘[일余[130]]人 益以他軍. 鎰 坐含毬門 點兵 不卽行. 余念事急 遣人視之 猶在門上. 余連語尹公 使催之, 鎰始去. 旣出城 無指路者 誤向江西, 路遇平壤座首金乃[이일-]胤 自外來, 問之 使前引 馳至萬頃臺下, 距城 纔十餘里. 望見江南岸 賊兵來聚者 已數百. 江中小島居民 驚呼奔散. 鎰 急令武士十餘人 入島中射之, 軍士 畏不卽進, 鎰拔劍 欲斬之 然後乃進. 賊已在水中 多近岸. 我軍 急以强弓射之 連斃六七 而賊遂退. 鎰 仍留守渡口.

130 余: 여기서는 '나 여'자가 아니라 餘의 속자이다.

24

요동도사가 임세록을 보내 왜군의 실정을 탐지하다

요동도사가 진무 임세록에게 우리나라에 와서 왜군의 실정을 탐지하도록 하였다.

임금님께서 그를 대동관大同館(중국 사신을 접대하던 평양의 객관)에서 접견하였다. 나는 5월에 파직되었다가 6월 초하루에 다시 등용되었는데, 이날 명을 받들고 중국 장수를 접대하였다.

당시 요동에서는 왜가 우리 조선을 침범했다고 들었는데, 오래지 않아 도성을 지키지 못하고 임금님께서 서쪽으로 파천했다고 들었고, 또 얼마 후에 왜병이 이미 평양에 이르렀다는 소식을 듣고는 매우 이상하게 생각하였다. 왜변이 비록 급박하지만 졸지에 이처럼 되지는 않았으리라 여겼기 때문이다. 그래서 어떤 자는 우리나라가 왜를 위해 앞에서 이끈다고 말하기도 하였다.

임세록이 오자 나는 그와 함께 연광정練光亭(평양 대동강에 있는 정자)에 올라 형세를 바라보며 살폈다. 이때 왜병 하나가 강 동쪽 숲의 나무 사이에서 잠깐 나타났다가 사라지곤 했다. 이윽고 두세 명의 왜병이 이어서 나오더니, 어떤 놈은 앉아 있기도 하고 어떤 놈은 서 있기도 하면서 아주 편안해 보이는 것이 마치 길을 가다가 휴식하는 모습 같았다. 나는 임세록에게 이를 가리키며 말하였다.

"저자들이 왜군의 척후병입니다."

임세록은 기둥에 기대어서 바라보고 있었는데, 유달리 믿을 수 없다는 표정으로 말하였다.

"왜병이 어찌 이리도 적습니까?"

내가 말하였다.

"왜놈들이 교묘하게 속이는 겁니다. 비록 대군이 뒤에 있어도 먼저 와서 정탐하는 자는 몇 놈에 불과합니다. 만일 적은 수만 보고서 가볍게 여긴다면 반드시 적의 술책에 빠지고 말 겁니다."

그러자 세록이 '알겠습니다.'라고 말하고는 회답하는 자문咨文(중국과 주고받던 공식 외교 문서)을 급히 요청해 요동으로 달려갔다.

원문

遼東都司 使鎭撫林世祿 來探倭情.

上接見于大同館. 余自五月罷 六月初一日 收敍, 是日承命 接待唐將. 時 遼東 聞倭犯我國, 未久 又聞都城不守 車駕西遷, 旣又聞倭兵已至平壤, 甚疑之. 以爲'倭變雖急 不應猝遽如此'. 或云'我國 爲倭先導.'

世祿之來, 余與之同上練光亭 望察形勢[일勢]. 有一倭 從江東林木間 乍見乍隱. 已而 二三倭繼出 或坐或立 意態安閑[옥대간閒] 若行路休息之狀. 余指示世祿曰 "此倭候也." 世祿 倚柱而望, 殊有不信之色, 曰 "倭兵何其少也?" 余曰 "倭巧詐. 雖大兵在後 而先來偵探者 不過數輩. 若見其少而忽之 則必陷於賊術矣." 世祿'唯唯' 亟求回咨 馳去.

25
좌의정 윤두수에게 평양을 지키도록 하다

좌상 윤두수에게 명해 도원수 김명원과 순찰사 이원익 등을 거느리고 평양을 지키게 하였다.

며칠 전 성 안 사람들이 임금님이 피란 가시려 한다는 소문을 듣고 각자 도망가 흩어져서 마을이 거의 텅 비었다. 임금님께서 세자에게 명하여 대동관 문으로 나가 성 안의 노인들을 모아 성을 굳게 지키겠다는 뜻으로 타이르게 하셨다. 부로父老들이 앞으로 나와 말하였다.

"단지 세자의 말씀만으로는 백성들이 믿지 못합니다. 반드시 임금님께서 직접 말씀하시는 것을 들어야 할 것입니다."

다음날 임금님께서 어쩔 수 없이 관문으로 납시어 승지에게 명하여 어제 한 말과 같이 잘 타이르도록 하셨다. 노인 수십 명이 절하고 엎드려 통곡하고는 명을 받들어 물러갔다. 드디어 각자 성 밖으로 나가서 산속 계곡으로 도망가 숨어 있던 노약자와 아들과 며느리, 자제들을 모두 불러 나오게 하여 성으로 들어오도록 하니, 그제야 성 안이 가득 찼다.

왜적이 대동강 가에 모습을 드러내자 재상 노직[131] 등이 종묘사직의 위

---

131 노직(盧稷): 1545(인종 1)~1618(광해군 10). 1584년 별시문과에 병과로 급제하였다. 임진왜란 때 선조를 호종하였으며, 병조참판에 이어 개성유수에 임명되었다.

패를 받들고 아울러 궁인들을 호위하고서 먼저 성을 나갔다. 그러자 성 안의 이속과 백성들이 난을 일으켜 칼을 빼들고 길거리를 누비고 다니며 함부로 내리쳐 종묘사직의 신주가 길바닥에 떨어졌다. 신주를 따라가던 재신을 가리키며 크게 꾸짖었다.

"너희들은 평소 나라의 녹을 훔쳐 먹다가, 지금 나라를 망치고 백성을 속이기를 이처럼 한단 말이더냐?"

내가 연광정에서 행궁으로 가다가 길가에서 보니, 부녀자들과 어린 아이들이 모두 화가 나서 머리털이 곤두선 채 서로 소리 질러 외쳐댔다.

"이미 성을 버리려고 했다면, 무슨 까닭으로 우리들을 속여 성으로 들어오게 해서 유독 우리들만 적의 손에 어육魚肉이 되도록 하는 것이냐?"

궁문에 이르니 난민들이 길을 가득 메웠는데 모두들 팔을 걷어붙이고 병장기를 들고서 사람을 만나면 곧 내리쳤으며, 수많은 사람들이 어지럽고 시끄럽게 떠들어대니 어떻게 해볼 도리가 없었다. 문 안의 조당에 있던 여러 재신들이 모두 다 낯빛이 하얘져 뜰 안에 서 있었다. 나는 난민들이 궁문으로 들어올까 걱정되어 문 밖의 계단에 서서, 그 중 나이가 많고 구레나룻이 많은 자를 보고는 손짓으로 불렀다. 그 사람이 곧 이르렀는데 그 지방의 관리였다.

나는 그 사람에게 타일러 말했다.

"너희들이 힘을 다하여 성을 지키려 하고 임금님께서 성 밖으로 나가시는 것을 원치 않으니 나라를 위하는 충정은 지극하다. 다만 이 일로 난리를 일으켜 궁문까지 소란스럽게 하니 대단히 놀라울 따름이다. 더구나 조정에서도 바야흐로 성을 굳게 지킬 것을 주청하여 임금님께서 이미 허락하셨다. 그런데 너희들은 무슨 일로 이렇게 소란을 피우는가? 네 모습을 보니 식견이 있는 사람 같은데, 모름지기 이 뜻으로 여러 사람들을 깨닫도록 타일러 물러가게 하라. 이처럼 하지 않으면 너희들은 장차 중죄를 짓게 되어 용서받지 못할 것이다."

그러자 그 사람은 곧바로 몽둥이를 버리고 두 손을 모으며 말했다.

"저희들은 나라에서 성을 버리려 한다는 말을 듣고 분한 생각을 이기지 못하여 이처럼 망령된 행동을 했습니다. 이제 이와 같은 말씀을 들으니 소인이 비록 어리석고 못났지만 가슴속이 곧바로 후련해집니다."

마침내 그 사람이 손을 휘둘러 무리들을 흩어지게 하였다.

이 일이 있기 전에 조정의 신하들이 적병이 장차 가까이 올 것이라는 말을 듣고 모두 피란 가자고 청하였다. 사헌부 · 사간원과 홍문관에서 날마다 대궐 문 앞에 엎드려 힘껏 청했으며, 인성부원군 정철도 더욱더 피란을 가자고 주장했다. 나는 이렇게 말했다.

"지금의 상황은 지난 번 경성에 있을 때와는 다릅니다. 경성에서는 군사와 백성이 붕괴되어 비록 지키려고 해도 지킬 수가 없었습니다. 하지만 이 성은 앞이 강물에 막혀 있고 민심도 대단히 확고합니다. 게다가 명나라와 가까워 만약 며칠만 굳게 지킨다면 명나라 군사가 반드시 와서 구원할 것이고, 오히려 그 힘을 빌려 적병을 물리칠 수 있을 것입니다. 행여 그렇지 않다면 이곳에서부터 의주에 이르기까지 다시는 버틸 만한 땅이 없을 것이니, 형세가 반드시 나라가 망하는 지경에 이를 것입니다."

좌상 윤두수도 내 의견에 동의했다. 나는 또 정철에게 이렇게 말했다.

"평시에 늘 공은 의기가 강개하여 어려운 일이나 쉬운 일이나 피하지 않는다고 생각했습니다만, 지금 공의 의론이 이와 같을 줄은 미처 헤아리지 못했습니다."

윤정승이 문산[132]의 시를 읊으며 말했다.

"내 이 칼로 간신배의 목을 베고 싶구려我欲借劍斬佞臣."

정철은 크게 화를 내며 옷소매를 뿌리치고 일어나 가버렸다. 평양 사람들도 내가 성을 지키자는 의론을 주장했다는 것을 들었으므로, 이날 내 말을 듣고는 자못 순순히 물러간 것이다.

저녁 무렵에 감사 송언신[133]을 불러 난민을 진정시키지 못한 일을 문책하자, 송언신은 난리를 선동한 세 사람을 적발해서 대동문 안에서 목 베어 죽였다. 그러자 나머지 무리들은 모두 흩어져 가버렸다.

이때는 벌써 성을 떠나기로 결정했지만 어디로 가야할지 몰랐다. 조정의 신하들은 대부분 북도는 지역이 궁벽하고 길이 험준해서 적병을 피할 수 있다고 주장했다. 이때는 적병이 이미 함경도를 침범하여 길이 막혀 있었고, 게다가 변고를 보고하는 사람도 없었기 때문에 조정에서는 이러한 사실을 모르고 있었다.

이때 동지중추부사 이희득[134]이 일찍이 영흥 부사로 있을 때 어진 정사를 베풀어 민심을 얻었다는 이유로 그를 함경도 순검사로 삼았다. 그리고

---

132 문산(文山): 송(宋)나라 충신인 문천상(文天祥: 1236~1282)의 호이다. 문천상은 1560년 원나라 군대가 수도 임안(臨安)에 다다르자 문관으로서 근왕병 1만 명을 이끌고 싸웠다. 원나라에 가서 강화를 청하다가 억류되었는데, 그 사이에 남송이 멸망하였다. 이후 탈출하여 잔병을 모아 원나라 군대와 싸웠으나 패하여 체포되었다. 원 세조가 전향을 권하였으나 이를 거절하여 처형되었다. 남송 최후의 재상이자 충절의 상징으로 여겨지고 있다.

133 송언신(宋言愼): 1542(중종 37)~1612(광해군 4). 1577년 알성문과에 병과로 급제하였다. 1596년 동면순검사가 되었고, 이후 병조판서와 이조판서를 역임하였다.

134 이희득(李希得): 1525(중종 20)~1604(선조 37). 1572년 춘당대문과에 병과로 급제하였다. 임진왜란 때 북도순검사가 되었고, 1594년 함경도관찰사가 되었으며, 이후 이조참판을 거쳐 대사간을 지냈다.

병조좌랑 김의원[135]을 종사관으로 삼아 북도로 가게 한 뒤에, 왕비와 궁녀 이하의 사람들을 먼저 북쪽을 향해서 떠나도록 했다.

그러나 나는 강력하게 간하였다.

“임금님께서 서쪽으로 떠나오신 것은 본래 명나라 군사에 의지하여 부흥을 도모하려고 했을 뿐입니다. 이제 명나라에 군사 요청까지 했는데 도리어 북도로 깊이 들어가면 중간에 적병이 가로막아 명나라 소식도 통할 길이 없을 것이니, 하물며 나라의 회복을 바랄 수 있겠습니까? 게다가 적병이 여러 도로 흩어져 나갔으니, 어찌 북도에만 반드시 적병이 없다고 장담하겠습니까? 만약 불행히도 이미 그곳으로 들어간 후에 적병이 따라 들어온다면 다른 곳으로 갈 길이 없어 오직 북쪽 오랑캐 땅만 있을 뿐이니, 어느 곳에 의지할 수 있겠습니까? 어찌 눈앞에 닥친 위태로움이 심하지 않겠습니까?

지금 조정 신하의 가솔들이 북도로 많이 피란 갔습니다. 이 때문에 각자가 사사로운 생각만 해서 모두 북쪽으로 가는 것이 유리하다고 말합니다. 신도 늙은 어머니가 계신데, 동쪽 방면으로 피란했다고 들었습니다. 비록 계신 곳은 알 수 없지만 반드시 강원도나 함경도 사이로 들어갔을 것입니다. 신 또한 개인적인 입장으로 말씀드린다면 어찌 북쪽으로 갈 뜻이 없겠습니까? 다만 국가의 큰 계책은 개개의 신하들의 입장과는 다르기 때문에 감히 이토록 간절히 말씀드릴 뿐입니다.”

그리고 이내 목메어 울며 눈물을 흘리자, 임금님께서 가엾게 여겨 말씀하셨다.

“경의 어머니는 어디에 계시는가? 나 때문이로다!”

---

135 김의원(金義元): 1558(명종 13)~?. 1591년 식년문과에 병과로 급제하였다. 임진왜란이 일어나자 임금을 호종하였으며, 1594년 전라도도사가 되었다. 이후 이조좌랑을 거쳐 대사간 등을 지냈다.

내가 이미 물러난 후 지사 한준[136]이 다시 홀로 임금님을 뵙고 북쪽으로 가는 것이 편리하다고 힘써 말하였다. 이에 중전이 마침내 함경도로 향하였다.

이때 왜적은 대동강에 도착한 지 이미 3일이나 되었다. 우리들이 연광정에서 건너편을 바라보니 왜군 한 명이 나무 끝에 작은 종이를 매달아 강 위 모래 바닥에 꽂아놓았다. 화포장火砲匠(화포를 제조하는 장인) 김생려에게 명하여 작은 배를 타고 가서 가져오게 하였다.

왜군은 무기를 지니고 있지 않았는데 김생려와 악수를 하고 등을 두드리며 매우 친한 것처럼 하면서 편지를 건넸다. 편지가 왔지만 윤정승은 보려고 하지 않았다.

"편지를 보는 것이 무엇이 해롭겠습니까?"

내가 이렇게 말하고 편지를 보니 '조선국 예조판서 이공 합하에게 올립니다.'라고 하였는데, 이덕형에게 보내온 서신으로 평조신과 현소가 쓴 것이며, 대체로 이덕형을 만나 강화를 의논하자는 것이었다.

이덕형이 작은 배를 타고 가서 평조신과 현소를 강 가운데서 만나 평소처럼 서로 인사를 하였다. 현소가 '일본이 길을 빌어 중원에 조공하려고 했는데 조선이 허락하지 않았기 때문에 일이 이 지경에까지 이르렀습니다. 지금이라도 길 하나를 빌려주어 일본이 중원에 도달할 수 있게 한다면 아무 일이 없을 것입니다.' 하였다. 이덕형은 약속을 어긴 것을 책망하고 또 군사를 퇴각시킨 후에 강화를 의논하자고 하였다. 평조신 등

---

136 한준(韓準): 1542(중종 37)~1601(선조 34). 1566년(명종 21) 별시문과에 병과로 급제하였다. 임진왜란 때 호조판서로 순화군을 호종하여 강원도로 피란하였고, 이듬해 한성부판윤이 되었다. 진하 겸 주문사로 명나라에 다녀와 이조판서가 되었고, 죽은 뒤 장사를 치를 돈이 없을 정도로 청렴하였다고 한다. 시호는 정익(靖翼)이다.

의 말이 매우 불손해져서 결국 각자 헤어졌다. 이날 저녁에 왜적 수천 명이 대동강 동쪽 언덕 위에 진을 쳤다.

원문

[137]命左相尹斗壽 率都元帥金命元·巡察使李元翼等 守平壤.

數日前 城中人 聞車駕欲出避 各自逃散 閭里幾空. 上命世子 出大同館門 集城中父老 諭以堅守之意. 父老進前曰 "但聞東宮之令 民心不信. 必得聖上親諭 乃可." 明日 上不得已 御館門 令承旨 曉諭如昨. 父老數十人 拜伏痛哭 承命而退. 遂各分出 招呼悉追老弱男婦子弟之竄伏山谷者 入城, 城中皆滿.

及賊見形於大同江邊, 宰臣盧稷等 奉廟社位版 幷[국이일並]護宮[일官]人先出. 於是 城中吏民作亂 挺刃橫路 縱擊之 墜廟社主路中. 指從行宰臣大罵曰 "汝等 平日 偸食國祿, 今乃誤國欺民 乃爾耶?
余 自練光亭 赴行宮 路上見, 婦女·幼稚 皆怒 髮上指 相與號呼曰 "旣欲棄城, 何故 紿我輩入城 獨使魚肉於賊手耶?" 至宮門 亂民塞街 皆袒臂持兵杖 遇人輒擊, 紛囂雜沓 不可禁. 諸宰 在門內朝堂者 皆失色 起立於庭中. 余 恐亂民入宮門 出立門外階上, 見其中有年長多髥者 以手招之. 其人卽至 乃土官也.
余諭之曰 "汝輩 欲竭力守城 不願車駕出城, 爲國之忠 則至矣. 但因此作亂 至於驚擾宮門 事甚可駭. 且朝廷 方啓請堅守 上已許之. 汝輩 何事乃爾? 觀汝貌樣 乃有識人, 須以此意 曉諭[일喩]衆人而退. 不爾 則汝輩 將

137 [일간]에는 앞장과 이어져 있다.

陷重罪, 不可赦也.” 其人 卽棄杖[일枚]斂手曰 “小民 聞欲棄城 不勝憤氣 妄動如此. 今聞此言 小人 雖迷劣 胸中 卽[대-]豁然矣.” 遂揮其衆[간-][138] 而散.

蓋前此, 朝臣 聞賊兵將近 皆請出避. 兩司 · 弘文館 連日伏閤[일閣]力請, 寅城府院君鄭澈 尤主避出之議. 余曰 “今日事勢 與前在京城時 有異. 京城則 軍民崩潰, 雖欲守之 末[일未]由也. 此城 前阻江水 而民心頗固. 且近中原地方 若堅守數日 天兵 必來救, 猶可藉[대국籍]以卻[국이일却]賊. 不然, 從此至義州 更無可據之地, 勢 必至於亡國.” 左相尹斗壽 同余議. 余 又謂[간請]鄭澈曰 “平時每意‘公慷慨 不避難易’ 不圖今日之議如此也.” 尹相 詠文山詩曰 “我欲借劍斬佞臣.” 寅城大怒 奮袂而起. 平壤人 亦聞余爲守議, 故 是日 聞余言 頗順從而退.
夕 召監司宋言愼 責以不能鎭定亂民, 言愼摘發其倡首者三人 斬於大同門內. 餘皆散去.

時 已定出城 而不知所適. 朝臣多言‘北道 地僻路險 可以避兵.’ 蓋是時 賊兵 已犯咸鏡道[이일-] 而道路不通, 且無報變者 故 朝廷不知也.
於是 以同知李希得 曾爲永興府使 有惠政得民心 以爲咸鏡道巡檢[일撿; 간察]使. 兵曹佐郎金義元[대允] 爲從事官 往[국往;간在]北道, 而內殿及宮嬪以下 先出向北.
臣固爭曰 “車駕西狩, 本欲倚仗天兵 以圖興復耳. 今旣請兵于天朝 而顧深入北道, 中間 賊兵限隔 天朝聲問 亦無可通之路, 況望恢復乎? 且賊散出諸道 安知北道必無賊兵? 若不幸 旣入其處 而賊兵隨至, 則他無去

---

138 [간]에는 한 칸이 비워진 채 띄워져 있다.

路 只有北虜而已, 何處可依? 其爲危迫 不亦甚乎?

今朝臣家屬 多避亂于北道, 故 各顧私計 皆言向北便. 臣有老母 亦聞東出避亂. 雖不知在處 而必流入於江原 · 咸鏡之間. 臣 亦以私計言之 則豈無向北之情哉? 只以國家大計 不與人臣同, 故 敢此懇[국恳]陳耳." 因嗚咽流涕 上 惻然日 "卿母[일毋] 安在? 予之故矣!"

旣退 知事韓準 又獨請對 力言向北之便. 於是 中殿 遂向咸鏡道.

時 賊 至大同江 已三日矣. 余輩 在練光亭 望見越邊, 有一倭 以木末懸小紙 揷江沙上. 令火炮[국이일砲]匠金生麗 棹小舟往取之.

倭不帶兵器, 與生麗 握手拊背 極款狎 附書以送. 書至 尹相 欲不開見[이일-]. 余日 "開見 何妨?" 開視 則書面云'上朝鮮國禮曹判書李公閤[일閣]下.' 蓋與李德馨書, 而平調信 · 玄蘇所裁也, 大槩 欲見德馨 議講解.

德馨 以扁舟 會平調信 · 玄蘇于江中 相勞問如平日. 玄蘇言'日本 欲借道朝貢中原 而朝鮮不許 故 事至此. 今亦借一條路 使日本達中原 則無事矣.' 德馨 責以負約 且令退兵後 議講解. 調信等 語頗不遜, 遂各罷去. 夕 賊數千 結陣[일陳]於江東岸上.

26

어가가 평양을 떠나 영변으로 향하다

6월 11일, 임금님께서 평양을 출발하여 영변으로 향하셨다.

대신 최흥원 · 유홍 · 정철 등이 호종했고, 좌상은 김원수와 순찰사 이원익과 함께 평양에 머물러 지켰으며, 나 또한 명나라 장수를 접대하기 위해 머물렀다. 이날 왜적이 성을 공격하였다. 좌상 · 원수 · 순찰사와 나는 연광정에 있었고, 본도 감사 송언신은 대동성의 문루를 지키고, 병사 이윤덕[139]은 부벽루 위의 강여울을 지키고, 자산 군수 윤유후 등은 장경문을 지키고 있었다.

성 안에 있는 군사와 장정들 도합 3천~4천 명을 성가퀴에 나누어 배치했으나, 대오가 정돈되지 않아서 성 위에 사람들이 듬성듬성 서 있기도 하고 빽빽하게 서 있기도 했다. 어떤 곳은 사람 뒤에 사람이 서서 어깨와 등이 서로 닿기도 했고, 또 어떤 곳은 여러 개의 화살받이 사이에 한 사람도 없었다. 을밀대 근처 소나무 가지에 옷을 여기저기 걸어놓고 의병疑兵(적을 속이기 위한 가짜 군사)이라 하였다.

---

139 이윤덕(李潤德): 1529(중종 24)~1611(광해군 3). 식년시 무과에 급제하여 선전관을 지냈다. 이후 전라도 · 함경도 · 경상도 · 평안도의 병마절도사를 역임하고, 훈련원도정 · 관서부원수가 되어 서북방면을 지켰다. 임진왜란 당시 동지돈녕부사로서 선조를 의주까지 호종하였다. 영의정에 추증되었다.

평양성

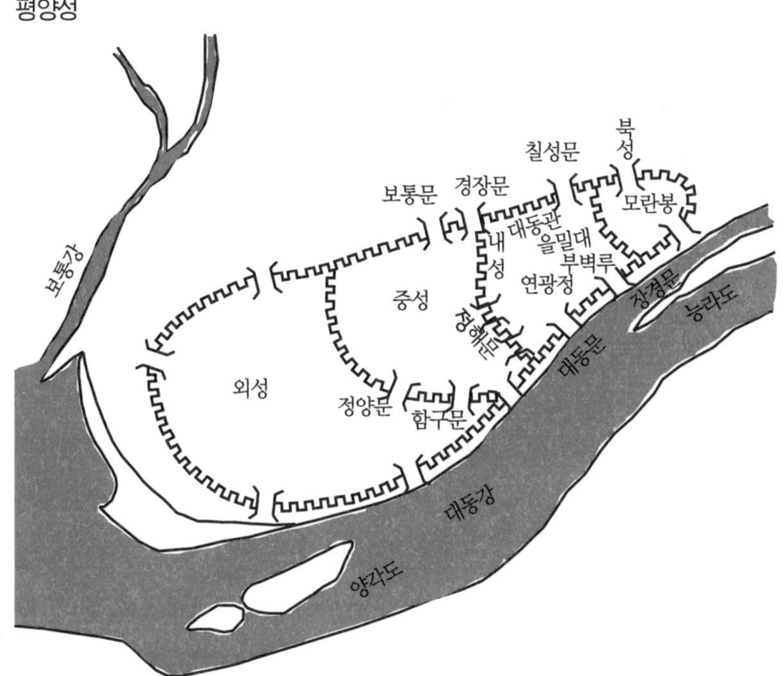

강을 사이에 두고 바라보니 적병 또한 그리 많지 않았다. 동대원 언덕에 일자진을 치고 붉고 흰 깃발을 열지어 꽂았는데 마치 우리나라의 만장을 세워 놓은 모양 같았다.

기병 10여 명을 내어 양각도를 향하여 강물로 들어왔는데 물이 말의 배까지 찼다. 모두 고삐를 잡고 줄지어 서서 장차 강을 건너올 것 같은 모습을 보였으며, 그 나머지는 강가를 왔다 갔다하는 자들로 한두 명씩, 혹은 서너 명씩 큰 칼을 메었는데, 햇빛이 칼날에 내리 비치자 마치 번개처럼 번쩍번쩍 했다. 이것을 어떤 사람은 '진짜 칼이 아니고 나무로 만들고 백랍을 칠해서 사람의 눈을 속이는 것이다.' 하였는데 멀어서 분별할 수 없었다.

또 왜적 6~7명이 강가에 이르러 성을 향하여 조총을 쏘았는데 그 소리가 매우 웅장하였다. 탄환이 강을 지나 성 안으로 들어 왔는데, 멀리 날아 온 것은 대동관까지 들어와 기와 위에 흩어져 떨어졌으니, 거의 천여 보나 날아온 것이다. 어떤 것은 성의 누각 기둥에 맞아 서너 치나 깊이 들어갔다. 붉은 옷을 입은 왜적이 연광정 위에 여러 고관들이 앉아 있는 것을 보고 장수로 여겨 조총을 겨누면서 조금씩 조금씩 앞으로 나와 모래톱에 이르러 총을 쏘아 정자 위의 두 사람을 맞혔지만 거리가 멀어 중상은 아니었다.

내가 군관 강사익姜士益에게 방패로 막고 편전片箭(총통에 넣어 쏘는 짧고 작은 화살로, 일반 화살보다 사거리와 살상력이 뛰어남)을 쏘게 하여 화살이 모래사장에 이르자 왜적들이 멈칫멈칫 뒷걸음질로 물러났다. 원수 김명원이 활 잘 쏘는 자를 뽑아 빠른 배에 태워 강 중간에서 왜적에게 쏘게 했다. 배가 점점 동쪽 언덕에 가까이 가자 왜적도 물러나 피했다. 우리 군사가 배 위에서 현자총玄字銃을 쏘자 화전火箭이 서까래 줄처럼 강을 건너 날아갔다. 왜적들이 이를 쳐다보고 모두 큰 소리로 비명을 지르며 흩어졌다가 화전이 떨어진 곳에 다투어 모여들어 구경했다. 이날 병선을 즉시 정비하지 않았기 때문에 공방의 관리 1명을 베어 죽였다.

오랫동안 비가 오지 않아 강물이 날마다 줄어들었다. 일찍이 재상을 나누어 단군 · 기자 · 동명왕 사당에 보내 비가 오기를 빌게 했지만 그래도 비가 오지 않았다. 나는 정승 윤두수에게 말하였다.

"이곳은 물이 깊고 배가 없어 왜적이 끝내 건널 수 없겠지만 상류는 얕은 여울이 많아 조만간 왜적이 반드시 이곳으로 건너올 것입니다. 건너오면 성을 지킬 수 없을 것이니 어찌 철저하게 방비하지 않을 수 있겠습니까?"

원수 김명원은 성격이 느려서 다만 이렇게 말할 뿐이었다.

"이미 이윤덕에게 그곳을 지키라고 명하였습니다."

내가 말하였다.

"이윤덕 같은 사람에게 어찌 의지할 수 있겠습니까?"

그리고 이순찰(이원익)을 가리키면서 말하였다.

"공들이 한 자리에 모여앉아 있는 것이 잔치에 모여 있는 것 같아 일에는 도움이 되지 않으니, 가서 강여울을 지키는 것이 어떻겠습니까?"

이원익이 말하였다.

"만일 가보라고 명하신다면 감히 힘을 다하지 않겠습니까?"

그러자 정승 윤두수가 이원익에게 말하였다.

"공이 가는 것이 좋겠소."

이원익이 일어나 나갔다.

나는 당시 임금님의 명을 받아 명나라 장수의 접대만 담당하였고 군사의 일에는 관여를 하지 않았다. 내가 가만히 생각해보니 이대로 있다가는 반드시 패할 것이니, 이것보다는 중간에서 명나라 장수를 어서 맞아들여 한 걸음이라도 빨리 와 구원하게 한다면, 다행히 일이 해결될 듯싶었다.

날이 저물자 드디어 종사관 홍종록[140] · 신경진[141]과 함께 성을 나와 한

---

140 홍종록(洪宗祿): 1546(명종 1)~1593(선조 26). 1572년 별시문과에 을과로 급제하였다. 임진왜란이 일어나자 이조정랑 신경진과 함께 도체찰사 류성룡의 종사관으로 각 진영의 연락과 군수품 공급의 일을 맡았다. 같은 해 곽산에서 구성으로 들어가 그 곳 관민의 협조를 얻어 많은 양곡을 정주 · 가산 등지로 운반하여 군량 공급에 크게 공헌하였다. 후에 벼슬이 직제학에 이르렀으며 이조참판에 추증되었다.

141 신경진(辛慶晉): 1554(명종 9)~1619(광해군 11). 1584년 별시문과에 병과로 급제하였다. 임진왜란이 일어나자 지평이 되어 왕을 호종하였고, 평양에 가서 도체찰사 류성룡의 종사관으로 활약하였다. 벼슬이 대사헌에까지 올랐다. 문무를 겸비하여 명성이 높았고 청백리에 선정되었다.

밤중에 순안에 도착했다. 도중에 회양에서 오는 이양원의 종사관 김정목[142]을 만나 왜적이 철령에 이르렀다는 말을 들었다. 다음날 숙천을 지나 안주에 이르렀다. 요동진무 임세록이 또 왔기에 자문을 받아 행재소로 보냈다. 다음날 어가가 이미 영변을 떠나 박천에 행차하셨다는 말을 들었다. 나는 말을 달려 박천으로 갔다.

임금님께서 동헌에 납시어 나에게 평양을 지킬 수 있는가라고 물으셨다. 이에 내가 대답을 하였다.

"사람들의 마음이 매우 굳세어 지킬 수 있을 것 같습니다. 다만 구원병이 빨리 도달하지 않으면 안 됩니다. 그래서 신이 이 때문에 와서 도착하는 명나라 군대를 맞이하여 빨리 달려가 구원해주기를 청하려고 하였습니다. 그런데 지금까지 구원병이 오는 것을 보지 못하여 답답하고 안타깝습니다."

임금님께서 윤두수의 장계를 손수 들어 나에게 보이면서 말씀하셨다.

"어제 이미 노약자들을 성 밖으로 나가게 했다고 하니 인심이 반드시 동요하고 있을 텐데 어떻게 지킬 수 있겠는가?"

나는 대답하여 말했다.

"참으로 전하의 염려와 같습니다. 신이 그쪽에 있을 때는 아직 이런 일을 보지 못하였습니다. 대개 그곳의 형세를 살펴보면 왜적은 반드시 얕은 여울로 건널 것입니다. 마땅히 마름쇠(적을 막기 위하여 흩뿌리는 날이 뾰족한 쇠)를 물 속에 많이 깔아 놓고 대비하여야 합니다."

---

142 김정목(金庭睦): 1560년(명종 15)~1612년(광해군 4). 1583년 정시문과에 병과로 급제하였다. 1592년 호조정랑과 헌납 등을 지냈다. 임진왜란 당시 명나라와의 교섭에 많은 일을 담당하였다. * 원문에는 廷으로 되어 있으나 『민족문화대백과사전』 등에는 庭으로 되어 있음.

임금님께서 이 고을에 마름쇠가 있는지 물어보게 하셨는데, 수 천 개가 있다고 아뢰었다. 임금님께서 말씀하셨다.

"급히 사람을 모아 그것을 평양에 보내라."

내가 또 아뢰었다.

"평양 서쪽 강서 · 용강 · 증산 · 함종 등의 고을에 모아 놓은 곡식도 많고 백성도 많습니다. 왜적이 이미 가까이 왔다는 소문을 들으면 반드시 놀라서 흩어질 것입니다. 마땅히 급히 신하 한 사람을 달려가게 해서 그들을 진정시키고, 또 한편으로는 병사를 모아 평양을 계속 도와주는 것이 좋겠습니다."

임금님께서 말씀하셨다.

"누구를 보내는 것이 좋겠는가?"

내가 대답하였다.

"병조 정랑 이유징이 계략과 사려가 있으니 파견할 만합니다."

또 아뢰기를, '신은 사태가 급박해서 지체할 수 없으니 마땅히 밤새워 달려가 명나라 장수를 맞이하여 만나보겠습니다.'라고 하였다.

하직하고 물러 나와 이유징을 보고 임금님께 아뢴 말을 일러주자 이유징은 깜짝 놀라며 말하였다.

"그곳은 적병이 들끓는 곳인데 무슨 수로 갈 수 있겠습니까?"

내가 책망하며 말하였다.

"나라의 녹을 먹는 사람이라면 어려운 일을 피하지 않는 것이 신하의 의리요. 지금 나랏일이 이토록 위급하니 비록 끓는 물과 뜨거운 불이라도 피하지 말아야 할 것이오. 생각건대 이 한 번의 걸음을 어렵게 여겨서야 되겠소?"

이유징은 묵묵히 뉘우치는 낯빛이 있었다.

내가 임금님께 하직 인사를 드리고 나와 대정강大定江가에 이르니 해가 벌써 서쪽으로 저물었다. 광통원 쪽을 돌아보니 들판에 흩어진 군사들이 계속해서 오므로 평양을 지키지 못했나 의심스러워 군관 몇 명을 시켜 달려가 데려오게 했더니 19명을 데리고 왔다. 이들은 바로 의주 · 용천 등의 군사들로 평양으로 가서 강여울을 지키던 군사들이었다. 그들이 '어제 적병이 이미 왕성탄王城灘으로부터 강을 건너오자, 강가의 우리 군사들이 무너졌고 병사 이윤덕도 달아났습니다.'라고 하였다. 나는 크게 놀라 곧바로 길에서 장계를 써서 군관 최윤원을 보내 행재소에 달려가 보고하도록 했다.

밤중에 가산군으로 들어갔다. 이날 저녁에 중전마마께서 박천으로 오셨다. 길에서 적병이 이미 북도로 들어왔다는 소식을 들었기 때문에 더 이상 나아가지 않고 되돌아오신 것이다.

통천 군수 정구[143]가 사람을 보내 음식을 진상하였다.

원문

六月 十一日, 車駕出平壤 向寧邊.

大臣崔興源 · 兪泓 · 鄭澈等 扈從, 左相與金元帥 · 李巡察元翼 留守平壤, 余 亦以接待唐將留. 是日 賊攻城. 左相 · 元帥 · 巡[대巡+]察[144]及余

---

143 정구(鄭逑): 1543(중종 38)~1620(광해군 12). 1573년 유일로 천거되어 예빈시 참봉을 지냈다. 임진왜란이 일어나자 통천군수로 있으면서 의병을 일으켰다. 1593년 선조의 형인 하릉군의 시체를 찾아 장사를 지낸 공으로 당상관으로 승진하여 강원도관찰사 · 형조참판 등을 지냈다. 인조반정 후에 이조판서에 추증되었다. 시호는 문목(文穆)이다.

144 [대]에는 순순찰(巡巡察)로 되어 있으며, [옥일]에는 순찰(巡察)로 표기되어 있다. [옥]의 경우, 68쪽 10행의 19자가 19~20자 사이에 표기되어 있다. 이로 보아 [옥]을 새로 판각하지 않고 기존의 [대]의 목판에 오탈자만 수정한 것이 아닌가 생각된다.

在練光亭, 本道監司宋言愼 守大同城門樓, 兵使李潤德 守浮碧樓以上江灘, 慈山郡守尹裕後等 守長慶門.

城中士卒 · 民夫 合三四千 分配城堞, 而部伍不明 城上人 或疎或密, 或人上有人 肩背相磨 或連數垛 無一人. 散掛衣服於乙密臺近處松樹間 名曰'疑兵.'

隔江望 賊兵亦不甚多. 東大院岸上 排作一字陣[일陳] 列竪紅白旗, 如我國挽章樣.

出十餘騎 向羊角島入江中 水沒馬腹. 皆按轡[일輿]列立 示將渡江之狀, 其餘 往來江上者 或一二 或三四 荷大劍, 日光下射 閃閃如電. 或云'非眞劍 以木爲之 沃以白鑞 以眩人眼者' 然遠不可辨.

又六七賊 持鳥銃到江邊 向城放 聲響甚壯. 丸過江入城, 遠者 入大同館 散落瓦上, 幾千餘步. 或中城樓柱 深入數寸. 有紅衣賊 見練光亭上諸公會坐 知爲將帥, 挾鳥銃[일銳]邪睨 漸進至沙渚上 放丸 中亭上二人, 然遠故 不重傷.

余 令軍官姜士益 從防牌內 以片箭射之 矢及沙上, 賊逡巡而卻[국이일却]. 元帥 發善射者 乘快船 中流射賊. 船稍近東岸 賊亦退避. 我軍從船[이일舡]上 發玄字銃, 火[국이일大]箭 如椽過江. 倭衆仰視 皆叫噪[이일譟]而散, 箭落地 爭聚觀之. 是日 以不卽整兵船[이일舡] 斬工房吏[간吏房]一人.

時久不雨 江水日縮. 曾分遣宰臣 禱雨檀君 · 箕子 · 東明王廟, 猶不雨. 余謂尹相曰 "此處 水深無船[이일舡] 賊終不能渡, 惟水上多淺灘 早晩 賊必由此渡. 渡則 城不可守, 何不嚴備?" 金元帥性緩 但曰 "已令李潤德守之矣." 余曰 "潤德輩 何可[일不]倚仗?" 指李巡察曰 "公等 會坐一處 如宴集 無益於事, 不可往護江灘耶?" 李曰 "若令往見 敢不盡力." 於是 尹相

謂李曰 "公可往." 李起出.
余時承命 只應接唐將 不參軍務. 默念必敗, 不如早迎唐將於中路 速進一步來救, 庶可有濟.

日暮 遂與從事官洪宗祿 · 辛慶晉 出城, 夜深 到順安. 路中 逢李陽元從事官[이일-]金廷睦 自淮陽來 聞賊兵至鐵嶺矣. 明日 過肅川 至安州[일 刕]. 遼東鎭撫林世祿 又來, 接受咨文 送行在. 翌日聞車駕 已離寧邊 次博川. 余馳詣博川.

上御東軒 引見臣, 問'平壤 可守乎?' 臣對曰 "人心頗固 似可守. 但援兵不可不速進. 故 臣爲此以來, 欲迎着天兵 請速馳援. 而至今未見兵至 玆以爲悶." 上 手取尹斗壽狀啓 示臣曰 "昨日 已令老弱出城云. 人心必搖 何以能守?" 臣對曰 "誠如聖慮. 臣在彼時 未見此事. 大槪觀其處[이일-]形勢 賊 必由淺灘以渡. 宜多布菱鐵於水中 以備之." 上使問'此縣 亦有菱鐵否,' 對有數千介[이일箇]. 上曰 "急募人 送之平壤."
臣 又啓曰 "平壤以西 江西 · 龍岡 · 甑山 · 咸從等邑 倉穀多人民衆. 聞賊兵已近 則必驚駭散失. 宜急遣侍從一人 自此馳去 鎭撫之, 且收兵 爲平壤繼援便[일使]." 上曰 "誰人 可去?" 對曰 "兵曹正郎李幼澄[일證] 有計慮 可遣." 又啓'臣事急 不可遲滯, 當達夜馳去 以迎見唐將爲期.'
遂辭退出 見李幼澄[일憕] 言上前所達, 幼澄 愕然曰 "此乃賊藪 何可進?" 余責之曰 "食祿 不避難 臣子之義. 今 國事 危急如此[일何], 雖湯火 不可避. 顧以此一行爲難乎?" 幼澄[일憕] 默然 有恨色.

余旣拜辭 出至大定江邊 日已平西矣. 回望廣通院 野有散卒 絡繹而來,

疑平壤失守 使軍官數輩 馳往收之 得十九人而至. 乃義州 · 龍川等處之軍 而往平壤守江灘者也. 言'昨日 賊 已從王城灘 渡江, 江上軍潰 兵使李潤德遁走.' 余大驚 卽於路中 爲書狀 遣軍官崔允元 馳報行在.

夜入嘉山郡. [이일+聞]是日夕 內殿 至博川. 蓋在路 聞賊兵已入北道, 故不前而回.

通川郡守鄭述 遣使進物膳.

27

평양이 함락되다

평양이 함락되었다. 어가는 가산으로 행차하셨고 동궁은 종묘사직의 신주를 받들고 박천에서 산속 고을로 들어갔다.

처음에 적병이 대동강의 모래 위에 진 10여 개를 만들어 나누어 주둔하고 풀을 엮어 막사를 만들었다. 여러 날이 되도록 강을 건너지 못하자 경비가 매우 느슨해졌다. 김명원 등이 성 위에서 이를 바라보고 밤을 틈타 습격할 수 있겠다고 생각하였다. 날랜 군사를 뽑아 고언백[145] 등에게 거느리게 하고 부벽루에서 능라도의 나루로 내려가 몰래 배를 타고 군사를 건너게 했다. 애초에 삼경三更(23시~1시)에 적을 치기로 약속했는데, 시각을 놓쳐서 강을 건넜을 때는 벌써 먼동이 트고 있었다. 여러 막사를 살펴보았는데 적병이 아직 일어나지 않았으므로, 드디어 적의 제1진으로 돌진해 들어가니 적병이 놀라서 요란해졌다. 우리 군사들이 적병을 많이 사살했는데, 토병 임욱경은 선봉에 서서 힘껏 싸우다가 죽었지만 적의 말 3백여 필을 빼앗았다.

---

145 고언백(高彦伯): ?~1609(광해군 1). 무과에 급제하였다. 임진왜란이 일어나자 영원군수로서 대동강 등에서 싸웠으나 패하였다. 이후 공을 세워 당상관으로 승진하여 양주목사 · 경기도방어사로 승진하였다. 서울 탈환에 공을 세워 경상좌도병마절도사로 승진하였다. 선무공신 2등에 책록되고 제흥군에 봉해졌다.

평양성 전투

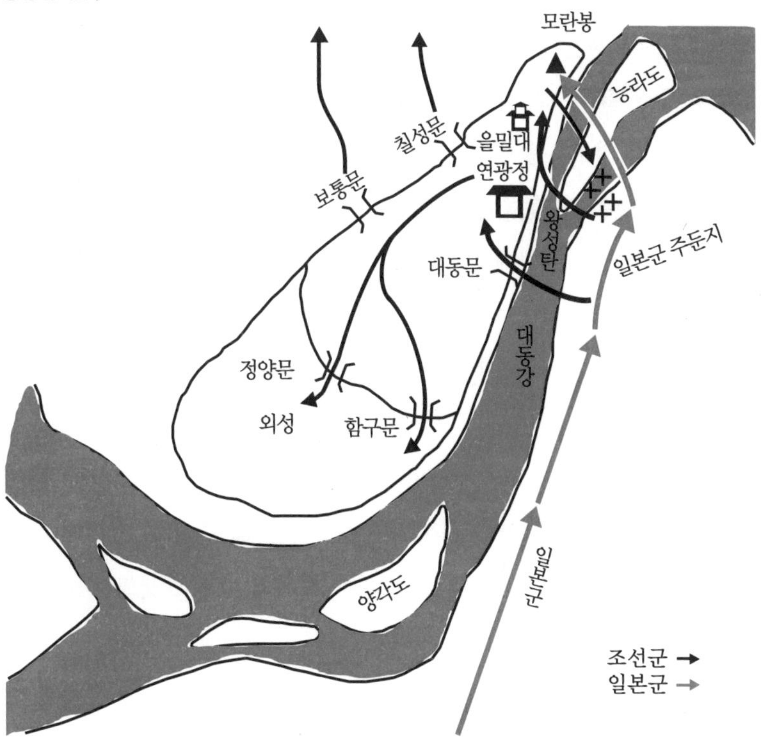

조금 후에 여러 진의 적병들이 모두 일어나 크게 몰려오자, 우리 군사는 퇴각해 다시 배로 달려갔다. 그러나 배 위에 있는 사람들이 적병이 벌써 우리 군사 바로 뒤에까지 따라온 것을 보고 강 한복판에서 배를 강가에 대려고 하지 않아, 물에 빠져 죽은 군사들이 매우 많았다. 나머지 군사들이 또 왕성탄에서 강물을 가로질러 건너자 적병은 그제야 걸어서 건널 수 있을 정도로 강물이 얕은 것을 알았다.

이날 저녁에 모든 적병이 여울을 따라 건너왔는데, 여울을 지키는 우리 군사들은 감히 화살 하나 쏘지 못하고 모두 흩어져 달아났다. 적병은 건너온 후에도 오히려 우리 성 안에 방비가 있는지 의심하여 머뭇거리며 전진하지 못했다.

이날 밤에 윤두수와 김명원은 성문을 열어 성 안 사람들을 모두 내보내고 병기와 화포를 풍월루 연못 속에 빠뜨렸다. 윤두수 등은 보통문으로 나와 순안에 이르렀는데 추격해오는 적병이 없었다. 종사관 김신원은 혼자 대동문으로 나와 배를 타고 물길을 따라 강서로 향해 갔다. 다음날 적병이 성 밖에 이르러 모란봉에 올라 한참 동안 바라보고서야 성이 텅 비어 한 사람도 없는 것을 알고 성 안으로 들어갔다.

처음에 어가가 평양에 도착하니 조정에서는 모두 군량을 걱정하여, 여러 고을의 전세田稅를 다 거두어 평양으로 운반해 두었다. 그런데 이제 평양성이 함락되자 창고의 곡식 10여 만 석까지 모두 왜적의 차지가 되고 말았다.

그 당시에 내 장계는 박천에 이르렀고, 또 순찰사 이원익과 종사관 이호민도 평양으로부터 와서 적병이 강을 건넌 상황을 말해주었다.

밤에 어가와 중전께서 가산으로 출발하셨고, 세자에게 명해 종묘사직의 위패를 받들고 다른 길로 떠나 사방의 백성을 불러 모아 회복을 도모하도록 하였다. 신하를 나누어 따라가게 하였는데, 영의정 최흥원은 명을 받고 세자를 따라갔다. 우의정 유홍도 세자를 수행하겠다고 자청하였지만 임금님께서 응답을 하지 않으셨다. 어가가 이미 출발했는데 유홍이 길가에 엎드려서 하직하고 떠나가려 했다. 내관이 우의정 유홍이 하직 인사를 청한다고 누차 아뢰었지만 임금님께서는 끝내 응답하지 않으셨다. 그러나 유홍은 결국 세자를 따라갔다. 당시 윤두수가 평양에서 아직 돌아오지 않았기 때문에 행재소에는 대신이 없었다. 다만 정철이 옛 정승의 자격으로 어가를 호종하여 가산에 이르렀는데 이미 오경五更(새벽 3~5시)이 지난 뒤였다.

원문

平壤陷. 車駕 次于嘉山, 東宮 奉廟社主 自博川 入山郡.

初 賊兵 分駐江沙上, 作十餘屯 結草爲幕. 旣累日 不得渡江 警備頗怠. 金命元等 自城上望見 以爲可乘夜掩襲. 抄擇精兵 使高彦伯等領之, 從浮碧樓 下綾羅渡 潛以船[이일舡]渡軍. 初 約三更擧事 失時刻 旣渡 已昧爽矣. 見諸幕[이일幙]中 賊猶未起, 遂前突第一陣 賊驚擾. 我軍 多射殺賊, 土兵任旭景 先登力戰 爲賊所害, 奪賊馬三百餘匹.
俄而 列屯賊 悉起大至, 我軍退走 還趨船[이일舡]. 船[이일舡]上人 見賊已迫後, 中流 不敢艤船[이舡], 淹[이일渰]死者 甚衆. 餘軍 又從王城灘 亂流而渡, 賊 始知水淺可涉.

是日暮 擧衆由灘以濟, 我軍守灘者 不敢發一矢 皆散走. 賊旣渡 猶疑城中有備 遲回[이徊]不前.
是夜 尹斗壽 · 金命元 開城門 盡出城中人, 沈軍器 · 火炮[이일砲]于風月樓池水中. 斗壽等 由普通門而出 至順安, 賊無追躡者. 從事官金信元 獨出大同門 乘船[이일舡]順流 向江西. 明日 賊至城外 登牧丹峯 良久觀望 知城空無人 乃入城.

始車駕 至平壤, 廷議 皆以糧餉爲憂, 盡取列邑田稅 輸到平壤. 及城陷

并本倉穀十餘萬石 皆爲賊所有.

時 余狀報 至博川, 又巡察使李元翼 · 從事官李好閔 亦自平壤來 言賊渡江狀.

夜 車駕及內殿 發向嘉山, 命世子奉廟社 別由他路 使之收召四方 以圖興復. 分臣僚從行, 領議政崔興源 以命從世子. 右議政俞泓 亦自請隨世子 上不答. 駕既出 泓 伏路邊辭去. 內官 屢啓右相俞泓請辭 上終不答[이荅]. 泓 遂從東宮. 時 尹斗壽 在平壤 未還, 行在 無大臣. 惟鄭澈 以舊相從駕 至嘉山 已五鼓矣.

28
명나라 군사의 군량을 마련하기 위해 힘쓰다

어가가 정주로 행차하였다. 어가가 평양을 나온 이후로 인심이 무너져 지나는 곳마다 난민들이 불쑥 창고에 들어와 곡물을 약탈하였다. 순안 · 숙천 · 안주 · 영변 · 박천 등도 차례로 모두 다 약탈당하였다.

이날 어가가 가산을 출발했는데 군수 심신겸沈信謙이 나에게 말하였다.

"이 고을은 양곡이 제법 넉넉하고 관청에도 백미가 1천 석이나 있어서, 이것으로 명나라 군사를 먹이려고 했는데 불행하게도 일이 이 지경에 이르렀습니다. 공께서 만일 조금 더 머무르셔서 진정시킨다면 고을 사람들이 함부로 움직이지 못할 것입니다. 그렇게 하지 않으면 난이 일어나서 소인도 이곳에 더는 머물 수 없을 것이니 바닷가로 몸을 피할 것입니다."

그 당시 심신겸은 이미 자기 부하들에게 영을 내릴 수 없는 상태였다. 단지 내가 데리고 온 군관 6인과 길에서 수습한 도망친 병졸 19인뿐이었다. 나는 그들에게 따라오고 싶으면 따라와도 된다고 약속했기 때문에 각자 활과 화살을 지니고 곁에 있었던 것이다. 심신겸은 이들에게 의지해 자기 자신을 보호받으려고 이렇게 말한 것이었다.

나는 차마 갑작스럽게 출발할 수 없어서 잠시 대문에 앉았는데 해가 벌써 정오를 지나고 있었다. 다시 생각해보니 어명도 없이 맘대로 머물러 떠나지 않는다면 신하의 의리상 미안한 일이었기에, 결국 심신겸과 작별하였다. 길을 떠나 효성령에 올라 가산을 돌아보니 고을 안엔 벌써 난리가 일어났다. 심신겸은 창고의 곡식을 모두 잃어버리고 도망쳤다.

다음날 어가가 정주를 출발하여 선천으로 향하면서 나에게 정주에 머물라고 명하셨다. 정주 사람들은 벌써 사방으로 흩어져 피란 갔고, 단지 늙은 아전 백학송 등 몇 사람만이 성 안에 있을 뿐이었다. 나는 길가에 엎드려서 성을 나서는 어가를 전송한 후, 얼굴을 가리고 울면서 영훈루 아래에 앉아 있었다. 군관 몇 사람이 계단 아래 주변에 있었고 거두어 모은 패잔병 19명은 아직도 떠나지 않고 길가 버드나무에 말을 묶어두고 서로 빙 둘러 앉아 있었다.

저물 무렵 남문을 보니 몽둥이를 든 자들이 있었는데 밖에서부터 연이어 들어와 왼쪽을 향해 가고 있었다. 군관에게 가서 살펴보게 했더니 창고 아래에 모인 자들이 벌써 수백 명이나 되었다. 내 생각해보니, 내가 거느린 군졸은 수가 적고 또 약한데 만일 난민이 더 많아진 상태에서 그들과 싸우게 된다면 제압하기 어려울 것이니, 먼저 약한 자를 공격해서 난민들이 놀라 흩어지게 하는 것이 좋을 것 같았다.

이때 성문을 보니 또 연이어 들어온 자들이 10여 명이나 되었다. 나는 급히 군관을 불러 19명의 군졸을 거느리고 달려가 잡아오게 하자, 그 사람들이 이를 바라보고 달아났지만 쫓아가서 9명을 잡아왔다. 즉시 영을 내려 머리털을 풀어헤치고 두 손을 뒤로 묶고 벌거벗겨 창고 주변 도로로 끌고 다니면서 10여 명의 군졸이 그 뒤를 따르며 이렇게 큰 소리로 외치도록 하였다.

"창고를 약탈하려는 도둑놈을 잡았다! 효수형(죄인의 목을 베어 높이 매달아 여러 사람들이 보게 하는 형벌)을 행할 것이다! 성 안의 사람들은 이것을 봐라!"

그러자 창고 아래에 이미 모여 있던 자들이 이를 바라보고 놀라 당황해서는 모두 다 서문으로 흩어져 달아났다.

이 일로 인해 정주의 창고 곡식은 간신히 보전할 수 있었고, 용천 · 선천 · 철산 등 고을도 창고를 약탈하는 사람들이 없어졌다.

정주 판관 김영일은 무인인데, 평양에서 도망쳐 와서 자기 처자를 바닷가에 두고 창고 곡식을 훔쳐내어 보내려고 했다. 내가 이 사실을 듣고 죄목을 일일이 들추어 문책하며 말했다.

"너는 무장의 몸으로 싸움에 지고서도 죽지 않았으니 그 죄가 목을 벨 만하거늘, 또 감히 관청 곡식을 훔쳐내는가? 이 곡식은 장차 명나라 구원병을 먹일 식량이지 네가 사사로이 먹을 것이 아니다."

그리고 곤장 60대를 쳤다.

이윽고 윤 좌상(윤두수) · 김 원수(김명원) · 무장 이빈[146] 등이 평양으로부터 모두 정주에 도착했다. 임금님께서 정주를 떠나시면서 '좌상이 만약 오면 역시 정주에 머물러 있도록 하라.'라고 명하셨다. 윤 좌상이 도착하자 내가 임금님의 명을 전했으나 윤 좌상은 대답도 하지 않고 곧장 행재소로 가버렸다. 나 또한 김명원 · 이빈 등에게 남아서 정주를 지키도록

---

146 이빈(李贇): 1537(중종 32)~1603(선조 36). 1570년(선조 3) 무과에 급제하였다. 임진왜란이 일어나자 경상좌도병마절도사로 충주에서 신립 휘하에서 싸웠으나 패하였다. 그 뒤 김명원의 휘하에 들어가 임진강을 방어하다가 다시 패하고, 평안도병마절도사로 평양을 방어하였으나 성이 함락되고 말았다. 1593년 명나라 군대와 함께 평양을 탈환한 뒤 이여송의 요청으로 순변사에 임명되어 권율과 함께 파주산성을 수비하였고, 왜군이 진주와 구례지방을 침략할 때 남원을 지켰다. 임진왜란이 끝난 뒤 포도대장에 임명되었으나 연로하다는 이유로 사퇴하였다.

하고 임금님의 수레를 뒤쫓아 용천에 이르렀다.

이때 군 · 읍의 백성들이 평양이 함락되었다는 소식을 듣고 왜적이 뒤따라올 것이라 여겨 모두 산골짜기로 숨었기 때문에 길에는 한 사람도 보이지 않았다. 또 듣자하니 강가에 있는 여러 고을들도 강계처럼 모두 다 텅 비었다고 한다. 내가 곽산의 산성 아래에 이르러 갈림길이 있는 것을 보고 휘하의 병사에게 물었다.

"이 길은 어느 곳으로 가는 길이냐?"

"이 길은 구성龜城(평안도 구성군)으로 가는 길입니다"

나는 말을 멈추고 종사관 홍종록을 불러서 말했다.

"길의 양쪽에 있는 창고가 하나같이 텅 비었으니 비록 명나라 구원병이 오더라도 무엇으로 식량을 보급하겠소? 이 지방 근처에서는 오직 구성 한 고을만이 창고에 쌓아놓은 식량이 매우 넉넉하오. 하지만 역시 벼슬아치와 백성들이 모두 흩어져 도주했다 하니 운반할 방도가 없소. 그대는 오랫동안 구성에 있었으니 그곳 사람들이 그대가 왔다는 소식을 듣는다면, 비록 산골짜기에 숨었던 사람이라도 반드시 와서 그대를 만나 왜적의 형세를 듣고자 하는 자가 있을 것이오. 그대는 이 길을 따라 급히 구성에 가서 백성들에게 '왜적은 평양에 들어가서 아직 나오지 않았고 명나라 구원병은 이제 크게 몰려올 것이니, 나라가 수복될 날도 멀지 않았다. 다만 명나라 구원병이 오는 모든 길에 군량이 부족한 것이 걱정될 뿐이다. 너희들은 벼슬의 높낮이를 막론하고 모든 지역 사람들이 힘을 다하여 군량을 운반해 부족하지 않도록 하면, 훗날 반드시 후한 상이 있을 것이다.'라고 타이르시오. 이와 같이 한다면 마음을 하나로 하고 힘을 합쳐서 군량을 정주 · 가산까지 운반하여 일을 성공시킬 수 있을 것이오."

홍종록은 비분강개하여 응낙하고 길을 나누어 구성으로 떠났고 나는 용천으로 떠났다.

홍종록은 기축년 옥사[147]에 연좌되어 구성으로 귀양 가 있었다. 그러던 중 임금님께서 평양에 이른 후에 비로소 등용하여 사옹원의 정[148]으로 삼았는데, 사람됨이 참되고 성실하여 쉽고 어려운 일을 가리지 않고 몸을 바쳐 순국하려는 뜻이 있었다.

원문

[149]車駕 次于定州. 自駕出平壤 人心崩潰, 所過亂民 輒入倉庫 搶掠穀物. 順安・肅川・安州・寧邊・博川 以次 皆敗.

是日 駕發嘉山, 郡守沈信謙 謂余曰 "此郡糧穀 頗優. 官廳 亦有白米一千石 欲以此餉天兵. 不幸 事至於此, 公 若少留鎭定 則邑人不敢動. 不然亂作 小人 亦不敢留此, 將向海邊躲避矣.

時 信謙 已不能令其下矣. 獨余所帶軍官六人 及路中所收潰卒十九人. 余約束使之自隨, 故 各帶弓箭在傍. 信謙欲藉[옥대국籍]此自護 故云然.

余不忍遽發 少[이일小]坐大門 日已過午. 更念, 無上命 而擅留不行 於義未安, 遂與信謙別. 行上曉星嶺 回望嘉山 則郡中已亂矣. 信謙盡失倉穀而逃. 翌日 車駕 出定州 向宣川, 命臣留定州. 州人 已四散避亂[이難][150] 獨老吏

---

147 기축년 옥사: 1589년(선조 22) 정여립의 모반으로 일어난 기축옥사를 말한다. 이 일로 동인이 몰락하고 서인이 집권하였다.

148 사옹정(司饔正): 사옹원의 장관으로 정3품이다. 사옹원은 임금의 식사와 대궐 안의 식사 공급에 관한 일을 관장하였다.

149 [일]에서는 앞장에 이어져 있다.

150 避亂(피란)과 避難(피난): 피란(避亂)은 전란을 피해가는 것, 피난(避難)은 물난리 등의 재난을 피하는 것이므로, 란(亂)을 선택하였다.

白鶴松等數人 在城中而已. 余伏路邊 送駕出城. 掩泣坐迎[옥대국이일간延]薰樓[151]下. 軍官數人 在左右階下, 所收潰卒十九人 猶不去 繫馬路邊柳木 相環而坐.

向晩 見南門, 有執杖者 自外連絡而來 向左邊去. 使軍官視之 聚於倉下者 已數百. 余念, 己所率寡弱 若亂民益多 而與之爭鬪 則難制, 不如先攻弱者 使之驚散爲可.

於是 視城門 又有繼至者 十餘人. 余急呼軍官 從十九卒 馳捕之, 其人望見奔走 追及捕九人而至. 卽令披髮反接而赤脫之 徇于倉邊道路, 十餘卒 隨其後 大呼曰 "擒劫[옥대국이일간㤼]倉[152]賊! 將行刑梟首! 城[대국賊]中人 見之!" 於是 已聚倉下者 望而惶駭 悉從西門散去. 由是 定州倉穀僅全, 而龍川 · 宣川 · 鐵山等邑 劫[이일㤼;옥대국怯]倉者 亦絶.

定州判官金榮一 武人也. 自平壤奔還 置其妻子於海邊 偸出倉穀 欲送之. 余 聞而數之曰 "汝爲武將 敗軍不死 其罪可誅, 又敢偸出官穀耶? 此穀 將餉天兵 非汝所得私者." 杖之六十.

旣而 尹左相 · 金元帥 · 武將李蓍[일간薲][153]等 自平壤 皆至定州. 上出定

---

151 迎薰樓(영훈루): [옥대국이일간]에 모두 '연훈루(延薰樓)'라 하였으나, 이것은 '영훈루(迎薰樓)'의 오기이다. 『신증동국여지승람』 52권의 「평안도(平安道) · 정주목(定州牧)」에 의하면, 영훈루는 주의 객관 남쪽에 있으며 옛 이름은 정원(定遠)인데, 1488년(성종 19)에 조선을 방문한 명나라 사신 동월(董越)이 영훈(迎薰)으로 고쳤다고 하였다.

152 劫倉(겁창): 창고를 약탈하다. 두려워하다는 뜻의 겁(怯)이나 겁(㤼)이 아닌, 약탈하다는 뜻의 겁(劫)이 문맥상 타당하다고 보았다. 아래의 "劫倉者"도 같다.

153 이빈(李蓍)과 이빈(李薲): 이빈(李蓍)과 이빈(李薲) 두 가지로 표기되어 있다. [대이간일]에는 '李薲'으로, 『선조실록』(22년 1월 21일)과 『국조인물고』에는 '李蓍'으로 표기되어 있다. 빈(蓍)과 빈(薲)은 같은 글자지만, 빈(蓍)을 빈(薲)의 이형자로 보기도 한다. 그런데 『한국민족문화대백과』에 의하면, 이빈(李薲)과 이빈(李蓍)을 구별하여 수록하였으니, 이빈(李薲: ?~?)은 1502년에 별시문과 을과에 급제하여 1521년에 이조참의가 된 문신이고, 이빈(李蓍: 1537~1603)은 임진왜란 때 활약한 무신이다. 이에 본서에서는 '李蓍'으로 통일하여 표기하였다.

州時 有命'左相 若來 亦留駐[일住]定州.' 及尹至 余傳上命, 尹不答 直向行在. 余 亦留金命元 · 李蕢等 守定州, 追及乘輿於龍川.

時 郡邑人民 聞平壤陷, 意賊隨後[대국-]至 盡竄山谷 路上不見一人. 聞, 江邊列邑 如江界等地 皆然. 余 行至郭山山城下 見有岐路, 問下卒曰 "此向何處路?" 曰 "此 走龜城路也." 余駐馬 呼從事官洪宗祿曰 "沿途倉儲一空, 天兵 雖來 何以接濟. 此間 惟龜城一邑 儲峙頗優. 而亦聞吏民盡散 輸運無策. 君久在龜城, 其處人 如聞君至, 雖隱山谷中 必有來見 欲聞賊勢者. 君從此 急去龜城, 諭之曰'賊入平壤 尙不出, 天兵 方大至, 收復不遠. 所患 一路糧餉[간粡]不足耳. 爾輩 無論品官人吏 悉一境之力 輸運軍糧 不乏軍興, 則後日 必有重賞.' 若此則 庶幾同心協力 輸到定州 · 嘉山 可以濟事." 宗祿 慨然應諾 分路而去. 余 自向龍川.

蓋宗祿 坐己丑獄 謫在龜城. 車駕 至平壤後 始收敍爲司饔正, 爲人忠實 有忘身徇國 不避夷險之志.

29

명나라에 사신으로 가 있던 신점이 구원병을 요청하다

어가가 의주에 도착했다. 명나라 장수인 참장 대모戴某와 유격장군 사유史儒가 각각 부대를 거느리고 평양으로 향했다가 임반역林畔驛(평안도 선천군에 있던 역)에 이르러 평양이 이미 함락되었다는 말을 듣고 되돌아와서 의주에 머물러 있었다. 명나라 조정에서는 군자금으로 은 2만 냥을 보냈는데 명나라의 관원이 이를 가지고 의주에 도착했다.

이보다 먼저 요동에서는 우리나라에 왜변이 있다는 소식을 듣고 곧바로 명나라 조정에 알렸다. 하지만 명나라 조정에서는 의논이 분분해서 심지어 어떤 자는 우리가 왜적을 인도하고 있다고 의심하기도 했다. 오직 병부상서 석성[154] 만이 우리나라를 구원하자고 강력하게 주장했다.

이때 우리나라 사신 신점[155]이 옥하관玉河館(북경에서 조선 사신이 머무는 곳)에 있었는데, 상서가 조정으로 불러들여 요동에서 왜변을 보고한 문서를

---

154 석성(石星): 1538~1599. 명나라 병부상서(兵部尙書)로서 임진왜란 때 조선의 구원을 적극 주장하여 제독 이여송을 파견하였다. 후에 심유경을 시켜 강화를 교섭하였으나 실패한 뒤 관직을 삭탈당하고 하옥되었다가 죽었다.

155 신점(申點): 1530(중종 25)~?. 1564년 식년문과에 갑과로 급제하였다. 1578년 집의가 되어 야인의 침입에 대비한 국방 강화를 건의하였다. 1592년 명나라로 갔다가 그곳에서 임진왜란이 일어난 것을 알고 위급함을 호소하여 요동의 병사 3천 명을 파견하도록 하였다. 선무공신 2등에 녹훈되었고, 평성부원군에 봉해졌다. 시호는 충경(忠景)이다.

신점에게 내보였다. 신점은 이를 보자마자 부르짖으며 통곡하였고, 일행과 함께 아침저녁으로 마치 임금님이 돌아가신 것처럼 크게 울부짖으면서 먼저 구원병을 요청하였다. 상서는 황제에게 두 부대를 출발시켜 국왕을 호위할 것을 아뢰고 또 은을 내려주기를 청하였다.

신점이 돌아오는 길에 통주에 이르렀을 무렵 고급사告急使 정곤수[156]가 이어서 연경에 이르렀다. 상서가 방으로 데리고 들어가 친히 사정을 묻고 눈물까지 흘렸다고 한다. 이때 연이어 사신을 요동으로 보내 위급함을 알리고 구원병을 요청했으며, 또 우리 임금님이 중국 땅으로 들어가겠다고 간청했다.

왜적이 이미 평양을 함락시키자 그 형세가 마치 높은 곳에서 물동이를 쏟는 것처럼 거침이 없어서, 아침이나 저녁 사이에 왜적이 당장 압록강까지 도달할 것처럼 여겼다. 일의 위급함이 이와 같았기 때문에 우리 임금님이 중국 땅으로 들어가려고 한 것이다.

다행히도 왜적이 평양에 들어와 성 안에서만 머물렀고 수개월이 되도록 비록 평양과 지척거리에 있는 순안과 영유도 침범하지 않았다. 그래서 인심이 조금씩 안정되었고 흩어진 군사를 수습하였으며, 또 명나라 구원병을 맞아들여 마침내 나라를 회복할 수 있었던 것이다. 이것은 진실로 하늘의 도움이지 사람의 힘으로 될 수 있는 일이 아니었다.

---

156 정곤수(鄭崑壽): 1538(중종 33)~1602(선조 35). 1576년 별시문과에 장원급제하였다. 임진왜란 때 우승지로서 선조를 호종하였다. 진주사로 명나라에 가서 원군을 요청하였다. 1597년 판의금부사와 도총관 등을 지냈으며, 사은사 겸 변무진주사로 명나라에 다녀오는 등 대명 외교에서 많은 공을 세웠다. 호종공신 1등에 녹훈되었다. 성주의 유계서원에 제향되었고 시호는 충민(忠愍)이었는데 충익(忠翼)으로 바뀌었다.

원문

車駕 至義州. 天將參將戴某 · 遊擊將軍史儒 各領一枝兵 向平壤, 至林畔驛 聞平壤已陷 亦還駐義州. 天朝賜犒軍銀二萬兩 唐官領到義州.

先是 遼東 聞我國有賊變 卽奏聞. 而朝議 多異同甚, 或疑我爲賊向導, 獨兵部尙書石星 銳意救援.

時 我使申點 在玉河館, 尙書呼至庭 出遼東報變文書示之. 點卽號慟 與一行 朝夕大臨 先請援兵. 尙書 奏'發二枝兵 往衛國王 及請賜銀.'

點回至通州 而告急使鄭崑壽 繼至. 尙書 引入火房 親問事狀 或至流涕云. 至是 連遣使 至遼東 告急請援, 且乞內附.

蓋賊已陷平壤 則勢如建瓴, 意謂'朝夕 當至鴨綠江[일紅].' 事之危急如此 故 至欲內附.

幸賊 旣入平壤 斂跡城中 延至數月 雖順安 · 永柔 去平壤咫尺 而猶不[대未]來犯. 以此 人心稍定 收拾餘燼, 導迎天兵 終致恢復之功. 此實天也, 非人力之所及[이일至]也.

30

명나라 군사의 군량을 마련하다

7월에 요동부총병 조승훈이 군사 5천명을 거느리고 구원하러 왔다.

이 보고가 먼저 이르렀는데, 이때 나는 치질로 고통이 심해 자리에 누워 일어날 수 없었다. 임금님께서 좌상에게 구원병이 오는 길에 나가서 군량을 준비하도록 하셨다. 나는 종사관 신경진을 시켜 임금님께 아뢰었다.

"행재소에는 지금 대신으로 단지 윤두수 한 사람만 있으니 그를 보낼 수는 없습니다. 신이 이미 명나라 장수를 접대하라는 명을 받았으니 비록 병중이지만 제 힘으로 한번 가보겠습니다."

임금님께서 허락하셨다.

초 7일에 병을 간신히 참고 행궁에 나아가 하직 인사를 드리는데 임금님께서 가까이 부르시기에 기어 들어가 아뢰었다.

"명나라 군사가 지나는 길인 소곶에서 남쪽으로 정주 · 가산에 이르기까지 5천의 군사가 지나가는 동안에 하루 이틀 치의 식량은 준비할 수 있습니다. 하지만 안주 · 숙천 · 순안 세 고을은 모두 약탈당해 쌓아둔 곡식이 전혀 없습니다. 명나라 군사가 이곳을 지날 때 먼저 사흘치의 양식을 지니게 하여 안주 이남의 식량에 대비해야 합니다. 만약 군사가 평양에 이르러 그 당일로 수복을 한다면 성 안에 곡식이 많으므로 식량을 보급할 수 있을 것입니다. 또 비록 성을 포위한 것이 여러 날이 되더라도 평양 서쪽 세 고을의 곡식을 힘껏 운반하여 명나라 군대에 전해준다면 부족하지 않을 것입니다. 이와 같은 자세한 사정을 이곳에 있는 여러 신하들에게 명하여 명나라 장수와 서로 의논하여 적절하게 편의에 따라 시행하도록 하옵소서."

임금님께서 말씀하셨다.

"그렇게 하겠소."

내가 물러나와 떠나려고 할 때 임금님께서 내의원에서 웅담과 납약臘藥(납일[臘日] 즈음에 임금이 가까운 신하들에게 주던 청심환 · 안신환 · 소신환 등을 말함)을 내려 주도록 하셨다. 내의원의 하인 용운이란 사람이 성문 밖 5리까지 나를 전송하고 통곡을 하였는데, 내가 전문령 고개에 올랐을 때까지도 우는 소리가 들렸다.

저녁에 소곶역所串驛(평안도 의주 남쪽 33리에 있던 역)에 이르렀는데 이속과 군졸이 도망가 흩어져서 그림자도 보이지 않았다. 군관들에게 마을에 들어가 찾게 했더니 몇 사람만 찾아 데리고 돌아왔다. 내가 격려하며 타일러 말하였다.

"국가에서 평상시에 너희들을 어루만져 기른 것은 오늘 같은 날에 쓰고자 한 것이다. 그런데 어찌 차마 도망갈 수가 있겠느냐? 더구나 명나라 구원병이 이제 막 이르러서 나랏일이 정말로 급하게 되었다. 지금이야말로 너희들이 힘을 다하여 공을 세워야 할 때이다."

이어서 공책 한 권을 꺼내 온 사람들의 성명을 먼저 써서 그들에게 보이면서 말하였다.

"훗날 마땅히 이것으로 공로의 등급을 매겨 임금님께 아뢰어 상을 줄 것이다. 만일 이 공책에 기재되지 않은 사람은 난리가 끝나 안정된 뒤에 일일이 조사해서 벌을 줄 것이니 누구도 피하지 못할 것이다."

이윽고 사람들이 잇달아 와서 한결같이 말하였다.

"소인은 일이 있어서 잠시 나간 것이지 어찌 감히 소임을 피하겠습니까? 원컨대 그 책에 이름을 써 주십시오."

나는 사람들의 마음을 모을 수 있음을 알고 즉시 여러 곳에 공문을 전달하여, 이와 같은 방법으로 고공책考功冊을 두고 공로의 많고 적음을 기록하게 하고 그 고공책을 활용하여 소식을 전하고 일을 시행하도록 하였다. 이에 이 명령을 들은 사람들이 다투어 나와 땔감도 운반하고 집도 고쳐짓고 솥과 가마도 설치하였으니 며칠 사이에 모든 일이 차츰차츰 이루어졌다. 나는 난리 때의 백성은 급하게 부려서는 안 된다고 여겨서, 오로지 정성을 다하여 깨우치고 타일렀지 한 사람도 매질을 한 적은 없었다.

정주에 이르니 홍종록이 구성 사람들을 모두 동원해서 말에게 먹일 콩과 좁쌀을 날라 정주와 가산에 이른 것이 이미 2천여 석이나 되었다. 나는 여전히 안주 이후의 일을 걱정하고 있었는데, 마침 충청도 아산 창고의 세미 1천 2백 석 전부를 실은 배가 장차 행재소로 가려고 정주의 입암에 정박해 있었다. 나는 너무나 기뻐하며 곧바로 말을 달려 임금님께 아뢰게 하였다.

"멀리서 곡식이 약속이나 한 것처럼 이르렀으니, 이것은 하늘이 중흥의 운을 돕는 듯합니다. 청컨대 모두 가져와 군량미로 사용하게 해주십시오."

수문장 강사웅을 입암으로 달려가게 해서 2백 석은 정주로, 2백 석은 가산으로, 8백 석은 안주로 나누어 옮기게 했다. 안주는 적이 가까이에 있어 잠시 물 가운데에 정박하고 대기하도록 하였다. 선사포첨사 장우성은 대정강 부교를 만들고 노강첨사 민계중은 청천강 부교를 만들어 명나라 병사들이 건널 수 있게 준비했다. 나는 앞서 안주로 가서 일을 상황에 맞게 처리하였다. 그 당시 왜적은 평양성에 들어가 오랫동안 나오지 않았다. 순찰사 이원익과 병사 이빈은 순안에 주둔했고, 도원수 김명원은 숙천에, 나는 안주에 있었다.

원문

七月, 遼東副總兵祖承訓 率兵五千來援.

報先至, 時 余 病痔苦甚 臥不能起. 上令左相 出治沿道[이일途]軍食. 余使從事官[옥대국간-]辛慶晉 啓曰 "行在 時任大臣 只有斗壽一人 不可出. 臣已受接待唐將之命, 雖病 猶可自力一行." 上許之.

初七日, 力疾詣行宮 拜辭, 蒙引對 匍匐以入 啓曰 "一路 自所串以南 至定州 · 嘉山 則五千兵經過時 一二日食 可辦[일辨]. 安州 · 肅川 · 順安三邑 蕩無所儲[이일備]. 天兵過此 宜先持三日糧 以備安州以南之食. 若兵至平壤 卽日收復 則城中粟多 可以接濟. 雖圍城累日, 平壤西三縣穀 亦可竭力 輸到軍前 不至闕乏. 此等曲折, 請令在此諸臣 與唐將相議, 闊[옥대濶;간濶]狹相濟 便宜施行." 上曰 "然."
旣出 內賜熊膽 · 臘藥. 內醫院僕龍雲者 送余于城門外五里 痛哭, 余登箭門嶺 哭聲猶聞.

夕 至所串驛 吏卒逃散 不見形影. 使軍官 往搜[옥대간探]村落間 得數人 而至. 余勉諭曰 "國家平日 撫養汝輩 用在今日. 何忍逃避? 且天兵方至 國事正急. 此乃汝輩 效勞立功之秋也." 因出空册子一卷 先書來見者姓名 示之日 "後日 當以此 等第功勞 啓聞論賞. 其不在此錄者 事定 一一查覈行罰 不可免也." 旣而 來者相續 皆曰 "小人 因事暫出 豈敢避役? 願書名于册."

余 知人心可合 卽移文各處, 使例置 '考功册' 書功勞多少 以憑轉報施行. 於是 聞令者 爭出 搬運柴草 架造房屋 排設釜鼎, 數日之間 凡事稍集. 余以爲 '亂離之民 不可用急', 但至誠曉諭 未嘗鞭撻一人.

進至定州, 洪宗祿 盡起龜城人 輸運馬豆及小米 到定州 · 嘉山者 已二千餘石矣. 余 猶以安州以後爲憂, 適忠淸道牙山倉稅米 全一千二百石 載船, 將向行在 到泊於定州立嵒 [국이일岩]. 余喜甚 卽馳啓日 "遠穀 適至如期, 似是天贊中興之運. 請并取 以補軍餉."

令守門將姜士雄 馳去立嵒 [이일巖;국岩], 分運二百石定州 二百石嘉山 八百石於安州. 安州則 以近賊 姑令停船水中 以待之. 宣沙浦僉使張佑成 造大定江浮橋, 老江僉使閔繼仲 造淸[옥대국이일간晴][157]川江浮橋 擬渡天兵. 余 前往安州 調度. 時 賊[일+又]入平壤 久不出. 巡察使李元翼 與兵使李薲 駐順安, 都元帥金命元 在肅川, 余在安州.

---

157 청(淸)이 맞기에 수정하였다.

31
평양성 탈환에 실패한 조승훈이 요동으로 돌아가다

19일, 총병 조승훈의 군사가 평양성을 공격했으나 불리해서 물러났고 유격 사유가 전사하였다.

이보다 먼저 조승훈이 의주에 이르렀을 때 유격장군 사유는 자기 군사를 선봉으로 삼았다. 조승훈은 곧 요동의 용맹스러운 장수로 여러 차례 북쪽 오랑캐와 싸워 공을 세웠는데, 이번 길에 '왜군을 반드시 이길 것이다.'라고 말하였다. 가산에 이르러 우리나라 사람들에게 물었다.

"평양의 왜적이 벌써 달아나지는 않았더냐?"

"물러가지 않았습니다."

조승훈이 술잔을 들고 하늘을 우러러 기원하며 말하였다.

"적이 아직도 남아 있으니, 반드시 하늘께서는 제가 큰 공을 이룰 수 있게 해주십시오!"

이날 순안으로부터 한밤중에 군사를 출발시켜 나아가 평양성을 공격하였다. 마침 큰 비가 내려 성 위에는 지키는 병사가 없었다. 명나라 병사가 칠성문을 따라서 들어갔는데, 성 안의 길이 좁고 골목이 많아 말이 달릴 수 없었다. 왜적이 험준한 곳에 의지해 조총을 어지럽게 쏘았다. 사유격이 총알에 맞아 즉사하였고 군사와 말도 많이 죽었다. 조승훈은 마침내 군대를 후퇴시켰다. 왜적은 급히 추격하지는 않았으나, 뒤에 있던 군사들 중 진흙탕 속에서 빠져나오지 못한 자들은 모두 적에게 살해당했다.

조승훈이 남은 병사를 이끌고 다시 순안과 숙천을 지나 밤중에 안주에 이르렀다. 성 밖에 말을 세우고 통역관 박의검朴義儉을 불러 말하였다.

"우리 군사가 오늘 왜적을 많이 죽였으나 불행히 사유격이 부상을 당해 죽었고, 천시 또한 불리하여 큰 비로 진흙탕이 되어 적을 다 죽일 수 없었다. 마땅히 군사를 보충하여 다시 진격할 것이다. 너의 재상에게 동요하지 말라 하고 부교 또한 철거해서는 안 된다고 말해라!"

말을 끝내자마자 말을 달려 청천강 · 대정강 두 강을 건너 공강정控江亭(평안도 박천군에 있는 정자)에 군사를 주둔시켰다.

조승훈이 싸움에 패해 겁을 집어먹고 왜적이 추격해 올까 두려워, 두 강을 앞에 두고 왜적을 막고자 이처럼 급히 서두른 것이다. 내가 종사관 신경진을 보내어 위로하고 또 한편으로는 식량과 음식을 실어 보냈다. 조승훈이 공강정에 머문 지 이틀 동안 밤낮으로 큰 비가 내렸는데, 모든 군사들이 들판에서 노숙했기 때문에 옷과 갑옷이 다 젖어 모두 조승훈을 원망했다. 얼마 후 물러나 요동으로 돌아갔다. 나는 사람들의 마음이 동요될까 두려워 임금님께 장계를 올려 안주에 머무르며 후군이 오기를 기다리겠다고 청하였다.

원문

十九日, 祖總兵軍 攻平壤, 不利而退 史遊擊戰死.

先是 祖承訓 至義州, 史儒 以其軍爲先鋒. 祖 乃遼左勇將 累與北虜戰有功, 是行 謂倭必可取. 至嘉山 問我人日 "平壤賊 無乃已走耶?" 日 "不退." 承訓 擧酒 仰天祝之日 "賊猶在 必天使我成大功也!"

是日 自順安 三更發軍 進攻平壤. 適大雨 城上無賊守兵. 天兵 從七星門入 城內路狹 多委巷 馬足不可展. 賊依險阨 亂發鳥銃[일銳]. 史遊擊 中丸卽斃 軍馬多死. 祖遂退軍. 賊不急追, 後軍 陷泥潦中 不能自拔[이授; 일援]者 悉爲賊所害.

承訓 引餘兵 還過順安 · 肅川 夜中 至安州. 城外立馬 呼譯官朴義儉日 "吾軍 今日多殺賊 不幸 史遊擊傷死, 天時 又不利 大雨泥濘 不能殲賊. 當添兵更進耳. 語汝宰相'毋動, 浮橋 亦不可撤.'" 言畢 馳渡兩江 駐軍於控江亭.

蓋承訓 戰敗膽恸 恐賊追躡, 欲前阻二江 故 疾急如此. 余 使辛從事往慰且載送糧饌, 承訓 留控江亭二日 連[대運]日夜大雨, 諸軍露處野中 衣甲[일申]盡濕 皆怨承訓. 已而 退還遼東. 余 恐人心動搖, 啓請'仍留安州 以待後軍之至.'

32
이순신이 왜적을 크게 무찌르다

전라수군절도사 이순신이 경상우수사 원균과 전라우수사 이억기[158] 등과 함께 왜적의 군대를 거제 앞바다에서 크게 쳐부수었다(한산대첩).

처음에 적병이 육지에 올라왔을 때, 원균은 적의 형세가 대단함을 보고 감히 나가 싸워보지도 않고 자기가 거느리던 전선 백여 척과 화포·병기 등을 모조리 바다 속에 빠뜨려 버렸다. 다만 수하의 비장 이영남[159]과 이운룡[160] 등과 함께 네 척의 배에 나누어 타고 달아나, 곤양(경남 사천시 곤양면) 바다 어귀에 이르러 뭍에 내려 왜적을 피하려고 하였다. 그리하여 수군 1만여 명이 모두 무너졌다.

---

158 이억기(李億祺): 1561(명종 16)~1597(선조 30). 무과에 급제하였다. 경흥부사가 되어 오랑캐의 침입을 격퇴하는 큰 공을 세웠다. 임진왜란 때 전라우수사가 되어 전라좌수사인 이순신과 함께 당항포·한산도·안골포 등에서 왜적을 크게 격파하였다. 이후 원균의 휘하로 칠천량해전에 참전했다가 전사하였다. 선무공신 2등에 책정되었고, 병조판서에 추증되었다. 여수의 충민사에 이순신과 함께 제향되었으며 시호는 의민(毅愍)이다.

159 이영남(李英男): ?~1598(선조 31). 임진왜란 때 옥포만호로서 원균을 도와 왜적과 싸웠다. 정유재란 때 가리포첨절제사로서 조방장을 겸하여 이순신의 휘하에서 공을 세웠다. 노량해전에서 전사하였다. 병조참판에 추증되었다.

160 이운룡(李雲龍): 1562(명종 17)~1610(광해군 2). 임진왜란 때 옥포만호로서 도망치려는 원균을 저지시키고 이순신에게 원병을 청하도록 하였다. 이후 이순신의 휘하에 들어가 많은 공을 세웠으며, 1596년 이순신의 천거로 경상좌도수군절도사가 되었다. 선무공신 3등에 책정되었으며, 1605년에 삼도수군통제사가 되었다. 병조판서에 추증되었으며, 청도의 금호서원과 의령의 기상서원에 제향되었다.

이영남이 간언하였다.

"공께서는 임금님의 영을 받아 수군절도사가 되었습니다. 지금 군사를 버리고 뭍으로 올라간다면 후일 조정에서 죄를 물을 때 어떻게 스스로를 해명하시겠습니까? 전라도 수군에게 구원병을 요청하여 왜적과 일전을 치르는 것이 낫습니다. 그래도 이기지 못한다면 그 뒤에 도망치더라도 늦지 않을 것입니다."

원균은 그렇다고 여겨 이영남을 이순신에게 보내 구원병을 요청하도록 했다. 이순신은 거절하면서 '각자에게는 나누어 맡겨진 경계가 있는데 조정의 명령 없이 어떻게 마음대로 경계를 넘나들 수 있겠는가?'라고 하였다. 원균은 또 다시 이영남에게 가서 구원병을 요청하게 하였는데, 무릇 대여섯 번이나 오갔는데도 그치지 않았다. 매번 이영남이 돌아올 때마다 원균은 뱃머리에 앉아 바라보고는 통곡만 하였다.

얼마 후에 이순신은 판옥선 40척을 거느리고 이억기와 함께 약속하여 거제도에 이르러서는 원균과 군대를 합쳐 진격하여 적선과 견내량에서 맞닥뜨렸다. 이순신이 말하였다.

"이곳은 바다의 폭이 좁고 수심이 얕아서 뱃머리를 돌리기가 어렵습니다. 거짓으로 물러나 적을 유인하여 바다가 확 트인 곳에서 싸우는 것이 더 좋습니다."

원균은 화를 내면서 곧장 앞으로 나가 부딪쳐 싸우려고 하였다. 이순신이 말하였다.

"공은 병법을 모르오! 이와 같이 하면 반드시 패할 것이오!"

드디어 깃발로 배를 지휘하여 물러나게 하니 왜적들이 크게 기뻐하며 다투어 배를 타고 쫓아왔다. 이미 좁은 곳을 빠져나오자마자 이순신이 북을 한번 치자 모든 배들이 일제히 노를 돌려서 바다 한가운데에서 열을 지어 벌려 섰는데, 정면으로 적선과 맞부딪치니 서로의 거리가 수십 보에 지나지 않았다.

한산대첩

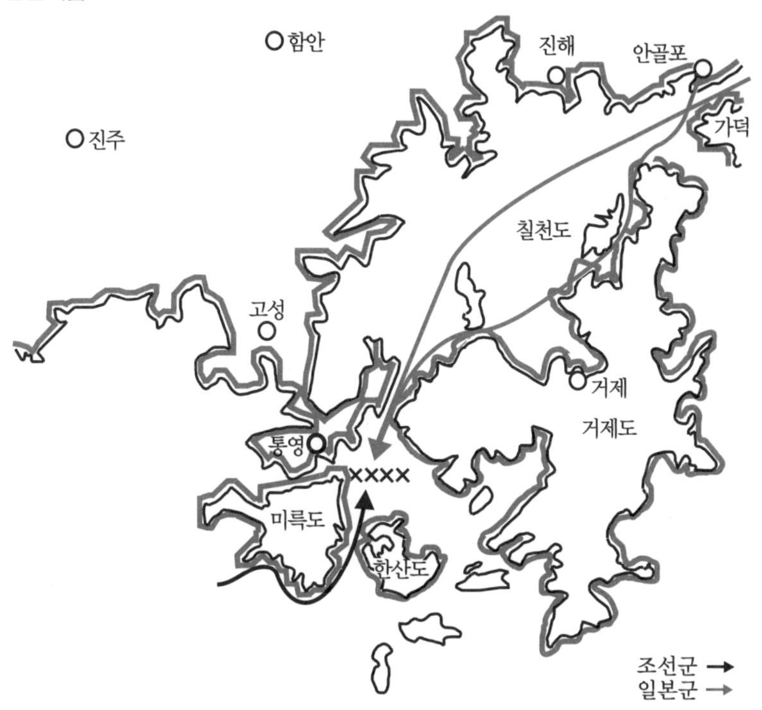

이보다 앞서 이순신이 거북선을 창안해 만들었다. 판자로 배 위를 덮었는데, 그 형상이 가운데가 높고 둥글어서 마치 거북과 같았다. 싸우는 군사와 노를 젓는 사람들이 모두 그 안에 있으면서 전후좌우로 화포를 많이 싣고, 종횡무진 적진을 출입하기를 마치 베를 짜는 북처럼 하였다. 적의 배를 만나면 잇달아 화포를 쏴 부셔버렸다.

여러 배가 일시에 합세하여 공격하니 연기와 불꽃이 하늘에 가득하였고 적선을 수도 없이 불태워버렸다. 어떤 적장이 누각이 있는 커다란 배에 타고 있었는데 그 높이가 몇 길이나 되었고, 배 위에 망루도 있어서 붉은 비단과 채색 담요로 그 밖을 두르고 있었다. 그 배 역시 대포에 맞아 부서졌고 적병은 모두 물에 빠져 죽었다. 그 뒤에도 왜적들이 계속해서 싸움을 걸었지만 모두 패하였다. 마침내 부산과 거제로 도망쳐 들어가 다시는 나오지 못했다.

거북선

충남 아산 현충사에 전시된 거북선 도판이다. 거북선은 문헌의 기록에 의하면 왜구 격퇴를 위해 돌격선으로 특수하게 제작된 장갑선의 일종이다. 고려말 또는 조선초부터 사용하였으나, 1592년(선조 25) 임진왜란 때 전라좌수사 이순신에 의하여 철갑선으로 재창조하여 실전에 사용하였다.

하루는 이순신이 한창 싸움을 독려하다가, 왼쪽 어깨에 유탄을 맞았다. 피가 발꿈치까지 흘렀으나 이순신은 아무 말도 하지 않았다. 싸움이 끝난 뒤에 비로소 칼로 살을 베고 탄환을 뽑는데, 그 깊이가 몇 치나 되어 이를 보던 사람들의 얼굴이 흑색이 되었지만, 이순신은 웃으며 이야기하는 것이 평상시처럼 태연하였다.

승전보가 전해지자 조정에서는 크게 기뻐하였다. 임금님께서 이순신에게 일품 벼슬을 내리려고 하였으나, 너무 지나치다고 말하는 사람들이 있어서 정헌대부正憲大夫(정2품 문무관의 품계)로 승진시키고, 이억기와 원균은 가선대부嘉善大夫(종2품 문무관의 품계)로 승진시켰다.

이보다 앞서 적장 평행장이 평양에 이르러 글을 보내 말하였다.

"일본 수군 10여 만 명이 또 서해로부터 올 것인데, 대왕께서는 이곳에서 어디로 가려고 하시는지 모르겠습니다."

왜적은 본래 수군과 육군이 합세하여 서쪽으로 가려고 했는데, 이 한 번의 싸움에 힘입어 마침내 왜적의 한쪽 팔을 끊어버렸다. 그래서 평행장이 비록 평양을 점령했으나 형세가 고립되어 감히 더 이상 진격할 수 없었던 것이다. 국가에서는 전라도 · 충청도를 보전할 수 있어서 황해도 · 평안도 연해지역 일대까지 군량을 보급하고 조정의 명령이 전달되도록 하여 나라의 중흥을 이룰 수 있었다. 그리고 요동의 금주 · 복주 · 해주 · 개주와 천진 등의 땅도 난리를 당하지 않았기 때문에, 명나라 군사가 육로를 통해 구원해 줄 수 있어서 왜적을 물리칠 수 있었던 것이다. 이것은 모두 다 이 한 번의 싸움에서 이겼기 때문에 가능했다. 오호라! 그러니 이 어찌 하늘의 뜻이 아니었겠는가?

이순신은 삼도의 수군을 거느리고 한산도에 머물러 주둔하면서 왜적이 서쪽으로 침범하는 길을 막았다.

원문

全羅水軍節度使李舜臣 與慶尙右水使元均 · 全羅右水使李億祺等 大破賊兵于巨濟洋中.

初 賊旣登陸, 均 見賊勢大 不敢出擊, 悉沈其戰船[이일舡]百餘艘及火炮[이일砲] · 軍器於[대于]海中. 獨與手下裨將李英男 · 李雲龍等 乘四船 奔至昆陽海口 欲下陸避賊. 於是 水軍萬餘人 皆潰.
英男諫曰 "公受命 爲水軍節度. 今棄軍下陸, 後日 朝廷按罪 何以自解? 不如'請兵於全羅道 與賊一戰', 不勝然後 逃 未晩也." 均 然之, 使英男往舜臣請援. 舜臣 辭以'各有分界, 非朝廷之令[간命] 豈宜擅[일檀]自越境.' 均 又使英男往請, 凡往返 至五六不已. 每英男回 均坐船頭 望見痛哭.
旣而 舜臣 率板屋船四十艘 并約億祺 到巨濟, 與均合兵進 與賊船 遇於見乃梁. 舜臣曰 "此地 海狹水淺 難於回旋. 不如'佯退誘賊 至海闊[옥대국이濶;일瀾]處相戰也.'" 均乘憤 欲直前搏戰. 舜臣曰 "公不知兵! 如此必敗!"
遂以旗揮其船退, 賊大喜 爭乘之. 旣出隘口 舜臣 鳴鼓一聲, 諸船 一齊回棹 擺列於海中, 正與賊船[일舡]撞着 相距數十步.
先是 舜臣 創造龜船[이일舡]. 以板鋪其上 其形 穹窿如龜. 戰士櫂[옥대국擢]夫 皆在其內, 左右前後 多載火炮[이일砲], 縱橫出入如梭. 遇賊船 連以大炮[대국火炮;이일간大砲]碎之.
諸船 一時合攻 烟焰漲天 焚賊船無數. 有賊將在樓船, 高數丈 上施樓櫓, 以紅段彩氈[이일氊] 圍其外. 亦爲大炮[이砲]所破 賊悉赴水死. 其後 賊連戰 皆敗. 遂遁入釜山 · 巨濟 不復出.

一日 方督戰 流丸中舜臣左肩. 血流至踵 舜臣不言. 戰罷 始以刀割肉出丸 深入數寸 觀者色墨, 而舜臣 談笑自若.

捷聞 朝廷大喜. 上欲加舜臣以一品, 言者 以爲大濫 陞正憲, 億祺 · 均陞嘉善.

先是 賊將平行長 到平壤 投書曰 "日本舟師 十餘萬 又從西海來, 未知'大王龍御 自此何之.'" 蓋賊 本欲水陸合勢西下, 賴此一戰 遂斷賊一臂. 行長 雖得平壤 而勢孤 不敢更進. 國家 得保全羅 · 忠淸 以及黃海 · 平安沿海一帶 調度軍食 傳通號令 以濟中興. 而遼東金 · 復 · 海 · 蓋 與天津等地 不被震驚 使天兵從陸路來援 以致[일到]卻[국이일却]賊者. 皆此一戰之功. 嗚[국이일嗚]呼! 豈非天哉!

舜臣 因率三道舟師 留屯于閑山島 以遏賊西犯之路.

33
조호익이 군사를 모집하여 적을 토벌하다

전 의금부도사 조호익[161]이 강동江東(대동강 동쪽, 평안도 강동군)에서 군사를 모집하여 적을 토벌하였다.

조호익은 창원 사람인데, 지조가 있고 덕행이 있었지만 무고를 당해 온 집안이 강동으로 이사하였다. 생활이 어려워 학생들을 가르치며 먹고 산 지가 거의 20여 년이 되었지만, 지조를 닦아 더욱 굳세졌다. 어가가 평양에 이르렀을 때 그의 죄를 사면해주고 불러서 의금부도사로 임명하였다. 평양이 포위되자 조호익은 강동으로 가서 병사를 모집하여 평양을 구원하려고 했지만, 얼마 안 되어 평양이 함락되어 군민이 모두 무너지고 말았다.

그래서 조호익은 다시 행재소로 갔는데, 나는 양책역良策驛(평안도 용천군의 동쪽 18리에 있던 역)에서 그를 만나 이렇게 말하였다.

"명나라 군사가 도착할 것이니 그대는 의주로 가지 말고 강동으로 돌아가는 것이 좋겠네. 곧장 가서 군사를 불러 모으고 명나라 군대와 평양

161 조호익(曺好益): 1545년(인종 1)~1609년(광해군 1). 임진왜란이 일어나자 류성룡의 청으로 유배에서 풀려나와 의금부도사에 임명되었다. 이후 절충장군으로 승진되었고, 1593년 평양 전투에서 전공을 세웠다. 1597년 정주목사가 되었으나 병으로 사직하였다. 이조판서에 추증되었고, 시호는 정간(貞簡)인데 후에 문간(文簡)으로 바뀌었다.

에서 만나 군대의 세력을 도우시게나."

조호익은 내 말을 따르겠다고 했다. 나는 드디어 그가 강동으로 간 이유를 장계로 아뢰고 군사를 일으키는 문서를 써서 주고 한편으론 병장기 준비를 도와주었다. 조호익은 강동으로 가서 군사 수백 명을 모아 상원으로 나아가 진을 치고, 적을 맞아 수없이 베어 죽였다.

조호익은 서생으로 무예에 익숙하지는 않았기 때문에 다만 충의로써 병사들의 마음을 격려하였다. 동짓날 자신의 사졸을 거느리고 행재소가 있는 방향을 바라보며 네 번 절을 올리고는 밤새도록 통곡을 했는데 온 군대가 눈물을 흘리며 따라 울었다.

원문

前義禁府都事曺好益 募兵江東 討賊.

好益 昌原人, 有志行 爲人所誣 全家徙江東. 貧困 敎授生徒以得食 幾二十餘年, 厲[일勵]操愈[국兪]堅. 車駕至平壤 赦其罪 召拜義禁府都事. 及平壤被圍 好益往江東募兵 欲救平壤, 旣而 平壤陷 軍民皆潰.

好益 還赴行在, 余遇於良策驛 語之曰 "天兵將至 子毋[일母]往義州 可還江東. 仍行召募 與天兵會平壤 以助軍勢." 好益從之. 余 遂狀啓其由, 爲起兵文移 授好益 且助以軍器. 好益去 聚兵得數百人 出陣祥原, 邀賊多斬獲.

好益 書生 不閑弓馬, 徒以忠義 激厲[일勵]士心. 冬至日 率其士卒, 望行在四拜 終夜痛哭, 一軍 爲之流涕.

34
왜적의 전라도 침범을 막아내다

왜적의 군대가 전라도를 침범하자, 김제 군수 정담[162]과 해남 현감 변응정[163]이 힘껏 싸우다 전사하였다.

당시 왜적은 경상우도에서 전주의 경계로 들어갔는데, 정담과 변응정 등이 웅령熊嶺(곰치, 곰티재. 진안과 전주의 경계에 있는 고개)에서 이를 막고자 목책을 세워 산의 길을 가로로 끊어버렸다. 그리고 장수와 군사를 독려하여 하루 종일 크게 싸웠는데, 쏘아 죽인 적병이 이루 셀 수 없을 정도로 많았다. 왜적이 퇴각하려고 했는데 마침 날이 저물 무렵 화살이 다 떨어지자, 왜적이 다시 공격하였다. 두 사람이 함께 전사하였고 군대도 궤멸되고 말았다.

다음날 왜적이 전주에 이르자 관리들이 도망가려고 했지만, 전주 사람

162 정담(鄭湛): ?~1592(선조 25). 1583년에 무과에 급제하였다. 이탕개의 난에 공을 세웠다. 왜란이 일어나자 의병을 모집하여 웅령을 방어하였으나, 역부족으로 전사하였다. 병조참판에 증직되었으며, 영해 충렬사에 제향되었다.

163 변응정(邊應井): 1557(명종 12)~1592(선조 25). 1585년 무과에 급제하였다. 왜란이 일어나자 해남 현감으로서 의병을 모집하였다. 웅령을 방어하였으나 역부족으로 전사하였다. 병조참판에 추증되었으며, 금산 종용사에 배향되었다. 시호는 충장(忠壯)이다.

웅치전투 전적비(전북 완주군 소양면 신촌리)

1592년(선조 25) 7월에 벌어진 임진왜란 전적지로 1979년에 전적비를 세웠다. 이곳 웅치(곰티재)는 선조 25년(1592) 임진왜란 때 조선의 관군과 의병이 전라도로 진출하려던 왜군을 맞아 싸웠던 격전지이다. 왜군 안국사혜경(安国寺恵瓊[안코쿠지에케이])이 군사 1만을 이끌고 웅치를 넘어 전주로 진격하려 하자 전라도의 관군과 의병 천여 명이 모여 웅치에서 전투를 벌였다.

인 전 전적 이정란[164]이 전주성으로 들어가서 이속과 백성들을 이끌고 굳게 성을 지켰다. 당시 왜적은 정예병이 웅령에서 많이 죽었기 때문에 사기가 이미 크게 떨어져 있었다. 감사 이광은 또 가짜 군사를 성 밖에 세워놓고서, 낮에는 깃발을 크게 벌려놓았고 밤에는 횃불을 산에 가득 벌려놓았다.

---

164 이정란(李廷鸞): 1529(중종 24)~1600(선조 33). 1568년 증광문과에 병과로 급제하였다. 왜군이 전라도로 침입하자, 64세의 나이로 군민을 거느리고 전주성을 지켰다. 정유재란 때 전주부윤 겸 삼도소모사가 되었다. 전주 한계서원에 배향되었고, 시호는 충경(忠景)이다.

왜적이 성 밑에 이르러서 몇 번 둘러보고는 감히 공격하지 못하고 돌아갔는데, 웅령에서 전사한 시체들을 모두 모아서 길가에 묻고는 몇 개의 큰 무덤을 만들었다. 그리고 나무를 그 위에 세워, "조선국의 충성스러운 마음과 의로운 용기를 조상하다弔朝鮮國忠肝義膽."라고 썼으니, 우리 군사들이 힘껏 싸운 것을 가상하게 여긴 것이다. 이러한 연유로 전라도 한 도만이 홀로 온전할 수 있었다.

원문

賊兵 犯全羅道, 金堤郡守鄭湛 · 海南縣監邊應井 力戰死之.

時 賊 從慶尙右道 入全州界, 湛 · 應井等 禦之於熊嶺, 爲木柵 橫斷山路. 督將士 終日大戰, 射殺賊兵無筭[간算]. 賊欲退 會日暮矢盡, 賊更進攻之. 二人俱死 軍遂潰.

明日 賊至全州 官吏欲走, 州人前典籍李廷鸞 入城 倡吏民 固守. 時 賊精銳 多死於熊嶺 氣已索. 監司李洸 又設疑兵於城外 晝則多張旗幟 夜則列炬滿山.
賊到城下 環視數周 不敢攻而去, 悉聚熊嶺戰死者屍 埋路邊 作數大塚. 立木其上 書[이署]日 "弔[이일吊]朝鮮國忠肝義膽." 蓋嘉其力戰也. 由是全羅一道 獨全.

35
이원익과 이빈이 평양성 탈환에 실패하다

8월 초하루, 순찰사 이원익과 순변사 이빈 등이 병사를 거느리고 진격하여 평양성을 공격하였지만 불리하여 퇴각하였다.

당시 이원익과 이빈은 수천 명을 거느리고 순안으로 갔다. 별장 김응서[165] 등이 용강 · 삼화 · 증산 · 서산 등 네 고을의 군사를 거느리고 20여 곳에 진지를 만들어 평양의 서쪽에 있었다. 또 김억추[166]는 수군을 거느리고 대동강 하류에 있으면서 서로 호응하는 형세를 이루었다.

이날 이원익 등이 평양성 북쪽으로 진군하다가 적의 선봉을 만나 20여 명을 쏘아 맞혔는데, 얼마 후 왜적이 크게 이르자 우리 군사들이 놀라서 무너졌고, 강변의 용맹한 군사들이 많이 죽거나 다쳤다. 그리하여 결국 순안으로 돌아와 주둔한 것이다.

---

165 김응서(金應瑞): ?~?. 임진왜란 당시 병마절도사로 평양성 탈환에 전공을 세웠다.

166 김억추(金億秋): ? ~?. 무과에 급제하였다. 임진왜란이 일어나자 방어사로 허숙(許淑) 등과 함께 수군을 이끌고 대동강을 지켰다. 안주목사 · 여주목사 · 진주목사 등에 임명되었지만 모두 무능하거나 탐욕스럽다 하여 교체되었다. 1597년 칠천량해전에서 전사한 이억기의 후임으로 전라우도 수군절도사가 되었으며, 명량해전에서 많은 공을 세웠다.

원문

八月 初一日, 巡察使李元翼 · 巡邊使李薲等 奉兵進攻平壤 不利而退.

時 元翼與薲 將數千人 往[조국이일住]順安. 別將金應瑞等 率龍岡 · 三和 · 甑山 · 江西四邑之軍 作二十餘屯 在平壤之西. 金億秋 率水軍 在大同江下流 以爲掎[옥猗]角之勢.
是日 元翼等 從平壤城北進兵, 遇賊先鋒 射中二十餘賊, 旣而 賊大至 軍士驚潰, 江邊勇力之士 多折傷. 遂還屯順安.

36
심유경이 평행장과 휴전에 합의하다

9월에 명나라 유격장군 심유경[167]이 왔다.

이보다 앞서 요양부총병 조승훈이 패전한 뒤에 적은 더욱 교만해져서 우리 군대에게 '양 떼가 범 한 마리를 공격하는 것과 같다'라는 글을 보냈다. 여기서 양은 명나라 군사를 비유한 것이고, 범은 자신들을 자랑삼아 말한 것이다. 왜적이 조만간 서쪽으로 내려올 것이라는 소문이 돌자, 의주 사람들은 모두 피란 가려고 보따리를 짊어지고 서 있는 실정이었다.

심유경은 본래 절강성 사람인데 병부상서 석성이 그가 평소에 왜국의 정세를 잘 안다고 여겨 임시로 유격장군이란 칭호를 주어 내보냈던 것이다. 심유경이 순안에 이른 뒤에 왜국의 장수에게 글을 보내 명나라 황제의 교지로써 '조선이 일본에게 무슨 잘못을 했다고 일본은 어찌하여 제멋대로 군사를 일으켰느냐'라고 꾸짖어 물었다.

당시에 왜란이 갑자기 일어났고 게다가 그들의 잔혹함이 심해서 모두가 두려움에 떨어 감히 그들의 군영을 엿보는 사람이 없었다. 그런데 심

167 심유경(沈惟敬): ?~1597. 임진왜란 때 조선에서 활약한 명나라 사신으로 평양성에서 왜장 소서행장과 화평을 협상하였으나 실패하였다. 1596년 일본에 건너가 풍신수길을 만나 협상을 진행하여 강화가 이루어졌다고 거짓으로 보고하였으나, 정유재란으로 탄로가 나서 조정을 기만하였다는 죄목으로 처형되었다.

유경은 누런 보자기에 편지를 싸서 가정 한 사람에게 등에 짊어지게 하고는, 말을 타고 곧장 달려가서 보통문普通門(평양성 서문)으로 들어가게 했다. 왜장 소서행장은 그 편지를 보자, 즉시 서로 만나서 일을 의논하자고 회답하였다. 심유경이 왜적의 진영으로 가려고 하자, 사람들 모두가 위험한 일이라고 하며 그만둘 것을 권하는 사람이 많았다. 하지만 심유경은 웃으면서 말했다.

"저들이 어찌 나를 해칠 수 있겠는가."

가정 서너 명만 데리고 왜적의 진영으로 갔다.

소서행장 · 평의지 · 현소 등이 군대의 위세를 성대하게 벌여놓고, 성 북쪽 10리 밖의 강복산 아래까지 나와 심유경을 맞이했다. 우리 군사가 대흥산大興山 꼭대기에 올라가 왜적의 진영을 바라보니, 군사의 수가 매우 많았고 창과 칼이 눈이 내린 것처럼 번쩍거렸다. 심유경이 말에서 내려 왜적의 진영 속으로 들어가자, 여러 명의 왜적이 사면에서 둘러싸서 심유경이 붙잡힌 게 아닌가 의심하였다. 날이 저물 무렵 심유경이 돌아왔는데, 왜적들이 매우 공손하게 전송했다.

이튿날 소서행장이 편지를 보내 안부를 묻고, 또 이렇게 말했다.

"대인께서는 서슬 퍼런 칼날 가운데서도 얼굴빛 하나 변하지 않으니, 비록 일본 사람일지라도 이보다 더 태연할 수는 없을 것입니다."

이에 심유경이 회답하였다.

"너희들은 당나라에 곽영공[168]이라는 사람이 있었다는 말도 듣지 못했는가? 그는 단기필마로 회흘回紇(몽골 고원과 중앙아시아에서 활약한 투르크계 민족)의 수만의 군사 속에 들어가서도 조금도 두려워하지 않았거늘 내 어찌

---

168 곽영공(郭令公): 곽자의(郭子儀: 697~781)를 말한다. 중국 당나라의 무장으로 안녹산의 난을 토벌했고 토번의 침입을 막아냈다.

너희들을 두려워하겠는가?"

이어서 그는 왜적과 다음과 같이 약속하였다.

"내가 돌아가 우리 황제에게 보고하면 당연히 처분이 있을 것이다. 그러니 50일 동안을 기한으로 삼아 왜군은 평양 서북쪽 10리 밖으로 나가서 약탈하지 말아야 하고, 조선 군사도 10리 안으로 들어가서 왜적과 싸우지 말아야 할 것이다."

그리고는 양 진영의 경계선에 나무를 세워 출입 금지 푯말로 삼고 본국으로 떠났다. 하지만 우리나라 사람들은 그 내막을 알 수 없었다.

원문

九月, 天朝遊擊將軍沈惟敬 來.

初 祖承訓 旣敗 賊 愈驕, 投書我軍 有'群羊攻[이일放]一虎'之語. 羊喩天兵 虎以自詑. 聲言朝夕將西下, 義州人 皆荷擔而立.

惟敬 本浙民, 石尙書 以爲素諳倭情 假遊擊將軍號出送. 旣至順安 馳書倭將 以聖旨責問'朝鮮 有何虧負於日本, 日本 如何擅興師旅.'

時 倭變猝發 且殘毒甚, 人人惴恐 莫敢有窺其營者. 惟敬 以黃袱裹[옥대이일간褁]書 使家丁一人背負, 騎馬直馳 由普通門而入. 倭將行長 見其書, 卽回報 求面見議事. 惟敬將往 人皆危之 多勸止者. 惟敬 笑曰 "彼 焉能害我也?" 從三四家丁赴之.

行長 · 平義智 · 玄蘇等 盛陳兵威 出會于城北[169]十里外降福山下. 我軍登大興山頭 望見, 倭軍甚多 劍戟如雪. 惟敬下馬 入倭陣中, 群倭四面圍繞

169 [국]: "三四家" "于城北" 파본으로 인한 결락.

疑被拘執. 日暮 惟敬還, 倭衆送之 甚恭.

翌日 行長遣書馳[이일致]問, 且曰 "大人 在白刃中 顏色不變, 雖日本人 無以加也." 惟敬答之曰 "爾不聞'唐朝 有郭令公者'乎? 單騎入回紇萬軍中 曾不畏懾, 吾何畏爾也?" 因與倭約曰 "吾歸報聖皇 當有處分. 以五十日爲期, 倭衆 無[국이일毋]得出平壤西北十里外搶掠, 朝鮮人 毋入十里內與倭鬪." 乃於地界 立木爲禁標而去[간-]. 我國人 皆莫測.

37
경기 감사 심대가 습격을 받고 죽다

경기 감사 심대[170]가 왜적의 습격을 받아 삭녕朔寧(경기도 연천과 강원도 철원 지역의 옛 지명)에서 죽었다.

심대는 사람됨이 불의를 참지 못하는 성격이라 왜란이 일어난 뒤로 항상 분하게 여겼다. 그래서 나랏일로 전쟁터를 드나들 때도 안전한 곳과 위험한 곳을 가리지 않았다.

이해 가을에 심대는 권징 대신 경기 감사가 되어 행재소에서 임지로 떠나게 되었다. 그는 안주를 지나는 길에 백상루百祥樓(평안도 안주읍성의 누각)에서 나를 만나 국난에 대해 말하며 비분강개하였다. 내가 그의 의중을 살펴보니, 그는 몸소 화살과 돌멩이가 빗발치는 위험을 무릅쓰고 곧바로 왜적과 싸울 태세였다. 나는 주의를 주며 말했다.

"옛사람이 말하지 않았던가? 밭가는 일은 마땅히 종에게 물어야 한다고. 그대는 글만 읽는 선비라서 싸움에 관한 일은 결국 잘할 수 있는 일

---

170 심대(沈岱): 1546년(명종 1)~1592년(선조 25). 1572년 춘당대문과에 을과로 급제하였다. 임진왜란이 일어나자 근왕병 모집에 힘썼다. 그 공로로 왕의 신임을 받아 승정원에서 왕을 호종하였다. 1592년 경기도관찰사가 되어 서울 수복작전을 계획하고 성안의 백성들과 내응하며 삭녕에서 때를 기다리던 중, 왜군의 야습을 받아 전사하였다. 이조판서에 추증되고, 호성공신에 책록되었으며, 청원군에 봉해졌다. 시호는 충장(忠壯)이다.

은 아닐세. 그곳에 양주 목사 고언백이란 사람이 있는데 용력이 있고 싸움에 능하니, 그대는 다만 군사나 수습해주고 고언백에게 군사를 거느려 싸우도록 하면 공을 세울 수 있을 걸세. 그대는 삼가 군사를 거느리고 직접 싸움에 나서지는 말게나."

심대는 그저 대답만 '예, 예' 할 뿐, 마음속으로는 그다지 그렇게 여기지 않은 듯했다. 나는 또 그가 홀로 적진 속으로 들어가는 것을 보고, 나의 군관 중에서 활 잘 쏘는 사람을 붙여 주어 의주 사람 장 아무개와 함께 다니게 하였다.

심대가 떠나간 뒤 몇 달 동안, 경기도 사람 중 행재소로 보고하러 안주를 지나는 이가 있을 때마다, 심대는 나에게 편지를 보내 안부를 묻곤 하였다. 나는 번번이 그 사람에게 경기 지방의 왜적 형세와 감사 심대가 무슨 일을 하고 있는지 직접 물어보았다.

"경기도는 피해가 다른 도보다 심해서 왜적이 날마다 나와서 불을 지르고 노략질하여 온전한 곳이 하나도 없습니다. 이전 감사와 수령 이하는 모두 깊고 험한 곳으로 몸을 피해 숨어 다니며, 수행하는 자도 없이 변장을 하고 몰래 다니기도 하고, 혹은 여러 차례 옮겨 다녀 그 거처를 일정하게 하지 않아 왜적의 환란을 방지했습니다. 그러나 지금 감사는 조금도 왜적을 두려워하지 않아 순찰할 때마다 공문을 먼저 보내 알리기를 평상시처럼 하고 있으며, 깃발을 세우고 나발을 불며 다니고 있습니다."

나는 이 말을 듣고 매우 걱정이 되어 다시 글을 보내 전과 같이 조심하라고 당부하였지만, 심대는 변하지 않았다.

심대는 이윽고 군사들을 모집하여 모두 자기를 따르게 하고 서울을 회복하겠다는 말을 퍼뜨리며, 날마다 성 안으로 사람을 들여보내 성 안 사람들을 불러 모아 내응하기로 약속하게 하였다. 그러자 성 안 사람들은 난리가 평정된 후에 왜적에게 붙었다는 죄를 얻을까 두려워 연명으로 문서를 만들어 성을 나와 감사에게 가서 제 스스로 내응할 수 있다고 말하는 사람들이 날마다 천백여 명이나 되었다. 어떤 이는 약속을 따른다고 하고, 어떤 이는 병기를 나른다고 하며, 어떤 이는 왜적의 정세를 보고한다고 하며 사람마다 거리낌 없이 왕래하였다. 그 중에는 또한 왜적의 앞잡이가 되어 이쪽으로 와서 동정을 살피는 사람이 많아, 서로 섞여서 왔다 갔다 했지만 심대는 이들을 믿고 의심하지 않았다. 이때 심대는 삭녕군에 있었는데, 왜적이 이를 염탐하여 알아낸 뒤 몰래 대탄大灘(한탄강)을 건너 밤에 습격했다. 심대가 놀라 일어나 옷을 걸치고 도망가자, 왜적이 쫓아가서 살해하였고 군관 장씨도 같이 죽였다.

왜적이 물러간 다음에 경기 사람들이 삭녕군에 임시로 장사지냈다. 며칠 뒤에 왜적이 다시 나타나서 그의 머리를 베어 종루 거리에 매달았는데, 5~60일이나 지났는데도 얼굴빛이 산 사람과 같았다. 서울 사람들이 그의 충의를 애석하게 여겨 서로 재물을 모아 지키는 왜군에게 뇌물을 주고 그의 머리를 가져와 함에 넣어 강화로 보냈다. 왜적이 물러간 후에 그의 시신과 함께 고향 산에 돌려보내 장사지냈다.

심대는 본관이 청송 사람이며 자는 공망公望이다. 아들은 심대복沈大復인데 조정에서 심대의 공로로 벼슬을 주어 현감에 이르렀다.

원문

京畿監司沈岱 爲賊所襲 死於朔寧.

岱爲人慷慨, 自變後 常憤憤. 奉使出入 不避夷險.

是年秋, 代權徵爲京畿監司 從行朝赴任所. 路出安州 見余于百祥樓上, 語國難慨然. 觀其意 直欲親犯矢石以角賊. 余戒之曰 "古人不云乎? 耕當問奴. 君書生 臨陣 終非所能. 其處 有楊州牧使高彦伯者 勇力善鬪, 君但收拾軍兵 使彦伯將之 可有功. 愼勿自將也." 岱 唯唯 而不甚然之. 余又見其孤行入賊中, 分軍官善射者 義州人張某 與俱.

岱 旣去 數月間, 每有'京畿人 啓事行朝 經過安州'者, 未嘗不致書問余也. 余輒親問其人'京畿[국圻]賊勢及監司何爲.' 對曰 "畿甸創殘[171]甚他道, 賊 日出焚掠 無乾淨地. 前監司及守令以下 悉從深僻處躱避, 減去儀從微服潛行, 或屢遷徙 不定厥居 以防賊患. 今監司 殊不畏賊, 每巡行 先文知委如平日, 建旗鳴角而行." 余聞而甚憂之 申書戒勑如前, 岱不變.

旣乃聚集軍兵 悉以自隨 聲言欲復京城, 日遣人入城中召募 約爲內應. 城中人 恐'事定後 以附賊獲罪' 連名結狀 出赴監司, 自言能內應者 日以千百數. 名曰 "聽約束" 曰 "輸軍器" 曰 "報賊情" 人人往來無阻. 其間 亦有爲賊耳目 來察動靜者多, 出沒相雜 而岱信之不疑. 至是 岱在朔寧郡, 賊詗知之 潛渡大灘 夜襲之. 岱驚起 披衣走出, 賊追害之 軍官張姓者 亦同死.

賊去, 京畿[국圻]人 權殯于朔寧郡中. 數日 賊復出 取其首 懸於鍾樓街上, 積五六十日 面色如生. 京城人 哀其忠義, 相與率財物 賂守倭贖出之函送于江華. 賊退後 與尸身 還葬故山.
岱靑松人 字公望. 子大復, 朝廷 以岱故 官之, 至縣監.

---

171 [국]: "也. 余" "創殘" 파본으로 인한 결락.

38
왜적을 섬멸한 원호가 춘천에서 전사하다

강원도 조방장 원호가 구미포龜尾浦에서 왜적을 섬멸했다. 그러나 춘천에서 싸우다 패하여 죽었다.

이때 왜적의 큰 진영은 충주와 원주에 있었고, 군영이 서울까지 이어져 있었다. 충주에 있던 왜적은 죽산 · 양지 · 용인 길로 왕래하였고, 원주에 있던 왜적은 지평 · 양근[172] · 양주 · 광주를 거쳐 서울에 이르고자 했다.

원호가 여주 구미포에서 왜적을 섬멸했고, 이천 부사 변응성이 배에 사수를 싣고 짙은 안개를 이용하여 여주 마탄馬灘에서 싸워 왜적을 죽인 것이 매우 많았다. 이 때문에 원주에서 서울로 이어지는 왜적의 길이 드디어 끊어져 모든 왜적은 충주의 길을 거치게 되었으니, 이천 · 여주 · 양근 · 지평 등의 고을 백성들이 왜적의 칼날에서 살아남을 수 있게 된 것을 사람들은 원호의 공이라고 여겼다.

순찰사 유영길이 또 원호를 재촉하여 춘천에 있는 왜적을 치게 했다. 원호는 이미 이겨본 적이 있기 때문에 매우 적을 가볍게 보는 마음이 있었다. 왜적은 원호가 장차 올 것을 알고 매복하고 기다리고 있었지만 원

---

172 양근(楊根) · 지평(砥平): 조선시대 양근군과 지평군으로 1908년에 두 군을 합하여 지금의 양평군으로 개편하였다.

호는 이를 모르고 가다가 복병을 만나 마침내 살해되었다. 이로써 강원도 전역에서 왜적을 막아낼 사람이 없게 되었다.

원문

江原道助防將元豪 擊賊于龜尾浦 殲之. 又戰于春川 兵敗而死.

時 賊大陣 在忠州及原州 連營達于京都. 其在忠州[일刕]者 取路竹山·陽智·龍仁 往來, 其在原州者 欲從砥平·楊根·楊州·廣州抵京.
元豪[173] 擊殲于驪州龜尾浦, 利川府使邊應星 又船載射手 乘霧 邀賊於驪州之馬灘 殺賊頗多. 由是 原州賊路 遂斷, 悉由忠州之路, 而利川·驪州·楊根·砥平等邑之民 見遺於賊鋒者, 人以爲豪之功也.
巡察使柳永吉 又催豪擊春川賊. 豪旣勝 頗有輕敵之意. 賊 知豪將至 設伏以待, 豪不知而進, 伏發 遂爲所殺. 於是 江原一道 無禦賊者.

173 [국]: "仁 往" "元豪" 파본으로 인한 결락.

39
훈련원 부봉사 권응수와 정대임이 영천을 수복하다

훈련원訓鍊院(군사의 무예 훈련 등을 관장하던 관청) 부봉사 권응수[174] · 정대임[175] 등이 향병을 거느리고 영천의 왜적을 쳐부수고 드디어 수복하였다.

권응수는 영천 사람으로 담력과 용기가 있었는데, 정대임과 더불어 시골의 향병 천여 명을 거느리고 영천의 적을 포위하였다. 그때 군사들이 적을 두려워하여 나아가지 않자 권응수가 여러 명을 베어 죽였다. 군사들이 온 힘을 다해 앞다투어 성을 넘어 들어가 좁은 골목에서 적을 공격하였다. 적은 이겨내지 못하여 창고 속으로 도망갔고 어떤 자는 명원루[176] 위로 올라갔다. 우리 군사가 화공으로 공격하여 모두 태워 죽였는데, 그 타는 냄새가 몇 리에 걸쳐 진동했다. 적의 잔병 수십 명은 달아나 경주로

---

174 권응수(權應銖): 1546(명종 1)~1608(선조 41). 1583년 별시무과에 급제하였다. 임진왜란 당시 경상좌도수군절도사 박홍의 휘하에 있다가 고향에 돌아가 의병을 모집하여 영천성을 탈환하고 병마우후(兵馬虞侯)가 되었다. 선무공신 2등으로 화산군에 봉해졌다. 시호는 충의(忠毅)이다.

175 정대임(鄭大任): 1553(명종 8)~1594(선조 27). 임진왜란이 일어나자 의병을 모아 당지산에서 적을 크게 무찌르고, 영천에서 신녕으로 이동하는 왜적을 권응수와 함께 공격하여 영천수복에 공을 세웠다. 밀양 · 경주 · 양산 · 울진 등에서 연전연승을 거두었고, 그 공으로 선무원종공신 2등에 책록되었다. 호조참판으로 추증되었다.

176 명원루(明遠樓): 경상북도 영천에 있던 누각. 1368년(공민왕 17) 부사 이용(李容)이 명원루를 창건하였으나 임진왜란 때 소실되었고, 그 후 1637년(인조 15) 군수 한덕급(韓德及)이 중창하여 이름을 '조양각'이라 고쳤다.

돌아갔다. 이로부터 신녕新寧(경북 영천시 신녕면) · 의흥義興(경북 군위군 의흥면) · 의성 · 안동 등의 지역에 있던 왜적이 모두 한 쪽 길로만 모이게 되어 경상좌도 군읍이 보존될 수 있었다. 이것은 영천에서 한 번 싸워 이긴 공 때문이다.

원문

訓鍊副奉事權應銖 · 鄭大任等 以鄕兵 擊永川賊破之 遂復永川.

應銖 永川人 有膽勇, 與大任 率鄕兵千餘人 圍賊于永川. 軍士 畏賊不進, 應銖 斬數人. 士卒爭奮 踰城而入 與賊巷擊. 賊不勝 奔入倉中 或上明遠樓. 我軍 以火攻之 悉燒死, 臭聞數里. 餘賊數十 遁歸慶州. 自是 新寧 · 義興 · 義城 · 安東等處賊 皆聚一路 而左道郡邑得保. 永川一戰之功也.

40

좌병사 박진이 비격진천뢰로 경주를 수복하다

좌병사 박진이 경주를 수복했다.

애초에 박진은 밀양에서 달아나 산속으로 들어갔다. 조정에서는 전 병사 이각이 성을 버리고 도망가자, 곧바로 그가 도망가 있던 곳에서 베어 죽이고 대신 박진을 병사로 삼았다.

이때 적병이 가득하여 조정의 소식을 남쪽에 전하지 못한 지가 오래되었다. 사람들이 동요되어 어찌할 바를 모르고 있었는데, 박진이 병사가 되었다는 소식을 듣고서야 흩어졌던 백성들이 조금씩 모여들었고 수령들도 이따금 산속에서 다시 나와 일을 보게 되었으니, 사람들이 비로소 조정이 있음을 알게 되었다.

권응수가 영천을 수복하자, 박진은 좌도의 군사 만여 명을 거느리고 경주성 아래 가까이 나아갔다. 왜적이 몰래 북문을 나와 아군의 뒤를 갑작스럽게 공격하자 박진은 달아나 안강으로 돌아왔다. 박진은 밤에 다시 군사를 경주성 아래에 잠복시켜 비격진천뢰를 쏘아 성 안으로 날려 보냈는데, 포탄이 성 안 객사의 뜰에 떨어졌다. 왜적은 그 포탄에 대해 알지 못했기 때문에 다투어 모여들어 구경하면서 서로 이리저리 굴리며 살펴보았다. 그런데 갑자기 폭약이 속에서 폭발하자 소리가 천지에 진동하였고

비격진천뢰

임진왜란 때 화포장 이장손(李長孫)이 발명한 무기로, 표면은 무쇠로 만든 둥근 박과 같고, 내부는 화약과 철조각 등을 넣어, 완구(碗口)에 장전하여 발사하는 인마살상용 폭탄이다.

별처럼 부서진 쇳조각에 맞아 쓰러져 즉사한 자가 30여 명이나 되었다. 맞지 않은 자들도 쓰러졌다가 한참 뒤에 일어났으니 놀라고 두려워하지 않는 자가 없었다. 제작의 원리를 헤아릴 수 없어 모두 신기하게 여겼다. 다음날 드디어 모든 무리가 성을 버리고 달아나 서생포[177]로 돌아갔다.

박진이 드디어 경주로 들어가 남아 있던 곡식 만여 석을 획득하였다. 이 일이 임금님에게 알려져 박진을 가선대부, 권응수를 통정대부, 정대임을 예천군수로 승진시켰다.

진천뢰震天雷를 날려 공격한 일은 옛날에는 그런 방식이 없었는데 군기시 화포장 이장손[178]이 창안하여 만들어낸 것이다. 진천뢰를 대완구[179]에 넣어 쏘면 능히 5~6백 보를 날아가 땅에 떨어져 한참 지나면 화약이 그 속에서 폭발하는데, 적들은 이 물건을 가장 두려워하였다.

---

177 서생포(西生浦): 울산광역시 울주군 서생면 서생리. 이곳에 임진왜란 때 왜군이 쌓은 왜성이 있다.

178 이장손(李長孫): ?~?. 조선 중기의 과학자이다. 선조 때에 군기시에 소속된 화포장으로 임진왜란이 일어나자 비격진천뢰를 제작하여 왜적을 격퇴하는 데 공을 세웠다.

179 대완구(大碗口): 조선시대의 대형 화포의 하나로, 쇠나 돌로 만든 직경 30cm의 둥근 탄알을 발사하였다. 완구에는 별대완구 · 대완구 · 중완구 · 소완구 등이 있는데, 대완구가 가장 많이 사용되었다.

원문

左兵使朴晉 收復慶州.

晉 初自密陽 奔入山中. 朝廷 以前兵使李珏 棄城逃走, 卽其所在誅之 以晉代爲兵使.
時 賊兵充滿 行朝聲聞 不通南方 已久. 人心搖動 不知所出, 及聞晉爲兵使, 於是 散民稍集 而守令 往往從山谷中 復出莅事, 始知有朝廷矣.

及權應銖 復永川, 晉 率左道兵萬餘 進薄[180]慶州城下. 賊潛出北門 掩軍後, 晉奔還安康. 夜又使人 潛伏城下 發飛擊震天雷 入城中, 墮於客舍庭中. 賊不曉其制 爭聚觀之 相與推轉 而諦視之. 俄而 炮自中而發 聲震天地 鐵片星碎 中仆卽斃者 三十餘人. 未中者 亦顚仆 良久而起, 莫不驚懼. 不測其制 皆以爲神. 明日 遂擧衆棄城 遁歸西生浦.
晉 遂入慶州 得餘穀萬餘石. 事聞 陞'晉嘉善 應銖通政 大任醴泉郡守.'

震天雷飛擊 古無其制, 有軍器寺[일等]火炮[이일砲]匠李長孫者 創出. 取震天雷 以大碗口發之, 能飛至五六百步 墜地良久 火自內發, 賊[이일敵]最畏此物.

180 [국]: "知有" "進薄" 파본으로 인한 결락.

41

각도에서 의병을 일으켜 왜적을 토벌하다

이때 각도에서 의병을 일으켜 왜적을 토벌한 자가 매우 많았다.

전라도에는 전판결사 김천일[181], 첨지 고경명[182], 전 영해부사 최경회[183]가 있었다.

김천일은 자가 사중인데 의병을 거느리고 먼저 경기도에 이르렀다. 조정에서 이를 가상히 여겨 군호를 주어 '창의군'이라 하였는데 얼마 뒤 군대를 이루지 못해 강화로 들어갔다.

---

181 김천일(金千鎰): 1537(중종 32)~1593(선조 26). 1573년 학행으로 발탁되어 용안현감과 담양부사 · 수원부사를 역임하였다. 임진왜란 때 나주에 있다가 고경명 등과 함께 의병을 일으켜, 전라도 관군과 함께 북상하여 수원 독산성에 진을 친 후 한강변의 여러 적진을 공격해 창의사의 칭호를 받았다. 행주산성 전투에서 공을 세웠고 왜적이 패주하자 이를 추적해 남진했다. 진주성 2차 전투에서 성이 함락되자 아들과 함께 자결했다. 영의정에 추증되었으며, 시호는 문열(文烈)이다.

182 고경명(高敬命): 1533(중종 28)~1592(선조 25). 1552년 식년문과에 장원급제하였다. 임진왜란이 일어난 후, 왜군이 서울을 점령했다는 소식을 듣고 김천일과 함께 전라도 장흥에서 의병을 일으켜 왜병을 격파하고, 금산에서 왜군과 싸우던 중 아들 인후와 함께 전사했다. 좌찬성에 추증되었으며, 시호는 충렬(忠烈)이다.

183 최경회(崔慶會): 1532(중종 27)~1593(선조 26). 1567년 식년문과에 을과로 급제하였다. 고경명이 전사한 뒤에 그 휘하 군대의 추대를 받아 의병장이 되었다. 의병을 규합하여 금산 · 무주에서 전주 · 남원으로 향하는 왜군을 저지시켰고, 금산에서 퇴각하는 적을 추격하여 우지치에서 크게 격파하여, 제1차 진주성전투에서 승리하는 데 공헌하였다. 이 공으로 경상우병사가 되었다. 1593년 2차 진주성전투에서 분전하였으나 성이 함락되자 남강에 투신하였다. 좌찬성에 추증되었으며, 시호는 충의(忠毅)이다.

고경명은 자가 이순이고 고맹영高孟英의 아들인데 글재주가 있었다. 그 또한 향병을 거느리고 군현에 격문을 보내 적을 토벌하였는데, 적과 싸우다 패하여 죽었다. 그 아들 고종후[184]가 대신 군사를 거느렸는데 '복수군'이라 하였다.

최경회는 뒤에 경상우병사가 되었으나 진주에서 전사하였다.

그 당시 경상도에서 활약했던 사람으로 현풍 사람 곽재우[185], 고령 사람 전 좌랑 김면[186], 합천 사람 전 장령 정인홍[187], 예안 사람 전 한림 김해[188],

---

184 고종후(高從厚): 1554(명종 9)~1593(선조 26). 1577년 별시문과 병과로 급제했다. 임진왜란이 일어나자 아버지 고경명의 뜻에 따라 의병을 모집하고 군량을 모았다. 아버지가 전사하자 의병을 규합하여 복수의병군을 조직하고 2차 진주성 전투에 참여하였으나 성이 함락되자 자살하였다. 김천일 · 최경회와 함께 '삼장사(三壯士)'라고 불렸다. 이조판서에 추증되었으며, 광주의 포충사와 진주의 충민사에 제향되었다. 시호는 효열(孝烈)이다.

185 곽재우(郭再祐): 1552(명종 7)~1617(광해군 9). 1585년 별시문과 정시에서 2등으로 합격했지만, 시험답안이 왕의 뜻에 거슬려 합격이 취소되자 과거를 포기하였다. 임진왜란이 일어나자 의병을 일으켰고 1597년 경상좌도방어사가 되어 창녕의 화왕산성을 지켰다. 여러 차례 벼슬을 내렸지만 사양하거나 마지못해 잠시 나갔다가 그만두기를 반복하였다. 병조판서 겸 지의금부사에 추증되었다. 시호는 충익(忠翼)이다.

186 김면(金沔): 1541년(중종 36)~1593년(선조 26). 1592년 조종도 등과 함께 의병을 일으켰다. 진주목사 김시민과 함께 지례에서 적의 선봉을 역습하여 큰 공을 세웠으며, 이 공으로 합천군수에 제수되었다. 의병대장의 교서를 받았으며, 고령 · 지례 · 금산 · 의령 등을 수복하였다. 1593년 경상우도 병마절도사가 되어 선산의 적을 공격하러 가던 중 병사하였다. 이조판서에 추증되었다.

187 정인홍(鄭仁弘): 1535(중종 30)~1623(인조 1). 1573년 학행으로 천거되어 6품직에 올랐으며, 1589년 정여립옥사로 남인과 북인으로 분리될 때 북인의 영수가 되었다. 1592년 성주에 침입한 왜군을 격퇴하였고, 영남의병장의 칭호를 받았다. 1593년 의병을 모아 성주 · 합천 · 고령 · 함안 등을 방어했다. 대사헌과 영의정을 지냈다.

188 김해(金垓): 1555(명종 10)~1593(선조 26). 1589년 증광문과에 을과로 급제하였다. 임진왜란이 일어나자 예안에서 의병을 일으켜 영남의병대장으로 추대되었으며, 안동 · 군위 등에서 왜적과 싸웠다. 이듬해 3월 좌도병마사 권응수와 합세하여 상주 당교(唐橋)의 적을 쳤으며, 4월 서울에서 부산으로 철수하는 적을 공격하여 대승을 거두었다. 5월에 경주에서 이광휘와 합세하여 싸우다가 진중에서 병사하였다. 이조판서에 추증되었다.

교서관 정자 유종개, 초계 사람 이대기[189], 군위의 교생 장사진 등이 있었다.

곽재우는 곽월[190]의 아들로 자못 재주와 책략이 있었다. 여러 차례 싸웠는데 왜적이 그와 싸우는 것을 꺼려하였다. 정암진鼎巖津(경남 함안과 의령을 연결하던 나루)을 굳게 지켜 왜적이 의령 땅에 들어올 수 없게 한 것은 곽재우의 공이라고 사람들은 여겼다.

김면은 고 김세문金世文 장군의 아들로 왜적을 거창 우척현에서 막아 여러 차례 물리쳤다. 이 사실이 조정에 알려져 우병사로 발탁되었으나 군중에서 병으로 죽었다.

유종개[191]는 군사를 일으킨 지 얼마 안 돼 왜적을 만나 전사했는데, 조정에서 그 뜻을 가상히 여겨 예조참의를 추증했다.

장사진[192]은 여러 전투에서 활로 적병을 죽인 것이 매우 많았기 때문에 왜적은 그를 장 장군이라 부르면서 감히 군위 땅 안으로 들어오지 못했다. 하루는 왜적이 복병을 숨겨두고 유인했는데 장사진은 끝까지 쫓아갔다가 복병 속에 빠졌다. 그러나 오히려 크게 외치며 힘껏 싸웠지만 화살이 다 떨어지자 적병이 장사진의 한쪽 팔을 쳐서 잘라버렸다. 장사진은

---

189 이대기(李大期): 1551(명종 6)~1628(인조 6). 임진왜란이 일어나자 고향 초계에서 의병을 모집하여, 정인홍 휘하에 들어가 공을 세워 장원서별제가 되었다. 형조정랑과 함양군수 등을 지냈다. 초계의 청계서원에 제향되었다.

190 곽월(郭越): 1518(중종 13)~1586(선조 19). 1556년 별시문과에 병과로 급제하였다. 1578년 동지사로 명나라에 다녀왔다. 문무를 겸비하여 위급할 때 큰일을 맡길 만하다 여겼는데, 아들 곽재우가 의령에서 의병을 일으켜 공을 세우자, 사람들이 아버지의 기품을 닮았다고 하였다.

191 유종개(柳宗介): 1558(명종 13)~1592(선조 25). 1585년 식년문과에 병과로 급제하였다. 임진왜란이 일어났지만 사족들이 왜적과 싸우지 않고 피란을 가자, 홀로 향병 수백 명을 모아 고을을 지켰다. 함경도 지역에서 퇴각하던 왜적을 맞아 싸우다가 소천(小川)에서 전사하였다. 참의에 추증되었다.

192 장사진(張士珍): ?~1592(선조 25). 임진왜란이 일어나자 교생(校生)들과 의병을 일으키고 사방에 격문을 보내 수백 명의 의병을 모았다. 군위 주위를 돌면서 왜적을 만나는 대로 격살하자, 왜적들이 군위 안으로 들어오지 못했다. 그러나 왜적의 복병을 만나 전사하였다. 수군절도사에 추증되었다.

정암진(경남 의령군 의령읍 정암리).
의령과 함안을 연결하는 나루터로 남강 가운데에 '솥같이 생긴 바위[鼎岩]'가 있어 정암나루라 불렀다. 이곳에서 곽재우와 의병들이 전라도로 진격하려는 왜군 안국사혜경(安国寺恵瓊[안코쿠지에케이]) 부대를 맞아 지형을 이용한 기습공격으로 승리하였다.

단지 한쪽 팔만으로 분전하였지만 얼마 되지 않아 마침내 죽고 말았다. 이 사실이 조정에 알려져 수군절도사로 추증하였다.

그 당시 충청도에서 활약했던 사람으로 승려 영규[193], 전 제독관 조헌, 전 청주목사 김홍민[194], 서얼 이산겸李山謙, 사인士人(학식은 있으나 벼슬하지 않은 선비) 박춘무[195], 충주 사람 조덕공趙德恭, 내금위 조웅趙雄, 청주 사람

193 영규(靈圭): ?~1592(선조 25). 계룡산 갑사에서 출가하여 후에 휴정의 제자가 되었다. 임진왜란이 일어나자 3일 동안 통곡하고 스스로 승장이 되어, 승려 수백 명을 규합하여 관군과 함께 청주성을 수복하였다. 선조는 청주성 승전의 소식을 듣고 영규에게 당상의 벼슬을 하사하였으나 그 벼슬이 도착하기 전에, 조헌과 함께 금산 전투에서 전사하였다. 영규의 승군을 계기로 전국 곳곳에서 승병이 일어났다. 금산의 종용사에 제향되었다.

194 김홍민(金弘敏): 1540(중종 35)~1594(선조 27). 1570년(선조 3) 문과에 급제하였다. 임진왜란이 일어나자 의병을 규합하여 충보군(忠報軍)이라 칭하고 상주에서 적의 통로를 막아 왜적이 우회하도록 만들었다.

195 박춘무(朴春茂): ?~?. 임진왜란이 일어나자 창의사(倡義使)가 되어 의병을 일으키고 조헌과 함께 호서지방을 지키는 데 큰 활약을 하였다. 1597년 임천군수 등을 지냈고 가선대부에 이르렀다. 참찬에 추증되었고, 시호는 민양(愍襄)이다.

이봉[196] 등이 있다.

영규는 용력이 있고 싸움을 잘했는데 조헌과 함께 청주를 수복했다. 뒤에 왜적에게 패해 함께 죽었다.

조웅은 매우 용감하여 말 등에 서서 내달릴 수 있었다. 왜적을 매우 많이 죽였지만 전사했다.

그 당시 경기도에서 활약했던 사람으로 전 사간 우성전[197], 전 정(정3품 당하관) 정숙하[198], 수원 사람 최흘崔屹, 고양 사람 진사 이노와 이산휘李山輝 전 목사 남언경[199], 유학 김탁金琢, 전 정랑 유대진[200], 충의위 이일李軼, 서얼 홍계남[201], 사인 왕옥王玉 등이 있었다.

홍계남이 가장 날쌔고 용맹스러웠다. 그 외 각자 향리에서 혹은 백여

---

196 이봉(李逢): ?~?. 조헌 · 정경세 등과 의병을 규합하여 왜적과 싸웠다. 1595년 사헌부 감찰에 발탁되었고, 다음해 옥천군수가 되어 부호들 창고의 곡식을 풀어 굶주리는 백성을 구제하였다. 1597년 정유재란 때 관군과 의병을 각 요충지에 배치하여 왜군의 진격을 막은 공으로 당상관에 올랐으나, 사퇴하고 귀향하여 여생을 보냈다.

197 우성전(禹性傳): 1542(중종 37)~1593(선조 26). 1568년(선조 1) 증광문과에 병과로 급제하였다. 임진왜란이 일어나자 경기도에서 의병을 모집해 추의군(秋義軍)이라 하고 소금과 식량을 조달해 난민을 구제하였다. 김천일과 강화도를 장악해 교통이 통하도록 하였으며, 용산의 왜적을 쳐서 군량미를 마련하였고, 왜군을 경상도 의령까지 추격하는 등 많은 공을 세웠으나 병사하였다. 이조판서에 추증되었으며, 시호는 문강(文康)이다.

198 정숙하(鄭叔夏): 1541(중종 36)~1599(선조 32). 1594년(선조 27)에 청주목사, 이듬해에 동부승지가 되어 의총(義塚)을 만들 것을 제안하였다. 동지사로 명나라에 다녀왔으며 좌승지 · 병조참의 · 형조참의 등을 역임하였다.

199 남언경(南彦經): ?~?. 학행으로 천거되어 지평현감 · 양주목사를 지냈고, 전주부윤이 되었다가 정여립 모반사건으로 파직되었다. 1592년 여주목사에 다시 기용되어 임진왜란이 일어나자 의병들과 함께 싸웠다. 이듬해는 공조참의를 역임하였다.

200 유대진(俞大進): 1554(명종 9)~1599(선조 32). 1583년 별시문과에 병과로 급제하였다. 임진왜란 때 의병장으로 공을 세웠다. 공조참의 · 수원부사 등을 지냈다. 선무원종공신에 책록되고 이조판서에 추증되었다.

201 홍계남(洪季男): ?~?. 일찍이 금군에 소속되었다. 1590년 일본에 파견된 통신사 황윤길의 군관이 되어 일본에 다녀왔다. 임진왜란이 일어나자 아버지를 따라 안성에서 의병을 일으켜 전공을 세워 첨지로 승진하였다. 아버지가 전사하자 대신 의병을 이끌며 유격전을 펼쳤다. 1593년 전라도와 경상도 지역으로 진출하여 이빈 등과 함께 운봉 · 남원 · 진주 · 구례 · 경주 등에서 전공을 세웠다.

명이나 수십여 명씩 모아 '의병'이라 이름 붙인 사람들은 이루 헤아릴 수 없이 많았지만, 기록할 만한 공적이 없이 모두들 옮겨 다니다 시일만 보냈을 뿐이었다.

또 승려 유정[202]은 금강산 표훈사에 있었는데, 왜적이 금강산으로 들어오자 절에 있던 중들은 모두 달아났지만 유정은 미동도 하지 않았다. 그를 본 왜적은 감히 다가오지도 못했고 어떤 자는 합장을 하며 경의를 표하고 돌아갔다.

내가 안주에 있을 때, 사방에 공문을 보내 각자 군사를 일으켜 나라를 구하라고 했다. 이 공문이 금강산에 이르자 유정은 불탁 위에 펼쳐놓고 중들을 불러 모아 공문을 읽으면서 눈물을 흘렸다. 마침내 승군을 일으켜 서쪽으로 달려가 임금님을 지키고자 하였는데 평양에 이를 무렵 무리가 천여 명이나 되었다. 평양성 동쪽에 주둔하여 순안군과 함께 형세를 이루었다.

또 종실 호성감湖城監이 군사 백여 명을 거느리고 행재소로 달려가자, 조정에서는 그를 승진시켜 호성 도정都正(종친부 · 돈녕부 · 훈련원의 정3품 당상관)으로 삼고 순안에 주둔하여 그 곳의 대군과 합세하도록 하였다.

그 당시 북도 사람으로 평사 정문부[203]와 훈융訓戎(함경북도 온성군 훈융면)

---

202 유정(惟政): 1544년(중종 39)~1610년(광해군 2). 유정은 법명이며 호는 사명당이다. 임진왜란이 일어나자 승병을 모아 의승도대장(義僧都大將)이 되어 평양성 탈환에 큰 공을 세웠다. 이후 가등청정과 네 차례 회담을 가졌고, 산성 수축, 무기 제조, 군량미 마련 등에 공헌을 하여 가선대부 동지중추부사에 제수되었다. 1604년 일본에 가서 포로로 잡혀간 3천 명을 데리고 돌아왔다. 밀양의 표충사와 묘향산의 수충사에 제향되었으며, 시호는 자통홍제존자(慈通弘濟尊者)이다.

203 정문부(鄭文孚): 1565(명종 20)~1624(인조 2). 1588년 식년문과에 갑과로 급제하였다. 1591년 함경북도병마평사가 되었다. 국경인이 임해군과 순화군을 잡아 왜적에게 넘기자, 이에 격분하여 여러 인사들과 의병을 조직하여 관북지방을 수복하였다. 영흥부사와 예조참판을 지냈는데 이괄의 난에 연루되어 문초 중에 죽었다. 후에 신원되어 좌찬성에 추증되었으며, 시호는 충의(忠毅)이다.

의 첨사 고경민高敬民이 공로가 가장 많았다고 한다.

원문

[204]時 各道 起義兵討賊者 甚衆.

在全羅道者, 前判決事金千鎰 · 僉知高敬命 · 前寧海府使崔慶會.
千鎰 字士重 率兵先至京畿, 朝廷嘉之 賜其軍號曰 "倡義." 已而 不能軍 入江華.
敬命 字而順 孟英[일夷]之子 有文才. 亦率鄕兵 移檄郡縣討賊, 與賊戰敗死. 其子從厚 代領其衆 名曰 "復讎軍."
慶會 後爲慶尙右兵使 死於晉州.

其在慶尙道者, 玄風人郭再祐[대국이일佑] · 高靈人前佐郎金沔 · 陜川人前掌令鄭仁弘 · 禮安人前翰林金垓 · 校書正字柳宗介 · 草溪人李大期 · 軍威校生張士珍.
再祐 越之子 頗有才略. 累與賊戰 賊憚之. 固守[205]鼎津 使賊不得入宜寧界, 人以爲再祐之功.
沔 故武將世文之子, 禦賊于居昌牛脊峴 累卻[국이일却]賊. 事聞 擢爲右兵使 病卒於軍中.
宗介 起兵未久 遇賊而死, 朝廷 嘉其志 贈禮曹參議.
士珍 前後射殺賊兵 甚多, 賊稱爲張將軍 不敢入軍威界. 一日 賊設伏誘之 士珍 窮追陷伏中. 猶大呼力戰 矢盡, 賊 擊斷士珍一臂. 士珍 獨以一臂奮擊 未已遂死. 事聞 贈水軍節度使.

---

204 [이]는 여기서부터 하권으로 삼았다. [일]은 여기서부터 3권으로 삼았다.

205 [국]: "生張" "固守" 파본으로 인한 결락.

其在忠淸道者, 僧人靈圭[간圭] · 前提督官趙憲 · 前淸州牧使金弘敏 · 庶孼[이일孼]李山謙 · 士人朴春茂 · 忠州人趙德恭 · 內禁衛趙雄 · 淸州人李逢.
靈圭[간圭] 勇力善鬪, 與憲 復淸州. 後 爲賊所敗 皆死.
雄尤勇敢 能馬上立馳. 殺賊頗多 戰死.

其在京畿[이일圻]者, 前司諫禹性傳 · 前正鄭叔夏 · 水原[일厚]人崔屹 · 高陽人進士李魯 · 李山輝, 前牧使南彦經 · 幼學金琢 · 前正郎俞大進 · 忠義衛李軼 · 庶孼[이일간孼]洪季男 · 士人王玉.
季男 最驍勇. 其餘 各聚鄕里 或百餘人 或數十餘人 以義爲名者 不可勝數, 而無可紀之績 皆遷徙日閱而已.

又有僧人惟政 在金剛山表訓寺, 賊入山中 寺僧皆走, 惟政不動. 賊不敢逼 或合掌致敬而去.
余在安州, 移文四方 使各起兵赴難. 文至山中, 惟政 展佛卓上 呼諸僧讀之流涕. 遂起僧軍 西赴[206]勤王, 比至平壤 衆千餘人. 屯平壤城東 與順安軍 作爲形勢.
又有宗室湖城監 率百餘人 赴行在, 朝廷陞秩 爲湖城都正, 使屯順安 與大軍合勢.

其在北道者, 評事鄭文孚 · 訓戎僉使高敬民 功最多云.

---

206 [국]: "至山" "西赴" 파본으로 인한 결락.

42

이일을 순변사로 삼고 이빈을 행재소로 부르다

이일을 순변사로 삼고 이빈을 불러 행재소로 오도록 했다.

이일이 처음에 대동강 여울을 지켰는데 평양이 이미 함락되자, 강을 건너 남쪽으로 가서 황해도로 들어가 안악에서 해주에 이르렀다가, 다시 해주에서 강원도 이천에 이르러서는 세자를 따라 병사 수백 명을 모집했다. 왜적이 평양성으로 들어간 지 오래되었는데도 나오지 않았고 명나라 군대가 장차 올 것이라는 말을 듣고, 드디어 평양으로 돌아가 임원평에 진을 쳤으니 평양 동북쪽 10여 리 지점이었다. 그리고 의병장 고충경高忠卿 등과 세력을 연합했는데 베어 죽이거나 사로잡은 왜적이 제법 많았다.

그런데 이빈이 순안에 있으면서 매번 출병을 할 때마다 패하자, 무군사[207]의 관리들이 모두 이일을 이빈 대신 순변사로 삼고 싶어 했다. 그러나 원수 김명원만이 홀로 이빈을 지지하여 무군사와 의론이 맞지 않았으며 자못 서로 충돌하려는 조짐까지 있었다. 조정에서 나에게 순안의 군대로 가서 이를 진정시키고 조율해 화목하게 하도록 하였다. 이윽고 조

---

207 무군사(撫軍司): 1593년 왕세자가 있는 곳에 분비변사(分備邊司)로 설치하여 군사와 그와 관련된 재정 등의 일만 관장했지만, 후에 무군사로 개칭하여 일선의 모든 행정을 먼저 조처한 뒤에 왕에게 보고하는 분조(分朝)의 기능을 하였다. 무군사의 모든 업무는 『무군사일기』에 기록되어 왕에게 보고되었다. 무군사 기록은 1594년 3월까지만 있는데 이때 폐지된 것으로 보인다.

정의 의견이 모두 이일이 이빈보다 낫다고 말하고 또 명나라 군대가 장차 출병한다고 들었으므로 이빈이 소임을 다하지 못할까 염려하였다. 그래서 결국 이일로 이빈을 대신하도록 하고 박명현[208]이 이일의 군대를 대신 거느리도록 하자 이빈이 행재소로 돌아온 것이다.

원문

以李鎰爲巡邊使 召李蘋還行在.

鎰 初守江灘 平壤旣陷, 渡江而南 入黃海道 從安岳至海州, 又自海州 至江原道伊川, 從世子 募得兵數百. 聞'賊入平壤 久不出 而天兵將至' 遂還平壤 結陣于林原坪, 在平壤東北十餘里. 與義兵將高忠卿等 連勢 頗有斬獲.

而李蘋 在順安 每進兵輒北, 撫軍司從官 皆欲以鎰代蘋. 元帥金命元 獨主李蘋, 與撫軍司 論議不協 頗有相激之端. 朝廷 使余往順安軍中 使之鎭定調輯. 旣而 朝議 皆言鎰勝蘋 又聞天兵將出 恐蘋不勝任. 遂以鎰代之, 朴名賢 代領鎰軍 而蘋還行在.

---

208 박명현(朴名賢): ? ~1608(광해군 즉위년). 무과에 합격하였다. 1596년 이몽학의 난 때 홍주목사 홍가신의 밑에서 홍주성을 지키고 반란군을 청양까지 추격하여 진압하였다. 1597년 정유재란 때 전라도병마절도사가 되어 전공을 세웠다. 1604년 청난공신 2등에 책록되어 연창군에 봉해졌다. 선조가 죽은 후 고언백과 함께 임해군을 추대하려다가 문초 중 죽었고, 공신녹권에서도 삭제되었다.

43

첩자 김순량을 잡아 간첩을 일망타진하다

왜적의 첩자 김순량金順良을 잡았다.

내가 안주에서 군관 성남成男에게 전령을 지니고 가서 수군 장수 김억추와 공격할 일을 비밀리에 약속하도록 했으니, 때는 12월 2일이었다. 나는 성남에게 주의를 주며 말하였다.

"6일 이내에 전령을 바쳐야 한다."

하지만 기일이 지나도 전령을 바치지 않았다. 성남에게 이를 문책하자 성남은, '이미 강서 군인 김순량에게 돌아와 바치라고 하였습니다.'라고 하였다. 그래서 또 김순량을 잡아 와 전령이 어디 있는지 물었다. 그런데 그 자가 일부러 거짓말을 하며 속이려들었다. 성남이 말하였다.

"이자가 전령을 가지고 나갔다가 수일 만에 군대로 돌아왔는데 소 한 마리를 끌고 와 동료들과 잡아먹었습니다. 사람들이 소가 어디서 났느냐고 묻자, 김순량이 '내 소인데 친족 집에 맡겨 길렀다가 돌아오는 길에 가져왔을 뿐이오.'라고 했습니다. 지금 이 자의 말을 듣고 보니 종적이 의심스럽습니다."

나는 비로소 매를 치게 하고 엄하게 국문하자 이내 실토하였다.

"소인은 왜적의 첩자입니다. 그날 전령과 비밀 공문을 받고 곧장 평양으로 가서 왜적에게 보여주었습니다. 적장이 전령을 책상 위에 두었고 공문은 보고난 즉시 찢어버렸으며, 소 한 마리를 상으로 주었습니다. 같이 첩자가 된 자로는 서한룡徐漢龍이 있는데 상으로 명주 다섯 필을 주었습니다. 다시 그 외의 일을 염탐하여 15일 이내에 보고하기로 약속했습니다. 그래서 명을 듣고 나왔습니다."

나는 '첩자가 된 자가 너 뿐이냐, 아니면 몇 명이나 더 있느냐'라고 물었다.

"40여 명이 있습니다. 매번 순안 · 강서 등의 여러 진으로 흩어져 나가서 숙천 · 안주 · 의주에 이르기까지 뚫고 들어가 다니지 않은 곳이 없으며, 일이 생기면 곧장 보고했습니다."

나는 크게 놀라 즉시 장계로 아뢰고, 또 이름을 조사해 급히 여러 군진에 통보하여 체포하도록 하였는데, 혹은 잡기도 하고 혹은 달아나기도 했다. 김순량을 성 밖에서 베어 죽였다. 이 일이 있은 지 오래지 않아 명나라 군대가 왔는데 왜적은 이를 모르고 있었으니, 무릇 첩자들이 놀라 흩어졌기 때문이다. 이 또한 우연한 일이었지만, 하늘의 도움이 아닐 수 없었다.

원문

獲賊諜金順良.

余自安州 遣軍官成男 持傳令 密約進取事于水軍將金億秋, 時 十二月初二日也. 戒曰 "六日內回繳." 過期不繳 追成男詰之, 成男云 '已使江西軍人金順良還納.' 又捕順良來 問傳令安在. 其人 故作迷罔狀 言辭流遁.

成男曰 "此人[209] 持傳令出 數日 還軍中, 牽一牛來 與同伴屠食. 人問牛何來, 順良答曰 '吾牛 而寄養於[이일-]族人家, 故還取耳.' 今聞其言 蹤跡[210] 可疑."

余 始令栲掠而嚴鞫之 乃吐實曰 "小人 爲賊間. 其日 受傳令及秘密公文 直入平壤示賊. 賊將 置傳令案上, 公文則 見卽扯裂, 賞一牛. 同爲間者 徐漢龍 賞紬五疋[이四]. 約更探外事 期十五日來報. 故聽出矣."

余問 '爲間者 獨汝乎? 更有幾人?' 對曰 "凡四十餘輩. 每散出順安 · 江西 諸陣 以至肅川 · 安州 · 義州 無不貫穿行走, 隨事輒報."

余大駭 卽狀啓, 又按名 急通諸陣捕之, 或得或逸. 斬順良於城外. 不久 天兵至 而賊不知, 蓋其類駭散故耳. 玆亦事機之偶然者 莫非天也.

209 [국]: "問" "人 持" 파본으로 인한 결락.

210 [국]: "其言 蹤跡" 판독 불가.

권
2

1

명나라 군대와 함께 평양을 수복하다

12월에 명나라 조정에서는 크게 군사를 일으켜 병부우시랑 송응창[1]을 경략經略(총사령관)으로 삼고, 병부원외랑 유황상劉黃裳과 주사 원황[2]을 찬획군무로 삼아 요동에 머무르게 하고, 제독 이여송[3]을 대장으로 삼아 삼영의 장군인 이여백[4] · 장세작張世爵 · 양원楊元과 남방의 장수인 낙상지[5] · 오유충[6] · 왕필적王必迪 등을 거느리고 강을 건너게 했는데, 병사의 수가 4만여 명이었다.

이보다 먼저 심유경이 가고난 뒤에 왜적은 과연 군사를 거두고 움직이

---

1 송응창(宋應昌): 1536~1606. 명나라 장수이다. 1592년 12월 경략군문병부시랑으로 이여송과 함께 4만 3천 명의 명나라 2차 원군의 총사령관으로 참전하였다. 조선군과 함께 평양성을 탈환하였다. 이여송이 벽제관 전투에서 대패하자 요동으로 돌아가서 전쟁물자를 지원해 주었다.

2 원황(袁黃): 명나라 사람이다. 관직은 병부직방사주사(兵部職方司主事)에 이르렀다. 임진왜란에 참전하였으며, 천문 · 술수 · 의학 · 수리(水利) 등에 능통했다.

3 이여송(李如松): 1549~1598. 명나라의 장수이다. 임진왜란 때 제독으로, 조선군과 함께 평양성을 탈환하였다. 벽제관에서 왜군의 반격으로 대패하여 개성으로 후퇴하였다가 평양에 머물면서, 심유경을 소서행장에게 보내 강화협상을 진행하였다. 후에 본국에 돌아가 요동총병관이 되었고 이듬해 토번을 공격하다가 전사하였다.

4 이여백(李如柏): 1553~1620. 명나라 장수로 이여송의 동생이다. 임진왜란 때 참전하였다.

5 낙상지(駱尙志): ?~?. 명나라 남방의 장수이다. 1593년 류성룡에게 권유하여 조선군에게 군사기술을 가르쳐 주었는데 류성룡은 이를 바탕으로 훈련도감을 설치하였다.

6 오유충(吳惟忠): ?~?. 명나라 장수이다. 1593년에 우군 유격장군으로 평양성 전투에서 부총병으로 활약하였으며, 정유재란 때는 충주를 지키는 임무를 맡았다.

지 않았다. 이윽고 50일이 지나도록 심유경이 돌아오지 않자 왜적이 이를 의심하여 '정초에는 장차 압록강에서 말에게 물을 먹일 것이다.'라는 소문을 퍼뜨렸다. 적진에서 도망쳐 돌아온 사람들도 모두 왜적이 성을 공격할 장비를 대대적으로 수리하고 있다고 하자, 사람들이 더욱 두려워했다.

12월 초에 심유경이 돌아와서 다시 평양성으로 들어가 며칠 동안 머물렀다. 재차 서로 약속하고 갔지만 말한 내용이 무엇인지 듣지 못했다. 이즈음에 명나라 군대가 안주에 이르러 성 남쪽에 군영을 설치했는데, 깃발과 병기가 정돈되고 엄숙하여 마치 신의 군대 같았다.

내가 제독을 뵙고 드릴 말씀이 있다고 청했다. 제독이 동헌에 앉아 있었는데 들어오도록 허락하여 만나보니 풍채가 뛰어난 장부였다. 의자를 가져다 마주 앉자, 나는 소매 속에서 평양 지도를 꺼내놓고 그 지방의 형세와 군사가 들어갈 수 있는 길을 가리켜 보였다. 제독은 귀를 기울여 들으면서 번번이 붉은 먹을 묻힌 붓으로 내가 가리키는 곳마다 점을 찍었다. 그러면서 말했다.

"왜병들이 다만 믿는 것은 조총뿐입니다. 우리는 대포를 쓰고 있는데 모두 5~6리를 날아갑니다. 왜적들이 어찌 당해낼 수 있겠습니까?"

내가 물러나온 뒤에 제독이 부채 앞면에 시를 써서 나에게 보내왔다. 내용은 이러하다.

군사 거느리고 별밤에 강을 건너니
삼한의 나라 편안하지 못해서네.
황제께서 날마다 승전보 고대하시니

미천한 신하는 밤에도 술 마시는 즐거움 끊었네.
봄이 오니 살기殺氣로 마음 더욱 씩씩해지니
왜적들 제거할 생각에 뼛속까지 오싹해지네.
담소하는 중이라고 감히 승산 없다 말하리오.
꿈속에서도 항상 말 타고 정벌할 생각뿐이라네.

이때 안주성 안에는 명나라 군사가 가득 차 있었다. 내가 백상루에 있었는데, 한밤중에 명나라 사람이 갑자기 군중의 비밀 약속 세 가지를 가지고 와서 보였다. 그의 성명을 물었으나 말하지 않고 그냥 가버렸다.

제독이 부총병 사대수査大受에게 먼저 순안으로 가서 왜적을 속여 다음과 같이 말하도록 했다.

"명나라 조정에서 이미 화친을 허락했으며, 유격 장군 심유경도 올 것이다."

그러자 왜적은 기뻐했는데, 현소가 시를 지어 받쳤다.

부상[7]이 전쟁을 그치고 중화를 복종시켰으니
사해와 구주가 한 집안이 되었네.
기쁜 기운이 홀연히 천하의 눈을 녹였으니
천지에 봄이 일찍 찾아와 태평시절의 꽃 피었네.

이때가 계사년(1593) 봄 정월 초하루였다. 왜적은 그들의 소장 평호관平好官에게 군사 20여 명을 거느리고 순안으로 나와서 유격 장군 심유경을 맞이하게 했다. 부총병 사대수는 이들을 유인하여 같이 술을 마시다가 잠복했던 군사들을 일으켜 닥치는 대로 쳐 죽이고 평호관을 사로잡았다.

7 부상(扶桑): 동쪽 바다에서 해가 뜬다는 전설상의 나무로, 그 나무가 있는 곳이나 해가 돋는 동해 바다를 가리킨다. 여기서 부상은 일본을 말한다.

따라온 왜적을 거의 다 베어 죽였는데 이 중 세 명이 재빨리 달려 적진으로 달아나버렸다. 그래서 비로소 명나라 군대가 온 것을 알고는 크게 소란스러워졌다.

이때 명나라 대군이 이미 숙천에 도착했다. 날이 저물어 바야흐로 군영을 치고 밥을 짓던 차에 보고가 이르렀다. 제독이 활을 당겨 시위 소리를 내고는 그 즉시 몇 명의 기병만 데리고 순안을 향해 달려 나갔는데, 여러 군영의 군사들이 계속하여 뒤따라 출발했다.

이튿날 아침에 진격하여 평양을 포위하고 보통문과 칠성문을 공격하자, 적병은 성 위에 올라가 붉은 깃발과 흰 깃발을 나란히 세우고 대항하여 싸웠다. 명나라 군사는 대포와 불화살로 공격했는데, 대포 소리는 땅을 진동시켜 수십 리 사이의 크고 작은 산들이 모두 들썩거렸고, 불화살은 베를 짜듯 허공에 펼쳐져서 연기가 하늘을 뒤덮었다. 그리고 화살이 성 안으로 떨어지니 곳곳에서 불이 일어나 숲속의 나무가 모두 타버렸다.

낙상지 · 오유충 등은 자기 군사를 직접 거느리고 개미처럼 붙어 성에 올랐는데, 앞선 군사가 떨어지면 뒤따르는 군사가 올라가 아무도 물러나는 군사가 없었다. 적병의 칼과 창이 고슴도치 털처럼 성가퀴에서 아래로 드리워져 있었지만 명나라 군사는 싸울수록 더욱 힘을 냈다. 그러자 왜적은 버텨내지 못하고 내성으로 물러갔는데, 칼날에 베이고 불에 타서 죽은 왜적이 매우 많았다.

명나라 군사가 성 안으로 들어가 내성을 공격했다. 왜적은 성 위에 토벽을 쌓고 구멍을 많이 뚫어 멀리서 바라보면 마치 벌집 같았는데, 그 구멍으로 총알을 어지러이 쏘아대서 명나라 군사가 많이 다쳤다. 제독은 궁지에 몰린 왜적이 죽기를 각오하고 싸울까 염려하여 성 밖으로 군사를 거두고 도망갈 길을 열어주었다. 그날 밤에 왜적은 얼음을 타고 강을 건너 도망갔다.

이보다 먼저 내가 안주에 있을 때, 명나라 대군이 장차 나온다는 말을 듣고 황해도 방어사 이시언[8]과 김경로[9]에게 비밀리에 알리어 왜적이 돌아가는 길을 요격하도록 하고, 이들에게 주의를 주어 말하였다.

"그대들 두 군대가 길가에 복병을 두고 왜적이 지나가는 것을 기다렸다가 그 뒤를 추격하면 왜적은 굶주리고 지친 상태로 도망가느라 싸울 생각이 없을 것이니 모두 잡을 수 있을 것이다."

이시언은 즉시 중화군으로 갔지만 김경로는 다른 일을 핑계로 사양했다.

내가 또 군관 강덕관을 보내 독촉하니 김경로는 마지못해 중화군으로 왔으나, 왜적이 물러가기 하루 전날에 황해도 순찰사 유영경의 공문을 받고 다시 재령으로 달아났다. 이때 유영경은 해주에 있으면서 자기 자신을 지키려고 했는데, 김경로가 왜적과 싸우기를 꺼려 피해 가버린 것이다.

적장 평행장 · 평의지 · 현소 · 평조신 등은 남은 무리를 이끌고 밤새도록 도망쳐 돌아갔다. 기운이 빠지고 발이 부르터 절뚝거리면서 갔는데 밭고랑 사이를 기어가기도 하고 입을 가리키며 밥을 구걸하기도 했다. 그런데도 우리나라에서는 밖으로 나와 공격하는 자가 한 사람도 없

---

8 이시언(李時言): ?~1624년(인조2년). 무과에 급제하였다. 임진왜란이 일어나자 정기룡 등의 의병장과 합세하여 명나라의 원군과 경주성을 탈환한 공으로 가선대부가 되었다. 1594년에는 전라도병마절도사가 되었으며 1596년에는 이몽학의 난을 진압하였다. 1610년에 공조판서에 올랐다. 그러나1624년 이괄의 난에 연루되어 참수당하였다.

9 김경로(金敬老): ?~1597년(선조30년). 무과에 급제하였다. 임진왜란이 일어나자 김해부사로 군사를 규합하고 군량조달에 힘썼다. 이후 황해도방어사가 되었고, 1594년에 첨지중추부사로서 도원수 권율의 막하에서 전라도 방어를 맡았다. 1597년 정유재란 때 조방장으로 남원에서 왜적과 싸우다 전사하였다.

었고 명나라 군사도 추격하지 않았다. 이시언 혼자 그 뒤를 쫓았으나 감히 가까이 가지 못하고, 단지 굶주리고 병들어 낙오된 적병 60여 명만 베어 죽였을 뿐이다.

이때 도성에 있던 왜장은 평수가[10]로, 관백의 조카라고도 하고 혹은 사위라고도 했다. 나이가 어려서 일을 주관하지 못했기 때문에 군대의 일은 평행장이 담당했고, 가등청정은 함경도에 있었는데 아직 돌아오지 않았다. 만약 평행장 · 평의지 · 현소 등을 사로잡았더라면 서울에 있던 왜적은 저절로 무너졌을 것이다. 서울의 왜적이 무너졌다면 가등청정도 돌아갈 길이 끊어졌을 것이고, 군사들의 마음도 두려움에 휩싸여 필시 바닷가를 따라 도망쳤겠지만 이 또한 불가능했을 것이고, 한강 이남의 적진도 차례로 와해되었을 것이다. 명나라 군대가 북을 울리며 천천히 행진해서 곧장 부산에 이르러 술을 마음껏 마시면 끝날 일이었다. 잠깐 사이에 우리 모든 국토가 깨끗해졌을 것이니, 어찌 몇 해 동안 난리가 있었겠는가? 한 사내가 뜻대로 움직이지 않아서 천하의 일을 그르쳤으니 진실로 통탄스럽고 애석할 뿐이다!

나는 장계를 올려 김경로를 참수하자고 청했다. 그 당시 나는 평안도 체찰사로 김경로는 내 관할이 아니어서 먼저 임금님께 청한 것이다. 조정에서는 선전관 이순일李純一을 보내 표신을 가지고 개성부에 이르러 김경로를 죽이려고 했다. 그래서 먼저 제독에게 이 사실을 알리니, 제독이 말하였다.

10 평수가(平秀嘉): 宇喜多秀家(우키타 히데이에)이다. 1572~1655. 토요토미 히데요시(풍신수길[豊臣秀吉])의 신임을 얻어 고다이로로 임명되었으며 1592년 임진왜란 때 어린 나이 20세에 일본군 총대장으로 전쟁에 참여하였다. 벽제관 전투에서 승리하였으나, 행주산성 전투에서 패전하였다. 임진왜란 패전 후 일본으로 돌아가 세키가하라 전투에 서군으로 참전하였으나 패하여 하치조 섬에 유배되어 그곳에서 죽었다.

"그 죄는 죽어 마땅하다. 하지만 아직까지 왜적이 섬멸되지 않았으니 무인 하나라도 아껴야 한다. 잠시 백의종군하도록 해서 공을 세워 죄를 면하게 함이 좋겠다."

그리고 자문을 만들어 이순일에게 주어 보내왔다.

원문

十二月 天朝大發兵, 以兵部右侍郎宋應昌爲經略 兵部員外郎劉黃裳·主事袁黃爲贊畫軍務 駐遼東, 提督李如松爲大將 率三營將李如柏[국이일栢]·張世爵·楊元及南將駱尙志·吳惟忠·王必迪等 渡江, 兵數 四萬餘.

先是 沈惟敬 旣去 倭果斂兵不動. 旣而 過五十日 惟敬不至, 倭疑之 聲言'歲時 將飮馬鴨綠江.' 自賊中逃回者 皆言賊大修攻城之具, 人以益懼. 十二月初 惟敬 又至 再入城中 留數日. 更相約誓而去 所言不聞. 至是 兵至安州 下營於城南, 旌旗器械 整肅如神.

余 請見提督白事. 提督 在東軒 許入, 乃[11]頎然丈夫也. 設椅相對, 余 袖出平壤地圖 指示形勢·兵所從入之路. 提督傾[일頎]聽 輒以朱筆點其處, 且曰 "倭 但恃[일特]鳥銃[일銳]耳. 我用大炮[국이일砲] 皆過五六里. 賊 何可當也?"

余旣退 提督於扇面 題詩寄余云'提兵星夜渡江干, 爲說三韓國未安. 明主日懸旌節報, 微臣夜釋酒杯歡. 春來殺氣心猶壯, 此去妖氛骨已寒. 談

11 [국]: "旌旗" "許入 乃" 파본으로 인한 결락.

笑敢言非勝筭[간算], 夢中常憶跨征鞍.'

時 城中 漢兵皆滿. 余在百[대국白]祥樓, 夜半 忽有唐人 持軍中密約三條來示. 問其姓名 不告而去.

提督 使副總兵査大受 先往順安 紿倭奴曰 "天朝 已許和 沈遊擊 且至." 倭喜, 玄蘇獻詩曰 "扶桑息戰服中華, 四海九州同一家. 喜氣忽消寰外雪, 乾坤春早太[이일大]平花."

時 癸巳春正月初吉也. 使其小將平好官 領二十餘倭 出迎沈遊擊于順安. 査總兵 誘與飮酒 伏起縱擊之 擒平好官. 斬戮從倭幾盡, 三人 逸馳去賊中. 始知兵至 大擾.

時 大軍 已到肅川. 日暮 方下營做飯 報至. 提督彎弓鳴弦, 卽以數騎 馳赴順安, 諸營陸續進發.

翌日[일ㅁ]朝 進圍平壤 攻普通門 · 七星門, 賊登城上 列竪紅白旗 拒戰. 天兵以大炮[이일간砲] · 火箭攻之, 炮[이일砲]聲震地 數十里間[이일-] 山岳皆動, 火箭 布空如織 烟氣蔽天. 箭入城中 處處火起 林木皆焚.

駱尙志[12] · 吳惟忠等 率親兵 蟻附登城, 前者墜 後者升 莫有退者. 賊刀槊下垂 城堞如蝟毛, 天兵戰益力. 賊不能支 退入內城, 斬戮焚燒死者甚衆.

天兵入城 攻內城. 賊 於城上爲土壁 多穿孔穴 望之如蜂窠, 從穴中銃[일鋭]丸亂發 天兵多傷. 提督 慮窮寇致死 收軍城外 以開走路. 其夜 賊乘氷[옥대국冰]過江 遁去.

先是 余在安州, 聞大[일太]兵將出 密報黃海道防禦使李時言 · 金敬老 使

12 [국]: "空如織" "尙志" 파본으로 인한 결락.

邀其歸路, 戒之日 "兩軍沿道[이일途]設伏 俟賊過 躡其後, 賊 飢困遁走 無心戀戰, 可盡就縛." 時言 卽至中和[이일-], 敬老 辭以他事.

余 又遣軍官姜德寬督之, 敬老不得已 亦來中和, 賊退前一日 因黃海道巡察使柳永慶關 還走載寧. 時 永慶在海州 欲自衛, 而敬老 憚與賊戰避去.

賊將平行長 · 平義智 · 玄蘇 · 平調信等 率餘衆 連夜遁還. 氣乏足繭[이일-] 跛躄而行, 或匍匐田間 指口[일尸]乞食. 我國 無一人出擊, 天兵 又不追之. 獨李時言 尾其後 不敢逼, 但斬飢病落後者 六十餘級.

是時 倭將之在都城者 平秀嘉, 乃關白[대국伯]姪 或言婿[이일壻]也. 年幼不能主事, 軍務制在行長 而淸正 在咸鏡道 未還. 若行長 · 義智 · 玄蘇等就擒 則京城之賊 自潰. 京城[국賊]潰 則淸正歸路 斷絕, 軍心洶懼 必沿海[간道]遁走 不能自拔, 漢江以南賊屯 次第[13]瓦解. 天兵 鳴鼓徐行 直至釜山 痛飮而已. 俄頃之間 海岱肅淸, 安有數年之紛紛哉? 一夫不如意事關天下, 良可痛惜!

余狀啓 請斬金敬老. 蓋余爲平安道體察使 敬老非管下 故先請之. 朝廷遣宣傳官李純一 持標信 至開城府 欲誅之. 先告于提督, 提督日 "其罪應死. 然賊未滅 一武士可惜. 姑令白衣從軍 使之立功 贖罪 可也." 爲咨文授純一而送.

---

13 [국]: "絕, 軍" "次第" 파본으로 인한 결락.

2

순변사 이일을 이빈으로 교체하다

순변사 이일을 체직시키고 다시 이빈이 대신하도록 했다.

평양전투에서 명나라 군사는 보통문으로 들어갔고 이일과 김응서 등은 함구문으로 들어갔는데, 군사를 거둘 때 모두 다 물러 나와 성 밖에 진을 쳤다. 밤에 왜적이 도망쳤지만 다음날 아침에야 비로소 이 사실을 알게 되었다. 이 제독은 우리 군사가 경계하고 지키지 않아 왜적이 도망치는 것도 모르고 있었다고 책망했다.

이때 명나라 장수 중에서 일찍이 순안을 왕래하면서 이빈과 서로 친하게 지낸 사람이 '이일은 장수가 될 만한 재주가 없고 이빈만이 가능하다.' 라고 강하게 말하였고, 제독은 자문을 보내 이러한 상황을 말했다. 조정에서는 좌상 윤두수를 평양으로 보내 이일의 죄를 심문하고 군법을 시행하려고 하다가 한참 만에 이일을 풀어주고, 다시 이빈으로 이일을 대신하게 하여 3천 명의 기병을 뽑아 제독을 따라 남쪽으로 가게 했다.

원문

遞[이일逓]李鎰巡邊使 更以李蘋代之.

平壤之戰 天兵 從普通門而入, 李鎰及金應瑞等 從含[대舍]毬門而入, 及

收兵 皆退屯城外. 夜賊遁去, 明朝 始覺之. 李提督 咎'我軍不警守 使賊遁去而不知.'

於是 天將之曾往來順安 與李薲相熟者 爭言'鎰非將才 獨李薲可.' 提督移咨言狀. 朝廷 使左[옥대간右]相尹斗壽 至平壤 問鎰罪 欲行軍法 良久釋之, 更以薲代鎰 選兵三千騎 從提督而南.

3

이여송 제독이 벽제관 전투에서 패하다

이여송 제독이 파주로 진격하여 적과 벽제 남쪽에서 싸웠으나 불리하여 개성으로 돌아와 주둔하였다.

처음에 평양을 이미 수복했을 때 대동강 남쪽으로 길을 따라 주둔했던 적들이 모두 달아났다. 제독이 적을 추격하고자 나에게 말하였다.

"대군이 바야흐로 전진하려 하는데 들으니 앞길에 군량과 건초가 없다고 합니다. 의정부 대신이 되어 당연히 나랏일에 힘써야 하니 급히 가서 군량을 준비하고 소홀히 하거나 잘못되지 않게 해주시오."

내가 작별을 하고 나오자, 이때 명나라 군사의 선봉이 이미 대동강을 건너 남으로 가고 있어서 길을 꽉 막아 갈 수가 없었다. 나는 골목길로 빨리 지나 군대 앞으로 나갔다. 밤에 중화로 들어가 황주에 이르렀는데 벌써 삼경이었다. 당시는 적병이 막 물러간 뒤라 모든 길이 텅 비어 백성들이 모이지 않았고 계책도 떠오르지 않았다. 급히 황해감사 유영경에게 글을 보내 군량을 운반하도록 재촉했다.

또 평안감사 이원익에게 글을 보내 김응서 등이 거느린 군인들 중 싸움을 할 수 없는 자를 뽑아서 평양에서 곡식을 지고 뒤를 따라서 황주까지 보내도록 했다. 또 평안도 세 고을의 곡식을 배로 운반하여 청룡포에서 황해도로 옮기게 했다. 그러나 일이 미리 준비된 것이 아니라 임시방편으로 갑자기 서두른 것이고, 또 대군이 뒤따라오므로 군량미가 떨어질까봐 노심초사하였다.

유영경은 쌓아둔 곡식이 많았지만 적의 약탈을 우려해 산골짜기에 분산시켜 숨겨두고 있었다. 유영경이 백성을 독려해 그 곡식을 보내와서 명나라 군대가 행군하는 길에 군량이 부족하지 않을 수 있었다. 얼마 뒤에 대군이 개성부에 들어왔다.

정월 24일에 적들은 우리 백성이 내응할까 의심하고 또 평양의 패배에 분노해서 서울의 백성을 모두 죽이고 관청과 민가를 불살라 거의 다 태워버렸다. 서쪽 길에 열 지어 주둔했던 적들이 모두 서울에 모여 우리 왕의 군대를 막아낼 것을 도모하였다.

내가 계속하여 제독에게 속히 진격하라고 요청하였으나 제독은 머뭇거린 지 여러 날 만에 진격하여 파주에 이르렀다. 다음날 부총병 사대수가 우리 장수 고언백과 함께 병사 수백 명을 거느리고 먼저 가서 정탐했는데, 벽제역 남쪽 여석령礪石嶺(경기도 고양시 벽제관 남쪽 3㎞ 지점에 있는 고개, 일명 숫돌고개)에서 왜적과 서로 마주쳐 백여 명을 베어 죽였다. 제독이 이 소식을 듣고 대군을 머무르게 하고 홀로 가정과 기마병 천여 명과 말을 타고 달려갔는데, 혜음령惠陰嶺(고양시 고양동과 파주시 광탄면 사이의 고개)을 지나서 말이 넘어지는 바람에 땅에 떨어졌다. 그 부하들이 함께 부축해 일으켰다.

이때 왜적이 여석령 뒤에 많은 군대를 숨기고 다만 수백 명만 고개 위에 두었다. 제독이 이를 바라보고 병사를 지휘하여 양 날개로 만들어 앞으로 나아가니 적 또한 고개에서 내려와 점점 서로 가까워졌을 때였다. 산 뒤에서 숨어 있던 적이 갑자기 산 위로 올라와 진을 쳤는데 거의 만여 명이나 되었다. 명나라 군사가 그것을 바라보고 겁이 났지만 이미 전투가 시작되어 군대를 물릴 수가 없었다.

이때 제독이 거느린 군대는 모두 북쪽의 기마병으로 화기가 없고 다만

벽제관 전투

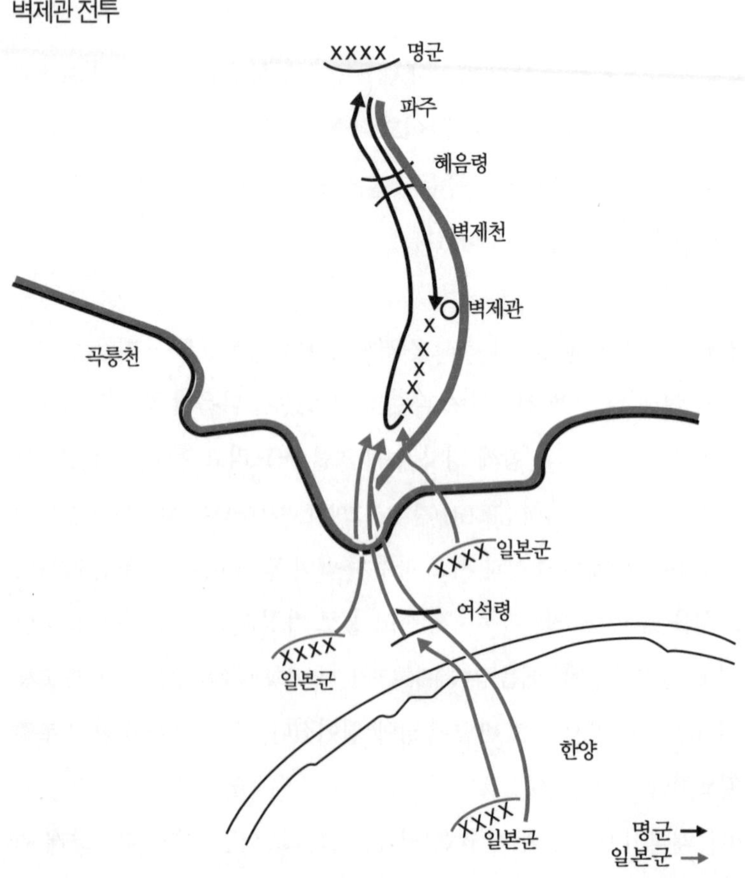

짧고 무딘 칼만 가지고 있었다. 그러나 적은 보병이었고 칼날은 모두 삼사 척이나 되었으며 그 예리함은 비교할 수가 없었다. 서로 돌진하여 싸우는데 왜군이 칼을 좌우로 휘둘러 쳐서 사람과 말이 모두 쓰러져 그 예봉을 감히 당해낼 수가 없었다. 제독이 형세의 위급함을 보고 후군을 불렀으나 미처 이르기도 전에 앞의 군대가 이미 패하여 사상자가 매우 많았다. 적 또한 병사를 거두어 급히 추격하지 않았다. 날이 저물어 제독이 파주로 돌아왔는데, 비록 그 패배를 숨겼으나 정신과 사기가 심하게 꺾였다. 밤이 되자 가깝게 지내고 신뢰했던 가정들이 죽은 것 때문에 통곡하였다.

다음날 제독이 군대를 동파로 물리려고 하였다. 내가 우의정 유홍, 도원수 김명원, 장수 이빈 등과 장막에 이르렀는데, 제독이 장막 밖으로 나와 섰고 여러 장수들이 그 좌우에 섰다. 내가 힘주어 말하였다.

"이기고 지는 것은 싸움에서 항상 있는 일이니, 마땅히 형세를 보고 다시 진격해야 합니다. 어찌 가벼이 움직이십니까?"

제독이 말하였다.

"우리 군사가 어제 적을 많이 죽였고 불리한 일도 없었습니다. 다만 이곳은 적은 비에도 진창이 되기 때문에 군대를 주둔하기가 불편하여, 동파로 돌아가 병사를 쉬게 한 뒤에 다시 진격하려는 것입니다."

나와 여러 사람들이 강하게 따지자 제독이 황제에게 이미 올린 글의 초고를 내보였는데, 그 글 속에 이러한 구절이 있었다. "서울에 있는 적병이 20여 만 명이나 되고 우리 군사는 그 수가 적어 대적할 수 없사옵니다." 또 그 말미에는 '신은 병이 깊이 들었으니, 청컨대 다른 사람에게 임무를 대신하게 해주소서.'라는 말이 있었다. 내가 놀라서 손가락으로 그 부분을 지적하며 말하였다.

"적병이 매우 적은데 어떻게 20만 명이나 있을 수 있습니까?"

그러자 제독이 말하였다.

"내가 그걸 어찌 알 수 있겠소? 바로 당신 나라 사람이 말한 것이오."

그러나 이것은 핑계였다. 여러 장수 중에서도 유독 장세작이 제독에게 군사를 퇴각시키자고 더욱 권했다. 우리들이 안 된다고 강하게 주장하며 물러가지 않자, 순변사 이빈에게 발길질하며 물러가라고 꾸짖는데 말투와 낯빛이 모두 사나웠다.

이때 큰 비가 날마다 내렸고 또 적들이 길가의 여러 산을 불살라버려 온통 풀 한 포기 없는 민둥산을 만들어 놓았다. 더욱이 말까지 병이 돌아 며칠 사이에 쓰러져 죽은 말이 거의 1만 필에 이르렀다.

이날 세 군영의 군사들이 돌아와 임진강을 건너 동파역 앞에 진을 쳤다가, 다음날 동파역에서 또 다시 개성부로 돌아가려고 하였다. 나는 또 강력히 따져 말하였다.

"대군이 한번 물러가면 왜적은 기세가 더욱 교만해질 것이고 그러면 멀고 가까운 곳을 막론하고 모두들 놀라고 두려워할 것이니, 이렇게 되면 임진강 북쪽도 지킬 수 없게 될 것입니다. 잠시 머물면서 왜적의 틈새를 살펴 움직이길 바랍니다."

그러자 제독은 거짓으로 허락하였다. 내가 물러나오자 제독은 말을 타고 결국 개성부로 돌아갔고 여러 진영들도 모두 개성으로 퇴각했다. 다만 부총병 사대수와 유격장군 관승선毌承宣의 군사 수백 명만이 임진강을 지켰다. 나는 여전히 동파역에 머물러 있으면서 날마다 제독에게 사람을 보내 다시 군대를 진격시키도록 요청했으나, 매번 제독은 거짓으로 이렇게 응답하곤 하였다.

"날이 개고 길이 마르면 당연히 진격할 것이오."

그러나 실제로는 진격할 생각이 없었다.

대군이 개성부에 도착한 지 오래되어 군량미가 이미 바닥이 났다. 다만 뱃길을 따라 조와 말먹이 풀을 강화도에서 구해왔고, 또 충청도 · 전라도의 조세로 바쳐진 곡식을 배로 운반했는데 조금씩만 도착해서 이르자마자 바닥이 났으니 그 형세가 더욱 위급하였다.

하루는 여러 장수들이 군량미가 떨어진 것을 핑계로 제독에게 군사를 돌리자고 청하였다. 제독이 화가 나서 나와 호조판서 이성중[14]과 경기 좌감사 이정형[15]을 호출하여 뜰아래 무릎을 꿇리고 큰 소리로 꾸짖으면서 군법을 가하려고 하였다. 나는 사죄하기를 그치지 않았다. 그러면서도 나랏일이 이 지경에 이른 것을 생각하자 나도 모르게 눈물이 흘렀다.

제독도 민망했는지 다시 여러 장수에게 화를 내며 말하였다.

"너희들이 예전에 나를 따라 서하 땅을 정벌할 때 군사들이 여러 날을 먹지 못했는데도 오히려 감히 돌아가자는 말을 하지 않았고 마침내 큰 공을 세웠다. 지금 조선에선 겨우 며칠 동안 양식이 지급되지 않았다고 어찌 감히 갑자기 군사를 돌이키자고 말하느냐? 너희들이나 가고 싶거든 가거라. 나는 왜적을 섬멸하지 않으면 돌아가지 않을 것이다. 다만 마땅

---

14 이성중(李誠中): 1539(중종 34)~1593(선조 26). 1570년 식년문과 병과에 급제하였다. 1589년 이조참판이 되었고 임진왜란 때 수어사로 선조를 호종하였다. 명나라에 가서 원병을 요청하였고, 원병의 군량을 조달하다가 과로로 병사하였다. 호성원종공신에 녹훈되었으며, 시호는 충간(忠簡)이다.

15 이정형(李廷馨): 1549(명종 4)~1607(선조 40). 1568년 별시문과에 갑과로 급제하였다. 임진왜란이 일어나자 우승지로 왕을 호종하였다. 개성유수로 의병을 모아 왜적과 싸웠으며 그 공으로 경기도관찰사 겸 병마수군절도사가 되었다. 1593년 고급사로 요동에 다녀왔으며, 1606년 삼척부사로 나갔다가 다음해 임지에서 죽었다. 춘천의 문암서원에 제향되었다.

히 말가죽으로 내 시체를 쌀 것이다!"[16]

그러자 여러 장수들이 모두 머리를 조아리며 사죄하였다.

나는 문 밖으로 나와서 군량미 보급을 제때에 하지 못한 개성 경력 심예겸沈禮謙에게 곤장을 치게 했는데, 곧이어 군량미를 실은 배 수십 척이 강화도에서 서강西江 뒤에 정박하여 겨우 무사할 수 있었다. 이날 저녁에 제독이 총병 장세작을 보내 나를 불러 위로하고, 또 군사에 관한 일도 의논하였다.

원문

李提督 進[일追]兵坡州 與賊戰於碧蹄南, 不利 還屯開城.

初 平壤既復 大同以南 沿途[간道]賊屯 皆遁去. 提督 欲追賊 謂余曰 "大軍方前進 而聞前路無糧草. 議政 既爲大臣 當念國事 不可憚勞, 宜急行準[국이일准]備軍糧 勿致踈誤."

余辭出, 時 天兵先鋒 已過大同江而[17]南 筧搶[일槍]塞路 不可行. 余 委曲疾行 出軍前. 夜入中和 至黃州 已三鼓矣. 時 賊兵新退 一路荒虛 人民未集 計無所出. 急移文于黃海監司柳永慶 使之催運.

又移文于平安監司李元翼 調發金應瑞等所率軍人之不堪戰陣者, 自平壤負戴追隨 送至黃州. 又令船[이일舡]運平安道三縣之穀 從青龍浦 輪運於黃海道. 事非預辦[일辨] 臨時猝急, 而大軍隨至 恐乏軍興 爲之勞心焦思. 永慶 頗有儲峙, 畏賊 散置山谷間. 督民輸至 沿途 不至闕乏. 既而 大軍

16 말가죽으로 내 시체를 쌀 것이다: 마혁과시(馬革裹尸). 군인은 전쟁터에서 죽을 각오를 해야 한다는 뜻으로, 중국 후한의 명장 마원이 일찍이, "대장부는 마땅히 말가죽으로 시체를 싸야지, 어찌 아녀자의 손에서 죽어서야 되겠느냐?"라고 말한 일에서 유래하였다.

17 [국]: "備" "江而" 파본으로 인한 결락.

入開城府.

正月二十四日 賊 疑我民爲之內應 且忿平壤之敗, 盡殺京城中民庶 焚燒公私閭舍 殆盡. 而西路列屯之賊 皆會京城, 謀拒王師.

余 連請提督速進, 提督 遲回[이佪;국일徊]者 累日 進至坡州. 翌日 副總兵査大受 與我將高彦伯 領兵數百 先行偵探, 與賊相遇於碧蹄驛南礪石嶺 斬獲百餘級. 提督聞之 留大軍 獨與家丁騎馬者千餘 馳赴之, 過惠陰嶺 馬蹶墮地. 其下 共扶起之.
時 賊 匿大衆於礪石嶺後 只數百人 在嶺上. 提督望見 揮其兵爲兩翼而前, 賊 亦自嶺而下 漸相逼. 後賊從山後 遽上山陣 幾萬餘. 天兵 望之心懼 而已接刃 不可解.
時 提督所領 皆北騎 無火器 只持短劍鈍劣. 賊用步兵 刃皆三四[18]尺 精利無比. 與之突鬪 左右揮擊 人馬皆靡 無敢當其鋒者. 提督 見勢危急 徵後軍, 未至而先軍已敗 死傷甚多. 賊亦[일示]收兵 不急追. 日暮 提督還坡州, 雖隱其敗 而神氣沮甚. 夜 以家丁親信者戰死 痛哭.

明日 欲退軍東坡, 余 與右議政俞泓 · 都元帥金命元 · 帥李蕒等 至帳下, 提督 出立帳外 諸將左右立. 余力爭曰 "勝負 兵家常事, 當觀勢更進. 奈何輕動?" 提督曰 "吾軍 昨日 多殺賊 無不利事. 但此地 經雨泥濘 不便駐軍, 所以欲還東坡 休兵 進取耳."
余及諸人 爭之固, 提督 出示已奏[일秦]本草, 其中有曰 "賊兵 在都城者 二十餘萬 衆寡不敵." 末又言 '臣病甚 請以他人代其任.' 余 駭而以手指點

18 [국]: "提督" "三四" 파본으로 인한 결락.

曰 "賊兵甚少 何得有二十萬?" 提督曰 "我 豈能知之? 乃汝國人 所言也." 蓋託辭也. 諸將中 張世爵 尤勸提[조옥대국간都]督退兵. 以余等 固爭不退, 以足蹴巡邊使李蕢 叱退 聲色俱厲.

是時 大雨連日 且賊燒道邊諸山 皆兀兀[일几几]無蒿草. 重以馬疫 數日間 倒隕[이일殞]者 殆將萬匹.
是日 三營還渡臨津 陣于東坡驛前, 明日 自東坡 又欲還開城府. 余 又力爭曰 "大軍一退 則賊氣愈驕 遠近驚懼, 臨津以北 亦不可保. 願少住[이일駐] 觀釁以動." 提督佯許之. 余旣退 而提督跨馬 遂還開城府 諸營悉退[19] 開城. 獨副總兵查大受 遊擊毋承宣軍數百 守臨津. 余 猶留東坡 日遣人 更請[이일請更]進兵, 提督謾應之曰 "天晴路乾 則當進." 然實無進意.

大軍 到開城府 日久 軍糧已盡. 惟從水路 括粟及茭草於江華, 又船運忠淸·全羅道稅糧, 稍稍而至 隨到隨盡 其勢愈急.
一日 諸將 以糧盡爲辭 請提督旋師. 提督 怒呼余及戶曹判書李誠中·京畿左監司李廷馨 跪庭下, 大聲詰責 欲加以軍法. 余 摧謝不已. 因念國事至此 不覺流涕. 提督愍然 更怒諸將曰 "汝等 昔 從我征西夏時, 軍不食累日 猶不敢言歸 卒成大功. 今 朝鮮 偶數日不支糧 何敢遽言旋師耶? 汝輩欲去則去, 我 非滅賊 不還. 惟當以馬革裹尸耳!" 諸將 皆頓首謝.
余出門 以放糧不時 杖開城經歷沈禮謙[간-],[20] 繼而糧船數十隻 自江華 泊後西江, 僅得無事. 是夕 提督 使總兵張世爵 召余慰之, 且論軍事.

---

19 [국]: "督 佯" "悉退" 파본으로 인한 결락.

20 [간]: 두 칸이 여백으로 남겨져 있다.

4
제독이 평양으로 돌아가다

제독이 평양으로 돌아갔다.

이때 적장 가등청정이 아직 함경도에 있었는데, 어떤 사람이 말을 전하기를 '가등청정이 장차 함흥에서 양덕과 맹산을 넘어 평양을 습격하려고 한다.'라고 하였다. 당시 제독은 북쪽으로 돌아갈 생각이 있었지만 그 기회를 얻지 못하고 있었는데, 이 말로 인해 '평양은 곧 뿌리이니, 만약 지키지 못한다면 대군이 돌아갈 길이 없어지므로 구원하지 않을 수 없다.'라고 공공연하게 말하였다. 마침내 군대를 돌려 평양으로 돌아가면서 왕필적을 남겨두어 개성을 지키도록 하고 접반사 이덕형에게 말하였다.

"조선군은 형세가 고립되고 구원병도 없으니, 마땅히 모두 다 임진강 북쪽으로 돌아와야 할 것이오."

그 당시 전라순찰사 권율은 고양의 행주에 있었고 순변사 이빈은 파주에 있었으며, 고언백과 이시언 등은 모두 해유령에 있었고 원수 김명원은 임진강 남쪽에 있었으며, 나는 동파에 있었다. 제독은 우리가 적에게 습격당할까 염려되어서 이렇게 말한 것이다.

나는 종사관 신경진을 시켜 말을 타고 달려가 제독을 뵙고 퇴군이 불가한 이유 다섯 가지를 이렇게 말하도록 하였다.

선왕의 분묘가 모두 경기에 있는데 적들의 소굴로 떨어져 신과 사람들이 회복을 바라는 마음이 간절하므로 차마 버리고 갈 수 없는 것이 첫째요, 경기 이남에 남아 있는 백성들이 날마다 임금님의 군대가 오기를 바라고 있는데 불현듯 퇴군했다는 소문을 들으면 다시는 굳게 지키겠다는 의지가 없어져서 서로를 이끌고 적에게 투항할 수 있다는 것이 둘째요, 우리나라 영토는 한 자 한 치라도 쉽게 버릴 수 없다는 것이 셋째요, 장수와 군사들이 비록 힘이 약하지만 이제 명나라 군대에 의지하여 함께 진격해 승리할 것을 꾀하고 있는 이때 한 번이라도 철군한다는 명령을 듣는다면 반드시 모두 다 원망하고 분하게 여겨 흩어지고 말 것이니 이것이 넷째요, 한 번이라도 후퇴하면 왜적이 그 기회를 노려 뒤를 추격할 것인 즉, 비록 임진강 이북이라 할지라도 보전할 수 없다는 것이 다섯 번째입니다.

그러나 제독은 아무 말 없이 있다가 가버렸다.

원문

[21]提督 還平壤.

時 賊將清正 尙在咸鏡道 有人傳言'清正 將自咸興[국與] 踰陽德 · 孟山 襲平壤.' 時 提督 有北還意 未得其機, 因此聲言'平壤 乃根本, 若不守 大軍 無歸路 不可不救.' 遂回軍還平壤 留王必迪守開城, 謂接伴使李德馨 曰"朝鮮之軍 勢孤無援 宜悉還江北."

是時 全羅巡察使權慄 在高陽幸州, 巡邊[22]使李薲 在坡州, 高彦伯 · 李時

---

21 [간]: 앞장과 이어져 있다. [옥대]는 마지막 칸 까지 글자가 있어서 외양상 다음 장과 구별이 되지 않는다.

22 [국]: "援 宜" "巡邊" 파본으로 인한 결락.

言等 在蟹踰嶺, 元帥金命元 在臨津南, 余在東坡. 提督 恐爲賊所乘 故云然.

余 使從事官辛慶晉 馳見提督 陳不可退軍者五.

先王墳墓 皆在畿甸 淪於賊藪 神人望切 不忍棄去 一也, 京畿[극圻]以南遺民 日望王師 忽聞退去 無復固志 相率而歸賊 二也, 我國境土 尺寸不可容易棄之 三也, 將士 雖力弱 方欲倚仗天兵 共圖進取 一聞撤退之令必皆怨憤離散 四也. 一退而賊乘其後 則雖臨津以北 亦不可保 五也.

提督 默然而去.

5
권율이 행주산성에서 승리하다

전라도 순찰사 권율[23]이 행주에서 적을 패퇴시키고 군대를 파주로 옮겼다.

이에 앞서 광주 목사였던 권율은 이광을 대신하여 순찰사가 되었는데, 병사를 거느리고 충성을 다하였다. 권율은 이광 등이 들판에서 싸우다 패한 것을 징계하고, 수원에 이르러 독성산성禿城山城에 웅거하자 왜적이 감히 공격하지 못하였다. 그러다가 명나라 군대가 서울로 들어온다는 소문을 듣고 강을 건너 행주산성에 진을 쳤다.

이 무렵 왜적이 서울에서 대군을 내어 공격하였다. 군사들의 마음이 뒤숭숭해져 두려워 흩어지려고 했지만 강물이 뒤에 있어서 달아날 길이 없었으므로, 어쩔 수 없이 다시 성으로 들어가 힘껏 싸웠다. 화살을 빗발처럼 아래로 쏘아대자, 왜적은 군대를 갈라 세 진영을 만들어 번갈아 진격했지만 모두 다 패하였다. 마침 날이 저물자 왜적은 서울로 돌아갔다. 권율이 군사들에게 명하여 적의 시체를 가져다 사지를 찢어 숲의 나무에 흩어 걸어놓게 했으니 그 분함을 씻고자 한 것이다.

---

23 권율(權慄): 1537(중종 32)~1599(선조 32). 1582년 식년문과에 병과로 급제하였다. 임진왜란 때 광주 목사로 군병을 모집하여 남원 싸움에서 적을 대파하고, 전라도 순찰사가 되었다. 전주에서 병사 1만여 명을 인솔하여 수원 독산(禿山)에 진을 치고 적의 서쪽 진출을 막았다. 행주산성에서는 대승을 거두었고, 그 공으로 도원수가 되었다. 영의정에 추증되었고, 선무공신 1등으로 영가부원군으로 추봉되었다. 시호는 충장(忠莊)이다.

그러나 얼마 뒤 권율은 왜적이 다시 서울을 나와 기필코 보복하기로 했다는 소문을 듣고 몹시 두려워 병영의 목책을 무너뜨리고 군대를 이끌고 임진강에 이르러 도원수 김명원을 따라갔다.

나는 그 일에 대해 듣고 말 한 필로 홀로 달려가 파주의 산성에 올라 형세를 살펴보았는데, 큰 길의 요충지로서 지형이 가파르고 험준하기 때문에 웅거할 만하다고 여겼다. 그래서 즉시 권율에게 명령을 내려 순변사 이빈과 함께 군사를 합쳐 그곳에 의지해 지켜서 왜적이 서쪽으로 내려오는 것을 막도록 하고, 방어사 고언백과 이시언, 조방장 정희현鄭希玄과 박명현 등을 유격대로 삼아 해유령을 차단하도록 했다. 의병장 박유인朴惟仁 · 윤선정[24] · 이산휘 등에게 오른쪽 길을 따라서 창릉과 경릉의 사이에 매복해 있다가 각자 자신의 병사를 내었다 숨겼다 하면서 기습하되, 적이 많이 나오면 피해 싸우지 말고 조금 나오면 형세에 따라 요격하도록 하였다. 이로부터 왜적이 성을 나와 땔나무를 구하지 못했으며 죽은 말이 몹시 많았다.

또 창의사 김천일과 경기 수사 이빈, 충청수사 정걸[25] 등에게 명령을 내려 배를 타고 용산의 서강을 따라 가면서 적의 세력을 갈라놓도록 했다. 충청도순찰사 허욱[26]은 양성에 있었는데 돌아가 본도를 호위하면서

---

24 윤선정(尹先正): ?~?. 1611년부터 1613년까지 진주병사를 지냈는데, 1614년에 세워진 선정비가 진주에 남아 있다.

25 정걸(丁傑): 1514(중종 9)~1597(선조 30). 1544년 무과에 급제하였다. 을묘왜변 때 왜군을 무찌른 공으로 만호가 되었다. 1591년에 전라좌수영 조방장으로 판옥선과 화전, 철령전 등 여러 가지 무기를 만들었다. 임진왜란이 일어나자 이순신과 함께 많은 전투에서 큰 공을 세웠다. 1593년 충청도수군절도사로 행주대첩에 참가하였고, 후에 전라도방어사가 되었다. 고흥 안동사(安洞祠)에 배향되었다.

26 허욱(許頊): 1548(명종 3)~1618(광해군 10). 1572년 춘당대문과에 병과로 급제하였다. 1591년 공주목사가 되었는데, 임진왜란이 일어나자 금강을 굳게 지켜서 호서 · 호남 지방을 방어하는 데 공을 세웠다. 승병 영규와 의병장 조헌과 함께 청주성을 탈환하였다. 우의정과 좌의정을 지냈고, 시호는 정목(貞穆)이다.

왜적이 남쪽으로 공격하려는 기세에 대비하도록 명령하였다. 경기 · 충청 · 경상의 관병과 의병에게 자문을 보내서 각자 자신의 거처에 있으면서 주변에 있는 적의 보급로를 요격하여 끊어버리도록 하였다. 양근 군수 이여양은 용진龍津(북한강과 남한강이 만나는 부분에 있는 나루터)을 지키게 하였다. 여러 장수들이 벤 적의 머리를 모두 개성부 남문 밖에 걸어놓도록 하였는데, 제독의 참군 여응종呂應鍾이 이 광경을 보고 기뻐하며 말했다.

"조선 사람도 지금은 왜적의 머리 베기를 마치 공을 쪼개듯이 하는구나."

행주산성전투

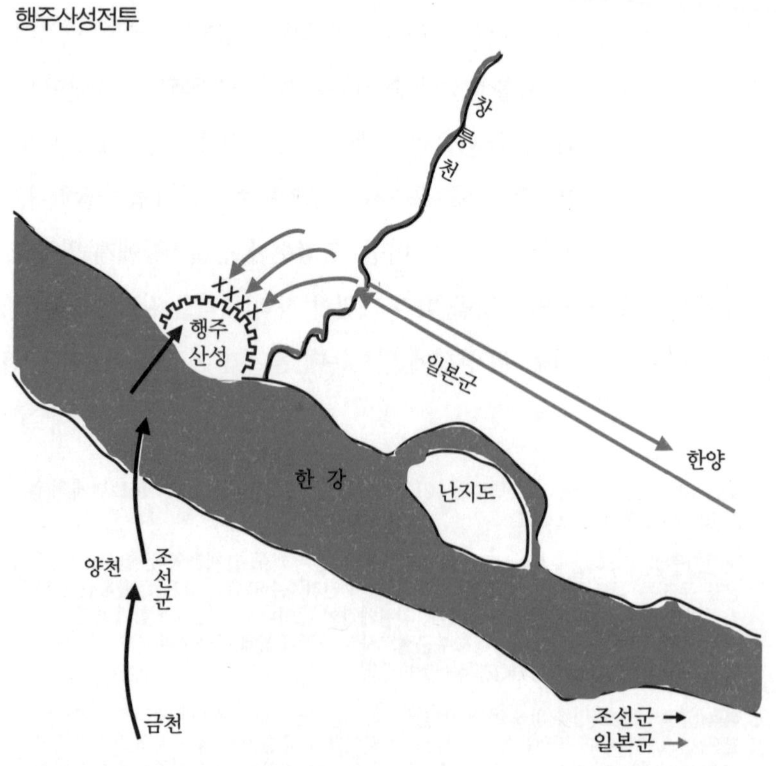

하루는 왜적이 동문에서 많이 나와 산을 수색하며 양주 · 적성에서부터 대탄에까지 이르렀지만 아무런 소득이 없었다. 사대수는 왜적이 습격해올까 두려워 나에게 보고하여 말했다.

"정탐꾼이 와서 말하기를 '왜적이 사대수 총병과 류성룡 체찰사를 잡으려 한다.' 하니, 잠시 개성으로 피하는 것이 어떻겠습니까?"

나는 이렇게 대답했다.

"정탐꾼의 말은 이치에 맞지 않는 듯합니다. 왜적은 지금 우리 대군이 가까운 곳에 있지나 않은지 의심하고 있는데, 어찌 감히 경솔하게 강을 건너오겠습니까? 우리들이 한 번 움직인다면 민심이 반드시 동요될 것이니, 차라리 조용히 기다리는 편이 낫습니다."

사대수 총병이 웃으면서 말했다.

"그 말씀이 백번 옳습니다. 가령 왜적이 온다 하더라도 저와 체찰사는 생사를 같이 해야 할 운명인데, 어찌 감히 혼자 떠나겠습니까?"

마침내 자기가 거느리고 있던 용사 수십 명을 나누어 보내서 나를 호위하도록 하였다. 비록 비가 많이 내리는 날에도 밤새도록 경계하며 지키기를 잠시도 게을리 하지 않았다. 왜적이 성 안으로 들어갔다는 보고를 듣고서야 군사의 호위를 그만두게 했다.

그 후에 왜적은 권율이 파주에 있는 것을 정탐해 알아내고, 지난날의 원수를 갚고자 많은 군사를 거느리고 서쪽 길로 나와서 광탄에 이르렀다. 광탄에서 산성까지의 거리가 몇 리에 불과했지만 군사를 멈추고 나아가지 않았으며, 오시午時(11시~13시)부터 미시未時(13시~15시)가 되도록 공격하지 않다가 물러갔는데, 그 뒤로는 다시 나오지 않았다. 이것은 아마도 왜적이 지형을 알아, 권율이 몹시 험준한 곳에 웅거한 것을 알았기 때문이다.

나는 왕필적에게 글을 보내 이렇게 말했다.

"왜적은 지금 우리가 험준한 곳에 웅거하고 있어서 쉽게 공격할 수 없습니다. 명나라 대군은 마땅히 동파와 파주로 진군하여 머물면서 왜적의 뒤를 밟아 견제하도록 하고, 명나라 남방 군사 1만 명을 뽑아 강화에서 한강의 남쪽으로 나가서 왜적이 미처 생각하지 못한 틈을 타 여러 주둔지를 쳐부순다면, 서울에 있는 왜적이 돌아갈 길이 끊어져서 반드시 용진을 향하여 달아날 것입니다. 이어서 뒤에 남은 군대로 여러 곳의 나루터를 덮친다면 일거에 왜적을 쓸어 없애버릴 수 있을 것입니다."

왕필적은 무릎을 치면서 기이한 계책이라 칭찬하고는, 정찰병 36명을 내어 충청도 의병장 이산겸의 진영으로 달려가서 왜적의 형세를 살피게 했다. 이때 왜적의 정예병은 모두 서울에 있고, 후방에 진을 치고 있는 병사들은 모두 여위고 지쳐 보잘 것 없는 군사들뿐이었다. 정찰병이 뛸 듯이 좋아하며 돌아와 보고하기를 '우리 군사는 1만 명까지도 필요 없으며, 다만 2천~3천 명이면 쳐부술 수 있습니다.'라고 하였다. 그러나 이제독은 북방 장수여서 이번 싸움에서 남방 군사를 매우 억제해왔으므로, 그들이 공을 세울까봐 허락하지 않았다.

원문

全羅道巡察使權慄 敗賊于幸州 移軍坡州.

先是 慄 以光州牧使 代李洸爲巡察使, 率兵勤王. 懲李洸等野戰而敗, 至水原 據禿城山城 賊[일-]不敢攻. 及[일乃]聞'天兵 將入京城' 渡江陣于幸[대국杏]州山城.

至是 賊從京城 大出攻之. 軍中 洶懼欲散 而江水在後 無走路, 不得已 還入城力戰. 矢雨下 賊分爲三陣 迭進 皆敗. 會日暮 賊還入京城. 慄令軍士 取賊屍 磔裂肢體 散掛林木 以泄其憤.
旣而 聞'賊欲更出 期必報,' 甚懼 毁營柵, 率軍 至臨津 從都元帥金命元.

余聞之, 單騎馳去 登坡州山城 觀形勢, 以爲當大路之衝 而地形斗絕 可據. 卽令權慄 與巡邊使李蘋 合軍據守[27] 以遏賊兵西下, 防禦使高彦伯·李時言 助防將鄭希玄·朴名賢等 爲遊兵 遮蟹踰嶺. 義兵將朴惟仁·尹先[일光]正·李山輝等 從右路 伏於昌敬[이일敬昌]陵之間, 各以其兵 出沒抄擊, 賊多出 則避而不戰, 少出 則隨處邀擊. 自是 賊 不得出城樵採 馬死者 甚多.
又令倡義使金千鎰·京畿水使李蘋·忠淸水使丁傑等 乘舟 從龍山西江 以分賊勢. 忠淸道巡察使許頊 在陽城 令還護本道 以備賊南衝之勢. 移文京畿·忠淸·慶尙官義兵 使各在其處 從左右 邀截賊路. 楊根郡守李汝讓 守龍津. 凡諸將所斬賊首 皆懸掛於開城府南門之外, 提督參軍呂應鍾 見之喜日 "朝鮮人 今則 取賊首 如割毬矣.

一日 賊從東門 大出搜山 自楊[일揚]州積城 至大灘 無所得. 查大受 恐賊來襲 報余日 "有體探人來言'賊欲得查總兵·柳體察'云 姑避開城 如何?" 余答之日 "體探人所言 恐無此理. 賊 方疑大軍住近 豈敢輕易渡江? 我等一動 則民心必搖, 不如靜以待之." 查笑日 "此言 甚是. 假令 有賊 吾與體察 死生同之 豈敢獨去?" 遂分所率勇士數十餘人 來護余. 雖雨甚達夜 警守 不暫息. 至聞賊入城 乃罷.

---

27 [국]: "衝" "據守" 파본으로 인한 결락.

其後 賊探知權慄在坡州, 欲報怨 率大軍 從西路而出 至廣灘. 去山城數里 住兵[28]不進, 自午至未 不攻還退 後不復出. 蓋賊知地形 見慄所據險絕故耳.

余 移書王必迪 言"賊 方據險固 未易攻. 大兵 當進住東坡 · 坡州 躡其尾以牽綴之, 選南兵一萬 從江華 出於漢南 乘賊不意 擊破諸屯, 則京城之賊 歸路斷絕 必向龍津而走. 因以後兵 覆諸江津 可一擧掃滅."

必迪 擊節稱奇策, 發偵探軍三十六名 馳往忠淸道義兵將李山謙陣 察賊形勢. 時 賊精兵 皆在京城 而後屯 皆羸疲寡弱. 偵卒踊躍還報云'不須一萬 只得二三千 可破.' 李提督 北將也, 是役也 痛抑南軍, 恐其成功 不許.

28 [국]: "州 欲" "住兵" 파본으로 인한 결락.

6
남은 군량미로 백성을 구제하다

군량미 중 남은 곡식을 내어 굶주린 백성을 구휼하자고 임금님께 청하여 허락을 받았다.

이때는 왜적이 서울을 점거한 지 벌써 2년이 되어, 전란으로 인한 화재로 천리 강산이 쑥대밭이 되었고, 백성들은 밭 갈고 씨 뿌리지 못하여 거의 다 굶어 죽을 지경이었다. 성 안에 살아남은 백성들은 내가 동파에 있다는 말을 듣고, 서로 부축하고 이끌고 등에 지고 어깨에 메고 찾아온 사람의 수를 이루 헤아릴 수 없었다. 사대수 총병이 마산으로 가는 도중에 어린애가 기어가 죽은 어미의 젖을 빨고 있는 것을 보고 불쌍히 여겨 아이를 거두어 군중에서 기르게 하였다.

사총병이 나에게 말했다.

"왜적은 아직 물러가지 않았는데 백성들은 이 지경이니 장차 어찌해야 되겠습니까?"

그리고 탄식했다.

"하늘도 슬퍼하고 땅도 비통해할 것입니다!"

나는 이 말을 듣고 나도 모르게 눈물을 흘렸다.

이때 명나라 대군이 다시 도착한다고 하여 남쪽에서 온 군량을 실은 배는 모두 줄지어 강기슭에 정박하고 있었지만, 이것은 감히 다른 곳에 쓰지 못했다. 마침 전라도 소모관 안민학安敏學이 겉곡식 1천 석을 거두어 배에 싣고 왔으므로 나는 매우 기뻐하며 그 즉시 장계를 올려 이 곡식으로 굶주린 백성들을 구휼하도록 주청했다. 전 군수 남궁제南宮悌를 감진관監賑官으로 삼아 솔잎으로 가루를 만들어 솔잎 가루 열 푼마다 쌀가루 한 홉을 섞어 물에 타서 먹게 했으나, 사람은 많고 곡식은 적어서 살린 사람은 얼마 되지 못했다. 명나라 장수들도 불쌍히 여겨 자기네 군량 30석을 덜어내어 구휼했으나 백분의 일에도 미치지 못했다.

하루는 밤에 비가 많이 내렸는데 굶주린 백성들이 내가 거처하는 주위에서 슬피 울며 괴롭게 신음소리를 내니 차마 들을 수 없었다. 아침에 일어나 살펴보니 여기저기 쓰러져 죽어 있는 사람이 매우 많았다.

경상우도 감사 김성일도 전 전적 이노를 보내서 나에게 위급함을 보고하며 말하였다.

"전라좌도의 곡식을 내어 굶주린 백성들을 구휼하고 또 봄에 경작할 종자로 쓰고자 하나, 전라도사 최철견[29]이 구휼하고 빌려주는 것을 좋아하지 않습니다."

이때 지사 김찬[30]이 체찰부사로 호서지방에 있었으므로, 나는 즉시 김찬에게 문서를 보내 전라도로 달려 내려가 남원 등지의 창고를 열어 1만 석을 영남으로 옮겨 백성들을 구제하게 했다.

대개 서울에서부터 남쪽의 변방에 이르기까지 적병이 가로질러 꿰고

---

29 최철견(崔鐵堅): 1548(명종 3)~1618(광해군 10). 1585년 별시문과에 장원급제하였다. 1590년 병조정랑이 되어 명나라에 다녀와 전라도도사가 되었다. 임진왜란 때 관찰사 이광이 패주하자, 전주 백성들과 함께 항전하여 전주성을 지켰다. 1597년 수원부사, 1601년 황해도관찰사가 되었다가 호조참의가 되었다.

30 김찬(金瓚): 1543(중종 38)~1599(선조 32). 1568년 식년문과에 을과로 급제하였다. 임진왜란 때 임금의 파천을 반대했으며, 영의정 이산해를 탄핵해 파직시켰다. 정철 밑에서 체찰부사를 역임하고 접반사로 외교를 담당했다. 우참찬을 지냈으며, 시호는 효헌(孝獻)이다.

있었다. 이때는 바로 4월인데 백성들은 모두 산골짜기로 숨어 들어가 보리를 심은 곳이라고는 한 곳도 없었으니, 만약 왜적이 다시 몇 달 동안 더 머물러 있었다면 백성들은 모두 굶어 죽었을 것이다.

원문

請'發軍糧餘粟 賑救飢民' 許之.

時 賊據京城 已二年, 鋒焰所被 千里蕭然, 百姓不得耕種 餓死殆盡. 城中餘民 聞余在東坡, 扶携[옥대간攜;이일携]擔負而至者 不計其數. 查總兵 於馬山路中 見'小兒匍匐 飲死母乳' 哀而收之 育於軍中.
謂余曰 "倭賊未退 而人民如此 將奈何?" 乃歎[국이일嘆]息曰 "天愁地慘矣." 余聞之 不覺流涕.

時 大兵 將再至 糧船之自南方來者 皆列泊江岸 不敢他用. 適全羅道召募官安敏學 募得皮穀千石 船運而至, 余喜甚 卽狀啓 請以此賑救飢民. 以前郡守南宮悌爲監賑官, 取松葉爲屑 每松屑十分 合米[31]屑一合 投水以飮之, 人多穀少 所活無幾. 唐將亦哀之 自分所食軍糧三十石賑給, 百不能及一. 一日[일又日;이是日] 夜大雨 飢民 在余左右 哀吟呻楚[옥대간呻楚] 不可忍聞. 朝起視之 狼藉而死者 甚多.

慶尙右道監司金誠一 亦遣前典籍[일藉]李魯 告急于余曰 "欲糶全羅左道之穀 賑濟飢民 且爲春耕種子, 而全羅都事崔鐵堅 不肯賑貸." 時 知事金瓚 爲體察副使 在湖西, 余卽移文于瓚 令馳下全羅 自發南原等倉 移一萬石于嶺南以救之.
大抵 自京都 至南邊 賊兵橫貫. 時方四月 人民 皆登山入谷 無一種麥之處, 使賊更數月不退 則生類 盡矣.

---

31 [국]: "以前郡" "合米" 파본으로 인한 결락.

7

류성룡이 이여송의 강화 제의에 반대하다

유격장군 심유경이 다시 서울에 들어가 왜적에게 철군을 권유하였다.

4월 7일(1593)에 제독이 병사를 거느리고 평양에서 개성부로 돌아왔다.

이보다 앞서 김천일의 진중에 이진충이란 사람이 있었는데, 자청하여 서울에 들어가 왜적의 정세를 살피고, 두 왕자와 장계군 황정욱 등을 만나보고 돌아와, '왜적이 강화할 뜻이 있습니다.'라고 하였다.

얼마 후에 적이 용산에 주둔한 우리 수군에게 글을 보내 화친을 요청하자, 김천일은 그 글을 나에게 보내왔다. 나는 '제독이 이미 싸울 뜻이 없으나, 혹시라도 이 일로 왜적을 물리치고자 한다면 제독은 반드시 다시 개성으로 돌아오지 않을 수 없을 것이다. 그렇게 되면 이 전쟁을 끝낼 수 있을 것이다.'라고 생각하여, 그 글을 사대수에게 보여주었다. 사대수는 즉시 가정 이경李慶에게 평양으로 달려가서 보고하게 했고, 이에 제독은 또 심유경을 보냈던 것이다.

김명원이 심유경을 보고 말하였다.

"왜적이 평양에서 속은 것을 분하게 여겨 반드시 좋지 않은 생각이 있을 것이오. 그런데 어찌 다시 적진에 들어 갈 수 있겠습니까?"

심유경이 대답하였다.

"왜적들이 속히 퇴각하지 않았기 때문에 패한 것인데, 저와 무슨 관계가 있겠습니까?"

그리고는 마침내 적진에 들어갔다. 적진 속에 있으면서 말한 것은 비록 듣지는 못했으나 대개 왕자와 모시는 신하들을 돌려보내라고 책망하고, 또 부산으로 군대를 되돌린 후에 강화를 허락한다고 했을 것이다. 왜적은 약속을 지키겠다고 했으므로 제독은 마침내 개성으로 돌아왔다.

나는 제독에게 글을 올려서, '화친은 좋은 계책이 아니니 왜적을 치는 것만 못합니다.'라고 극언하였다. 제독이 답서를 보내 말하였다.

"그것은 처음부터 내가 생각했던 것과 같은 것이오."

그러나 받아들일 의사는 없었다.

또 유격장군 주홍모周弘謨에게 왜적의 진영으로 가게 했는데, 나와 원수 김명원은 마침 권율의 진중에 있다가 파주에서 주홍모를 만났다. 주홍모가 우리들에게 들어가서 기패旗牌(황제의 명을 상징하는 깃발과 황제의 문서)에 참배하라 하므로, 내가 말하였다.

"이것은 왜군의 진영에 들어가는 기패인데, 우리가 무엇 때문에 참배해야 하는가? 또 시랑 송응창의 '왜적을 죽이지 말라!'는 패문[32]도 있으니, 더욱 들어줄 수가 없다."

주홍모가 서너 차례 강요했으나, 나는 듣지 않고 말을 타고 동파로 돌아왔다.

---

32 패문(牌文): 중국에서 조선에 칙사를 파견할 때, 그 파견 목적과 일정 등 칙사와 관련된 제반 사항을 기록하여 미리 보내던 통지문.

주홍모가 사람을 보내 제독에게 그 상황을 알리자, 제독은 크게 화를 내며 말하였다.

"기패는 황제의 명령이다. 비록 북쪽 오랑캐라도 이것을 보면 절을 하는데, 어찌 절을 하지 않는가? 내가 군법을 시행한 후에 군사를 돌이킬 것이다."

그러자 접반사 이덕형이 급히 나에게 알려 말하였다.

"아침에 일찍 가서 사과를 하지 않으면 안 되겠습니다."

다음날 나는 원수 김명원과 개성으로 가서 진영의 문에 나아가 성명을 통지했으나 제독이 화가 나서 만나주지 않았다. 원수 김명원은 물러가려고 했지만 나는 이렇게 말하였다.

"제독이 나를 시험해보는 것이니 잠시만 기다려 봅시다."

이때 이슬비가 내렸는데, 우리 두 사람은 문 밖에서 양 손을 모아 잡고 서 있었다.

잠깐 뒤에 제독의 부하가 문 밖으로 나와서 엿보고 들어가기를 두 번이나 하더니, 잠시 후에 들어오라고 했다. 제독이 당상에 서 있어서 우리는 앞으로 나아가 예를 행하고 이내 사과하였다.

"소인들이 비록 매우 어리석고 못났지만, 어찌 기패를 공경해야 한다는 것을 모르겠습니까? 다만 기패 곁에 패문이 있는데, '우리 조선 사람은 왜적을 죽이는 것을 허락하지 않는다.'는 글이 있습니다. 이에 사적으로 그것을 원통하게 여겨 감히 참배하지 않은 것이니, 죄를 피할 수 없게 되었습니다."

제독이 부끄러워하는 낯빛으로 말하였다.

"그 말이 매우 옳습니다. 그런데 패문은 곧 시랑 송응창의 명령이니 저하고는 관계가 없습니다."

이어 말하였다.

“요사이 근거 없는 소문이 매우 많습니다. 송시랑이 만약 신하 류성룡이 기패에 참배하지 않았는데도 내가 용인하고 문책하지 않았다는 말을 듣는다면, 반드시 저까지 문책할 것입니다. 모름지기 공문서를 만들어 대략 사정을 변명하여 보내시오. 혹시 송시랑이 문책을 하면 제가 그것으로 해명을 할 것이고, 문책하지 않는다면 그냥 두겠습니다.”

우리 두 사람은 인사하고 물러나와 말한 대로 공문서를 만들어 보냈다. 이로부터 제독이 사람을 파견하여 왜적의 진영을 왕래하는 일이 줄을 이었다.

하루는 내가 원수 김명원과 제독을 방문하고 동파로 돌아올 때 천수정天壽亭 앞에 이르렀는데, 동파에서 개성으로 들어가는 사대수 장군의 가정 이경을 만나 말 위에서 서로 인사하고 지나갔다. 초현리에 이르렀을 때 중국인 세 사람이 말을 타고 내 뒤에서 달려와 큰소리로 외치기를 ‘체찰사는 어디에 있습니까?’라고 하였다. 내가 대답하였다.

“내가 체찰사다.”

말을 돌리라고 소리쳤는데, 한 사람이 손에 쇠사슬을 들고 긴 채찍으로 내 말을 마구 때리며 “달려라, 달려라!”라고 외쳤다. 나는 무슨 일인지도 모른 채 어쩔 수 없이 말을 돌려 개성을 향해 달려가는데, 그 사람은 말의 뒤를 따르면서 채찍질을 멈추지 않았다. 나를 수행하던 사람들은 모두 뒤쳐졌고 다만 군관 김제金霽와 종사관 신경진만이 힘을 다해 뒤따라 왔다. 청교역靑郊驛을 지나 토성의 모퉁이에 이르렀을 때 또 한 사람의 기병이 성 안에서 말을 달려와 세 명의 기병에게 무슨 말을 하였다. 곧이어 세 명의 기병이 나에게 인사를 하며 말하였다.

"돌아가셔도 좋습니다."

나는 어리둥절하여 무슨 영문인지도 모르고 돌아왔다. 다음날 이덕형의 통지를 받고서야 비로소 그 까닭을 알게 되었으니, 이러한 연유가 있었다.

제독이 신임하는 가정이 밖에서 들어와 제독에게 말하였다.

"류 체찰사가 강화를 하지 않으려고 임진강의 배를 모두 거두어 사신이 왜적의 진영에 들어갈 수 없게 하였습니다."

제독이 갑자기 화를 내며 나를 잡아다 곤장 40대를 치려고 하였다. 내가 미처 도착하기 전에 제독이 눈을 부릅뜨고 팔뚝을 걷어붙이고 앉았다 일어섰다 하여 주변 사람들이 모두 두려워하였다.

얼마 뒤에 이경이 이르자 제독이 임진강에 배가 있는지 물었다. 이경이 대답하였다.

"배가 있어서 왕래하는데 문제가 없습니다."

제독은 곧바로 사람을 시켜 나를 잡아오는 것을 중지시키고, 가정이 거짓말을 하였다고 여겨 수백 대를 호되게 쳐서 피와 살이 문드러져 기절한 후에야 끌어냈다. 제독은 내게 화를 낸 것을 뉘우치며 사람들에게 말하였다.

"만약 체찰사가 오면 내가 어떻게 대처해야 하는가?"

대개 제독은 내가 강화를 늘 달갑게 여기지 않는다고 생각해서 평소에 불평하는 마음이 있었던 까닭에 다른 사람의 말을 듣자마자 다시 살펴보지도 않고 갑자기 이처럼 화를 내었던 것이다. 그래서 사람들이 내가 위험해졌다고 여겼다.

며칠 후에 제독이 또 유격장군 척금戚金과 전세정을 보냈다. 두 사람은 기패를 가지고 동파에 이르러 나와 원수 김명원과 관찰사 이정형을 불러 함께 앉아서 조용히 말하기를 '적이 왕자와 신하를 내보내고 서울에서 물러나 돌아가기를 청하니, 지금 당연히 그 요청을 들어주는 척하여, 적을 속여 성을 나오게 한 연후에 계책을 세워 적을 추격하여 몰살시킵시다.'라고 하였다.

이것은 제독이 그들을 보내 내 뜻이 어떠한가를 알아보도록 한 것이다.

내가 여전히 이전 견해를 고집하여 서로 같은 말만 계속 주고받게 되자, 성질이 조급한 전세정은 화를 내며 큰소리로 말하였다.

"그렇다면 당신들의 국왕은 어찌하여 도성을 버리고 도망하였소?"

내가 천천히 말하였다.

"도읍을 옮겨 국가의 존속을 도모하는 것도 또한 한 가지 방법인 것이오."

이때 척금은 나와 전세정을 여러 번 번갈아 보면서 미소만 지을 뿐 말이 없었다. 전세정 등이 드디어 돌아갔다.

4월 19일에 제독은 대군을 거느리고 동파에 이르러 사총병의 막사에서 묵었다. 대개 왜적이 이미 물러날 것을 약속하였기 때문에 장차 서울로 들어가려는 것이었다. 나는 제독의 숙소에 가서 안부를 물었으나 제독은 나를 만나주지 않고 통역관에게 일러 말하였다.

"체찰사는 나에 대해 불쾌하게 생각하고 있을 터인데 어찌 와서 문안을 하는가?"

원문

沈遊擊惟敬 再入京城 誘賊退兵.

四月初七日, 提督率兵 自平壤 還開城府. 先是 金千鎰陣中 有李藎忠

者, 自請入京 探候賊情, 得見二王子及長溪君黃廷彧[일或]等 還言 '賊有講和意.'

旣而 賊投書於龍山舟師 乞和, 千鎰 送其書於余. 余念'提督 已無戰意, 或欲假此而卻[국이일却;간郤]賊 則未必不更還開城. 庶幾了事.' 以其書示査大受. 査 卽使家丁李慶 馳報平壤, 於是 提督 又使惟敬來.

金命元 見惟敬曰 "賊忿[대국憤]平壤見欺 必有不善意. 何可更入?" 惟敬曰 "賊 自不速退 故敗, 何預我也." 遂[대국還]入. 在賊中所言 雖不聞, 大概責還[33]王子・陪臣, 還軍釜山 然後許和. 賊請奉約束 提督 遂還開城.

余 呈文提督 極言'和好 非計 不如擊之.' 提督批示曰 "此先得我心之所同然者." 然[옥대국간-]無聽用意.

又使遊擊將軍周弘謨 往賊營, 余與金元帥 適在權慄陣中 遇於坡州. 弘謨 使余等 入參旗[국-]牌. 余曰 "此是入倭營旗牌 我何爲參拜? 且有宋侍郞'禁殺賊'牌文 尤不可承受." 弘謨 强之三四, 余不答 騎馬 還東坡.

弘謨 使人于提督言狀, 提督大怒曰 "旗牌 乃皇命, 雖㺚[이일㺚]子 見輒拜之, 何爲不拜? 我行軍法 然後回軍!" 接伴使李德馨 急報於余曰 "朝日 不可不來謝."

明日 余 與金元帥 往開城 詣門通名, 提督 怒不見. 金元帥 欲退, 余曰 "提督 應試余 姑待之." 時 小雨 余二人 拱立門外.

有頃 提督之人 出門覘視而入者 再, 俄而許入. 提督立于堂上 余 就前行禮 仍謝曰 "小的 雖甚愚劣, 豈不知旗牌爲可敬? 但旗牌傍有牌文, '不許我國人殺賊' 私心竊[국이일窃]痛之 不敢參拜, 罪無所逃." 提督 有慚色 乃曰 "此言甚是. 牌文 乃宋侍郞令 不關吾事." 因曰 "此間 流言甚多. 侍

---

33 [국]: "故 敗" "還" 파본으로 인한 결락.

郎 若聞'陪臣不參旗牌 我容而不問' 則必并責我. 須爲呈文 略辨事情來. 脫侍郞[일卽]有問 我[이일吾]以此解之, 不問則置之." 余二人 拜辭而退 依所言呈文. 自是[일此] 提[34]督 遣人 往來倭陣 相續.

一日 余與元帥 往候提督 還東坡 到天壽亭前, 遇査將家丁李慶 自東坡入開城, 馬上相揖而過. 至招賢里 有漢人三騎 自後馳來, 喝問'體察使 安在' 余應之日 "我是也." 叱回馬 一人手持鐵鎖 以長鞭亂捶余馬日 "走走!" 余不知何事 只得[일-]回馬 向開城而走, 其人 從馬後 鞭之不已. 從者 皆落後 獨[일+得]軍官金霽 · 從事辛慶晉 盡力追隨. 過青郊驛 將至土城隅, 又有一騎 自城內 走馬而至 謂三[이二]騎日 "云云." 於是 三騎揖余日 "可去矣." 余恍然 不測而回. 翌日 因李德馨通示 始知之.

提督信任家丁 自外入 謂提督日 "柳體察 不欲講和 悉去臨津船隻 勿令通使於倭營." 提督 遽發怒 欲拿余 捆打四十. 當余之未至也, 提督 瞋目奮臂 或坐或起 左右皆慄. 有頃 李慶至, 提督 問'臨津 有船否.' 慶日 "有船往來無阻." 提督 卽使人止追余者, 謂家丁妄言 痛打數百 血肉糜爛 氣絕曳出. 悔其怒余 謂人日 "若體察使來到 吾 當何以處之." 蓋提督 常謂'余不肯和議' 素有不平心, 故 纔聞人言 不復省察 暴怒如此. 人皆爲余危之.

後數日 提督 又使遊擊戚金 · 錢世禎[옥대禎]. 二人 以旗牌至東坡 招余及金元帥 · 李觀察廷馨 同坐 因從容言, '賊 請出王子陪臣 退還京城而[35]去, 今當從其所請 給賊出城, 然後 行計追勦.' 乃提督 使之來探余意肯否也.

---

34 [국]: "解之" "是 提" 파본으로 인한 결락.

35 [국]: "觀" "城而" 파본으로 인한 결락.

余 猶執前議 往復不已, 世禎[옥대禎]性躁 發怒大罵曰 "然則 爾國王 何以棄城逃[이일迯]避耶?" 余徐曰 "遷國圖存 亦或一道." 是時 戚金 但數數視余與世禎 微笑而無言. 世禎等 遂回.

四月十九日, 提督領大軍至東坡, 宿于査總兵幕. 蓋賊已約退兵, 故 將入京城也. 余 詣提督下處候問[이일問候], 提督不見 謂譯[국驛]者曰 "體察使不快於予, 亦來問耶?"

8
서울을 수복하다

4월 20일(1593)에 서울을 수복하였다.

명나라 군사는 성 안으로 들어갔고 이 제독은 소공주댁小公主宅(「원주」: 뒤에 남별궁[36]이라 하였음)을 숙소로 삼았다. 하루 전에 왜적은 이미 성을 빠져나갔다. 나도 성 안으로 따라 들어갔는데, 성 안에 남아 있던 백성을 보니 살아남은 자가 백에 하나도 되지 않았고 그나마 살아남은 자들도 모두 굶주리고 쇠약하여 몰골이 귀신과 같았다.

당시 날씨는 불에 델 듯이 뜨거웠다. 사람과 말의 시체가 곳곳에 그대로 방치돼 있어서 썩는 냄새가 성 안에 가득하여 길 가는 사람들이 코를 막고 지나다녔다. 관청과 민간의 집들은 하나같이 텅 비었고, 다만 숭례문 동쪽에서 남산 아래 일대에 왜적이 머물렀던 집 몇 채만 조금 남아 있었다. 종묘와 삼궐(경복궁 · 창덕궁 · 창경궁), 종루와 각 관사와 관학(성균관과 중학 · 동학 · 남학 · 서학의 4학) 등 큰 거리 북쪽에 있었던 건물은 자취도 없이 사라지고 재만 남았을 뿐이었다. 소공주댁은 왜적의 장수 평수가가

---

36 남별궁(南別宮): 서울 중구 소공동 조선호텔 자리에 있던 별궁이다. 태종 때 경정공주의 남편 평양부원군 조대림(趙大臨)에게 이 땅을 준 뒤로부터 '소공주댁'이라고 하였으며, 선조 때 의안군 이성(李珹)의 신궁이 되면서 '남별궁'이라 불렀다. 1593년 명나라 장수 이여송이 여기에 머문 이래로 중국 사신이 머물렀다.

머물렀던 곳이어서 남아 있었다.

나는 먼저 종묘에 나아가 통곡하고, 그 다음 제독의 처소로 가서 문안을 드리러 온 여러 신하들과 만나 한참 동안 소리 내어 통곡했다.

이튿날 아침에 다시 제독에게 나아가 안부를 물으며 한편으론, '적병이 방금 물러갔으니 이곳에서 멀리가지는 못했을 것입니다. 원컨대 군사를 출동시켜 급히 추격하시오.'라고 말하였다.

제독이 대답하였다.

"나의 생각도 진실로 그러하나, 급히 추격하지 못하는 이유는 한강에 배가 없기 때문입니다."

내가 말하였다.

"만약 노야老爺(고관에 대한 존칭)께서 왜적을 추격하고자 하신다면, 제가 당연히 먼저 강으로 나가서 배를 정비해 놓겠습니다."

그러자 제독이 대답하였다.

"매우 좋습니다."

그리고 나는 한강으로 나갔다.

이보다 먼저 나는 경기 우감사 성영[37]과 수사 이빈에게 공문을 보내, '왜적이 물러간 후에 강에 있는 크고 작은 배를 급히 거두어 차질 없이 모두 한강으로 모으라.'고 명령을 내렸다. 이때 벌써 도착해 있던 배가 80척이나 되었다.

내가 사람을 보내 제독에게 '배가 이미 준비되었다.'고 보고했더니, 조

---

37 성영(成泳): 1547년(명종 2)~1623년(광해군 15). 1573년 식년문과에 을과로 급제하였다. 1592년 여주 목사로 부임 중 임진왜란이 일어나자 경기도순찰사가 되어 3,000명의 군대를 이끌고 왜군에 맞섰고, 경기좌도관찰사가 되었다. 1597년 정유재란 때는 군량미를 조달하였다. 대사헌 · 호조판서 · 병조판서 · 이조판서를 역임하였고, 청백리로 뽑혔다.

금 후에 진영장 이여백이 군사 1만여 명을 거느리고 강가로 나왔다. 그런데 군사들이 반쯤 건너자 날이 벌써 저물었다. 이여백이 갑자기 발에 병이 생겼다며 곧바로 말하였다.

"성 안으로 돌아가 병을 고치고 나서 진격해야겠습니다."

그리고는 가마를 타고 돌아가자 이미 한강 남쪽에 있던 군사들도 모두 되돌아 건너와 성 안으로 들어가 버렸다. 나는 분통이 터졌지만 어찌할 방법이 없었다. 제독은 왜적을 추격할 생각이 없었기 때문에 다만 거짓말과 속임수로 응했을 뿐이었다. 23일에 나는 마침내 병으로 자리에 누웠다.

원문

四月二十日 京城 復.

天兵入城 李提督 館於小公主宅(後稱南別宮). 前一日 賊 已出城矣. 余隨入城, 見城中遺民 百不一存, 其存者 皆飢羸疲困 面色如鬼.

時 日氣烘熱. 人死及馬死者 處處暴露 臭穢滿城, 行者 揜[이일掩]鼻方過. 公私廬舍 一空 獨自崇禮門以東 循南山下一帶 賊所止舍處 稍存. 宗廟・三闕及鍾[일鐘]樓・各司・館學 在大街以北者 蕩然 惟餘灰燼而已. 小公主宅 亦倭將秀嘉所止 故見遺.

余 先詣宗廟痛哭, 次至提督下處 見伺候諸臣 號慟良久.

明朝 更詣提督門下 問起居, 且言'賊兵纔退 去此應不遠. 願發軍急追.' 提督曰 "吾意 固然, 所以不急追者 以漢江無船[국舡]故耳." 余曰 "如老爺欲追賊, 卑[일早]職當先出江面 整[38]備舟艦." 提督曰 "甚善." 余出漢江.

---

38 [국]: "漢江" "面 整" 파본으로 인한 결락.

先是 余行文京畿[국圻]右監司成泳 · 水使李蘋 令'賊去 急收江中大小船毋失俱會漢江.' 是時 船已到者 八十隻.

余 使人報提督'船已辦[일辨]' 食頃 營將李如柏[이일栢] 率萬餘兵出江上. 軍士半渡 日已向暮. 如柏[국이일栢] 忽稱足疾 乃曰 "當還城中 醫疾可進." 乘轎而回. 已在漢南軍 皆還渡入城. 余痛心 而無如之何. 蓋提督 實無意追賊, 但以謾辭給應而已. 二十三日 余 遂病臥.

9

진주성이 함락되다

5월(1593)에 이 제독이 적병을 추격하여 문경까지 갔다가 돌아왔다.

시랑 송응창이 비로소 제독에게 패문을 보내 왜적을 추격하도록 했으나, 이때는 왜적이 떠나간 지 수십 일이나 되었다. 시랑 송응창은 자신이 왜적을 놓아 보내고 추격하지 않았다는 사람들의 의론이 생길까봐 두려워했기 때문에 이처럼 행동을 꾸며서 보였을 뿐이고, 실제로는 왜적을 두려워해 감히 진격도 못하고 돌아왔던 것이다.

왜적들은 길을 따라 느릿느릿 지나가면서 머물기도 하고 나아가기도 하였지만, 길을 따라 있던 우리 군사들은 모두 길의 좌우로 자취를 숨기고 감히 나와서 싸우려는 자가 없었다.

왜적은 퇴각하여 바닷가에 군대를 나누어 주둔했다. 울산의 서생포부터 동래 · 김해 · 웅천 · 거제에 이르기까지 머리와 꼬리가 서로 이어져 모두 16곳에 주둔했다. 주둔지는 모두 산과 바다에 의지하여 성을 쌓고 참호를 파서 오래 머물 계책을 세웠으니, 바다를 건너 돌아가려고 한 것은 아니었다.

명나라 조정에서 또 사천성 총병 유정에게 복건 · 서촉 · 남만 등지에서 모집한 군사 5천 명을 거느리게 하여 잇달아 출병시켜 성주와 팔거八莒(경상북도 칠곡군 왜관읍)에 주둔하게 하고, 남방 장수 오유충은 선산 · 봉

왜성 현황

성명(城名)	위치	축성시기
부산왜성(釜山倭城)	부산광역시 동구 좌천동	1592
웅천왜성(熊川倭城)	경상남도 창원시 진해구 남문동	1592
영등포왜성(永登浦倭城)	경상남도 거제시 장목면 구영리	1592
가덕도왜성(加德島倭城)	부산광역시 강서구 눌차동	1593
구포왜성(龜浦倭城)	부산광역시 북구 덕천동	1593
동래왜성(東萊倭城)	부산광역시 동래구 칠산동	1593
죽도왜성(竹島倭城)	부산광역시 강서구 가락동	1593
자성대왜성(子城臺倭城)	부산광역시 동구 범일동	1593
죽성리왜성(竹城里倭城)	부산광역시 기장군 장안읍	1593
임랑포왜성(林浪浦倭城)	부산광역시 기장군 장안읍	1593
송진포왜성(松眞浦倭城)	경상남도 거제시 장목면 송진포리	1593
농소왜성(農所倭城)	경상남도 김해시 주촌면 농소리	1593
명동왜성(明洞倭城)	경상남도 창원시 진해구 명동	1593
안골왜성(安骨倭城)	경상남도 창원시 진해구 안골동	1593
서생포왜성(西生浦倭城)	울산광역시 울주군 서생면 서생리	1593
양산왜성(梁山倭城)	경상남도 양산시 물금읍 증산리	1597
마산왜성(馬山倭城)	경상남도 창원시 마산합포구 산호동	1597
고성왜성(固城倭城)	경상남도 고성군 고성읍 수남동	1597
선진리왜성(船津里倭城)	경상남도 사천시 용현면 선진리	1597
남해왜성(南海倭城)	경상남도 남해군 남해읍 선소리	1597
울산왜성(蔚山倭城)	울산광역시 중구 학성동	1597
순천왜성(順天倭城)	전라남도 순천시 해룡면 신성리	1597

계에 주둔하게 하고, 이영李寧 · 조승훈 · 갈봉하葛逢夏는 거창에 주둔하게 하고, 낙상지 · 왕필적은 경주에 주둔하게 해서, 사방으로 에워쌌지만 서로 대치하기만 하고 진격하지는 않았다. 이들의 군량을 충청도 · 전라도에서 공급하게 하였는데, 험준한 곳을 지나 여러 진영에 나누어 주게 되니 백성들의 힘은 더욱 곤궁해졌다.

제독이 또 심유경을 보내 왜군을 회유해 바다를 건너가도록 하고, 또 서일관徐一貫과 사용재謝用梓에게 나고야에 들어가서 관백을 만나보게 하였다.

6월에 왜적이 비로소 임해군과 순화군의 두 왕자와 재신 황정욱과 황혁 등을 돌려보내면서 심유경에게 돌아가 보고하도록 하였다. 그리고 한편으론 진군하여 진주를 포위하고 작년에 패전한 원수를 갚겠다는 말을 널리 퍼뜨렸다. 대체로 왜적이 임진년에 진주를 포위했었는데 목사 김시민[39]이 방어하여 이기지 못하고 돌아갔기 때문에 이렇게 말한 것이다.

8일 만에 진주성이 함락되었고, 목사 서예원, 판관 성수경[40], 창의사 김천일, 본도(경상도) 병사 최경회, 충청도 병사 황진[41], 의병 복수장인 고종

---

39 김시민(金時敏): 1554(명종 9)~1592(선조 25). 1578년 무과에 급제하였다. 1583년 이탕개의 난 때 출정해 공을 세웠다. 1591년 진주판관이 되었는데, 임진왜란이 일어나자 진주목사가 되어 3,800여 명으로 2만의 왜군을 맞아 싸워 진주성을 지켜냈지만, 진주성 전투 마지막 날 탄환을 맞아 며칠 뒤 사망하였다. 1604년 선무공신 2등과 영의정에 각각 봉해졌고 상락부원군에 추봉되었다. 진주의 충민사와 산성정충당에 제향되었으며, 시호는 충무(忠武)이다.

40 성수경(成守璟): ?~1593(선조 26). 음직으로 진주판관에 임용되었다. 임진왜란이 일어나자 초유사 김성일에게 발탁되어 군무를 맡았다. 1차 진주성 전투에서 김시민과 함께 왜적을 물리쳐 성을 지켜냈다. 그러나 1593년 2차 진주성 전투에서 전사하였다. 병조판서에 추증되고, 진주의 충렬사와 창녕의 물계서원에 제향되었다.

41 황진(黃進): 1550(명종 5)~1593(선조 26). 1576년 무과에 급제하였다. 선전관이 되어 통신사 황윤길을 따라 일본에 다녀왔는데, 일본의 침략을 확신하고 이에 대비하였다. 권율과 함께 완주와 금산의 경계인 이치(梨峙)에서 천여 명의 병력으로 1만의 왜적을 격퇴하였다. 이후 충청도 병마절도사가 되었으나 2차 진주성 전투에서 전사하였다. 우찬성에 추증되고 진주 창렬사와 남원 민충사에 제향되었으며, 시호는 무민(武愍)이다.

후 등이 모두 전사하였고, 죽은 군인과 백성이 6만여 명이나 되었다. 소와 말, 닭과 개도 살아남지 못했다. 모든 왜적이 성을 허물고 참호를 메웠으며 우물을 묻고 나무를 베어버리면서 예전의 울분을 마음껏 풀었다. 때는 6월 28일이었다.

진주성 2차전투

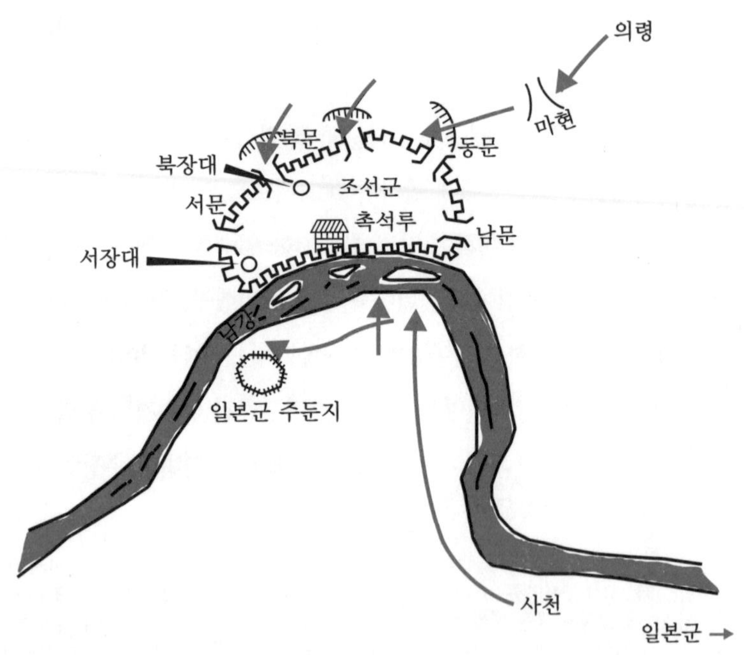

처음에 조정에서는 왜적이 남하한다는 첩보를 듣고 연이어 교지를 내려 여러 장군들에게 왜적을 추격하도록 독려하자, 도원수 김명원과 순찰사 권율 이하의 관병과 의병이 모두 의령에 모였다. 권율은 행주산성에서의 대승에 젖어 기강岐江(남강과 낙동강의 합류점에 있는 강)을 건너 전진하려고 하자, 곽재우와 고언백이 말하였다.

"왜적의 형세가 바야흐로 성대해졌는데 아군은 대부분 오합지졸이라 제대로 싸울 수 있는 자들이 많지 않습니다. 게다가 앞길에는 군량도 없으니 함부로 진군할 수 없습니다."

그러자 다른 사람들도 망설일 뿐이었다. 그런데 이빈의 종사관인 성호선[42]은 어리석어 군대의 일을 잘 알지도 못하면서 팔을 휘두르며 여러 장수들에게 머뭇거린다고 질책하며 권율의 의견에 찬동하였다. 그래서 마침내 기강을 건너 진군하여 함안에 이르렀지만 성이 텅 비어 얻을 것이 없었다. 군사들은 식량이 모자라 땡감을 따 먹을 지경에 이르자 다시 싸우고자 하는 마음이 없어졌다.

다음날 첩보에 김해에서 왜적의 대군이 몰려온다고 하였다. 여러 사람들이 함안을 지켜야 한다고도 하고 혹은 물러나 정암 나루터를 지켜야 한다고 하는 등 의견이 분분해서 결정을 내리지 못하고 있었다. 이윽고 왜적의 포성이 들리자 사람들이 동요하고 두려움에 빠져 앞 다투어 성을 빠져나가다 조교弔橋(성이나 참호 위에 줄이나 쇠사슬로 매달아 놓은 임시 다리)에서 떨어져 죽은 자들이 매우 많았다.

정암 나루를 다시 건너와 바라보니 적군이 수로와 육로로 왔는데 들을 덮고 시냇물을 메울 정도로 매우 많았다. 여러 장수들이 각자 흩어져 도망갔는데 권율 · 김명원 · 이빈 · 최원[43] 등이 먼저 전라도로 향해 떠나갔

---

42 성호선(成好善): 1552(명종 7)~?. 1589년에 증광문과에 을과로 급제하였다. 1593년 병조좌랑, 1594년에 순변사 이빈의 종사관, 1595년 형조정랑이 되었다. 1602년에 충주목사가 되었으나 파직되었다.

43 최원(崔遠): ?~?. 1580년(선조 13) 전라도병마절도사가 되고, 임진왜란이 일어나자 이빈과 김천일 등과 함께 여산에서 왜적을 막았다. 강화도를 주둔지로 삼고 군사를 모집하였으며 한강 일대에서 적의 후방을 공략하였다. 1593년 영덕에서 왜군을 격파하였고 1596년 황해도병마절도사가 되었으며 1597년 후위대장이 되어 도성을 지켰다. 1600년에 동지중추부사에 올랐다.

고, 오직 김천일 · 최경회 · 황진 등은 진주성으로 들어갔는데 왜적이 뒤따라와 포위하였다. 목사 서예원과 판관 성수경은 명나라 장수를 접대하던 차사원으로 오랫동안 상주에 머물렀는데, 왜적이 진주로 향했다는 말을 듣고 허겁지겁 돌아온 지 겨우 이틀만이었다.

진주성은 본래 사면이 험준한 곳에 웅거해 있었는데, 임진년에 동쪽으로 옮겨 평지로 내려왔다. 이때에 이르러 적이 비루飛樓(임시로 높게 세운 누각) 여덟 대를 세우고 성 안을 내려다보았다. 그리고 성 밖의 숲에서 대나무를 베어다 큰 묶음을 만들어 둘러 세워 가려서 화살과 돌을 막았다. 그리고나서 그 안에서 조총을 비가 쏟아지듯 쏘아대자 성 안의 사람들이 감히 머리도 내밀지 못했다.

그런데 김천일이 거느린 군사들은 모두 서울바닥에서 불러 모은 무리였고, 김천일 자신도 군대의 일을 모르면서 자만과 독선이 너무 심하였다. 또한 평소 서예원을 싫어해서 주인과 손님이 서로 시기하였고 명령도 서로 어긋났기 때문에 크게 패하고 말았다.

황진이 성 동쪽을 지키고 용감히 싸운 지 수일 만에 탄환에 맞아 죽어 군사들의 사기가 꺾였는데도 외부의 구원병은 오지 않았다. 마침 비가 내려 성이 무너지자 왜적이 개미떼처럼 붙어 들어왔고, 성 안 사람들은 가시나무를 묶고 돌을 던지며 온 힘을 다해 막았다. 왜적이 거의 물러갔을 때, 북문을 지키던 김천일의 군대가 성이 이미 함락되었다고 생각하고 먼저 무너져버렸다. 그러자 왜적이 산 위에서 우리 군대가 무너지는 것을 바라보고 일제히 기어 올라오자 여러 군대가 크게 어지러워졌다. 김천일은 촉석루에서 최경회와 손을 잡고 통곡하고는 강에 뛰어들어 죽었으며 탈출한 군사와 백성은 몇 명뿐이었다.

왜변이 있은 이래로 이번 싸움처럼 많은 사람들이 죽은 적이 없었다. 조정에서는 김천일이 의롭게 죽었다고 여겨 의정부 우찬성으로 관직을 높여 추증하고, 또 권율이 용감히 싸우고 적을 두려워하지 않는다고 여겨 김명원 대신 원수로 삼았다.

유정 총병은 진주성이 함락되었다는 소식을 듣고 팔거에서 합천으로 달려왔고, 오유충은 봉계鳳溪(경남 합천군 봉산면 봉계리)에서 초계草溪(경남 합천군 초계면)로 가서 경상우도를 보호했다. 왜적도 이미 진주를 깨뜨린 후 다시 부산으로 돌아가서, 명나라가 강화를 허락한다는 것을 기다렸다가 바다를 건너갈 것이라는 말을 퍼뜨렸다.

원문

五月 李提督 追賊 至聞慶而回.

宋侍郎 始發牌文於提督 使之追賊, 時 賊去已數十日. 侍郎 恐人議'己縱賊不追' 故 作如此擧止以示之, 其實畏賊 不敢進而回.

賊 在途緩緩而去 或留或行, 我軍之在沿途者 皆左右屛跡[이일迹] 無敢出擊者.

賊退 分屯於海邊. 自蔚山西生浦 至東萊・金海・熊川・巨濟, 首尾相連凡十六屯. 皆依山憑海 築城掘塹 爲久留計, 不肯渡海.

天朝 又使四川總兵劉綎 率福建・西蜀・南蠻等處 召募兵五千 繼出屯星州・八莒, 南將吳惟忠 屯善山・鳳溪, 李寧・祖承訓・葛逢夏 屯居昌, 駱尙志・王必迪屯慶[일處]州, 環四面而相持不進. 糧餉 取之兩湖 踰越險阻 散給諸陣 民力益[일爲]困.

提督 又使沈惟敬 往諭倭[44]令渡海, 又使徐一貫·謝用梓[이일梓] 入郞[일那]古耶[국郞;이일邪] 見關白.

六月 賊始還兩王子臨海君·順和君及宰臣黃廷彧·黃赫等, 遣沈惟敬歸報. 而一面進圍晉州 聲言'報前年戰[일賊]敗之怨.' 蓋賊於壬辰 圍晉州, 牧使金時[옥대간始]敏 禦之 不克而退, 故 云然也.

八日而城陷, 牧使徐禮元·判官成守璟·倡義使金千鎰·本道兵使崔慶會·忠淸兵使黃進·義兵復讐將高從厚等 皆死, 軍民死者 六萬餘人. 牛馬雞犬[이大] 不遺. 賊 皆夷城塡壕 堙井刊[대국이일간刋]木 以快前憤. 時 六月二十八日也.

初 朝廷 聞賊南下, 連下旨 督諸將追賊, 都元帥金命元·巡察使權慄以下官義兵 皆聚於宜寧. 慄 狃於幸州之捷 欲渡岐江前進, 郭再祐[옥대국이일佑]·高彦伯曰 "賊勢方盛, 我軍多烏合 堪戰者少. 前頭 又無糧餉, 不可輕進." 他人依違而已. 李蕡從事成好善 騃不曉事, 奮臂責諸將逗遛與權慄議合. 遂過江 進至咸安, 城空無所得. 諸軍乏食 摘靑柹實以食 無復鬪心矣.

明日 諜報'賊從金海 大至.' 衆或言'當守咸安' 或言'退守鼎津' 紛紜不決. 而已 聞賊炮[국이일砲]響 人人洶懼, 爭出城 墮弔[국이일吊]橋死者 甚多. 還渡鼎津 望見, 賊兵 從水陸來 蔽野塞川. 諸將各自散去, 權慄·金命元·李蕡·崔遠等 先向全羅道. 惟金千鎰·崔慶會·黃進等 入晉州,[45]

---

44 [국]: "踰越險" "往諭倭" 파본으로 인한 결락.

45 [국]: "蕡·崔遠" "州" 파본으로 인한 결락.

賊 隨至圍之. 牧使徐禮元 · 判官成守璟 以唐將支待差使員 久在尙州, 聞[옥대問]賊向本州 狼狽而還 纔二日[일月]矣.

州城 本四面據險, 壬辰 移東面 下就平地. 至是 賊立飛樓八座 俯瞰城中, 刈城外竹林 作大束 環列自蔽 以防矢石. 從其內 發鳥銃如雨 城中人[일-] 不敢出頭.

又千鎰所率 皆京城市井召募之徒, 千鎰 又不知兵事 而自用太甚. 且素惡徐禮元 主客相猜 號令乖違, 是以甚敗.

惟黃進 守東城 敢[옥대국간-]戰數日 爲飛丸所中死, 軍人奪氣 而外援不至. 適天雨城壞 賊蟻附而入, 城內人 方束荊投石 極力禦之. 賊幾卻[국이일却] 千鎰軍 守北門 意城已陷 先潰. 賊 在山上望見軍潰 一擁而登 諸軍大亂. 千鎰 在[대-]矗石樓 與崔慶會 携[옥대간攜;이일擕]手痛哭 赴江死, 軍民得脫者 數人而已.

自有[일-]倭變以來, 人死 未有如此戰之甚者. 朝廷 以千鎰死義 贈以崇秩議政府右贊成, 又以權慄敢戰不畏賊 代命元爲元帥.

劉總兵綎 聞晉陷 自八莒[일筥] 馳至陜川, 吳惟忠 自鳳溪 至草溪 以護右道. 賊 亦旣破晉州 還釜山, 聲言'待天朝許和 乃渡海'云.

10

심유경과 평행장이 강화를 모의하다

10월(1593)에 임금님께서 서울로 돌아오셨다. 12월에 명나라 행인사行人司(외교를 맡은 관청)의 행인行人(행인사의 벼슬) 사헌[46]이 우리나라에 왔다.

이보다 앞서 심유경은 왜적의 장수 소서비小西飛(고니시히)를 데리고 관백이 항복하는 표문을 가지고 돌아왔다. 명나라 조정에서는 항복하는 표문이 관백에게서 나온 것이 아니고 소서행장 등이 거짓으로 지은 것이라고 의심했다. 또 심유경이 돌아온 지 얼마 안 되어 진주가 함락되자, 항복하려는 뜻이 진실이 아니라고 여겨 소서비를 요동에 머물러 있도록 하고 오랫동안 답서를 주지 않았다.

이때 제독과 여러 장수들은 모두 본국으로 돌아갔고, 오직 유정·오유충·왕필적 등이 군사 1만여 명과 팔거에 주둔해 있었다. 온 나라에 굶주림이 심했고, 또 군량을 운반하는 것에 지쳐 있었다. 노약자는 도랑과 골짜기에 쓰러져 있었고 젊은 사람은 도적이 되었으며, 돌림병이 겹쳐서 거의 다 죽었다. 부자와 부부가 서로 잡아먹을 지경에 이르렀고, 들판에 해골이 풀숲의 잡초처럼 널려 있었다.

---

46 사헌(司憲): 명나라의 관리이다. 명나라에서 관리로 파견이 되어 서울에 도착하기 전부터 선조와 자신의 의전 문제를 제기하며, 만약 자신의 남면이 관철되지 않으면 칙서만 던져놓고 돌아가겠다고 고집을 부렸다.(『선조실록』 선조 26년 윤11월 임오)

얼마 지나지 않아 유정의 군사가 팔거에서 남원으로 옮겼고, 또 남원에서 서울로 돌아와 10여 일 동안 머물다가 서쪽 명나라로 돌아갔는데, 왜적은 여전히 바닷가에 머물러 있어서 사람들이 더욱 두려워했다. 이때 경략 송응창은 탄핵을 당하여 돌아갔고, 그 대신 경략으로 새로 임명된 고양겸顧養謙이 요동에 도착하였다. 고양겸은 참장 호택胡澤을 시켜 문서를 보내 우리나라 여러 신하들을 타일렀는데, 그 내용은 대략 이러했다.

"왜놈들이 아무런 이유도 없이 너희 나라를 침략하였다. 칼로 대나무를 쪼개는 기세로 서울과 개성 등 세 도회지를 점령하고, 너희 토지와 백성 중 열의 여덟아홉을 차지했으며, 너희 왕자와 신하들을 사로잡았다. 황상께서 크게 노하여 군대를 일으키셨으니, 한 번 싸워 평양성을 깨뜨렸고 두 번 싸워 개성을 수복하자 왜적은 마침내 서울에서 달아났고 사로잡은 왕자와 가신을 돌려보냈다. 국토 2천여 리를 수복하느라 소비된 비용은 헤아릴 수 없을 정도로 많으며, 죽은 군사와 말도 또한 적지 않다. 우리 조정에서 속국을 대접한 은의가 여기까지 이르렀으니, 황상의 망극한 은혜가 또한 이미 과분한 것이다.

이제는 군량도 이미 다시 운반할 수 없으며 군사도 이미 다시 싸울 수 없게 되었다. 왜적 또한 우리의 위세를 두려워하여 항복하기를 청하였고, 또 책봉 받고 조공하기를 원한다. 우리 조정에서도 마땅히 왜적의 책봉과 조공을 허락하고 그들을 용납하여 외신外臣으로 삼고자 한다. 궁지에 몰린 왜적은 계획이 다하여 바다를 건너갔으니 다시는 너희 나라를 침략하지 못할 것이다. 그러니 어지러움을 풀고 전쟁을 끝내는 것이 너희 나라를 위한 장구한 계획이 될 것이다.

지금 너희 나라는 양식이 다 떨어져 백성이 서로 잡아먹을 지경인데, 또 무엇을 믿고 구원병을 청하는가? 이미 너희 나라에도 군대와 식량을 대주지도 못하면서 또 왜놈들에게 책봉과 조공을 거절하면 왜놈들은 반드시 너희 나라에 분노할 것이고, 그렇게 되면 너희 나라는 반드시 망하고 말 것이다. 어찌 서둘러 스스로를 위한 계책을 세우지 않을 수 있겠는가?
옛날에 구천이 회계산에서 곤경을 겪었을 때 어찌 부차의 살을 씹어 먹고 싶지 않았겠는가? 잠시 치욕을 참고 견딘 것은 기대하는 것이 있었기 때문이다. 구천 자신은 부차의 신하가 되고 그 아내는 그의 첩이 되었다. 하물며 왜놈을 위해서 중국에 신첩이 되도록 요청해주고 스스로 여유를 가지고 천천히 도모하는 것이 구천의 군신 관계를 맺은 계책보다 나을 것이다. 상황이 이런데도 참아내지 못한다면 이는 발끈 화를 내는 소장부의 소견일 따름이고, 원수를 갚고 치욕을 씻는 영웅의 행동도 아닐 것이다.
너희가 왜적을 위하여 책봉하고 조공하는 것을 요청하여 실현되게 한다면, 왜적은 반드시 우리나라의 처사에 더욱 감동할 것이고 또 조선에 대해서도 고맙게 여겨 반드시 군사를 거두어 돌아갈 것이다. 왜적이 돌아간 다음에 너희 나라의 임금과 신하들이 노심초사하고 와신상담하여 구천의 과업을 닦는다면 하늘의 운수가 좋게 돌아올 것이니, 어찌 왜적에게 보복할 날이 없다고 하겠는가?"

그 천 마디 백 마디 말이 구구절절하였으나 요지는 위와 같았다.

호택이 객관에 있은 지 3개월이 넘었지만 조정의 논의는 결론을 내지 못했고, 임금님의 생각도 이를 더욱 어렵게 여겼다. 나는 그 당시 병으로 집에 있다가 장계를 올려 말했다.

"책봉을 청하는 것은 의리상 결코 옳지 않습니다. 마땅히 요사이 사정을 상세히 갖추어 중국에 알려서 중국이 처결하기를 청하십시오."

여러 번 장계를 올려서 임금님의 허락을 받았다. 이에 진주사 허욱이 중국으로 떠났다. 이때 고양겸 경략은 사람들이 비난하는 말 때문에 돌아갔고, 새로운 경략 손광이 와서 대신했다.

명나라 병부에서 황제에게 주청하여 소서비를 북경으로 들어오게 하여 세 가지 일로 꾸짖어 물었다.

“첫째, 단지 책봉만 요구하고 조공은 요구하지 말 것. 둘째, 한 사람의 왜군도 부산에 머물지 말 것. 셋째, 영원히 조선을 침략하지 말 것. 이 약속을 지킨다면 바로 책봉할 것이고 약속을 지키지 않으면 허락할 수 없다.”

그러자 소서비는 하늘을 가리켜 맹세하며 약속을 지키겠다고 청하였다. 그리하여 심유경에게 다시 소서비를 데리고 왜군의 진영으로 들어가 널리 알리게 하고, 또 이종성과 양방형을 상사와 부사로 삼아 왜국에 가서 평수길을 일본 국왕으로 봉하도록 했다. 그리고 이종성 등은 우리나라 도성에 머물러 있다가 왜적이 철수를 끝마치길 기다렸다가 일본으로 떠나도록 했다.

을미년(1595년, 선조 28) 4월에 이종성 등이 한성에 이르러 잇달아 사신을 보내서 왜군에게 바다를 건너가도록 재촉했는데, 사신의 왕래가 줄을 이었다. 이에 왜군은 먼저 웅천의 몇 진과 거제 장문포場門浦와 소진포蘇津浦 등의 여러 진에 있던 군사를 철군하여 신의를 표시하고 또 말하였다.

“평양에서처럼 속을까 두려우니, 원컨대 명나라 사신이 빨리 우리 진영으로 들어온다면 마땅히 약속처럼 모두 다 하겠습니다.”

8월(1595)에 부사 양방형이 병부의 공문에 따라 먼저 부산에 도착했으나, 왜군은 시간을 끌며 즉시 철수를 끝마치지 않고 다시 상사인 이종성을 요청하자, 많은 사람들이 왜군을 의심하였다. 병부 상서 석성은 심유경의 말만 믿고 왜군이 다른 생각은 없다고 여겨, 왜군의 철수를 급히 재촉하면서 여러 번 이종성에게 앞으로 나가도록 재촉했다. 비록 명나라 조정의 논의에는 이론도 많았지만, 석성은 굴하지 않고 몸소 감당하였다.

9월(1595)에 이종성이 양방형의 뒤를 이어 부산에 이르렀으나, 평행장은 즉시 와서 만나려 하지도 않고 또 말하였다.

"장차 관백에게 복명하고 재가를 얻은 연후에 명나라 사신을 맞이하겠다."

평행장은 일본으로 들어갔다가 이듬해인 병신년(1596년 선조 29) 정월에야 겨우 되돌아왔지만 여전히 철군의 일은 분명하게 말하지 않았다. 심유경은 두 사신을 머물러 있게 하고 또 혼자 평행장과 같이 먼저 바다를 건너가며, '사신 영접하는 예절을 의논하여 정할 것이다.'라고 핑계를 댔지만, 사람들은 그의 생각을 도무지 알 수 없었다. 심유경은 비단옷을 입고 배에 올라타고 깃발에는 조즙양국調戢兩國(두 나라를 화해시켜 전쟁을 그치게 하다)이라는 네 글자를 크게 써서 뱃머리에 세우고 떠나갔는데, 떠난 지 오래도록 소식이 없었다.

이종성은 곧 개국공신 문충의 후손인데, 조상의 공으로 작위를 이어받은 부귀한 집안의 자제로 천성이 겁이 몹시 많았다. 어떤 사람이 이종성에게 말하였다.

"왜구의 우두머리가 사실은 봉작을 받을 뜻이 없으면서 장차 당신들을 유인하여 가두어두고 욕을 보이려 하는 것입니다."

이종성은 몹시 두려워서 밤중에 평복차림으로 왜군의 진영을 탈출했는데, 종복과 짐꾼 그리고 인장과 부절 등을 모두 버리고 도망쳤다. 다음 날 아침이 되어서야 왜군이 이를 알고 길을 나누어 그를 뒤쫓아 양산의 석교까지 이르렀지만 찾지 못하고 돌아갔다.

양방형은 혼자 왜군의 진영에 머물면서 여러 왜군들을 무마하고, 또 한편으로 우리나라에 글을 보내 놀라 동요하지 않도록 했다. 이종성은 감히 큰 길로 가지 못하고 산골짜기 속으로 숨어 들어가 여러 날 동안 먹지도 못한 채 경주를 거쳐 서쪽으로 갔다.

얼마 후에 심유경과 평행장이 비로소 돌아왔고, 서생포 · 죽도 등의 진영도 철수하여, 아직 철수하지 않은 곳은 단지 부산의 네 진영뿐이었다. 곧바로 양방형 부사를 데리고 바다를 건너가게 되었는데, 심유경은 또 우리나라 사신도 동행할 것을 요구하며 그의 조카 심무시沈懋時를 보내 출발을 재촉했다. 우리 조정에서는 내키지 않았으나, 심무시가 반드시 같이 가자고 해서 어쩔 수 없이 무신 이봉춘李逢春 등을 임금님을 수행하는 배신이라 부르고서 이에 응하기로 했다. 그런데 어떤 사람이 '무인이 그 곳에 가면 실수가 많을 것이니, 마땅히 문관으로 사리를 아는 사람을 보내야 한다.'라고 하여서 이때에 황신[47]이 심유경의 접반사로 왜군의 진영에 있었기 때문에 곧 황신에게 수행하도록 했다.

원문

十月, 車駕 還都. 十二月, 天使行人司行人司憲 來.

[48]先是 沈惟敬 挾倭將小西飛 持關白[49]降表而歸. 天朝 疑'降表 非出於關

---

47 황신(黃愼): 1560년(명종 15)~1617년(광해군 9). 1588년 알성문과에 장원으로 급제하였다. 1592년 지평으로 세자를 호종했고, 체찰사의 종사관을 지냈다. 1596년 통신사가 되어 명나라 사신과 함께 일본에 갔는데 협상이 결렬되자 명나라 원군을 요청하는 데 힘썼다. 우의정에 추증되고, 공주 창강서원(滄江書院)에 제향되었다.

48 [옥대간]: 여기서부터 장을 나누어 새로 시작했으나 내용상 연결되는 것이 옳다.

49 [국]: "關白" 파본으로 인한 결락.

酋[일白] 行長等 詐爲之.' 又惟敬 纔至而晉州見陷, 納款之意不誠, 留小西飛於遼東 久不報.

時[이일-] 提督及諸將 皆還去, 惟劉綎・吳惟忠・王必迪等萬餘兵 駐箚八莒. 而中外飢甚 且困於饋運. 老弱顚[이일轉]溝壑 壯者爲盜賊, 重以癘疫 死亡殆盡. 至父子・夫婦相食 暴骨如莽.

未幾 劉軍 自八莒移南原, 又自南原[일京]還都城 留十餘日 逡巡西去, 而賊 猶在海上 人心益恐. 於是 經略宋應昌 被劾去, 新經略顧養謙 代至遼東, 遣參將胡澤 以箚付來 諭我群臣.

其略曰 "倭奴 無端侵爾. 勢如破竹, 據王京・開城三都會 有爾土地・人民十八九, 虜爾王子・陪臣. 皇上 赫怒興師, 一[국-]戰而破平壤 再進而得開城, 倭奴 竟遁王京 送還王子・陪臣. 復地二千餘里 所費帑金不貲士馬物故 亦不少. 朝廷之待屬國 恩義止此, 皇上罔極之恩 亦已過矣.

今 餉已不可再運矣, 兵已不可再用矣. 而倭奴 亦畏威請降 且乞封貢矣. 天朝 正宜許之封貢 容之爲外臣. 驅倭 盡數渡海 不復侵爾. 解棼息兵 所以爲爾國久遠計也.

今 爾國糧盡 人民相食 又何恃而請兵耶? 既不與兵餉於爾國 又絕封貢於倭奴, 倭奴 必發怒於爾國 而爾國 必亡. 安可不[50]早自爲計耶?

昔 句踐之困於會稽也, 豈不欲食夫差之肉乎? 而姑忍恥含垢[이일詬][51] 以有待也. 身且爲臣也 妻且爲妾也. 況爲倭奴 請爲臣妾於中國 以自寬而徐爲之圖, 是愈於句踐君臣之謀也. 此而不能忍, 是悻悻小丈夫之見

---

50 [국]: "又絕" "安可不" 파본으로 인한 결락.

51 함후(含垢)와 함후(含詬): 둘 다 같은 뜻이다. 그러나 함후(含垢)는 함후포수(含垢包羞)・함구인치(含垢忍恥) 등의 여러 숙어가 있고 용례가 많은데 비해, 함후(含詬)는 숙어도 없고 용례도 거의 없다. 이에 함후(含垢)가 더 적합하다고 보았다.

耳, 非復讐雪恥之英雄也.
爾爲倭請封貢 若果得請, 則倭必益感中國 而且德朝鮮, 必罷兵而去. 倭去而爾國君臣 遂苦心焦思 臥薪嘗膽 以修句踐之業 天道好還, 安知無報倭日也?" 其言縷縷千百 大意如此.

胡澤在館 三月餘, 朝議不決 聖意愈難之. 臣 時 以病在告, 啓曰 "請封 義固不可. 惟當詳具近日事情奏聞 以聽[일請]中朝處置." 屢啓 乃允. 於是 陳奏使許頊 去. 時 顧經略 又以人言辭去, 新經略孫鑛 來代.

兵部奏請 收小西飛入京 詰以三事. "一 但求封不求貢. 二 一倭不留釜山. 三 永不侵朝鮮. 如約卽封 不如約不可." 小西飛 指天爲誓 請遵約束. 遂令沈惟敬 更帶小西飛 入倭營宣諭[이論], 又差李宗誠 · 楊方亨 爲上副使 往封平秀吉日本國王. 而使宗誠等 留我都城 候倭盡撤 方行.

乙未四月, 宗誠等 至漢城 連遣使 促倭渡海 項背相望. 於是 倭先撤熊川數陣及巨濟場門 · 蘇津浦等諸屯 以示信, 且曰 "恐如平壤[52]見欺, 願天使速入倭營 當悉如約."
八月, 楊方亨 因兵部箚付 先到釜山, 而倭遷延 不卽盡撤 更請上使, 人多疑之. 兵部尙書石星 信沈惟敬言 意倭無異情, 又急於退兵 屢促宗誠前去. 雖朝議多異 而星奮然 以身當之.

九月, 宗誠 繼至釜山, 平行長 不卽來見, 又言 '將往復關白定奪 然後 迎天使'. 行長 入日本 丙申正月 始回, 猶不明言撤兵事. 沈惟敬 留二使 又

52 [국]: "數陣" "平壤" 파본으로 인한 결락.

獨與行長 先行渡海 託言將講定迎使禮節, 人莫能測. 惟敬 錦衣登舟 旗上大書'調戢兩國' 四字 立船頭而去, 旣去 久無回報.

李宗誠 乃開國功臣文忠之後 以功襲爵 紈袴[이일綺]子弟 性頗恇怯. 或言於宗誠曰 "倭酋 實無受封意 將誘致宗誠等 拘囚而困辱之." 宗誠懼甚 夜半 以微服出營, 盡棄僕從·輜重·印[일卯]節而逃. 翌朝 倭始覺 分道追之 至梁山石橋, 不得而回.

楊方亨 獨留倭營 撫戢群倭 且移文我國 令勿驚動. 宗誠 不敢由大路 竄入山谷中 數日不食 從慶州 來西去.

旣而 沈惟敬·行長 始回, 又撤西生浦·竹島等屯, 其未撤者 只釜山四屯. 乃挾楊副使過海, 沈惟敬 又要我使同行 遣其姪沈懋時 催發. 朝廷不肯, 懋時 必欲與偕[이일俱] 不得已 以武臣李逢春等 稱跟隨陪臣以應之. 或謂'武人往[53]彼中 多失誤, 宜使文官識事理者往' 時[국旹;간昔] 黃愼 以沈接伴使 在倭營, 就令愼隨行.

53 [국]: "得已" "人往" 파본으로 인한 결락.

11
강화 협상이 결렬되다

명나라 사신 양방형과 심유경이 일본에서 돌아왔다.

이보다 앞서 양방형 등이 일본에 도착하자 관백은 관사를 성대하게 꾸미고 그들을 영접하려고 했는데, 때마침 어느 날 밤에 큰 지진이 일어나 거의 다 무너졌기 때문에 결국 다른 집에서 그들을 맞이했다. 관백은 두 사신과 한두 차례 만났는데, 처음에는 봉작을 받을 것처럼 하더니 갑자기 크게 화를 내며 말하였다.

"내가 조선의 왕자를 놓아 보냈으니 조선에서는 마땅히 왕자가 사신으로 와서 사례해야 한다. 그런데 직위가 낮은 사신을 보냈으니 이것은 나를 업신여기는 것이다."

황신 등이 임금님의 명을 전하지도 못했는데, 양방형과 심유경 등에게 함께 돌아가라고 재촉했고, 또 명나라 조정에 사은하는 예도 없었다.

적의 장수 평행장은 부산포로 돌아왔고, 가등청정은 다시 군사를 거느리고 서생포에 계속 주둔하면서 '요컨대, 왕자를 보내 사례해야 비로소 군사를 철수시킬 것이다.'라고 공언했다.

대체로 관백의 요구가 너무 커서 책봉과 조공만을 원한 것이 아니었는데, 중국 조정에서는 단지 책봉만 허락하고 조공은 허락하지 않았다. 심유경은 평행장과 서로 친숙했기 때문에 임시변통으로 구차스럽게 성사시키려고 했다. 그래서 그 실정을 명나라 조정이나 우리나라에 알리지 않아 일이 끝내 이루어지지 못했던 것이다.

우리나라에서는 명나라에 곧바로 사신을 보내 빨리 그 사실을 아뢰게 하였다. 이리하여 석성과 심유경은 모두 죄를 얻었고 명나라 군대도 다시 출병하였다.

원문

天使楊方亨 · 沈惟敬 回自日本.

先是[이일時] 方亨等 至日本, 關白盛飾[이일餙]館宇 欲迎接, 會一夜 地大震 摧倒幾盡, 遂迎候於他舍. 與兩使一再會 初若受封者然, 忽大怒曰 "我 放還朝鮮王子 朝鮮 當使王子來謝. 而使臣秩卑 是慢[이일謾]我也." 黃愼等 不得傳命, 并[이일並]促楊方亨 · 沈惟敬等 同回, 亦無謝恩天朝之禮.
賊將平行長 回釜山浦, 淸正復率兵 繼屯西生浦, 聲言'要王子來謝 始解兵.'

蓋關酋所求 甚大 不止封貢, 中朝 但許封 不許貢. [이일+沈]惟敬與平行長 相熟 欲臨事彌[옥국이일綳;간縭]縫 苟且成事, 而不以實情聞諸天朝與我國, 事竟不諧.
本國 卽遣使 馳奏其事. 於是 石星 · 沈惟敬 皆得罪 而天兵 再出矣.

12
이순신이 백의종군하다

수군통제사 이순신을 체포하여 감옥에 가두었다.

처음에 원균은 이순신이 와서 구해준 것을 고맙게 여겨 서로 사이가 매우 좋았지만, 얼마 후 전공을 다투게 되자 점차 두 사람 사이가 좋지 않았다. 원균의 성품은 음흉하고 간사하였고 또 조정 안팎의 많은 인사들과 연결되어 있었는데, 이순신을 모함하는 데 있는 힘을 다하였다. 늘 말하기를 '이순신이 처음에는 오지 않으려고 하다가 내가 강력하게 청해 겨우 왔으니, 적을 이긴 공로는 내가 으뜸이다.'라고 하였다. 당시 조정의 논의가 갈라져 각각 주장하는 바가 달랐다.

이순신을 처음 추천한 것은 나였기 때문에 나를 좋아하지 않는 자들은 원균과 합세하여 이순신을 공격하는 데 온 힘을 다하였다. 오직 우의정 이원익만이 그렇지 않다는 점을 분명히 하면서 또 말하였다.

"이순신과 원균은 각기 나누어 지키는 지역이 있어서 처음에 곧장 진격하지 않았어도 크게 잘못된 것은 아니다."

이보다 먼저 왜적의 장수 평행장은 졸개 왜놈 요시라要時羅를 경상우병사 김응서의 부대에 왕래하게 하여 은근한 정을 보냈다. 바야흐로 가등청정이 다시 조선에 나오려고 할 때, 요시라가 몰래 김응서에게 말하였다.

"저희 장군 평행장이 말하기를 '이번 강화의 일이 이루어지지 않은 것은 가등청정 때문이어서 내가 그를 몹시 미워한다. 모일에 가등청정이 반드시 바다를 건너올 것이다. 조선은 수전을 잘하니 만약 바다 한가운데서 기다리다 노리면 패퇴시켜 죽일 수 있을 것이다. 부디 이 기회를 놓치지 마라.'라고 하셨습니다."

김응서가 그 일을 아뢰니 조정의 논의는 그 말을 믿었다. 해평군 윤근수[54]는 더욱 좋아 날뛰면서 놓칠 수 없는 기회라고 여기고 여러 번 아뢰어 이순신에게 전진하라고 계속 재촉하였다. 이순신은 적의 속임수가 있다고 의심하여 주저하고 머뭇거린 지 여러 날이 되었다. 그러자 요시라가 또 와서 말하였다.

"가등청정이 지금 벌써 상륙하였는데, 조선은 어찌 기다렸다가 절단내지 않았습니까?"

거짓으로 한탄하고 애석한 뜻을 보였다. 이 사실이 알려지자 조정의 논의는 모두 이순신을 책망하였고 대간들은 잡아들여 국문하자고 청하였다. 현풍 사람 전 현감 박성[55]이라는 자도 당시의 시론에 편승해 원망하며 상소를 올려 이순신을 베어야 한다고 극언을 하였다. 드디어 의금부도사를 보내 이순신을 잡아오게 하고 원균을 대신 통제사로 삼았다.

임금님께서는 오히려 소문이 전부 다 진실은 아닐 것이라 의심해서 특별히 성균 사성 남이신[56]을 한산도로 보내 실정을 몰래 알아오게 하였다.

---

54 윤근수(尹根壽): 1537(중종 32)~1616(광해군 8). 1588년 별시문과에 급제하였다. 1589년 공조참판으로 명나라에 가서 종계변무의 일을 성공적으로 완수하여 해평부원군에 봉해졌다. 임진왜란 때 선조를 호종하였다. 윤두수의 동생이다. 영의정에 추증되었으며, 시호는 문정(文貞)이다.

55 박성(朴惺): 1549(명종 4)~1606(선조 39). 임진왜란이 일어나자 초유사 김성일의 참모가 되었고, 정유재란 때는 의병을 일으켰다.

56 남이신(南以信): 1562(명종 17)~1608(선조 41). 1590년(선조 23) 증광문과에 병과로 급제하여 예조정랑 · 경기도관찰사 · 대사간 등을 지냈다.

남이신이 전라도로 들어가자 군인과 백성들 중에 길을 막고 이순신의 원통함을 하소연하는 자들이 이루 헤아릴 수 없을 정도로 많았다. 그러나 남이신은 사실대로 보고하지 않고 말하였다.

"가등청정이 해도에 머문 7일 동안에 우리 군사가 만약 나갔다면 잡아 올 수 있었으나 이순신이 머뭇거려 기회를 놓쳤습니다."

이순신을 하옥시키고 대신에게 명하여 죄를 논하게 했는데, 오직 판중추부사 정탁[57] 만이, '이순신은 명장이니 죽여서는 아니 됩니다. 군사상 기밀의 이해득실은 먼 곳에서는 헤아리기가 어려우니, 그가 나아가지 않은 것은 반드시 생각이 없지는 않았을 것입니다. 청컨대 너그럽게 용서하여 뒷날에 공을 세우도록 하십시오.'라고 말하였다.

그리하여 고문을 한 번 하고 사형을 감하여 관직을 삭탈한 후 군대에 편입시켰다.

이순신의 노모는 아산에 있었는데 이순신이 하옥되었다는 소식을 듣고 근심 걱정을 하다가 돌아가셨다. 이순신은 출옥하여 아산을 지나가는 길에 비로소 상복을 갖추어 입고 곧바로 권율의 막하로 가서 백의종군하였으니 사람들이 그 소식을 듣고 슬퍼하였다.

원문

逮水軍統制使李舜臣 下獄.

初 元均 德舜臣來救 相得甚歡[이일懽], 旣而爭功 漸不相能. 均性險詖

---

57 정탁(鄭琢): 1526(중종 21)~1605(선조 38). 1558년 식년문과에 병과로 급제하였다. 임진왜란이 일어나자 좌찬성으로 선조를 호종하였고, 곽재우와 김덕령 등을 천거하였다. 1595년 우의정이 되었고, 1597년 3월 이순신을 적극 옹호하여 죽음을 면하게 하였다. 1600년 좌의정이 되었다. 호종공신 3등에 녹훈되어 서원부원군에 봉해졌으며, 예천의 도정서원에 제향되었다. 시호는 정간(貞簡)이다.

且多連結於中外, 搆誣舜臣 不遺餘力. 每言‘舜臣 初 不欲來, 因我固請乃至, 勝敵 我爲首功.’ 時 朝論[이일議]分岐 各有所主.

薦舜臣初爲余, 不悅余者 與元均 合攻舜臣甚力. 惟右相李元翼 明其不然, 且日 “舜臣與元[58]均 各有分守之地, 初不卽進 未足深非.”

先是 賊將平行長 使卒倭要時羅 往來慶尙右兵使金應瑞陣 致慇懃. 方清正欲再出也, 時羅 密言於應瑞日 “我將行長言‘今此和事不成 由於淸正, 吾甚疾之. 某日 淸正 當渡海. 朝鮮善水戰 若要諸海中 可以敗殺. 愼毋失也.’ 應瑞上其事, 朝議信之. 海平君尹根壽 尤踊躍 以爲機會難失 屢啓之 連催舜臣前進. 舜臣 疑賊有詐 遲徊者 累日. 至是 要時羅 又至日 “淸正 今已下陸 朝鮮 何不要截?” 佯致恨惜之意. 事聞 廷議 皆咎舜臣 臺諫請拿鞫[이일鞠]. [이일+慶尙道]玄風人前縣監朴惺者 亦承望時論 上疏極言‘舜臣可斬.’ 遂遣義禁府都事 拿來, 元均 代爲統制使.

上 猶疑所聞不盡實 特遣成均司成南以信 下閑山廉察. 以信旣入全羅道 軍民遮道 訟舜臣寃者 不可勝數. 以信不以實聞 乃日 “淸正留海島[일嶋]七日, 我軍若往 可縛來, 而舜臣 逗遛失機.”

舜臣至獄 命大臣議罪, 獨判中樞府事鄭琢 言‘舜臣名將 不可殺. 軍機利害 難可遙度, 其不進 未必無意. 請寬恕以責後[국浚]效.’ 栲問一次 減死削職充軍.

舜臣老母 在牙山 聞舜臣下獄 憂悸而死. 舜臣出獄 道過牙山 成服, 卽往權慄帳下[59] 從軍, 人聞而悲之.

---

58 [국]: “合攻” “與元” 파본으로 인한 결락.

59 [국]: “帳下” 파본으로 인한 결락.

13
명나라 군대가 다시 출병하다

명나라 조정에서는 병부상서 형개[60]를 총독 군문으로, 요동포정사 양호[61]를 경리조선군무로, 마귀[62]를 대장으로 삼아 양원楊元 · 류정劉綎 · 동일원董一元 등을 잇따라 우리나라로 출병시켰다.

정유년(1597) 5월에 양원이 3천 명을 거느리고 먼저 와서 서울에 며칠 머무르다가 전라도로 내려가 남원에 주둔하며 지켰다. 대개 남원은 호남과 영남의 요충지에 있어서 성이 매우 견고하고 완전하였는데, 지난 날 낙상지가 또 증축하여 지킬 수 있게 하였기 때문이다. 성 밖에 교룡산성이 있는데 여러 사람들의 의견은 산성을 지키고자 하였으나, 양원은 본성을 지켜야 된다고 여겨 성가퀴를 쌓고 해자를 깊게 팠다. 해자 안에 또 양마장羊馬墻(성벽과 해자 사이에 설치하는 낮은 울타리)을 설치했는데 밤낮으로 공사를 감독하여 한 달이 지나 대략 완성되었다.

60 형개(邢玠): 명나라 장수. 병부상서로 있다가 정유재란 때 총독군문으로 조선에 왔다.

61 양호(楊鎬): 정유재란 때 조선에 온 명나라 장수. 정유재란 때 조선 원정군의 사무를 책임지는 직책인 경리를 맡아 활약하였다. 울산의 도산성 전투에서 패했는데 이를 승리로 거짓 보고했다가 파면되었다.

62 마귀(麻貴): 정유재란 때 조선에 온 명나라 수군 제독. 1597년 12월 도원수 권율과 울산의 도산성을 포위하여 공격을 하였으나 적장 흑전장정(黑田長政[구로다 나가마사])의 일본군에게 패해 경주로 후퇴하였다. 1598년 만세덕이 거느린 14만 원군을 따라와 다시 도산성을 공격하였으나 실패하였다.

원문

天朝 以兵部尚書邢玠 爲總督軍門, 遼東布政司楊鎬 爲經理朝鮮軍務, 麻貴爲大將, 楊元 · 劉綎 · 董一元等 相繼而出.

丁酉五月, 楊元 領三千兵 先至 留京城 數日, 下全羅道 駐守南原. 蓋南原 據湖嶺之衝 城頗堅完, 往時[극岦] 駱尚志 又增築 可守故也. 城外 有蛟龍山城 衆議 欲守山城, 楊元 以爲本城可守 增埤[극陴]浚濠. 濠內 又設羊馬墻, 晝夜董役 月餘粗完.

14

원균의 수군이 괴멸되다

8월 7일[63](1597)에 한산도의 수군이 괴멸되었다. 통제사 원균과 전라 우수사 이억기가 전사하고 경상우수사 배설[64]은 달아나 죽음을 면했다.

처음에 원균이 한산도에 이르러 이순신이 정한 약속을 모두 바꿔버렸다. 무릇 비장과 사졸 중에 조금이라도 이순신에게 임명되어 일했던 자들을 모두 배척하여 제거했다. 원균은 이영남이 지난날 자신이 패하여 달아난 상황을 자세히 알고 있었기 때문에 더욱 미워했다. 그러자 군사들이 마음속으로 원망하고 분개하였다.

이순신은 한산도에 있을 때 집을 짓고 '운주당'이라고 불렀는데, 밤낮으로 그 안에 거처하면서 여러 장수들과 전쟁에 관한 일을 함께 의논하였다. 비록 하급 군졸일지라도 군대에 관한 일을 말하고자 하는 자는 누구나 와서 말할 수 있도록 허락하였기 때문에 군대의 실정을 훤히 알았으며, 매번 전쟁에 나갈 때마다 비장들을 모두 불러 계책을 묻고 작전이

---

63 칠천량 해전은 실제로는 7월 15일이다.

64 배설(裵楔): 1551년(명종 6)~1599년(선조 32). 임진왜란 때 합천 군수였다. 1597년 칠천량 해전에서 전선 12척을 수습하여 훗날 이순신에게 전선을 내주었다. 명량 해전이 일어나기 전에 탈영하였다가 전란이 끝난 뒤 선산 땅에서 체포되어 처형당했다.

정해진 뒤에 싸웠기 때문에 패전하는 일이 없었다.

그런데 원균은 애첩을 끼고 운주당에 거처하면서 겹겹이 울타리를 쳐서 안팎을 막아버리니 여러 장수들은 그 얼굴조차 보기 어려웠다. 또 술을 좋아해서 날마다 하는 짓이 술주정을 부리고 화를 내는 일이었으니 형벌을 집행하는 데도 법도가 없었다. 그러자 군대 안에서 몰래 말하였다.

"적을 만나면 오직 달아나는 일만 남았군!"

여러 장수들도 사사로이 서로 원균을 기롱하고 비웃었으며, 게다가 다시는 존경하거나 두려워하지도 않았기 때문에 명령이 행해지지 않았다.

그때에 왜적이 다시 쳐들어오려고 했는데, 평행장이 또 요시라를 보내 김응서를 속여 말하였다.

"왜선이 모일에 마땅히 더 올 것이니 조선 수군은 요격할 수 있을 것입니다."

도원수 권율은 그 말을 더욱 믿었다. 게다가 이순신이 주저하고 싸우지 않아 죄를 얻었다고 여겼기 때문에 날마다 원균에게 나가 싸우라고 독촉했다. 원균도 평소에 '이순신이 적을 보고도 싸우러 나가지 않는다.'고 말했고 또 이 말로 이순신을 모함하여 자기가 그 임무를 대신할 수 있었다. 이때에 이르러 비록 그 형세가 어려운 줄 알았지만, 부끄럽게도 핑계 삼을 말이 없었기 때문에 마지못해 함선을 모두 거느리고 앞으로 나아갔다.

이때 언덕 위에 있던 왜적의 진영에서는 우리 배가 지나가는 것을 내려다보고 서로서로 전하여 보고하였다. 원균이 절영도(부산광역시 영도구)에 이르자 풍랑이 일어났는데, 날은 벌써 저물었으며 배를 정박시킬 만한 곳도 없었다. 왜적의 배가 바다 한가운데에서 출몰하는 것을 멀리서 바라보고, 원균은 여러 군사들을 독려하여 앞으로 나아갔다.

칠천량해전

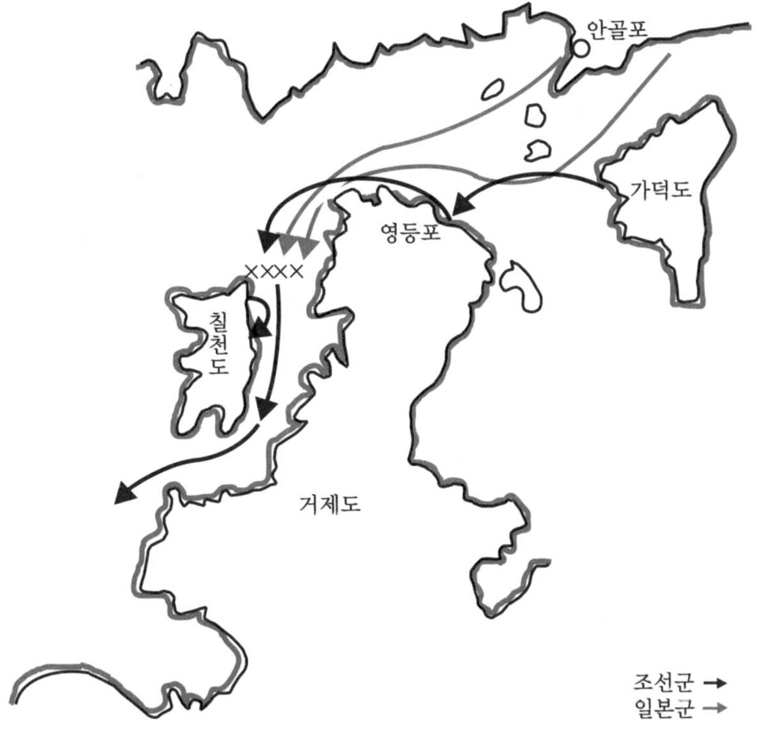

배안의 군사들은 한산도에서부터 하루 종일 노를 저었지만 휴식을 취하지 못하였고, 또 피곤하고 굶주리고 목말라서 배를 움직일 수 없었다. 모든 배들이 이리저리 왔다 갔다 하면서 갑자기 앞으로 나갔다가 갑자기 뒤로 물러나기도 했다. 왜적들은 우리 군사들을 피곤하게 하려고 우리 배 가까이 와서 문득 갑자기 유인했다가 피해 달아나면서 싸우려고 하지 않았다. 밤이 깊어질수록 바람도 더 거세졌는데, 우리 배는 사방으로 흩어져 떠내려가 어디로 가야 할지 몰랐다.

원균은 어렵게 남은 배를 수습하여 가덕도로 돌아왔다. 군사들은 갈증이 심해서 다투어 배에서 내려 물을 마셨는데, 왜병들이 섬 가운데에서 갑자기 뛰어나와 덮치는 바람에 장수와 군사 4백여 명을 잃었다.

원균은 또 물러나와 거제 칠천도에 도착하였다. 고성에 있던 권율은 원균이 소득이 없자, 격문으로 원균을 불러다가 곤장을 치고 다시 나가 싸우라고 독촉했다. 원균은 군대로 돌아와서 더욱 화가 나 술을 마시고 취해 드러누웠다. 여러 장수들이 원균을 만나보고 군사 일을 말하고자 했지만 할 수 없었다.

밤중에 왜적의 배가 와서 습격하자 군대가 크게 무너졌다. 원균은 도망쳐 바닷가에 이른 뒤 배를 버리고 언덕에 올라 달아나려 했지만 살이 찌고 둔해서 소나무 아래에 주저앉았고, 주변 부하들은 모두 흩어졌다. 어떤 이는 원균이 적에게 살해되었다고도 하고, 어떤 이는 달아나 죽음을 면했다고 하는데, 끝내 그 사실을 알 수가 없다.

이억기는 배 위에서 바닷물에 몸을 던졌다.

이에 앞서 배설은 원균에게 반드시 패할 것이라고 누차 간했으며, 이 날도 이렇게 말했다.

"칠천도는 수심이 얕고 폭이 좁아서 배를 운행하기에 불리하니, 마땅히 다른 곳으로 진을 옮겨야 합니다."

그러나 원균은 전혀 듣지 않았다. 배설은 자기가 거느린 배들과 은밀히 약속하고 엄중히 경계하면서 변화에 대비하고 있다가, 적병이 내습하는 것을 보고 항구를 벗어나 먼저 달아났기 때문에 그의 군대만이 홀로 온전할 수 있었다.

배설은 한산도로 되돌아와 불을 놓아 건물과 양곡과 군장비들을 불사르고 섬 안에 남은 백성들을 옮겨서 왜적을 피해 떠나가도록 했다.

한산도가 이미 패하자, 왜적은 승세를 타고 서쪽으로 향하였으니 남해와 순천이 차례로 함락되었다. 적선이 두치진豆恥津(경남 하동군 화개면 섬진강 입구)에 이르러 상륙한 후 전진해서 남원을 포위하자, 충청도와 전라도가 크게 흔들렸다.

무릇 왜적이 임진년부터 우리 국경에 들어왔으나 오로지 수군에게만 패배를 당하자, 평수길이 이를 분하게 여겨 평행장을 문책하며 반드시 수군을 없애라고 명하였다. 평행장은 거짓으로 김응서에게 정성을 바치면서 이순신이 모함을 당하도록 하였고, 또 원균을 꾀어 바다로 나오게 하여 그 허와 실을 모조리 알아내고 이를 이용해 불의에 습격하였다. 그 계략이 너무나 간교하여 우리는 완전히 그 간계 속에 빠지고 말았으니, 슬프도다!

원문

[65]八月初七日, 閑山舟師潰. 統制使元均 · 全羅右水使李億祺 死, 慶尙右水使裵楔 走免.

初 元均 旣至閑山 盡變舜臣約束. 凡褊裨士卒 稍爲舜臣所任使者 皆斥去. 以李英男詳知己前日奔敗狀 尤惡之. 軍心怨憤.

舜臣 在閑山時, 作堂名曰 "運籌." 日夜處其中 與諸將 共論兵事. 雖下卒

---

65 [일]: 여기서부터 4권으로 삼았다.

欲言軍事者 許來告 以通軍情, 每將戰 悉招褊裨問計 謀定而後 戰, 故無敗事.

均挈愛妾 居其堂 以重籬隔內外, 諸將 罕見其面. 又嗜酒 日事酗怒 刑罰無度. 軍中竊[국이일窃]語曰 "若遇賊 惟有走耳!" 諸將 私相譏笑 亦不復稟畏 故 號令不行.

時 賊 將再入寇, 平行長 又遣要時羅 紿金應瑞曰 "倭船 某日 當添至, 朝鮮舟師 猶可邀擊." 都元帥[일師]權慄 尤信其說. 且以李舜臣以逗遛已得罪 日促元均[66]進兵. 均 亦[이일+以已前]常言 '舜臣 見賊不進' 以此陷舜臣而己得代其任. 至是 雖知其勢難 而慙無以爲辭, 只得盡率舟艦進前.

倭營之在岸上者 俯視船[국舡]行 互相傳報. 均 至絶影島 風作浪起, 日已昏 船無止泊處. 望見倭船出沒海中 均 督諸軍進前[이일戰].

舟中人 自閑山 終日搖櫓 不得休息, 又困飢渴疲 不能運船[국舡]. 諸船[국舡]縱橫進退 乍前乍卻[국이일却;간郤]. 倭欲疲之 與我船[국舡]相近 輒倘佯引 避而去 不與交鋒. 夜深風盛, 我船[국舡] 四散分漂 不知去向.

均 艱收餘船[국舡] 還至加德島. 軍士渴甚 爭下船[국舡]取水, 倭兵從島中突出掩[옥대국간揜]之, 失將士四百餘人.

均又引退 至巨濟漆川島, 權慄在固城 以均無所得, 檄召均杖之 督令更進. 均還到軍中 益忿懣 飮酒醉臥. 諸將 欲見均言事 不得.

夜半 倭船 來襲之 軍大潰. 均走至海邊 棄舟登岸欲走, 而體肥鈍 坐松樹下, 左右皆散. 或言 '爲賊所害' 或言 '走免' 終不得其實.

李億祺 從船[국舡]上投水. 裵楔 先是 屢諫均必敗, 是日 又言 '漆[대간柒;

66 [국]: "權" "元均" 파본으로 인한 결락.

일桼]川島淺窄 不利行船, 宜移陣他處.' 均皆不聽. 楔[일揳] 私約[일一]所領船[국舡] 戒嚴待變, 見賊來犯 奪港先走, 故 其軍獨全.

楔 還至閑山島, 縱火焚廬舍 · 糧穀 · 軍器 徙餘民之留在島中者 使避賊而去.

閑山旣敗 賊 乘勝西向 南海 · 順天 次第陷沒. 賊船[67]至豆恥津下陸 進圍南原, 兩湖大震.

蓋賊 自壬辰 入我境 惟見敗於舟師, 平秀吉 憤之 責行長必取舟師. 行長佯輸款於金應瑞 使李舜臣得罪, 又誘元均出海中 盡得其虛實 因行掩[국揜]襲. 其計至巧 而我悉墮[이일墜]其計中, 哀哉!

---

67 [국]: "賊而" "船" 파본으로 인한 결락.

15
황석산성이 함락되다

왜적이 황석산성(경남 함양군 서하면 봉전리)을 함락시켜, 안음 현감 곽준[68]과 전 함양 군수 조종도[69]가 전사하였다.

처음에 관찰사 이원익과 원수 권율이 도내의 산성을 수리해서 적을 막기로 의논하고, 공산公山 · 금오金烏 · 용기龍紀 · 부산富山 등에 성을 쌓았는데, 공산과 금오는 백성의 힘이 더욱 많이 들었다. 이웃 고을의 기구와 양곡을 모두 거두어 성 안에 채워두었고 수령을 독려하여 노약자와 남녀를 모두 거느리고 성에 들어가 지키도록 하였으니, 가까운 곳이나 먼 곳이나 몹시 소란스러웠다.

왜적이 다시 움직였을 때, 가등청정은 서생포에서 서쪽 전라도로 향하

---

68 곽준(郭䞭): 1551(명종 6)~1597(선조 30). 임진왜란 때 김면(金沔)이 의병을 일으키자 그 휘하에 들어가 공을 세웠다. 김성일의 천거로 자여도찰방이 되어 굶주린 백성을 구했다. 1597년 정유재란 때 안음현감이었는데, 조종도 · 백사림과 함께 황석산성을 지키다 아들 곽이상 · 곽이후와 함께 전사하였으며, 곽준의 딸은 목을 매 자살하였다.

69 조종도(趙宗道): 1537(중종 32)~1597(선조 30). 임진왜란이 일어나자 김성일과 함께 의병을 모집하였고, 단성현감이 되었다. 1596년 함양군수가 되었으며, 정유재란 때 의병을 모아 황석산성을 수축하고 가족과 함께 성에 들어가 왜적과 싸우다 전사하였다. 이조판서에 추증되고, 함안의 덕암서원과 안의의 황암서원에 제향되었으며, 시호는 충의(忠毅)이다.

여 장차 수로로 오는 소서행장의 군대와 만나 남원을 공격하려고 하였다. 원수 이하는 모두 멀리서 바라보기만 하고 도망가면서, 각처의 산성에 들어가 지키는 자들에게 전령을 보내 각자 흩어져서 적병을 피하라고 하였다. 오직 의병장 곽재우만이 창녕의 화왕산성에 들어가서 죽음을 각오하고 성을 지키고자 하였다. 왜적이 산 아래에 도착했는데 형세가 가파르고 험준하며 성 안의 사람들이 고요하고 침착하여 동요하지 않는 것을 쳐다보고는 공격하지 않고 그냥 갔다.

안음현감 곽준이 황석산성에 들어갔는데, 전 김해부사 백사림[70]도 역시 성 안으로 들어갔다. 백사림은 무인으로 여러 사람들이 마음으로 의지하여 중하게 여겼는데, 적병이 성을 공격한 지 하루 만에 백사림이 먼저 달아나자 여러 군대가 모두 무너져버렸다. 적병이 성으로 들어오자 곽준과 그 아들 곽이상郭履祥과 곽이후郭履厚가 모두 전사하였다.

곽준의 딸은 유문호柳文虎에게 시집갔는데, 유문호가 왜적에게 포로로 잡혔다. 곽씨가 성 밖으로 나온 이후에 그 소식을 듣고는 자기 여종에게 말하였다.

"아버지가 죽었지만 내가 죽지 않은 것은 남편이 남아 있기 때문이었다. 지금 남편도 잡혔으니 나 혼자 어찌 살 수 있겠느냐?"

그리고 스스로 목을 매어 죽었다.

조종도가 일찍이 이렇게 말하였다.

"내 일찍이 대부 벼슬을 했는데 달아나 숨는 무리들처럼 풀밭에서 똑같이 죽을 수는 없다. 죽는다면 당연히 떳떳하게 죽을 뿐이다!"

---

70 백사림(白士霖): ?~?. 임진왜란이 일어나자 장수로 발탁되었다. 후에 김해부사가 되었으며, 1594년에는 곽재우 · 권율 · 이순신 등과 함께 거제도를 공격하였다. 전란 중에 대일본 교섭을 수행하기도 하였다. 1597년 함양의 황석산성을 지키다 도망간 죄로 투옥되었다.

처자식을 거느리고 성 안에 들어와, 시를 지었는데 이러하다.

공동산 밖에서는 살아도 외려 기쁘지만
순원성 안에서는 죽어도 또한 영광이로다.[71]

마침내 곽준과 함께 살해당하였다.

원문

[72]倭兵陷黃石山城, 安陰縣監郭䞭 · 前咸陽[간安]郡守趙宗道 死之.

初 體察使李元翼 · 元帥權慄 議修道內山城禦賊, 築公山 · 金烏[일鳥] · 龍紀 · 富山等城, 而公山 · 金烏[일鳥] 用民力尤多. 悉收旁郡器械 · 糧餉實其中, 督守令 盡率老弱 · 男婦入守, 遠近騷然.

及賊再動, 淸正 自西生浦 西向全羅, 將與行長水路兵 會, 攻南原[일京]. 元帥以下 皆望風引去, 傳令各處山城入守者 各散去避兵. 惟義兵將郭再祐 入昌寧火王山城 期死守. 賊到山下 仰見'形勢斗絕 而城內人 靜帖不動' 不攻而去.

安陰縣監郭䞭 入黃石山城, 前金海府使白士霖 亦入城中. 士霖武人, 衆心 倚以爲重, 賊兵攻城一日 士霖先遁 諸軍皆潰. 賊入城 䞭與子履祥 ·

---

71 공동산~영광이로다: "공동산외생유희(崆峒山外生猶喜), 순원성중사역영(巡遠城中死亦榮)." 공동산(崆峒山)은 중국 감숙성에 있는 산 이름으로 황제(黃帝)가 그곳에 갔다는 전설이 있는데, 여기서는 선조가 피난 간 것을 말한다. 중국 당나라 현종 때 안록산이 반란을 일으키자 장순(張巡)이 허원(許遠)과 함께 수양성(睢陽城)을 지키다 순절한 일이 있는데, 이 두 장수의 이름을 따서 수양성을 순원성(巡遠城)이라 부른다.

72 [일]: 앞장과 이어져 있으나, '倭' 위에 'ㄱ' 표를 하여 장이 나누어짐을 표시하였다.

履厚 皆死.

趍女 嫁柳文虎, 文虎爲倭所擄. 郭氏 已出城聞之 謂其婢曰 "父死而不死爲有夫在耳. 今夫又執 吾何生爲?" 自經死.

趙宗道 嘗曰 "吾 嘗從大夫之後, 不可'與奔[이일犇]竄之徒 同死草間.' 死則 當明白死耳!" 率妻子入城中, 作詩曰 "崆峒山外生猶喜, 巡遠城中死亦榮." 遂與趍 同被害.

16
이순신을 다시 삼도수군통제사로 삼다

초상 중에 있는 이순신을 다시 등용하여 삼도수군통제사로 삼았다.

한산에서 패전했다는 보고가 이르자 조정과 민간 모두가 깜짝 놀랐다. 임금님께서 비변사의 여러 신하들을 불러서 계책을 물었지만 여러 신하들은 황송하고 당혹스러워 대답할 바를 알지 못했다. 경림군 김명원과 병조판서 이항복이 조용히 임금님께 아뢰었다.

"이것은 원균의 죄입니다. 오직 마땅히 이순신을 기용하여 통제사로 삼아야만 합니다."

임금님께서 이 말을 따랐다.

이때 권율은 원균이 패전했다는 소식을 듣고, 이미 이순신에게 그곳으로 가서 남은 군사를 거두게 했다. 왜적들이 사방에 가득했기 때문에 이순신은 군관 한 사람만 데리고 경상도에서 전라도로 들어가 밤낮으로 몰래 이동하며 이리저리 돌아 진도에 이르러, 군사를 거두어 왜적을 막고자 하였다.

원문

復起李舜臣 爲三道水軍統制使.

閑山敗報至 朝野震駭. 上 引見備邊諸臣 問之, 群臣 惶惑 不知所對. 慶林君金命元 · 兵曹判書李恒福 從容啓曰 "此 元均之罪. 惟當起李舜臣爲統制使耳." 從之.

時 權慄 聞元均敗 已使李舜臣 往收餘兵. 賊方衝斥, 舜臣與軍官一人 自慶尙道 入全羅道 晝夜潛行 間關達珍島, 欲收兵禦賊.

17

남원성이 함락되다

왜병이 남원부를 함락하자 명나라 장수 양원이 달아나 돌아갔다.

전라병사 이복남[73], 남원부사 임현[74], 조방장 김경로, 광양현감 이춘원[75], 명나라 장수 접반사 정기원[76] 등은 모두 전사했다. 군기시의 파진군[77] 12

---

73 이복남(李福男): ?~1597(선조 30). 무과에 급제하였다. 전라도 병마절도사 재임 시에 정유재란이 일어나자 남원성에서 일본군과 싸우던 중 김경로 · 신호 등과 함께 전사하였다. 좌찬성에 추증되고, 남원 충렬사에 봉향되었다. 시호는 충장(忠壯)이다.

74 임현(任鉉): 1549(명종 4)~1597(선조 30). 1583년에 정시문과에 병과로 급제하였다. 임진왜란 때 강원도도사로서 공을 세워 회양부사가 되었고, 함경도병마절도사를 지냈다. 정유재란 때 남원부사로서 남원성 싸움에서 전사하였다. 의정부좌찬성에 추증되었고 원종공신1등에 추서되었으며, 남원의 충렬사에 제향되었다. 충간(忠簡)이라는 시호가 추증되었다.

75 이춘원(李春元): 1571(선조 4)~1634(인조 12). 1596년 정시문과에 병과로 급제하였다. 정유재란 때 광양현감으로 남원성 싸움에 참전했다. 병조참의, 우승지 등을 지냈다. 1617년 충청도관찰사로 재직 중 인목대비의 폐비를 반대하다가 파직되었다. 인조반정 후 기용되었으나 사양하고 은퇴하였다.
*『징비록』에서는 남원성 싸움에서 전사했다고 하여 다른 기록과 차이가 있다.

76 정기원(鄭期遠): 1559(명종 14)~1597(선조 30). 1585년 식년문과에 병과로 급제하였다. 임진왜란 때 사은사의 서장관으로 명나라에 다녀왔다. 1596년 고급주문사(告急奏聞使)가 되어 명나라에 가서 왜군이 거듭 침입하여 올 것임을 알렸고, 정유재란 때 남원성 싸움에서 전사했다. 예조판서와 좌찬성에 추증되었고 내성군에 추봉되었다. 시호는 충의(忠毅)이다.

77 파진군(破陣軍): 조선시대 때 적진에 돌격하여 격파할 수 있는 무술을 가진 자로 편성한 일종의 특공대로, 화포와 화약을 다루는 장인(匠人)들의 군대였다. 처음에는 이들을 화약장(또는 藥匠)이라고 불렀는데, 유사시에는 전선에 몇 명씩 파견되어 화포를 조작하는 임무를 맡았다. 국초에는 이들에 대한 대우가 좋았으나 점차 대우가 낮아져 지원자가 줄게 되자 1477년(성종 8) 파진군으로 이름을 바꿔 재편하였다.

명이 있었는데, 양원을 따라 남원에 들어갔다가 모두 전사했다. 유독 김효의金孝義란 사람만이 탈출하여 나에게 성이 함락된 사정을 매우 자세하게 들려주었다.

양총병이 이미 남원에 이르러 성을 한 길쯤 더 올려 쌓았고, 성 밖의 양마장에는 포를 쏘는 구멍을 많이 뚫었으며, 성문에는 대포 서너 대를 설치하고 참호를 한두 길이나 더 깊이 파두었다. 우리 군사가 한산에서 패한 뒤에 왜적이 수로와 육로에서 몰려왔는데, 그 보고가 매우 급박하여 성 안에서는 인심이 술렁거려 백성들이 도망쳐 흩어졌다. 유독 총병이 거느린 요동의 기마병 3천 명만이 성 안에 남아 있었다. 총병이 전라병사 이복남을 격문으로 불러 함께 지키려고 했지만 이복남은 시일을 끌며 이르지 않았다. 정찰병을 잇달아 보내 재촉하니 마지못해 이르렀는데, 거느리고 온 군사는 고작 수백 명뿐이었다. 광양현감 이춘원과 조방장 김경로 등이 잇달아 이르렀다.

8월 13일에 왜적의 선봉 백여 명이 성 아래에 이르러 조총을 쏘다가 잠시 뒤에 멈추었다. 모두 밭고랑 사이에 흩어져 엎드렸으며 삼삼오오 떼를 지어 갔다가 다시 오곤 했는데, 성 위 사람들이 승자소포로 응전하였다. 왜적의 큰 진영은 먼 곳에 있으면서 유격병을 내어 교전했는데 흩어져 다녔으며 번갈아 나왔기 때문에 포를 쏘아도 맞힐 수 없었으나 성을 지키는 우리 군사들은 가끔씩 적의 총탄에 맞아 쓰러졌다. 이윽고 왜병은 성 아래에 이르러 성 위 사람을 불러 대화를 요구하였다. 총병이 가정 한 사람을 시켜 통사를 데리고 왜군의 진영으로 가서 왜적의 서신을 갖고 오게 하였는데, 바로 선전포고문이었다.

남원성전투

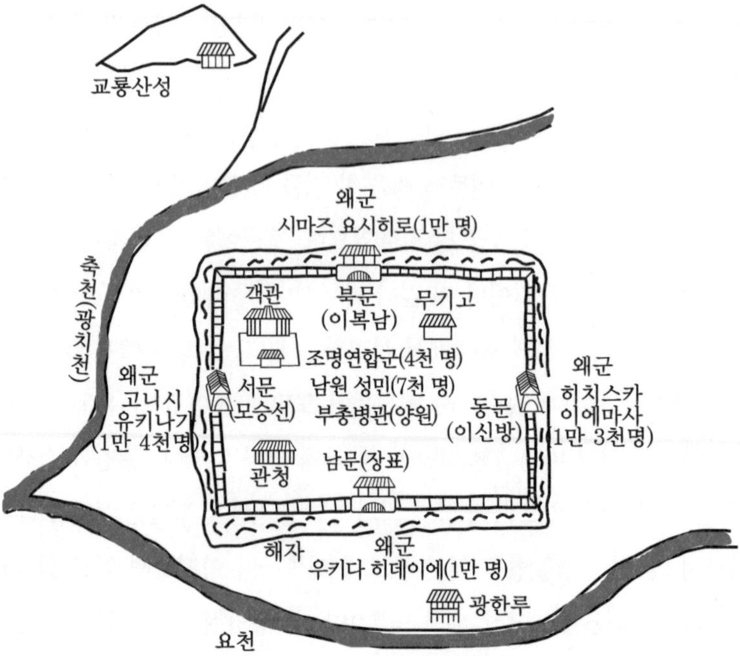

14일에 왜병이 성을 삼면으로 둘러싸서 진을 치고 총과 포로 어제처럼 번갈아 공격했다. 이보다 앞서 성의 남문 밖에 민가가 빽빽이 있었는데 적병이 도착했을 때 총병이 불살라 버리게 했지만 돌담과 흙벽은 여전히 남아 있었다. 적병이 와서 담과 벽 사이에 의지하여 숨어서 총을 쏘니 성 위의 사람들이 많이 맞았다.

15일에 멀리서 왜병들을 바라보니, 그들은 성 밖의 잡초와 논 안의 볏짚을 베어다가 큰 묶음을 수없이 만들어 담과 벽 사이에 쌓아두었는데, 성 안 사람들은 무엇을 하려는지 예측할 수 없었다. 이때 유격장군 진우충陳愚衷이 군사 3천 명을 거느리고 전주에 있었다. 남원 군사들은 날마다 와서 구원해주기를 바랐지만 오래도록 이르지 않자 군사들은 더욱 두려워하였다.

이날 저녁 무렵에 성가퀴를 지키던 군사들이 가끔씩 머리를 맞대고 귓속말로 속삭이거나 말에다 안장을 준비하는 등 도망치려는 기색이 있었다. 밤 초경에 왜군의 진중에서 시끄러운 소리가 크게 일어나는 것이 들렸는데, 간략히 서로 응답하기도 하고 물건을 운반하는 듯한 모습도 있었다. 그리고 한쪽에서는 무수한 조총이 성을 향해 어지러이 쏘아대자 날아온 탄환이 성 위로 모여들어 마치 우박처럼 쏟아졌다. 성 위의 사람들은 목을 움츠리고 감히 밖을 내다보지도 못했다.

한두 시간이 지나 왁자지껄한 소리가 그쳤을 때는 풀단으로 벌써 해자를 메워놓았고, 또 풀단을 양마장 안팎에 쌓아올려 눈 깜짝할 사이에 성의 높이와 똑같아졌다. 많은 왜적들이 풀단을 짓밟고 성에 올랐다. 벌써 이 소식을 듣고 성 안에서는 크게 어지러워져 '왜병이 성 안에 들어왔다.'고 떠들어댔다.

김효의는 처음에 남문 밖 양마장을 지키다가 황급히 성 안으로 들어왔는데, 성 위에는 이미 사람은 없고 다만 성 안 곳곳에 불길이 일어나는 것만 보여서 북문으로 달아났다. 명나라 군사들은 모두 말을 타고 문 밖으로 나가려고 했지만, 문이 굳게 닫혀서 쉽게 열 수 없어 마치 말의 발을 묶어놓은 듯 길거리를 꽉 메우고 있었다. 얼마 뒤에 성문이 열리자 말을 탄 군사들이 문을 다투어 나갔는데, 왜적이 성 밖에서 두세 겹으로 둘러싸고 각각 중요한 길목을 지키고 있다가 긴 칼을 휘둘러 마구 베자, 명나라 군사는 머리를 숙이고 칼날을 받을 뿐이었다. 마침 달빛이 밝아 탈출한 자가 거의 없었다. 총병은 가정 몇 명과 함께 말을 달려 돌진해 나와서 겨우 제 몸만 죽음을 면했다. 어떤 사람은 왜적이 총병인 줄 알고 일부러 달아나게 한 것이라고도 한다.

김효의는 동료 한 사람과 성문 밖으로 나왔는데, 그 사람은 왜적을 만나 죽고 김효의는 논에 뛰어 들어가 풀 속에 숨어 있다가 왜병이 철수하기를 기다린 후에 도망쳐 올 수 있었다고 한다.

무릇 양원은 요동 장수로서 다만 북쪽 오랑캐를 막을 줄만 알았지 왜적을 막을 줄은 몰랐기 때문에 패전에 이른 것이다. 또 평지에 있는 성은 방어하기 훨씬 어렵다는 것도 알게 되었으므로, 김효의의 말을 상세히 기록하여 훗날 성을 방어할 사람들에게 경계할 바를 알리고자 한다.

남원이 함락되자 전주 이북 지방도 와해되어 어찌할 수가 없었다. 훗날 양원은 결국 이 일로 자신의 죄를 인정했다. 참수된 그의 머리를 두루 돌려 보였다.

원문

[78]倭兵 陷南原府 天將楊元 走還.

全羅兵使李福男 · 南原府使任鉉 · 助防將金敬老 · 光陽縣監李春元 · 唐將接伴使鄭期遠等 皆死. 有軍器寺破陣軍十二人 隨楊[일陽]元 入南原 皆被兵死. 獨有金孝義者 得脫 爲余 道城陷事甚詳.

楊總兵 既至南原 增築城一丈許, 城外羊馬牆[이일墻] 多穿炮[국이일砲]穴, 城門 安大炮[국이일砲]數三坐, 鑿深濠塹一二丈. 閑山既敗 賊 從水陸而至, 報甚急 城中洶洶 人民逃散. 獨總兵所領遼東馬軍三千 在城內.

---

78 [일]에서는 앞장과 이어져 있다.

總兵 檄召全羅兵使李福男 同守, 福男 遷延不至. 連發夜不收 催之 不得已 乃至 而所率纔數百. 光陽縣監李春元 · 助防將金敬老等 繼至.

[79]八月十三日, 倭先鋒百餘 到城下 放鳥銃[일鋭] 頃刻而止. 皆散伏田畝間 三三五五作隊 旣去復來, 城上人 以勝字小炮[국이일砲] 應之. 倭大陣在遠 出遊兵交戰, 踈行迭出 故 炮[국이일砲]發 不能中, 而守城卒 往往中賊丸斃. 旣而 倭到城下 叫城上人求與語. 總兵使家丁一人 挾通事往倭營 以倭書來, 乃約戰書也.

十四日, 倭 環城三面結陣 以銃炮[국이일砲]迭攻如前日. 先是 城南門外民家稠密, 賊臨至 總兵 使焚之, 而石牆[이일墻] · 土壁 猶在. 賊來依牆[이일墻]壁[일+傍]間 自蔽放丸 多中城上人.

十五日, 望見 倭衆[일兵] 刈城外雜草及水田中稻禾 作大束無數 積牆[이일墻]壁間, 城中不測. 時 遊擊將軍陳愚衷 領三千兵在全州. 南原軍 日望來援 而久不至, 軍心益懼.
是日晩 守堞軍 往往交頭耳語 準[국이일准]備馬鞍 有欲遁色. 夜一更 聞倭陣[국鎭]中 囂聲大起 略相應和 有運物狀. 而一面衆炮[국이일砲] 向城亂放 飛丸集城上如雨雹. 城上人 縮頸[일頭] 不敢外窺.
經一二時 囂聲止, 草束[국色] 已平壕, 又堆[옥대국간推]積羊馬牆[국이일墻]內外 頃刻與城齊. 衆倭 蹂躝[간躪]登城. 已聞 城中大亂云 '倭入城矣.' 孝義 初撥守南門外羊馬牆[이일墻], 慌忙入城 城上 已無人, 但見城內處處火起 走至北門. 唐軍 悉騎馬欲出門, 門堅閉 不可易開 馬足如束 街路

79 [일]에서는 행을 나누어 새로운 장으로 시작했다.

塡塞. 旣而門開 軍馬爭門而出, 倭兵在城外 圍匝數三重 各守要路 奮長刀 亂斫之, 唐軍 俛[80]首受刃. 適月明 得脫者 無幾. 總兵與家丁數人 馳馬突出 僅以身免, 或云倭知爲總兵 故 使逸去也.

孝義與[일-]同伴一人 出門, 一人 遇賊死, 孝義 跳入水田 伏草中 待倭收兵 乃逸云.

蓋楊[일揚] 乃遼將 徒知禦虜 不知禦倭 以至於敗. 亦知平地之城 守之甚難, 詳記孝義之言 使後之守禦者 知所戒云.

南原旣陷 而全[일金]州以北 瓦解 不可爲矣. 後[간-]楊元 竟以此伏罪 傳首徇示.

80 [국]: "俛" 파본으로 인한 결락.

18

이순신이 명량에서 크게 승리하다

통제사 이순신이 왜병을 진도 벽파정碧波亭(전남 진도군 고군면에 있던 정자) 아래에서 쳐부수고 왜장 마다시[81]를 죽였다.[82]

이순신이 진도에 이르러 병선을 수습해 10여 척을 얻었다. 이때 연해 지방의 사람들 중에 배를 타고 피란 가는 자가 무수히 많았는데, 이순신이 왔다는 소문을 듣고 기뻐하지 않는 사람이 없었다. 이순신이 여러 지방에서 사람들을 불러 모으자 멀고 가까운 곳에서 구름처럼 많이 모여들었는데, 이들에게 군대의 뒤에 있도록 하여 군대의 형세를 돕게 했다.

적의 장수 마다시는 바다에서의 전쟁을 잘한다고 일컬어졌는데, 배 200여 척을 이끌고 서해를 침범하려고 하여, 이순신과 벽파정 아래에서 만나게 되었다. 이순신이 배 12척에 대포를 싣고 조수를 타고 순류에 이르러 공격하니, 적이 패하여 달아났고 이순신 군대의 명성이 크게 떨쳐졌다.

이때 이순신은 이미 8천여 명의 군사가 있었는데, 고금도로 나아가 주

---

81 마다시(馬多時): 명량해전에서 전사한 왜적 장수. 누구인지에 대한 여러 설이 있으나 대체로 내도통총(来島通総[구루시마 미치후사])과 우사랑(又四郎[마타시로])이라는 두 장수로 거론되고 있다.

82 명량대첩을 말한다.

둔하고 있었다. 군량이 떨어질까 걱정하여 해로 통행증을 만들고 영을 내렸다.

명량대첩

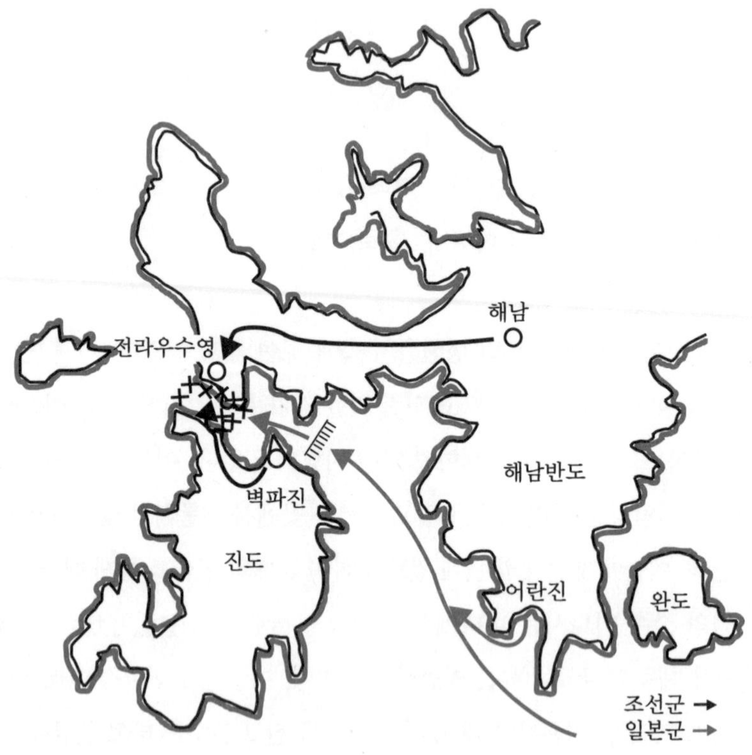

"삼도(충청도 · 전라도 · 경상도)의 연해에서 공적인 선박과 사적인 선박을 막론하고 통행증이 없는 자는 간첩으로 여겨 통행할 수 없게 할 것이다."

그러자 배를 타고 피란 가는 자들이 모두 와서 통행증을 받았다. 이순신은 배의 크기에 따라 차등을 두어 쌀을 바치고 통행증을 받도록 했는데, 큰 배는 3석, 중간 배는 2석, 작은 배는 1석이었다.

피란 가는 사람들은 재물과 곡식을 모두 싣고 바다로 들어왔기 때문에 쌀을 바치는 것을 어렵게 여기지 않았고, 통행을 금지하지 않는 것을 기뻐했기 때문에 열흘 만에 군량 1만여 석을 얻었다. 또 백성들을 모집하여 구리와 쇠를 수송하여 대포를 주조하고 나무를 베어 배를 만드니, 일마다 모두 다 잘 진행되었다. 멀고 가까운 지방에서 피란 온 사람들이 이순신에게 와서 의지하여 집을 짓고 장막을 만들어 장사를 해서 살아갔으니, 섬 안에서는 더 이상 수용할 수 없을 정도로 많았다.

얼마 지나지 않아 명나라 수군 제독 진린[83]이 나와서 남쪽 고금도로 내려와 이순신 군대와 합세하였다. 진린은 성질이 사납고 난폭하여 사람들과 거슬리는 것이 많아, 사람들이 그를 몹시 두려워했다.

임금님께서 청파靑坡(서울 용산구 청파동)의 들에서 진린을 전송하였다. 나는 진린의 군사가 수령을 때리고 욕보이기를 거리낌 없이 하며, 찰방 이상규李尙規의 목에 줄을 매어 끌고 다녀 얼굴이 피투성이가 된 것을 보고 역관에게 풀어달라고 권유하도록 했지만 듣지 않았다. 나는 같이 앉아 있던 재신들에게 말하였다.

"애석하도다! 이순신의 군대가 또 장차 패하겠구려! 진린과 함께 군대에 있으면 방해가 되고 의견이 충돌할 것이니, 반드시 장군의 권한을 빼앗고 군사를 함부로 포악하게 대할 것이오. 이것을 거스르면 화를 더 낼 것이고 이것을 따르면 끝도 없을 것이니, 이순신의 군대가 무슨 연유로 패하지 않을 수 있겠소!"

"그렇겠군요!"

---

83 진린(陳璘): 1543년~1607년. 명나라 장수이다. 정유재란 때 어위도총관 및 전군도독부도독(前軍都督府都督)으로 5천 명의 수군을 거느리고 조선으로 들어와 고금도에 주둔하면서 이순신과 함께 노량해전에 참전하여 전공을 세웠다.

여러 사람들이 서로 탄식만 할 뿐이었다.

이순신은 진린이 온다는 소식을 듣고 군사들에게 영을 내려 대대적으로 사냥과 고기잡이를 하도록 하였다. 사슴 · 돼지 · 해산물 등을 많이 잡고 성대하게 술을 준비하고 그를 기다렸다. 진린의 배가 바다에서 들어오자 이순신은 군대의 의식을 갖추고 멀리 나가서 영접했으며, 이미 도착해서는 그의 군사들에게 크게 잔치를 베푸니 여러 장군 이하 군사들이 흠뻑 취하지 않은 이가 없었다. 그러자 사졸들이 서로 전하여 말하였다.

"과연 훌륭한 장수로다!"

진린 또한 진심으로 기뻐했다.

얼마 후에 왜적의 배가 가까운 섬을 침범하자, 이순신이 군사를 보내 패퇴시키고 왜적의 머리 40수를 베어 모두 진린에게 주어 그의 공으로 삼도록 하였다. 진린은 자신이 기대했던 것보다 많은 수급을 받자 더욱 기뻐했다. 이로부터 모든 일을 하나하나 이순신에게 자문하였으며, 밖에 나갈 때는 이순신과 교자를 나란히 타고 다녔고 감히 앞서 나아가지 않았다.

이순신은 드디어 명나라 군사와 우리 군사들 사이에 차별하지 않기로 약속하고는, 백성들에게 실오라기 하나라도 빼앗는 자가 있으면 모두 잡아 곤장을 쳤기 때문에 감히 군령을 어기는 자가 없어져 섬 안의 분위기가 조용하고 엄숙해졌다.

진린이 임금님께 글을 올려 '통제사는 경천위지經天緯地(천하를 경영함)의 재주와 보천욕일補天浴日(커다란 공적)의 공이 있습니다.'라고 했으니, 대개 이것은 마음으로 감복한 것이다.

원문

統制使李舜臣 破倭[간倭破]兵于珍島碧波亭下, 殺其將馬多時.

舜臣 至珍島 收拾兵船[국舡] 得十餘隻. 時沿海人 乘船[국舡]避亂者 無數, 聞舜臣至 莫不喜悅. 舜臣 分道招呼 遠近雲集, 使在軍後 以助形勢. 賊將馬多時[일-] 號善水戰, 率其船[국이일舡]二百餘艘 欲犯西海, 相遇於碧波亭下. 舜臣 以十二船[국이일舡] 載大炮[이일砲] 乘潮 至順流 攻之, 賊敗走 軍聲大振.

是時 舜臣 已有軍八千餘人, 進駐古今島. 患乏糧 作海路通行帖, 令曰 "三道沿海 公私船[국舡] 無帖者 以奸細論 毋得通行." 於是 凡避亂乘船[국舡]者 皆來受帖. 舜臣 以船[국舡]大小差次 使納米受帖, 大船[국舡]三石 中船[국舡]二石 小船[국舡]一石.
避亂之人 盡載財穀入海, 故 不以納米爲難, 而以通行無禁爲喜 旬日 得軍糧萬餘石. 又募民 輸銅鐵 鑄大炮[국이일砲] 伐木造船[국舡] 事事皆辦[일辨]. 遠近避兵者 往依舜臣 結廬造幕 販賣爲生, 島中不能容.

旣而 天朝水兵都督陳璘 出來 南下古今島, 與舜臣 合兵. 璘性暴猛 與人多忤 人多畏之.
[84]上 餞送于靑坡野. 余 見璘軍人 毆辱守令無忌, 以繩繫察訪李尙規頸 曳之 流血滿面, 令譯官勸解 不得. 余 謂同坐宰臣曰 "可惜! 李舜臣軍 又將敗矣! 與璘 同在軍中 掣肘矛盾, 必侵奪將權 縱暴軍士. 逆之則增怒 順

---

84 [옥대국간]: 여기부터 행을 나누어 새로 시작하였다. 그러나 내용상 앞부분과 이어지므로 하나의 장으로 보았다. '上' 앞에 [이]처럼 한 칸을 띄어야 하는데, 착오로 한 줄을 띄운 것으로 보인다. [초이일]에는 연결되어 있다.

之則無厭, 軍 何由不敗!" 衆曰 "然!" 相與嗟歎[국이일嘆]而已.

舜臣 聞璘將至, 令軍人大畋[이일佃]漁, 得鹿豕海物 甚多 盛備酒醪而待之. 璘船[국舡]入海 舜臣 備軍儀遠迎, 旣到 大享其軍 諸將以下 無不沾醉. 士卒 傳相告語曰 "果良將也." 璘亦心喜.

不久 賊船[국舡]犯近島 舜臣遣兵敗之 獲賊首四十級 悉以與璘爲功. 璘盆[일盖][85]喜過望. 自是 凡事 一咨於舜臣, 出則與舜臣并[이일並]轎 不敢先行.

舜臣 遂約束唐軍與己軍無間, 有奪民一縷者 皆拿致捆[국梱]打 無敢違令者 島中肅然. 璘 上書於上 言'統制使 有經天緯地之才 補天浴日之功' 蓋心服也.

85 [이]에는 '盆'이 뭉개져서 '盖'처럼 보인다. 이로 인해 [일]에서 '盖'로 오인한 것 같다.

19

왜적이 경기도에서 물러가다

왜적이 물러갔다.

당시 왜적이 삼도를 유린하였는데, 지나가는 곳마다 가옥을 불살랐고 백성들을 죽였다. 무릇 우리나라 사람을 잡으면 전부 코를 베는 것으로 위세를 보였기 때문에, 왜적이 직산稷山(충남 천안시 서북구 직산읍)에 이르자 도성 사람들이 모두 달아나 흩어졌다.

9월 9일에 내전內殿(왕비)께서 왜적을 피해 서쪽으로 내려가셨다. 경리 양호와 제독 마귀는 서울에 있었고, 평안도 군사 5천여 명과 황해 · 경기 군사 수천 명이 불려와 강여울을 나누어 수비하였고, 창고를 경계하고 지켰다.

왜적이 경기도 경계에서 물러갔다. 가등청정은 다시 울산에 주둔했고 소서행장은 순천에 주둔했으며 심안돈오[86]는 사천에 주둔했는데, 머리와 꼬리가 7~8백 리나 되었다. 이때 도성을 거의 지킬 수 없어 조정의 신하들은 도성을 나가 피란 갈 대책을 다투어 바쳤다. 지사 신잡은 자신의 의견을 말씀드렸다.

---

86 심안돈오(沈安頓吾): 도진의홍(島津義弘[시마즈 요시히로])을 말한다.

"어가는 마땅히 영변으로 거둥하셔야 합니다. 제가 일찍이 병사로 있어서 영변의 사정을 모두 알고 있습니다. 그곳에서 가장 근심할 만한 것은 곧 먹을 만한 장이 없다는 것입니다. 만약 미리 준비해 놓지 않는다면 무엇으로 쓸 수 있겠습니까?

이 말을 들은 사람이 서로 전하며 비웃었다.

"신일에는 장을 담그지 않는다네."[87]

한 대신이 조정에서 말하였다.

"이번 왜적은 어찌 근심할 것이 있겠습니까? 오래되면 마땅히 저절로 사라질 것이오니, 다만 어가를 편안한 곳으로 모시고 가고 싶을 뿐입니다."

도원수 권율이 달려서 서울에 왔기에, 임금님께서 불러보시고 물으니 권율이 대답하였다.

"당초에 임금님께서 급히 도성으로 돌아오신 것은 합당한 일이 아니었습니다. 마땅히 서쪽 지방에 머물러 계시면서 왜적의 형세가 어떠한지를 살펴보셨어야 했습니다."

얼마 후 왜적이 물러갔다는 소식을 듣고 권율은 다시 경상도로 내려갔다. 대간들이 권율은 꾀가 없고 겁이 많아 도원수로 삼을 수 없다고 문제 삼았으나, 임금님께서 듣지 않으셨다.

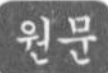

[88]賊兵退.

---

87 신일에는 장을 담그지 않는다네[辛不合醬]: 민간풍속의 하나이다. 오일(午日)에 장을 담그면 장맛이 달고 좋지만, 신일(辛日)에 담그면 장맛이 시다는 속설이 있으니, 신(辛)은 '시다'는 말과 발음이 비슷하기 때문이다. 이 민간속설을 이용해 신잡을 비웃은 것이다.

88 [일]에서는 앞장과 이어져 있다.

時 賊蹂躙[이일躪]三道 所過 皆焚燒廬舍 殺戮人民. 凡得我國人 悉割其鼻 以示威, 兵至稷山 都城人 皆奔散.

[89]九月初九日 內殿避兵西下,[90] 經理楊鎬 · 提督麻貴 在京城, 而平安道軍五千餘人 黃海 · 京畿[국이일圻]軍數千 徵至, 分守江灘 警守倉庫.

賊 從京畿[국圻]界 還退. 淸正再屯蔚山 行長屯順天 沈安頓吾屯泗川, 首尾七八百里. 是時 都城幾不守 朝臣 爭獻出避之策. 知事申磼 進言曰 "車駕 應幸寧邊. 臣曾爲兵使 備諳寧邊事. 其最可憂者 乃無醬也. 若不預辦[일辨] 何以繼用?" 聞者 傳笑曰 "辛不合醬"

一大臣 言於朝堂曰 "此賊何足憂? 久當自息, 惟當奉乘輿 往安便處耳." 元帥權慄 走至京, 上引見問之 慄曰 "當初車駕 不合遽還都城. 當留駐[이일住]西方 以觀賊勢如何." 旣而 聞賊退, 慄又下慶尙道. 臺諫論 '慄 無謀恇㤼 不可爲元帥' 不聽.

89 [일]에서는 여기부터 단락을 나누었다.

90 [국]: "下" 파본으로 인한 결락.

20

명나라 군대가 울산 왜성을 공격하다

12월(1597)에 경리 양호와 제독 마귀가 기병과 보병 수만 명을 거느리고 경상도로 내려가 울산의 왜적 병영으로 진격하여 공격했다.

이때 왜적의 장수 가등청정은 울산군 동쪽 바닷가 험준한 곳에 성을 쌓고 있었는데, 경리와 제독이 그들이 예상치 못한 것을 틈타 갑자기 공격하였다. 철갑을 입은 기병들이 달려가 공격하자, 왜적은 쓰러져 지탱하지 못했다. 명나라 군사들이 왜적의 바깥 목책을 빼앗자 왜적들은 달아나 내성으로 들어갔는데, 명나라 군사들은 노획품을 탐내느라고 곧바로 나아가 공격하지 않았다. 왜적은 성문을 닫고 굳게 지켜 공격을 했지만 이기지 못했다. 여러 병영이 성 아래에 나누어 주둔하고 13일을 포위하고 지켰으나 왜적은 나오지 않았다.

29일에 나는 경주에서 울산으로 가서 경리와 제독을 만나 보았다. 왜적의 보루를 바라보니 매우 조용하고 한가하였으며 적막하여 사람 소리 하나 들리지 않았다. 성 위에는 성가퀴도 설치하지 않았고 사면을 둘러서 긴 통로를 만들었는데 지키는 군사들이 모두 그 안에 있었다. 성 밖에 있는 명나라 군사들이 만약 성 아래에 다다르면 총알을 어지러이 빗발처럼 쏘아댔다. 날마다 교전했는데 명나라 군사와 우리 군사가 죽어서 성 아래에 쌓여 있었다. 왜적의 배가 서생포에서 구원하러 왔는데, 물 가운데 정박해 있는 것이 마치 오리 떼와 기러기 떼 같았다.

도산성[91]에는 물이 없어 왜적은 매일 밤마다 성 밖으로 나와 물을 길었다. 경리 양호가 김응서에게 날쌘 병사를 거느리고 성 밖의 우물가에 잠복하도록 명하였다. 밤마다 100여 명을 사로잡았는데, 모두 굶주리고 삐쩍 말라서 겨우 음성과 기운만 붙어 있었다. 여러 장수들이, '성 안에 식량이 다 떨어졌으니 오랫동안 포위하면 스스로 무너질 것입니다.'라고 말하였다.

이때 날씨가 매우 춥고 음산한 비가 내려 병사들의 손과 발에 동상이 걸렸다. 얼마 후에 왜적이 다시 육로로 와서 구원하자, 경리 양호는 왜적에게 당할까 두려워 갑자기 군대를 돌이켰다. 정월에 명나라 장수들은 모두 서울로 돌아가 다시 공격할 것을 도모하였다.

원문

[92]十二月, 楊經理 · 麻提督 領騎步兵數萬 下慶尙道 進攻蔚山賊營.

時 賊將淸正 築城於蔚山郡東海邊斗絶處, 經理 · 提督 乘其不意 掩之. 以鐵騎馳擊 賊 披靡[일摩]不能支. 天兵 奪賊外柵 賊 奔入內城, 天兵 貪擄獲之利 不卽進攻. 賊閉門固守 攻之不克. 諸營分屯城下 圍守十三日 賊 不出.

---

91 도산성(島山城): 울산광역시 중구 학성동에 있는 울산왜성을 말한다. 이 성은 신라의 계변성이라 불리던 성을 정유재란 때 왜장 가등청정이 새로 쌓은 왜성으로, 조선군에서 바라보면 섬처럼 생겼다 하여 이렇게 불렀다.

92 [일]에서는 앞장과 이어져 있으나, '⌐' 표시로 행이 나누어져야 한다고 표시하였다.

二十九日, 余 自慶州 往見經理 · 提督. 望見[이일-]賊壘 甚靜暇寂 無人聲. 城上不設女牆[이일墻] 環四面爲長廊, 守兵悉在其內. 外兵 若至城下則銃[일鋭]丸亂發如雨. 每日交鋒 天兵與我軍死 城下成積. 賊船 從西生浦 來援 列泊水中 如鳧鴈.

島山無水 賊每夜出汲城外. 經理 令金應瑞 率勇士 伏城外泉傍. 連夜擒百餘人, 皆飢羸 僅屬聲氣. 諸將言 '城內糧絕 久圍將自潰.'

時 天甚寒陰雨 士卒手足 瘴瘃. 已而 賊 又從陸路來援, 經理 恐爲賊[옥대국일간-]所乘 遽旋師. 正月 天將 悉回京師 謀再擧.

21
경리 양호가 파면되어 돌아가다

무술년(선조 31, 1598) 7월에 경리 양호가 파면되었고 새 경리 만세덕[93]이 대신했다.

이때 군문 형개의 참모관인 병부주사 정응태丁應泰가, 양호가 황제를 속인 일과 실패한 일 등 20여 가지 죄를 탄핵하여 아뢰자, 양호가 마침내 파면되어 돌아간 것이다.

임금님께서는 양호가 여러 경리들 중에서도 결연한 의지로 왜적을 토벌했다고 여겨서, 즉시 좌의정 이원익에게 양호의 억울함을 풀어주는 문서를 주어 명나라 수도로 달려가게 하였다.

8월에 양호가 서쪽으로 떠나갈 때 임금님께서 홍제원弘濟院(서울 서대문구 홍제동에 있던 중국 사신이 머물던 여관) 동쪽까지 나가 전송하면서 눈물을 흘리고 작별하셨다. 만세덕은 출발할 예정이어서 아직 이르지 않았다.

9월에 형개는 또 군대를 나누어 재배치하여, 마귀에게는 울산을 맡기

---

93 만세덕(萬世德): ?~?. 명나라의 무인이다. 정유재란 때 양호 대신 경리가 되었다. 그는 끝까지 조선에 머무르면서 왜군을 격퇴하는 데 전력을 다하여 조선에서는 그를 위하여 생사당(生祠堂)을 지어 훈공을 기렸다.

고 동일원에게는 사천을 맡기고 유정에게는 순천을 맡기고 진린에게는 물길을 맡겨서, 동시에 나아가 공격하게 했으나 모두 이기지 못했다. 동일원의 군대는 적에게 패하여 죽은 병사가 더욱 많았다.

원문

戊戌七月, 經理楊鎬 罷, 新經理萬世德 代之.

時 邢軍門參謀官兵部主事丁應泰 劾奏'楊鎬欺罔僨事二十餘罪,' 鎬 遂罷[일-]去.
上 以鎬於諸經理中 銳意討賊, 卽遣左議政李元翼 賚伸救奏 馳赴京師.

八月, 鎬 西去 上 送至弘濟院東 流涕而別. 萬世德 將出未至.

[94]九月, 邢玠 又分調, 麻貴主蔚山 董一元 主泗川 劉綎主順天 陳璘主水路, 同時進攻 皆不利. 董軍 爲賊所敗 死者 尤多.

---

94 [간]에서는 단락을 나누었다.

22
이순신이 전사하다

10월(1598)에 제독 유정이 순천에 있는 적의 진영을 다시 공격했다. 통제사 이순신은 수군을 거느리고 바다에서 왜적의 구원병을 크게 무찔렀으나 전사했다.

왜장 평행장은 성을 버리고 도망쳤으며, 부산 · 울산 · 하동의 바닷가에 진을 치고 있던 왜적들이 모두 물러갔다. 이때 평행장은 순천 예교[95]에 성을 쌓아 굳게 지키고 있었다. 유정이 대군을 거느리고 나아가 공격했으나 불리해지자 순천으로 돌아갔다가, 얼마 뒤 다시 나아가 공격했다.

이순신은 명나라 장수 진린과 함께 바다로 나가는 입구를 막고 압박해 들어갔다. 평행장이 사천에 있는 심안돈오에게 도움을 요청하여 심안돈오가 바닷길로 와서 구원하였다. 그러자 이순신이 진격하여 크게 격파시켰으니, 왜선 2백여 척을 불살랐으며 죽이거나 생포한 왜적은 헤아릴 수 없었다.

왜적을 추격하여 남해군의 경계에 이르러 이순신은 몸소 화살과 돌을 무릅쓰고 힘껏 싸웠는데, 날아온 탄환이 가슴을 뚫고 등 뒤로 빠져나갔다. 결

---

95 예교(芮橋): 현재는 예교(曳橋)라고 하는데, 순천왜성(順天倭城)을 말한다. 왜군이 호남을 공격하기 위한 전진기지 겸 최후 방어기지로 삼기 위해 쌓은 것이다. 그 인근에서 노량해전이 있었다.

에 있던 부하들이 장막 안으로 부축하여 들어가자, 이순신이 말하였다.

"싸움이 한창 급하니 삼가 나의 죽음을 말하지 말라!"

말을 마치고는 숨이 끊어졌다. 이순신 형의 아들인 이완[96]은 평소에 담력과 도량이 있었다. 이완은 이순신의 죽음을 숨기고, 이순신의 명령으로 싸움을 더욱 급하게 독려하였기 때문에 군대 안에서도 이순신의 죽음을 알지 못하였다.

진린이 탄 배가 왜선에게 포위되자, 이완이 이를 바라보고 군사를 지

노량해전

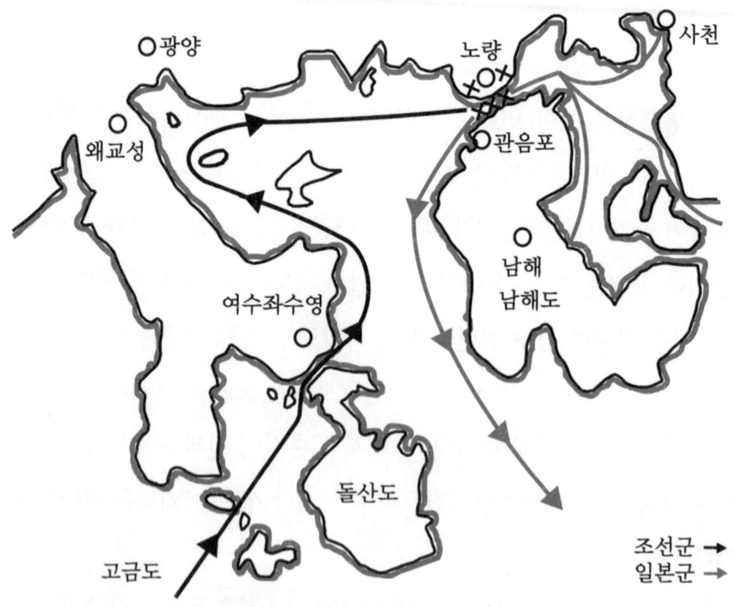

96 이완(李莞): 1579년(선조 12)~1627년(인조 5). 이순신의 조카이다. 1592년 임진왜란 때 이순신 휘하에서 종군하였고, 1598년 노량해전에서 이순신이 전사한 사실을 알리지 않고 독전하여 대승을 거두었다. 1599년 무과에 급제하여 충청도병마절도사를 지냈다. 1627년 정묘호란 때에 의주에서 성을 지키다가 순국하였다. 병조판서에 추증되었고, 아산 현충사에 배향되었다. 시호는 강민(剛愍)이다.

휘하여 구원하니 왜선들이 흩어져 도망갔다. 진린은 이순신에게 사람을 보내 자기를 구원해준 것을 사례했는데, 그제야 이순신이 죽었다는 소식을 듣고 의자에서 바닥으로 쓰러지며 말하였다.

"나는 노야께서 살아 있으면서 나를 구해주러 온 줄 알았는데, 어찌하여 돌아가셨습니까!"

진린은 가슴을 치며 크게 통곡했다. 온 군사들이 모두 통곡하니 그 소리가 바다를 진동시켰다.

평행장은 우리 수군이 왜적을 추격해 그의 진영을 지나간 뒤에 빠져나와 도망갔다. 이에 앞서 7월에, 왜적의 우두머리 평수길(토요토미 히데요시)이 이미 죽었기 때문에 바닷가에 진을 쳤던 왜적들이 모두 퇴각한 것이다.

우리 군대와 명나라 군대는 이순신이 죽었다는 소식을 듣고, 연이어 모든 진영이 통곡하기를 마치 제 어버이가 죽은 것처럼 하였다. 영구의 행렬이 지나는 곳마다 백성들이 곳곳에서 제사상을 차리고 상여를 붙잡고 통곡하여 말하였다.

"공께서는 참으로 우리를 살리셨는데, 이제 공께서는 우리를 버려두고 어디로 가시나이까?"

길이 꽉 막혀 상여가 나아갈 수 없었으며, 길 가는 사람들도 눈물을 흘리지 않는 이가 없었다.

조정에서는 이순신을 의정부 우의정으로 추증하였다. 군문 형개는 '마땅히 바닷가에 사당을 세워 충혼을 기려야 한다.'라고 하였으나 일이 결국 시행되지 못했다. 그러자 해변 사람들이 서로 솔선하여 사당을 지어 '민충'이라 부르고 철따라 제사를 지냈다. 상인과 어선이 그 아래를 지날 때면 사람마다 제사를 올린다고 한다.

원문

[97]十月, 劉提督 再攻順天賊營. 統制使李舜臣 以舟師 大敗[이일破]其救兵於海中, 舜臣死之.

賊將平行長 棄城而遁, 釜山 · 蔚山 · 河東沿海賊屯 悉退. 時 行長 築城于[일於]順天芮橋 堅守. 劉綎 以大兵進攻 不利還順天, 旣而 復進攻之. 李舜臣 與唐將陳璘 扼海口以逼之. 行長 求援於泗川賊沈安頓吾, 頓吾從水路 來援. 舜臣進擊 大破之, 焚賊船[국舡]二百餘艘 殺獲無筭[간算]. 追至南海界, 舜臣 親犯矢石力戰, 有飛丸中其胸 出背後. 左右扶入帳中, 舜臣曰 "戰 方急 愼勿言我死." 言訖而絕. 舜臣兄子莞[대국이일芫] 素有膽量. 秘其死 以舜臣令 督戰益急 軍中不知也.

陳璘 所乘舟 爲賊所圍, 莞[대국이일芫]望見. 揮其兵救之 賊散去. 璘使人于舜臣謝救己, 始聞其死 從椅上自投於地, 曰 "吾意老爺生來救我, 何故 亡耶?" 拊膺大慟. 一軍皆哭 聲震海中.
行長 乘'舟師追賊 過其營' 自後逸去. 先是 七月, 倭酋平秀吉 已死, 故沿海賊屯 悉退.

我軍與唐軍 聞舜臣死 連營慟哭 如哭私親. 柩[이일柩]行所至 人民處處設祭 挽車而哭曰 "公實生我, 今公棄我 何之?" 道路壅[옥대국간擁]塞 車不得進, 行路之人 無不流[국이일揮]涕.
贈議政府右議政. 邢軍門謂'當立祠海上 以奬忠魂.' 事竟不行. 於是 海邊之人 相率爲祠 號曰'愍忠' 以時致祭. 商賈 · 漁船[국舡] 往來過其下者人人祭之云.

---

97 [일]에서는 앞장과 이어져 있다.

23

이순신의 기개와 지조

이순신의 자는 여해汝諧이고 덕수德水 사람이다. 그의 선조는 이변[98]으로 관직이 판중추부사判中樞府事(중추부의 종1품 벼슬)에 이르렀는데 올곧다는 명성이 있었다. 증조할아버지는 이거[99]로 성종을 섬겼는데, 연산군이 동궁東宮(왕세자)이었을 때 강관講官(임금이나 세자에게 학문을 강론하는 정4품 문관)이 되어 엄하게 대하자 연산군이 그를 꺼려하였다. 일찍이 장령掌令(사헌부의 정4품)이 되어서 탄핵할 때면 누구도 가리지 않았으니, 모든 관료들이 그를 꺼려하여 '호랑이 장령'이라는 별칭이 있을 정도였다. 할아버지는 이백록李伯祿인데 가문의 음덕으로 벼슬을 하였으며, 아버지 이정李貞은 벼슬을 하지 않았다.

이순신은 어렸을 때 재주가 뛰어나고 성격이 활달해서 작은 일에 얽매이지 않았다. 아이들과 놀 때는 나무를 깎아 활과 화살을 만들어 마을에

---

98 이변(李邊): 1391(공양왕 3)~1473(성종 4). 이순신의 5대조이다. 1419년 문과에 급제했다. 1455년 세조가 즉위하자 공조판서가 되고 원종공신 2등에 책록되었다. 영중추부사에 이르렀고, 중국어에 능통하였다. 시호는 정정(貞靖)이다.

99 이거(李琚): ?~1502(연산군 8). 이순신의 증조부이다. 1480년 식년문과에 을과로 급제하였다. 1484년 암행어사가 되었으며, 1497년 순천부사에 이어 호군이 되었다. 성격이 강직하여 언관으로 있을 때 부정한 관리에 대해서는 지위고하를 막론하고 탄핵하여 '호랑이 장령'이라 불리기도 했다.

서 놀았는데, 자신의 마음에 들지 않는 자를 만나면 그 사람의 눈을 쏘려고 했으니, 어른과 노인들 중에 그를 꺼려하여 감히 그 집 문 앞을 지나가지 못하는 사람도 있었다. 장성해서는 활을 잘 쏘았으며 무과를 거쳐 벼슬길에 나아갔다. 이순신의 집안은 대대로 유학을 업으로 삼은 문신 집안이었는데, 이순신에 이르러 처음으로 무과에 급제한 것이다.

권지훈련원봉사權知訓鍊院奉事(종8품)에 보임되었을 때였다. 병조 판서 김귀영에게 서녀가 있었는데, 이순신에게 보내 첩으로 삼게 하려고 했지만 이순신이 이를 좋아하지 않았다. 사람들이 그 까닭을 물으니, 이순신이 말하였다.

"내 처음으로 벼슬길에 나갔는데, 어떻게 감히 권문세가의 중매에 의탁해 승진할 수 있겠는가!"

병조 정랑 서익[100]은 친분이 있는 사람이 훈련원에 있었는데 그 사람을 등급을 뛰어넘어 승진시키려고 하였다. 이때 이순신이 훈련원 장무관掌務官(관아의 장관 밑에서 사무를 총괄하던 관리)으로 있었는데, 안 된다고 버텼다. 서익이 패지牌旨(지위가 높은 사람이 낮은 사람에게 공식적으로 주는 글)로 이순신을 불러 뜰 아래로 오게 하고 따져 물었지만, 이순신은 말씨와 얼굴빛이 변하지 않은 채 곧장 변론하며 흔들리지 않았다. 서익이 크게 화를 내며 험악한 기세로 대했지만, 이순신은 조용히 대답하며 끝끝내 조금도 굴하지 않았다. 서익은 본래 기가 세고 오만하였으니, 비록 동료라 할지라도 그를 거북하게 여겨 함께 논쟁하는 것을 어려워했다. 이날 아

100 서익(徐益): 1542(중종 37)~1587(선조 20). 1569년 별시문과에 병과로 급제하였다. 의주목사로 있을 때 정여립에게 탄핵 받은 이이와 정철을 변호하는 상소를 올렸다가 파직되었다. 은진 갈산사에 배향되었다.

전들이 계단 아래에 있었는데 모두 서로 돌아보며 혀를 내두르며 말하였다.

“이 관리가 감히 병조와 맞서려고 하다니, 유독 앞날을 걱정하지도 않는단 말인가?”

날이 저물 무렵 서익은 부끄러워 굴복하고 이순신에게 가라고 하였다. 식자들이 이 일 때문에 종종 이순신을 알아보았다.

옥에 갇혀 있을 때 사태를 예측할 수 없었는데, 어떤 옥리가 이순신 형의 아들인 이분[101]에게 몰래 말하길, 뇌물이 있으면 모면할 수 있을 것이다라고 하였다. 이순신이 이 말을 듣고는 이분에게 화를 내며 말하였다.

“죽어야 한다면 죽을 뿐이다. 어찌 도리를 어기면서까지 살려고 하겠느냐!”

그 지조를 지키는 것이 이와 같았다.

이순신의 사람됨은 말과 웃음이 적었으며 용모가 단아하고 조심스러웠으니 마치 수양하는 선비 같았고, 마음속으로는 담력이 있어 나라를 위해 몸을 바쳤으니 곧 평소 수양이 쌓여서 그렇게 된 것이었다.

형인 이희신李羲臣과 이요신李堯臣이 모두 먼저 죽자, 이순신은 고아가 된 조카들을 자기 자식처럼 보살폈다. 시집보내고 장가보낼 때 반드시 형의 자식을 먼저 보낸 뒤에 자기 자식을 보냈다.

이순신은 재주가 있었지만 운이 없어 백에 하나도 펼치지 못하고 죽었

---

101 이분(李芬): 1566(명종 21)~1619(광해군 11). 이순신의 조카이다. 임진왜란 때 이순신의 군대에 있으면서 군사와 문서 처리 및 명나라 장수 접대 등의 일을 하였다. 1608년 별시문과에 병과로 급제했다. 『선조실록』 편찬에 편수관으로 참여했으며, 서장관으로 명나라에 다녀오기도 했다. 평안도평사에 임명되었는데, 병을 얻어 귀향하였다가 죽었다.

으니, 오호라, 애석하도다!

원문

李舜臣 字汝諧 德水人. 其先曰"邊", 官至判府事 有直名. 曾祖曰"琚" 事成宗, 燕山在東宮, 琚爲講官 以嚴見憚. 嘗爲掌令 彈劾不避, 百僚憚之 有虎掌令之稱. 祖百祿[대국이일伯福] 以門蔭仕, 父貞不仕.

舜臣少時 英爽不羈. 與群兒戲 削木爲弓矢 遊里閭中, 遇不如意者 欲射其目, 長老 或憚之 不敢過門. 及長善射 從武擧發身. 李氏世業 儒, 至舜臣 始得武科.

補權知訓鍊院奉事. 兵曹判書金貴榮 有孽女, 欲與舜臣爲妾 舜臣不肯. 人問之, 舜臣曰 "吾 初出仕路, 豈敢托迹[이일跡]權門媒進耶!"

兵曹正郎徐益 有所親 在訓鍊院 欲越次薦報. 舜臣 以院中掌務官 執不可. 益牌招舜臣 詣庭下詰之, 舜臣 辭色不變 直辨無撓. 益大怒 盛氣臨之, 舜臣 從容酬答 終不少沮. 益本多氣傲人, 雖同僚 亦憚之 難與爭辨. 是日 下吏 在階下, 皆相顧吐舌曰 "此官 敢與本曹抗, 獨不顧前路耶?" 日暮 益愧屈令去. 識者 以此 往往知舜臣焉.

方在獄時 事不可測, 有獄吏 密語舜臣兄子芬 有賄則可免. 舜臣聞之 怒芬曰 "死則死耳. 安可違道求生?" 其有[일-]操執如此.

舜臣爲人 寡言笑 容貌雅飭 如修謹之士, 而中有膽氣 忘身徇國, 乃其素所蓄積也.

兄羲[일義]臣 · 堯臣 皆先死, 舜臣 撫其遺孤如己子. 凡嫁娶 必先兄子 而後及己子.

有才無命 百不一施而死, 嗚呼 惜哉!

24

이순신이 밤낮으로 경계를 엄중히 하다

통제사가 군영에 있을 때 밤낮으로 경계를 엄히 하여 일찍이 갑옷을 푼 적이 없었다. 견내량에서 왜적과 서로 대치할 때였다. 여러 전선들이 이미 닻을 내렸는데, 밤에 달빛이 매우 밝았다. 통제사는 갑옷을 입은 채 북을 베고 누웠다가 갑자기 일어나 앉아 주변 사람을 불러 소주를 가져오게 했다. 한 잔을 마시고 여러 장수들을 모두 불러 앞으로 오게 하고 말하였다.

"오늘 밤 달이 매우 밝다. 왜적은 간사한 꾀가 많아 달이 없을 때는 당연히 우리를 습격할 것이고, 달빛이 밝아도 마땅히 습격해 올 것이다. 경비를 철저히 해야 한다."

드디어 영각令角(긴 대나무 끝에 쇠뿔을 달아 불던 악기)을 불어서 모든 전선이 닻을 들어 올리게 하고, 또 척후선에게 전령을 내렸다. 척후병이 한창 숙면을 취하고 있었는데, 불러 깨워서 유사시에 대비하도록 하였다. 한참 후에 척후선이 달려와 왜적이 온다고 보고하였다.

그 때 달이 서산에 걸려 있어서 산 그림자가 바다에 거꾸로 드리워져 바다의 반쯤이 어둑해져 있었다. 무수한 적선이 어둠 속에서 다가와 우리 배에 접근하려고 하였다. 이 때 중군에서 대포를 쏘면서 함성을 지르자, 여러 전선이 모두 다 응사하였다. 왜적도 대비가 있는 줄을 깨닫고 일시에 조총을 쏘았으니 그 소리가 바다에 진동하였고, 날아온 탄환이 물 속으로 비 오듯 떨어졌다. 하지만 결국 감히 범접하지 못하고 퇴각해 달아났다. 이 일로 여러 장수들이 이순신을 귀신같다고 여겼다.

원문

統制在軍 晝夜戒嚴 未嘗解甲. 在見乃梁 與賊相持. 諸船[국舡] 已下碇 夜月色明甚. 統制 帶甲枕鼓而臥, 忽起坐 呼左右 取[대국求]燒酒來. 飮一杯, 悉呼諸將 至前 語之曰 "今夜 月甚明. 賊多詐謀, 無月時 固當襲我, 月明 亦應來襲. 警備 不可不嚴!"

遂吹令角 令諸船[국舡] 皆擧碇, 又傳令斥堠[국候]船[국舡]. 候卒 方熟睡 喚起待變. 久之 斥堠[국候] 奔告賊來.

時 月掛西山 山影倒海 半邊微陰. 賊船[국舡]無數 從陰黑中來 將近我船[국舡]. 於是 中軍 放大炮[국이일砲]吶喊 諸船[국舡] 皆應之. 賊知有備 一[102]時 放鳥銃[일鋭] 聲震海中, 飛丸 落於水中者 如雨. 遂不敢犯 退走. 諸將 以爲神.

102 [옥]: 글자가 지워져서 보이지 않는다.

錄後雜記

―『징비록』 뒤에 여러 일을 기록하다

1
임진왜란이 일어날 조짐

무인년(선조 11, 1578) 가을에 혜성이 하늘에 뻗쳤는데 그 모양은 하얀색 비단과 같았으며 서쪽에서 동쪽으로 향했는데 몇 달이 지나서야 사라졌다.

무자년(선조 21, 1588)에는 한강이 사흘이나 붉었다.

신묘년(선조 24, 1591)에는 죽산(경기도 안성시 죽산면) 대평원 뒤쪽에 있던 돌이 스스로 일어섰으며, 통진현(경기도 김포시 통진읍)에서는 넘어졌던 버드나무가 다시 일어섰다. 민간에서는 '장차 도읍을 옮길 것이다.'라는 헛소문이 돌았다. 또 동해의 물고기가 서해에서 잡혔는데 점점 한강까지 이르렀고, 청어는 본래 해주에서 잡혔지만 10여 년 가까이 잡히지 않다가 요해遼海(발해만)로 옮겨가서 잡혔으니 요동 사람들이 이를 처음 보는 물고기라고 말했다.

또 요동팔참遼東八站(압록강과 봉황성 사이에 있던 8개의 역참)에 거주하는 백성들이 어느 날 아무 이유 없이 놀라며 말하였다.

"도적이 조선에서 들어오고, 조선 왕자의 십정 교자가 압록강에 이르렀다."

이렇게 서로들 전하며 알려주자 늙은이와 어린이는 산으로 올라갔으며 며칠 만에야 안정되었다.

또 우리나라 사신이 북경에서 돌아오면서 금석산의 하씨네 집에서 묵었는데, 그 집주인이 말하기를 조선의 역관이 저에게 '너희 집에 3년 된 술이나 5년 된 술이 있거든 아끼지 말고 즐겁게 마셔라. 오래지 않아 전쟁이 나면 너희들이 비록 술을 가지고 있더라도 누가 그것을 마실 수 있겠는가?' 했습니다. 이러한 이유로 요동 사람들은 조선이 다른 뜻이 있는지 의심하여 많이들 놀라 어찌할 바를 모른다고 합니다."라고 하였다.

사신이 돌아와 그 일을 알리니, 조정에서는 역관 중에 반드시 말을 지어내고 일을 꾸며 본국을 무고하고 모함한 사람이 있을 것이라 여겨, 몇 사람을 체포해 인정전 뜰에서 국문하고 압슬壓膝(무릎 위에 압력을 가하는 고문)과 화형火刑(불로 달군 쇠로 지지는 형벌)의 형벌을 가했지만 모두 불복하고 죽었다. 이것이 신묘 연간의 일이었는데 다음 해(1592)에 결국 왜변이 일어났다.

이로써 큰 난리가 장차 일어날 때에는, 사람들이 비록 깨닫지 못하더라도 조짐으로 드러나는 단서가 하나가 아님을 알 수 있다. 흰 무지개가 해를 꿰뚫고 태백太白(금성)이 하늘을 지나가는 조짐에 이르기까지 해마다 없을 때가 없었지만, 사람들은 늘 있는 일로 여겼다.

또 도성 안에 연기도 아니고 안개도 아닌 검은 기운이 늘 있어 땅에 서리어 하늘에까지 닿았는데 이와 같은 것이 거의 10여 년이나 되었다. 그 외의 다른 변괴는 이루 다 기록하기 어렵다. 하늘이 사람에게 경고하는 것은 매우 절박하다고 할 수 있지만, 다만 사람들이 살펴 알지 못했기 때문이다.

원문

[1]戊寅秋, 長星竟天 狀如白練, 自西向東 數月而滅.

戊子間 漢江 三日赤.

辛卯 竹山大[일太]平院後 有石 自起立, 通津縣 僵柳復起. 民間訛言'將還都.' 又東海魚 産於西海 漸至漢江, 海州素産青魚 近十餘年 絕不産, 移産於遼海, 遼東人 謂之新魚.

又遼東八站居民 一日 無故 相驚曰 "有寇 從朝鮮至, 朝鮮王子十亭轎子 到鴨綠江[일紅]." 傳相告語 老弱登山 數日乃定.

又我國使臣 自北京還 宿金石山河姓人家, 其主人言'有朝鮮譯官 語我云「爾有三年酒 · 五年酒 毋惜爲樂. 不久兵至 爾輩[간輩] 雖有酒 誰其飮之?」 以此遼人 疑朝鮮有異志 多驚惑云.' 使臣歸 啓其事, 朝廷 以'譯官必有造言生事 誣陷本國者' 逮捕數人 鞫[대국鞠]於仁政殿庭 用壓膝 · 火刑 皆不服而死. 此 辛卯年間事, 明年 遂有倭變.

是知'大亂將生 人雖未覺 而形於兆朕[옥대간眹] 不一其端.' 至於白虹貫日 太白經天 無歲無之, 人視爲常事.

又都城內 常有黑氣 非烟非霧 盤地接天, 如此幾十餘年. 其他變怪 難以殫[일彈]記. 天之告人 可謂深切, 而特人不能察耳.

---

1 [일]에서는 「녹후잡기」를 4권에 포함시켰다.

2

하늘의 도움으로 임진왜란을 극복하다

두보[2] 시에, "장안성 위 머리 하얀 까마귀, 밤에 날아와 연추문 위에서 우네. 또 인가로 날아가 큰 집을 쪼니, 지붕 밑 고관들 오랑캐 피해 달아나네."[3]라고 했으니, 대개 괴이한 일을 기록한 것이다.

임진년(선조 25, 1592) 4월 17일에 적군이 침입했다는 보고가 이르자 조정과 민간에서 어쩔 줄 몰라했다. 그 때 갑자기 괴이한 새가 후원에서 울다가 공중으로 날아다니며 가까이 왔다 멀리 갔다 했다. 단지 새는 한 마리였지만 성 안에 울음소리가 가득차서 듣지 못한 사람이 없었다. 하루 종일 밤새도록 우는 소리가 잠시도 멈추지 않았다. 이와 같은 일이 있은 지 10여 일만에 임금님께서 피란하시고, 적군이 도성에 들어와서 궁궐과 종묘사직, 관청과 민간의 집들이 하나같이 텅 비었다. 아아! 이 또한 매우 괴이한 일이었다.

또 5월에 내가 임금님을 따라 평양에 이르러 김내진金乃進의 집에서 지

2 두보(杜甫): 712~770. 중국 당나라 때 시인이다. 전란과 폭정으로 고통 받는 민중들의 삶을 시로 묘사하였다.

3 두보시 구절: 756년에 안록산의 난으로 장안이 점령되었을 때 장안성에서 지은 「애왕손(哀王孫)」 중 1~4구이다.

냈는데, 김내진이 나에게 말하였다.

"몇 해 전에 승냥이가 여러 번 성 안에 들어왔고, 또 대동강 물이 붉어졌는데 동쪽은 매우 탁하고 서쪽은 맑더니, 이제 과연 이런 변고가 일어나게 되었습니다."

그 때는 왜적이 아직 평양에 이르지도 않았는데, 나는 이 말을 듣고 묵묵히 대답하지 않았지만 마음속으로는 언짢았다. 그런데 얼마 지나지 않아 평양 또한 함락되었다.

대개 승냥이는 들짐승이므로 성 안 시가지에 들어온다는 것은 이치에 맞지 않는다. 『춘추』에 "구욕새가 와서 집을 지었다." "익새 여섯 마리가 바람에 밀려 뒤로 날아갔다." "순록이 많다." "물여우가 있다."라고 기록된 것처럼, 그 조짐이 없던 적이 드물었다. 하늘이 인간에게 보이는 것은 뚜렷하고, 성인이 후세에 경계를 한 것은 이처럼 심오했다. 그러니 두려워하지 않을 수 있겠는가? 조심하지 않을 수 있겠는가?

또 임진년 봄 · 여름 사이에 목성이 미수尾宿와 기수箕宿 자리에 있었다. 미수와 기수는 곧 연나라 지역인데, 예로부터 우리나라는 연나라 지역과 같다고 했다. 그 때 적병이 나날이 다가와, 인심이 흉흉해지고 두려워서 나아갈 바를 몰랐는데, 어느 날 임금님께서 "복성이 지금 우리나라에 있으니 적군은 두려워할 것이 못된다."라는 교지를 내리셨다. 대체로 임금님께서는 이 현상을 빌려 인심을 진정시키고자 하셨을 것이다. 그러나 이 이후로 비록 도성을 잃기는 했으나 마침내 예전의 나라를 회복할 수 있었고 옛 도성에 돌아올 수 있었다. 또한 왜적의 우두머리 풍신수길은 흉악한 반역을 끝까지 다하지 못하고 제 스스로 죽었다. 이것이 어찌 우연이겠는가? 천운이 아닌 것이 없었다.

원문

杜詩 "長安城頭頭白烏, 夜飛延秋門上呼. 又向人家啄大屋, 屋底達官走避胡." 蓋記異也.

壬辰四月十七日 賊報至 朝野遑遑. 忽有怪鳥 鳴於後苑 飛在空中 或近或遠. 只一鳥 而聲滿城中 人無不聞. 終日達夜 其鳴不暫停. 如此十餘日 車駕出狩, 賊入城 宮闕 · 廟社 · 公私廬舍 一空. 嗚[일鳴]呼! 其亦怪甚矣.

又五月, 余隨駕 至平壤 寓於金乃進家, 乃進語余曰 "年前 有豺 屢入城中, 大同[대東]江水赤 東邊濁甚 西邊清, 今果有此變." 時 賊 猶未至平壤, 余聞此語 默然不答 而心不喜. 未幾 平壤又陷.
蓋豺乃野獸 不合入城市. 如『春秋』記"鸜鵒來巢" · "六鷁退飛" · "多麋" · "有蜮"之類 鮮有無其應者. 天之示人 顯矣, 聖人之垂戒 深矣. 可不懼哉? 可不愼哉?

又壬辰春夏間, 歲星 守尾 · 箕, 尾 · 箕 乃燕分 而自古言'我國與燕 同分.' 時 賊兵日逼 人心洶懼 不知所出, 一日 下敎曰 "福星 方在我國 賊不足畏." 蓋聖意 欲假此 以鎭人心故也. 然是後 都城 雖失 而卒能恢復舊物 旋軫故都[이일舊京]. 賊酋秀吉 又不能終逞兇[이일凶]逆而自斃. 斯豈偶然哉? 蓋莫非天也.

3

평양 수복 후 왜적을 섬멸하지 못한 것을 한탄하다

왜적은 매우 간사하고 교활하다. 그들이 전쟁을 할 때는 아마 단 한 번도 기만술에서 나오지 않은 것이 없었다. 그러나 임진년의 일을 살펴보면 서울에서는 정말 잘했지만 평양에서는 정말 못했다고 할 수 있다.

우리나라는 태평세월이 백 년 동안이나 지속되어 백성들이 전쟁을 알지 못했는데, 갑자기 왜병이 쳐들어 왔다는 말을 듣고 당황하여 어쩔 줄 몰라 했다가, 멀고 가까운 지방이 전부 다 쓰러지자 모두 넋을 잃었던 것이다. 왜적은 파죽지세로 열흘 사이에 곧장 서울에 이르렀다. 지혜로운 사람이 미처 계책을 내지 못했고 용맹한 사람도 미처 결단을 내리지 못해서 인심이 무너져 수습할 수 없게 되었다. 이것은 병법의 좋은 계략이며 적군의 교묘한 계책이었다. 이런 까닭으로 "정말 잘했다."라고 한 것이다.

이에 곧 왜적은 늘 승리했던 위세만 믿고서 그 뒤는 돌아보지도 않고 여러 도에 흩어져 나가 미친 듯이 날뛰었다. 군사를 나누면 세력이 약해지지 않을 수 없다. 천 리에 진영을 연결해 치고 세월을 헛되이 허비하며 지구전을 펼쳤으니, 이른바 '강한 쇠뇌로 쏜 화살도 먼 곳까지 나가 힘이 다하면, 노나라의 얇은 비단도 뚫을 수 없다.'는 말과, 장숙야[4]의 이른바

4 장숙야(張叔夜): ?~?. 중국 송나라 사람이다. 금나라 군사에 붙잡힌 휘종을 따라갔다가 오랑캐 밥은 먹지 않겠다고 하고는 굶어 죽었다.

'여진은 병법을 모른다. 어찌 고립된 군사가 적진에 깊이 들어갔다가 무사히 돌아올 수 있겠는가?'라는 상황과 아마도 흡사할 것이다.

이 때문에 명나라 군사가 4만 명으로 평양을 공격하여 깨뜨릴 수 있었다. 평양이 이미 무너지자 여러 도에 있던 왜적도 모두 사기가 꺾여버렸다. 비록 서울은 아직 점령하고 있었지만 대세는 이미 기울었다. 사방에 있던 우리 백성들도 곳곳에서 기다리고 있다가 공격하니, 왜적은 앞과 뒤가 서로 구원할 수 없게 되어 끝내 도망치지 않을 수 없었다. 그러므로 "평양에서는 정말 못했다."라고 말한 것이다.

아아! 적군의 실책은 우리의 행운이었다. 진실로 우리나라에 한 사람의 장군이 있어 수만의 병사를 거느리고 시기를 살펴서 긴 뱀을 내리쳐 끊어 그 허리뼈를 잘라놓는 것과 같은 기이한 병법을, 평양에서 패한 적군에게 썼다면 적의 대장을 앉아서 잡았을 것이고, 서울 이남에서 적군에게 썼다면 장차 수레 하나도 되돌아가지 못했을 것이다. 이와 같이 한 후에는 적군은 간담이 서늘해져서 수십 년, 수백 년 동안 감히 우리를 똑바로 쳐다보지도 못할 것이니 다시는 후환이 없을 것이다.

당시에 우리나라는 너무나 쇠약해져서 우리의 힘으로 이 계책을 처리하지 못했고, 명나라 여러 장수들도 이 계책을 낼 줄 몰랐다. 그래서 왜적에게 편안하게 오가게 했으며, 이들을 조금도 징계하거나 두렵게 하지 못하여, 그들이 온갖 것을 요구하게 되었다. 그리하여 하책을 내게 되어 책봉과 조공으로 왜적을 속박하고 견제하고자 했으니, 탄식하지 않을 수 있겠는가! 애석해하지 않을 수 있겠는가! 지금에 이르러 생각해보아도 사람들에게 화가 나 팔을 걷어붙이게 한다.

원문

倭最奸巧. 其用兵 殆无[이일간無]一事不出於詐術. 然 以壬辰之事 觀之, 可謂工於都城 而拙於平壤也.

我國 昇平百年 民不知兵, 猝聞兵至 倉皇[이일蒼黃]顚倒, 遠近靡然 皆失魂魄. 倭 乘破竹之勢 旬日之間 徑造都城. 使智不及謀 勇不及斷, 人心崩潰 莫可收拾. 此 兵家善謀 而賊之巧計. 故曰 "工也."
於是 乃自恃[일特]常勝之威 而不顧其後 散出諸道 任其狂肆. 兵分 則勢不得不弱. 千里連營 曠日持久, 所謂'强弩之末 不能穿魯縞.' 而張叔夜所謂'女眞 不知兵. 豈有孤軍深入而能善其歸者?' 殆近之矣.
是以 天兵 以四萬 攻破平壤. 平壤旣破 則其在諸道者 亦皆奪[일奮]氣. 雖京城猶據 而大勢已縮. 我民之在四方者 處處要擊, 賊首尾 不能相救 終不得不遁. 故曰 "拙於平壤也."

嗚[일鳴]呼! 賊之失計 我之幸也. 誠使我國 有一將 將數萬兵, 相時用奇 擊斷長蛇 分其要脊, 行之於平壤之敗 則其大帥 可坐致也, 發之於京城以南 則將使隻輪不返矣. 如此然後 賊心驚膽破 數十百年間 不敢正視於我, 而無復後慮矣.
當時 我方積衰力 不能辦[일辨]此, 天朝諸將 又不知出此. 使賊從容去來 略無懲畏, 要索萬端. 於是 出於下策 欲以封貢羈縻之, 可勝歎[국이일嘆]哉! 可勝惜哉! 至今思之 令人扼腕.

4

전쟁은 지형을 이용하는 것이 제일 중요하다

옛날 조조[5]가 군대의 일에 대해 이렇게 아뢰었다.

"병사를 거느리고 전투에 임하여 싸울 때 시급한 것이 세 가지가 있습니다. 첫째는 지형을 얻는 것이고, 둘째는 병사들이 복종하고 연습하는 것이며, 셋째는 예리한 무기를 갖추는 것입니다."

이 세 가지는 전쟁의 중요한 요소이고 승부를 결정짓는 것이니 장수된 자는 몰라서는 안 된다. 왜놈들은 공격하는 전투에 익숙하고 무기도 매우 예리하며, 예전에는 조총이 없었으나 지금은 소유하고 있다. 조총은 멀리 가는 힘과 명중률은 화살보다 몇 배나 된다.

우리가 만약 평원의 넓은 들판에서 서로 만나, 양 진영이 서로 마주쳐 병법으로 싸웠다면 대적하기가 극히 어려웠을 것이다. 대개 화살의 능력은 백 보에 불과하지만 조총의 능력은 수백 보에 이르고, 그 날아오는 것이 바람과 우박 같아서 감당할 수 없는 것이 뻔하다. 그러나 먼저 지형을 택하여 산이 험준하고 숲이 우거진 곳에 사수를 분산 · 매복시켜서, 적이 그 모습을 보지 못하게 하고 좌우에서 함께 화살을 쏜다면, 저들이 비록 조총과 창 · 검이 있다 하더라도 모두 무용지물이 되어 크게 이길 수 있

5 조조(鼂錯): 기원전 200~기원전 154. 중국 전한 시대의 정치가. 한나라 경제 때 어사대부가 되어 제후들의 영지 삭감을 주장하여 오 · 초의 난을 불러 일으켰다. 반란을 일으킨 제후들을 회유해야 한다는 주장에 따라 장안에서 처형되었다.

을 것이다.

지금 하나의 일을 들어서 증명하겠다. 임진년에 왜적이 서울에 들어와서 날마다 성 밖에서 길을 나누어 노략질을 하여 원릉[6]까지도 보존할 수 없었다. 고양 사람 진사 이노는 활을 조금 쏠 줄을 알았고 담력도 있었다. 하루는 동료 두 사람과 함께 각각 활과 화살을 지니고 창릉과 경릉[7]에 들어갔는데, 뜻밖에 왜적들이 많이 나와서 골짜기에 가득 찼다. 이노 등은 계책을 세울 수 없어 등나무 덩굴이 빽빽이 우거진 숲속으로 달려 들어갔다. 왜적들이 와서 수색하느라 돌아다니고 살펴보고 있었는데, 이노 등이 숲속에서 갑자기 화살을 쏘자, 왜적은 모두 활시위 소리가 날 때마다 거꾸러졌다. 또 장소를 옮겨 여기서 번쩍 저기서 번쩍하여 왜적은 화살이 날아오는 것을 더욱 예측할 수 없었다. 이로부터 왜적은 이르는 곳마다 숲만 보면 멀리멀리 달아나 피했고 감히 가까이 오지 못했기 때문에 두 능은 보전될 수 있었다. 이것으로 지형을 얻느냐 못 얻느냐에 따라 성공과 실패가 결정된다는 점을 알 수 있다.

왜적이 상주에 있을 때, 신립과 이일 등이 만약 이 계책을 낼 줄을 알아서, 먼저 토천과 조령鳥嶺(문경새재) 삼십여 리 사이에 활 쏘는 사람 수천 명을 매복시켜 왜적이 우리 군사의 많고 적음을 헤아릴 수 없게 하였다면 적을 제압할 수 있었을 것이다. 그런데 오합지졸의 훈련되지 않은 병사로 그 험한 요새를 버리고 평지에서 서로 싸웠으니 패배는 당연한 일

---

6 원릉(園陵): 왕이나 왕비의 무덤인 능(陵)과 왕세자나 왕세자빈 같은 왕족의 무덤인 원(園)을 통틀어 이르는 말이다.

7 창릉(昌陵)과 경릉(敬陵): 창릉은 조선 예종과 예종비 안순 왕후의 능이고, 경릉은 조선 덕종과 그의 비 소혜 왕후의 능으로, 모두 경기도 고양시 덕양구 신도동의 서오릉 안에 있다.

이었다. 내가 전쟁의 계책에 대해 자세히 말했는데, 지금 또 특별히 기록하여 뒷날의 경계로 삼는다.

토천(경상북도 문경시 마성면 신현리)

영강과 조령천이 만나는 지점의 협곡에 만들어진 옛 벼랑길이다. 토끼비리라고도 불린다. 토끼가 지나갈 수 있을 정도로 좁고 험했기 때문에 조선시대 영남대로 옛길 중 가장 험한 길이었다. 『신증동국여지승람(新增東國輿地勝覽)』에 "고려 태조 왕건이 남쪽으로 와서 이곳에 이르러 길이 없었는데, 토끼가 벼랑을 따라 달아나면서 길을 열어주어 갈 수 있었으므로, 토천(兔遷)이라 불렀다."라는 기록이 있다.

원문

昔 鼂錯 上言兵事曰 "用兵臨戰 合刃之急 有三. 一曰'得地形' 二曰'卒服習,' 三曰'器用利.'"

三者 兵之大要 而勝負之所決[이決], 爲將者 不可不知也. 倭奴 習於攻戰 而器械精利, 古無鳥銃 而今有之. 其致遠之力 · 命中之巧 倍蓰於弓矢. 我 若相遇於平原廣野 兩陣相對 以法交戰 則敵之極難. 蓋弓矢之技 不過百步 而鳥銃[일鋭] 能及於數百步 來如風雹, 其不能當 必矣. 然先擇地形 得其山阨險阻 林木茂密處 散伏射手, 使賊不見其形 而左右俱發, 則彼

雖有鳥銃[일銳]·槍刀 皆無所施 而可大勝也.

今擧一事爲證. 壬辰 賊入京城 逐日 分掠於城外, 至園陵 亦不保. 有高陽人進士李櫓 稍解操弓 有膽氣. 一日 與同伴二人 各持弓矢 入昌·敬陵, 不意 賊衆大出 滿谷中. 櫓等 無以爲計 奔入於藤蘿蒙密叢中. 賊來索之 徘徊窺覘, 櫓等 從其內 輒射之, 皆應弦而倒. 又遷其處 往來倏[옥대이일간焂]忽 賊尤莫能測. 自是所至 見叢薄 則遠遠走避 不敢近 故[옥대국이간-][8]二陵得全. 以此見之, 地形得失 成敗隨之.

方賊在尙州 申砬·李鎰等 若知出此, 先於兎[일兎]遷·鳥嶺三數十里間 伏射手數千人, 使賊莫測多少 則可以制敵. 乃以鳥[일鳥]合之卒 不鍊之兵, 棄其險塞 相角於平地, 宜其敗也. 余於兵機 備言之, 今又特記之 以爲後戒.

8 [이]의 경우 不敢近과 二陵 사이에 마치 二자를 써 넣은 듯이 보이지만, 같은 면의 다른 二자와는 다르다. 글자를 새겼다가 지운 흔적 같지는 않다.

5

성城의 치雉를 이용해 성을 지키는 방법

성城이란 것은 폭도를 막아 백성을 보호하는 곳이므로 마땅히 견고함을 으뜸으로 삼는다. 옛날 사람들이 성의 제도를 말할 때 모두 '치'[9]를 말하였는데 이른바 '천 치, 백 치'라는 것이 이것이다. 내가 평상시에 책 읽는 것이 무디고 거칠어 치가 어떤 물건인지 알지 못하고 늘 살받이터를 이에 해당하는 것으로 여겼다. 나는 살받이터가 단지 천 개 백 개라면 그 성이 지극히 작아 여러 사람을 수용할 수 없으니 장차 어디에 쓰겠는가 하고 늘 의심하였다. 왜변이 일어난 뒤에 비로소 척계광[10]의 『기효신서紀效新書』를 구해 읽고는 치가 살받이터가 아니라 바로 지금의 이른바 곡성曲城(성문 밖으로 둘러 가려서 곡선으로 쌓은 성벽)과 옹성甕城(성문 밖이나 안쪽에 둘러 가려서 쌓은 성벽)이라는 것을 알았다.

대개 성에 곡성과 옹성이 없다면 비록 사람이 한 살받이터를 지켜서 살받이터 사이에 방패를 세우고 바깥면의 화살과 돌을 차단한다 해도, 적이 와서 성 아래 붙는 것을 보고도 막을 수가 없다. 『기효신서』에 50개

---

9 치(雉): 성가퀴라고 한다. 성벽 위에 설치한 높이가 낮은 담으로 몸을 숨기고 적을 감시하거나 공격할 수 있도록 만든 시설이다. 여기서 말하는 치는 성가퀴가 아니라 곡성이나 옹성을 말한다.

10 척계광(戚繼光): 1528~1588. 명나라 병법가이다. 절강성에서 새로운 진법을 고안하여 왜구 격퇴에 많은 공을 세웠다. 저서에 『기효신서(紀效新書)』 등이 있다.

의 살받이터마다 1개의 치를 두되 밖으로 두세 장이 나오게 하고, 두 개의 치 사이에 50개의 살받이터를 두어 한 개의 치가 각각 25개의 살받이터를 차지하게 했다. 그러면 화살의 위력이 가장 강하게 되고 좌우를 돌아보며 화살을 쏘기에 편리하므로, 적이 와서 성 아래에 붙을 방법이 없게 된다.

수원 화성의 치(雉)

정조 18년(1794)에 쌓기 시작해서 정조 20년(1796)에 완성하였다. 이 화성은 당대에 동원할 수 있는 모든 기술과 지식 그리고 인력을 집약시켜 완성한 우리나라 성곽의 최고봉이라 할 수 있다. 임진왜란으로 폐허가 된 성에 대한 성찰로부터 탄생한 이 성은 방어와 공격을 겸비하도록 축성하여 이 책에서 주장한 옹성(甕城)과 치성(雉城)을 제대로 구현한 성곽으로 꼽힌다.

임진년 가을에 나는 오랫동안 안주에 머물렀다. 생각해보니 왜적이 바야흐로 평양에 머물러 있기는 했지만, 만약 하루아침에 서쪽으로 내려온다면 행재소 앞쪽에 한 곳도 가로막을 곳이 없었기 때문에, 우리의 여력을 따져보지도 않고 안주성을 수축하여 지켜보려고 하였다.

중양절重陽節(음력 9월 9일)에 우연히 청천강 가에 나가 안주성을 돌아보며 가만히 앉아서 깊이 생각한 지 한참 만에 문득 한 가지 대책을 생각해 냈다. 성 밖에 마땅히 형세를 따라 별도로 철성凸城(돌출 성곽)을 쌓아 치성의 제도와 같게 하여 그 속을 비워 사람을 수용하고, 전면 및 좌우에 포의 구멍을 뚫어 안에서 포를 쏠 수 있게 하고, 위에 적루敵樓(주위를 살피는 높은 대)를 세우고, 누대 사이는 서로 천 보 이상 떨어지게 한다. 대포 안에 새알 같은 철환 여러 말을 채워놓았다가 왜적이 성 밖에 많이 모여들 때 대포의 탄환을 양쪽에서 교대로 발사하면, 사람과 말은 말할 것도 없고 비록 쇠와 돌이라도 부서지지 않는 것이 없을 것이다.

만약 이와 같이 한다면 다른 성가퀴에 지키는 병사가 없다고 해도, 단지 수십 명에게 포루를 지키게 해도 적군이 감히 가까이 올 수 없을 것이다. 이것은 참으로 성을 지키는 기묘한 방법이니, 그 제도는 비록 치를 본떴지만 효과는 치보다 만 배나 뛰어날 것이다. 대개 천 보 이내에 적이 감히 가까이 오지 못하게 되면 이른바 운제雲梯(성을 공격할 때 사용하는 사다리)와 충차衝車(성벽을 공격하는 수레)라는 것도 모두 소용없게 된다.

이 일은 내가 우연히 생각하여 얻은 것이다. 그 즉시 행재소에 아뢰었고 뒤에 경연자리에서도 여러 차례 말하였다. 또 사람들에게 틀림없이 쓸 만하다는 점을 보여주려고, 병신년(선조 29, 1596) 봄에 서울 성곽 동쪽 수구문 밖에 적절한 땅을 골라 돌을 모아 만들다가 완성하지 못했는데, 다른 의견이 어지러이 일어나 폐지하고 수축하지 못했다. 훗날 만일 먼 앞날을 염려하는 사람이 있다면, 나 같은 사람이 한 말이라고 버리지 말고 이 제도를 들어 행한다면 대비하고 방어하는 방도에 있어서 이로운 점이 적지 않을 것이다.

원문

城者 禦暴保民之所 當以堅固爲主. 古人言城制 皆曰‘雉’ 所謂‘千雉 · 百雉’者 是也. 余平時 讀書鹵莽 不知雉爲何物, 每以堞當之. 常[옥이일간嘗]疑‘堞但千百 則其城至小 不能容衆 將何以哉[일乎].’ 及變後 始得戚繼光『紀效新書』讀之, 乃知雉非堞 卽今之所謂曲城 · 甕城者也.
蓋城 無曲城 · 甕城 則雖人守一堞 而堞間立盾 以遮外面矢石, 賊之來傅城下者 不可見而禦之也. 『紀效新書』每五十堞 置一雉 外出二三丈, 二雉間 相去五十堞, 一雉 各占地二十五堞. 矢力方盛 左右顧眄 便於發射, 敵無緣來附城下矣.

壬辰秋 余久留安州. 念, 賊方在平壤 若一朝西下 則行在前面 無一遮障處, 不量其力 欲修安州城而守之.
重陽日 偶出淸[옥대국이일간晴]川江上 顧視州城 默坐深念者 久之, 忽思得一策. 城外 當從形勢 別築凸城如雉制 而空其中使容人, 前面及左右 鑿出砲穴 可從中放砲, 上建敵樓 樓相距千步以上. 大砲中 藏鐵丸如鳥卵[일卯]者數斗, 賊多集城外 砲丸 從兩處交發 無論人馬 雖金石 無不糜[일摩]碎.
若是則 他堞 雖無守兵, 只使數十人 守砲樓 而敵不[이일無]敢近矣. 此 實守城妙法, 其制 雖倣於雉 而功勝於雉萬萬矣. 蓋千步之內 敵 旣不敢近 則所謂雲梯 · 衝車者 皆不得用.
此事 余偶思得之. 其時 卽啓聞行在 後於經席 屢發之. 又欲使人見其必可用, 丙申春 京城東水口門外 擇地聚石 作之未成, 而異論紛起 廢而不修. 後日 如有遠慮者 勿以人廢言 修擧此制 則其於備禦之道 所益不少[이일小]矣.

6
진주성 포루가 설치되지 못한 것을 애통해 하다

내가 안주에 있을 때 친구 사순士純 김성일이 경상우감사가 되어 편지를 보내, '진주성을 수축해 죽을 각오로 지킬 계획이다.'라고 말하였다.

이보다 먼저 왜적이 일찍이 한 차례 진주성을 침범하였으나 이기지 못하고 물러난 적이 있다. 내가 김사순에게 답서로 말하길, '왜적이 머지않아 반드시 쳐들어와 보복할 것이오. 온다면 반드시 큰 세력으로 올 것이니 지키는 일이 예전보다 조금 어려울 것이오. 오직 마땅히 포루를 세워 대비해야 근심이 없을 것이오.'라고 하고는, 드디어 편지 속에 그 제도를 상세히 말하였다.

계사년(선조 26, 1593) 6월에 나는 왜적이 다시 진주성을 공격한다는 말을 듣고 종사관 신경진에게 말하였다.

"진주의 일이 매우 위태롭다. 다행이 포루가 있다면 그런대로 지탱할 수 있겠지만 그렇지 않다면 지키기가 어려울 것이다."

얼마 후 합천으로 내려갔다가 진주성이 벌써 함락되었다는 말을 들었다. 단성현감 조종도는 김사순의 벗인데, 나에게 이렇게 말해주었다.

"지난해에 김사순과 함께 진주성에 머물 때, 김사순이 나에게 편지를 보여주면서 뛸 듯이 기뻐하며 기이한 계책이라고 했습니다. 곧바로 막하의 여러 사람들과 함께 성을 둘러보고 그 땅의 형세에 따라 마땅히 여덟 곳에 포루를 설치해야 한다고 여기고, 나무를 베어 강에 띄워 내려보내라고 독려했습니다. 그런데 고을 백성들이 그 노역을 꺼리어 말하기를 '이전에는 포루가 없었어도 오히려 성을 지키고 왜적을 물리쳤는데, 지금 어찌하여 사람들을 수고롭게 부리는가?'라고 하였지만, 김사순은 듣지 않았습니다. 재목을 이미 갖추고 역사를 시작한 지 며칠 만에, 마침 김사순이 병이 나서 일어나지 못했고 그 일도 결국 중지되었습니다."

그리고 서로 함께 크게 애통해 하다가 헤어졌다.

아아! 김사순의 불행은 곧 진주성 천만 사람의 불행이었다. 이것은 진실로 운명이지, 사람의 힘으로 할 수 있는 일이 아니었다.

원문

余 在安州時, 友人金士純 爲慶尙右監司, 有書云'欲修治晉州 爲死守計.' 先是 賊嘗一犯晉州 不勝而退. 余 答士純云'賊 早晩 必來報. 來則 必用大勢 守比舊差難. 惟當建砲樓以待之 可無患.' 遂於書中 詳言其制.

癸巳六月, 余 聞賊復攻晉州 謂辛從事慶晉曰 "晉事甚危. 幸而有砲樓 則猶可支, 不然 難守矣."

旣而 下陜川 聞晉已陷. 丹城縣監趙君宗道 亦士純友也, 爲余言. "前年與士純 同在晉州, 士純見余書 踊躍稱奇. 卽與幕下士友數人 巡城, 因其地形 以爲當設於八處, 督令伐木 浮江而下. 州民憚其役 乃曰'前無砲樓 猶守郤[국이일却;간郤]賊. 今何用勞人?' 士純不聽. 材已具 始役有日, 適士純 病不起, 其事 遂寢云." 相與一痛[이일慟]而罷.

嗚呼! 士純之不幸 卽一城千萬人之不幸也. 斯固數也, 非人力之所能容.

7

장수는 평상시에 재주 있는 이를 가려 뽑아야 한다

임진년(선조 25, 1592) 4월에 왜적이 여러 군을 잇달아 함락시켰는데도 우리 군사는 멀리서 모습만 바라보고도 무너지고 흩어져서 감히 싸우려는 사람이 없었다. 비변사의 여러 신하들이 날마다 대궐에 모여 방어할 대책을 논의했지만 별다른 계책이 없었다.

어떤 사람이 다음과 같이 건의하였다.

"왜적은 창과 칼을 잘 쓰는데 우리는 이를 막을 만한 견고한 갑옷이 없기 때문에 대적할 수 없습니다. 마땅히 두꺼운 쇠로 온몸을 뒤덮도록 갑옷을 길게 만들어서 형체가 보이지 않도록 하고, 이것을 입고 적진으로 들어간다면 적군은 찌를 틈이 없으므로 우리가 이길 것입니다."

그러자 여러 사람들이 말하였다.

"그렇다!"

이에 장인들을 대대적으로 모아 밤낮으로 쇠를 쳐서 만들게 하였다. 나만 유독 안 된다고 여겨서 이렇게 말하였다.

"적과 싸울 때는 구름처럼 모이기도 하고 새 떼처럼 흩어지기도 해야 하므로 민첩성이 중요합니다. 이미 온몸을 뒤덮는 두터운 갑옷을 입는다면 그 무게를 이길 수 없으므로 몸도 가누기 힘들 텐데 어떻게 적을 죽이기를 바랄 수 있겠습니까?"

며칠 후에야 쓰기 어렵다는 걸 알고 마침내 그만두었다.

또 대간이 대신에게 뵙기를 청하고 계책을 말하는데, 그 중의 한 사람이 화를 내며 '대신들이 계책도 없다.'고 지적하자 자리에 있던 사람이 무슨 계책이 있냐고 물었다. 그러자 그 사람이 대답하였다.

"왜 한강 가에 높은 누각을 많이 설치하여 왜적이 오를 수 없게 하고서 내려다보면서 쏘지 않습니까?"

그러자 어떤 사람이 말하였다.

"왜적의 쇠탄알은 올라오지 못합니까?"

그 사람은 말없이 물러났고, 이 말을 들은 사람들은 서로 전하며 웃음거리로 삼았다.

아아! 병법은 일정한 형세가 없으며 전투는 일정한 방법이 없으므로, 상황에 따라 적절히 대응하면서 나아가고 물러나며 합치고 흩어지며 기이한 계책을 한도 끝도 없이 내야 하는 것이니, 이것은 다만 장수에게 달려 있을 뿐이다. 그렇다면 천 마디 말과 만 가지 계책이 모두 쓸모가 없으며, 오직 장수의 재질을 가진 한 사람을 얻는 데에 달려 있다. 그리고 조조가 진술한 세 가지 계책[11]은 더욱 절실히 필요하므로 한 가지도 빠뜨려서는 안 된다. 그 나머지 분분한 의견들은 무슨 도움이 되겠는가?

대체로 국가에서는 사변이 없는 날에 장수를 가려 뽑고, 사변이 있을 때에는 장수를 임명하되, 택할 때는 재주를 정밀하게 살펴야 하고 임명

---

11 첫째, 득지형(得地形, 지형을 얻는것), 둘째, 졸복습(卒服習, 병사가 복종하고 연습하는 것), 셋째, 기용리(器用利, 예리한 무기를 갖추는 것).

할 때는 전권을 주어야 한다.

그 당시에 경상도의 수군 장수는 박홍과 원균이었고, 육군 장수는 이각과 조대곤이었는데 이미 장수될 재목으로 선택한 것이 아니었다. 사변이 발생함에 이르러 순변사 · 방어사 · 조방장 등은 모두 조정에서 명령을 받고 왔기 때문에 각자 마음대로 결단할 수 있는 권한을 가져서 스스로 호령을 행하고 나아가고 물러나기를 마음대로 했으니, 서로 통제되지도 속하지도 않았다. 그러니 바로 '시체를 수레에 싣는다.'[12]라는 경고를 범하였으니, 일이 어떻게 이루어질 수 있었겠는가? 또한 자기가 기른 군사를 부리지 않았고 부렸던 군사는 자기가 기른 군사가 아니었으므로 장수와 군사가 서로를 몰랐으니, 모두 군사 전문가들이 크게 꺼리는 일이었다.

어째서 앞 수레가 이미 엎어졌는데도 뒤에 오는 수레는 고칠 줄도 모르고, 지금도 오히려 앞 수레의 바퀴자국을 따라가려고 하는가? 이와 같은데도 무사하기를 바라는 것은 다만 요행을 바랄 뿐이다. 그런 것들을 말하자면 설명이 매우 길어져서 한두 마디의 말로 끝낼 수 없을 것이다. 아아, 위태롭도다!

원문

壬辰四月, 賊 連陷內郡 我軍 望風潰散 無敢交鋒者. 備邊司諸臣 日聚闕下 講備禦之策 而無以爲計.

或建議曰 "賊 善用槍刀 我 無堅甲可禦, 故 不能敵. 當以厚鐵爲滿身甲長不見物, 被入賊陣 則賊無隙可刺 而我可勝矣." 衆曰 "然." 於是 大聚工

12 여시(輿尸): 『주역(周易)』의 「지수사(地水師)」 육삼(六三)의 "사혹여시흉(師或輿尸凶)"으로 '군사가 혹 여럿이 주장하면 흉하리라.' 또는 '군사가 시체를 수레에 싣고 돌아오니 흉하리라.'라고 하였다.

匠 晝夜打造. 余 獨以爲不可曰 “與賊鬪 雲合鳥散 貴於捷疾. 旣被滿身厚甲, 其重不可勝 身且不能運, 何望殺賊?” 數日 知其難用 遂罷.

又臺諫 請見大臣 言計, 其中一人 盛氣 斥大臣無謀, 座上 問有何策. 對曰 “何不於漢江邊 多設高棚 使賊不得上 而俯射之耶?” 或曰 “賊之鐵丸亦不得上耶?” 其人無語而退 聞者 傳以爲笑.

嗚呼! 兵無常勢 戰無常法, 臨機制變 進退合散 出奇無窮, 只在於將而已. 然則 千言萬計 皆無用, 惟在於得一將才. 而鼂錯所陳三策 尤係切要闕一不可. 其餘紛紛者 何補焉[이爲].

大抵 國家 擇將於無事之日 任將於有事之際, 擇之貴精 任之貴專.
當時 慶尙道水將 則朴泓·元均, 陸將則 李珏·曺大坤, 已非才選. 及其變生 巡邊使·防禦使·助防將等 皆自朝廷受命而來 各持專斷之權 自行號令 進退由意 而不相統屬. 正犯輿尸之戒, 事何由得濟? 且所養非所用 所用非所養[일粮] 將卒不相知, 皆兵家大忌.
奈何前車旣覆 後不知改, 至今 尙循此塗轍? 如此而望其無事者 特幸耳. 言之 其說甚長 非可一二盡. 嗚呼, 危哉!

8

임진강에 칡덩굴로 다리를 만들다

계사년(선조 26, 1593) 정월에 명나라 군대가 평양을 출발했는데 나는 명나라 군대보다 앞서 출발하였다. 당시에 임진강의 얼음이 녹아 건널 수 없었기 때문에, 제독은 계속 사람을 보내 부교를 만들도록 독촉하였다.

내가 금교역에 이르러 보니, 대군을 맞이하여 군량미를 대기 위해 황해도 수령이 거느리고 온 아전과 백성들로 들판이 가득했다. 내가 우봉현령 이희원李希愿을 불러서 거느리고 온 고을 사람들은 얼마나 되는지 물었더니 대답하였다.

"거의 수백 명은 됩니다."

나는 이렇게 분부하였다.

"그대는 빨리 고을 사람들을 거느리고 산에 올라 칡넝쿨을 캐시오. 내일 나하고 임진강 어귀에서 만납시다. 시간을 어기면 안 되오!"

그 말을 듣고 이희원은 떠나갔다.

이튿날 나는 개성부에서 묵고, 그 다음 날 새벽에 덕진당德津堂으로 달려가 보니 강의 얼음이 아직 다 녹지 않아 얼음 위로 몸길이 반쯤 되는 얼음 덩어리가 떠다녀 하류의 배가 올라오지 못하고 있었다. 경기순찰사 권징, 수사 이빈, 장단부사 한덕원[13]과 창의추의군 천여 명이 강가에 모였지만, 모두들 속수무책이었다.

내가 우봉 사람들에게 호령하여 칡덩쿨로 거대한 동아줄을 만들어 바치게 하였는데, 굵기가 몇 아름이나 되고 길이도 강을 가로지를 만했다. 강 남쪽과 북쪽 언덕에 각각 두 개의 기둥을 세워 서로 마주 보게 하고, 그 안에 가로지른 나무 하나를 눕혀두고 큰 동아줄 열다섯 가닥을 당겨 강 수면을 가로질러 걸치고는 동아줄의 양쪽 끝을 가로지른 나무에 매었다. 하지만 강폭이 넓고 멀어서 동아줄이 반쯤 물에 잠겨 팽팽해지지 않았다. 그러자 사람들이 말했다.

"쓸데없이 인력만 낭비했네!"

내가 천여 명에게 각자 2~3자 되는 짧은 막대기를 가지고 칡 동아줄에 꿰어서 몇 바퀴를 힘껏 돌리게 했더니, 동아줄이 서로 팽팽히 당겨져 빗살처럼 가지런히 배열되었다. 이어서 여러 동아줄이 단단하게 묶이자 둥글게 높이 떠올라 어엿한 다리 모양이 되었다. 가는 버들가지를 베어 그 위에 펴놓고 풀로 두껍게 덮고 흙을 깔아놓았다.

명나라 군사가 이것을 보고 크게 기뻐했으며, 모두 채찍을 휘두르며 말을 달려 지나갔고 포차와 병기도 모두 이를 따라 건너갔다. 조금 후에 건너가는 사람들이 더욱 많아지자 팽팽했던 동아줄이 늘어져 거의 수면과 가까워졌지만, 대군이 얕은 여울을 따라 건너는 정도였기 때문에 별 문제는 없었다.

---

13 한덕원(韓德遠): 1550년(명종 5)~?. 1582년 식년문과에 병과로 급제하였다. 장단부사, 진주부윤을 지내며 선정을 베푼 수령으로 이름났다. 1597년에는 접반사로 명나라의 심유경을 접대하였으며, 이후 경기도 관찰사 · 대사헌 · 강원도 관찰사 등을 지냈다.

내가 그 당시를 생각해보니, 갑작스러운 일이라 칡덩굴을 많이 준비하지 못했지만, 다시 곱으로 준비해서 30가닥을 만들 수 있었다면 줄이 더욱 팽팽해져 느슨해지지는 않았을 것이다.

뒤에 『남북사』를 보니, 제나라 군사가 양나라 임금 규巋를 공격하자, 규는 주나라 총관 육등과 함께 이를 막아 싸웠다. 당시 주나라 사람들은 협구 남쪽 언덕에 안촉성을 쌓고는 큰 동아줄을 강 위로 가로질러 당겨 매어놓고 갈대를 엮어 다리를 만들어서 군량을 운반했다고 하니, 바로 이 방법이었던 것이다.

나는 혼자 생각하기를, '우연히 생각해서 이 방법을 알아냈는데, 옛 사람이 벌써 시행했을 줄은 몰랐구나!' 하고는 한 번 웃었다. 이 일을 기록하여 뒷날 급히 대응할 때 도움이 됐으면 한다.

원문

癸巳正月, 天兵 發平壤, 余 在軍前先行. 時 臨津氷泮 不可渡, 提督 連遣人 督造浮橋.

余至金郊驛 見黃海道守 令率吏民 候餉大軍者 滿野. 余 召牛峰縣令李希愿 問所率邑人幾何? 曰 "近數百." 余分付曰 "爾速領邑人 登山採葛. 明日 會余於臨津江口. 不可失期!" 希愿去.

翌日 余宿開城府, 又明日 曉馳至德津堂 見江氷 猶未盡解 氷上流澌 半身許, 下流舟艦 不得上. 京畿[극圻]巡察使權徵 · 水使李蘋 · 長湍府使韓德遠及倡義秋義軍千餘人 集江面 皆束手無計.

余 令呼牛峰人 納葛綯[일綱]爲巨索, 大數圍 長可橫江. 江南北岸 各立兩柱 相對, 其內 偃置一橫木, 引巨索十五條 鋪過江面, 兩頭 結橫木. 江面

既闊遠 索半沈水 不能起. 衆曰 "徒費人力."

余 令千餘人 各持短杠二三尺 穿葛索 極力回轉 數周, 互相撑起 排比如櫛. 於是 衆索緊束 高起穹窿 儼然成橋樣. 刈細柳 鋪其上 厚覆以草 而加之土.

唐軍 見之大喜 皆揚鞭馳馬而過 炮[이砲;일抱]車 · 軍器 皆從此渡. 旣而渡者益多 絞索 頗緩近水, 大軍 由淺灘以渡 而無責焉.

余念其時, 倉卒 備葛不多, 更倍之得三十條 則加緊無緩矣.

後見『南北史』, 齊兵 攻梁主巋 巋[대국-][14]與周總[이일揔]管陸騰拒之. 周人於峽口南岸 築安蜀城 橫引大索於江上 編葦爲橋 以渡軍糧, 正是此法. 余自謂'偶思得之, 不知古人已行!' 爲之一笑. 因記其事 以爲他日應猝之助云.

14 [옥]에는 156쪽 10줄이 20자가 아닌 21자로 되어 있는데, "攻梁主巋巋"의 5자가 4자 칸에 길이가 짧게 다시 판각되어 있다.

9

훈련도감을 만들다

계사년(선조 26, 1593) 여름에 나는 병으로 서울 묵사동墨寺洞에 누워 있었다. 하루는 명나라 장수 낙상지가 내가 누워 있는 곳을 방문하여 매우 정성스럽게 문병하고는 이렇게 말하였다.

"조선은 지금 미약한데 왜적은 아직도 조선 땅 안에 있으니, 군사를 교련하여 적군을 방어하는 것이 가장 시급한 일입니다. 마땅히 지금 명나라 군사가 돌아가지 않았을 때를 이용하여 군사 교련하는 법을 배워 익혀서, 한 사람이 열 사람을 가르치고 열 사람이 백 사람을 가르치면 수년 만에 모두 정예병이 되어 나라를 지킬 수 있을 것입니다."

나는 그 말에 감동하여 곧바로 행재소에 빨리 아뢰고, 데리고 있던 금군 한사립韓士立을 시켜 서울 안에서 70여 명을 불러 모았다. 그리고 낙상지 공에게 보내 가르침을 청하도록 했다. 낙상지가 막하 중에 진법을 잘 아는 사람 장육삼張六三 등 10명을 뽑아 교사로 삼아, 밤낮으로 창술 · 검술 · 낭선[15] 등의 기술을 익히게 했다.

얼마 후에 내가 남쪽 지방으로 내려가게 되어 그 일이 곧 폐지되었지만, 임금님께서 장계를 보시고 비변사에 내려 보내 별도로 도감을 설치하여 훈련하도록 하고, 좌상 윤두수가 그 일 전체를 주관하도록 했다. 그

15 낭선(狼筅): 가지가 붙은 대나무 자루로 된 창으로, 명나라 척계광이 처음 사용했다.

해 9월에 내가 남쪽 지방에서 행재소로 불려가 어가를 해주에서 맞이하여 모시고 서울로 돌아오고 있었는데, 연안에 이르러 다시 나에게 명하여 도감 일을 대신하여 맡도록 하셨다.

그 당시에 서울에 기근이 심해서 나는 용산에 있는 창고에서 좁쌀 1천 석을 내어달라고 요청하여, 매일 한 사람에게 곡식 두 되를 주도록 하자 훈련도감에 응모하려는 사람이 사방에서 모여 들었다. 도감 당상 조경은 내어 줄 곡식이 부족해지자 법을 만들어 모집을 제한하려고 하였다. 큰 돌 하나를 놓고 응모한 사람들에게 먼저 돌을 들게 해서 그 힘을 시험하고, 또 높이 한 길쯤 되는 흙담을 뛰어넘게 해서, 할 수 있는 사람은 들어오고 할 수 없는 사람은 들어오지 못하게 했다. 사람들이 굶주리고 지쳐 기운이 없었으므로 합격하는 사람은 10명 중 1~2명이었고, 어떤 사람은 도감 문 밖에서 시험을 보려고 했지만 보지 못하고 쓰러져 죽기도 했다. 오래지 않아 수백 수천 명을 뽑아 파총과 초관[16]을 세워 부대를 나누어 거느리게 했다.

또 조총 쓰는 법을 가르치려고 했으나 화약이 없었다. 군기시 장인 대풍손大豐孫이 적진에 들어가서 화약을 많이 만들어 왜적에게 주었기 때문에 강화에 가두어두었다가 장차 죽이려고 했다. 내가 특별히 그 죽음을 용서해주고 염초를 구워 속죄하도록 했다. 그 사람이 감동하고 송구해 하며 있는 힘을 다하여 만드는 데 하루 동안에 염초를 구운 것이 거의 수십 근에 이르렀다. 날마다 각 부서에 나누어주어 밤낮으로 총 쏘기를

16 파총(把總), 초관(哨官): 파총은 종4품 무관, 초관은 종9품 무관이다. 5명으로 오(伍)를 만들고 두 줄로 대(隊)를 만들어 대장(隊長)이 거느리고, 5대로 1기(旗)를 만들어 기총(旗總)이 거느리고, 5기로 1초(哨)를 만들어 초관(哨官)이 거느리고, 5초로 1사(司)를 만들어 파총(把總)이 통솔했다.

익히도록 하고, 잘하고 못하는 것에 등급을 매겨 상벌을 시행했다. 한 달 후에는 날아가는 새도 맞힐 수 있었고, 몇 달 후에는 항복한 왜적이나 명나라 남방 군사의 조총 잘 쏘는 사람들과 견주어 보아도 그보다 못한 사람은 없었으며 혹은 더 뛰어나기도 했다.

나는 차자를 올려, '군량을 마련하고 군사를 더 모집하여 1만 명이 다 차거든 5영을 설치하고, 영마다 각각 2천 명을 예속시켜 매년 절반은 성 안에 남겨두어 훈련시키고 절반은 성 밖에 내보내 넓고 비옥한 땅을 골라 둔전을 설치하여 곡식을 저장토록 하되, 번갈아 교대한다면 몇 년 후에는 군량의 근원이 넉넉해지고 국가의 근본도 튼튼해지게 될 것입니다.' 라고 청하였다. 임금님께서 그 의론을 병조에 내려 보냈지만 곧바로 시행되지 않았고 결국 효과도 보지 못했다.

원문

癸巳夏 余 病臥漢城墨寺洞. 一日 天將駱尙志 訪余于臥次 問病甚勤, 因言. "朝鮮 方微弱 而賊 猶在境上, 鍊兵禦敵 最爲急務. 宜乘此天兵未回學習鍊兵法, 以一教十 以十教百 則數年間 皆成精鍊之卒, 可以守國."
余感其言 卽馳啓于行在, 因使所帶禁軍韓士立 招募京中 得七十餘人. 往駱公處 請教. 駱 撥帳下曉陣法張六三等 十人 爲教師, 日夜 鍊習槍·劍·筤筅等技.
旣而 余下南方 其事旋廢, 上見狀啓 下備邊司 令別設都監訓鍊 以尹相斗壽 領其事. 其年九月 余自南 召赴行在 迎駕於海州 扈從還都, 至延安更命余 代領都監事.

時 都城飢[국이일饑]甚, 余 請發龍山倉唐粟米一千石, 日給人二升[일升],

應募者 四集. 都監堂上趙儆 以穀小 不能給, 欲設法限節. 置一巨石 令願募者 先擧石試力, 又令超越土墻丈許 能者許入 不能者拒之. 人飢困無氣 中格者 十一二, 或在都監門外 求試不得 顚仆而死. 未久 得數百千人 立把總 · 哨官 分部領之.

又欲敎鳥銃 而無火藥. 有軍器寺匠人大豐孫者 以入賊陣 多煑火藥 與賊, 囚江華 將殺之. 余 特貸其死 令煑焰焇贖罪. 其人感懼 爲之盡力 一日所煑 幾十斤. 逐日 分諸各部 晝夜習放, 第[이苐]其能否 而賞罰之. 月餘 能中飛鳥 數月後 與降倭及南兵[간方]之善鳥銃者 相較 無不及 而或過之.

余 上箚請'措置軍糧 益募兵, 滿一萬 置五營, 營 各隷二千, 每年 半留城中 教鍊[대국訓], 半出城外 擇閑曠[옥대閒曠;극閑廣]肥饒地 屯田積粟, 輪還遞代 則數年之後 兵食之源厚 而根本 固矣.' 上 下其議兵曹 不卽擧行 卒無見效.

10

심유경이 김명원에게 보낸 편지

심유경은 왜적이 평양에 있을 때부터 적진을 출입하느라 노고가 없지는 않았지만, 강화를 명분으로 삼았기 때문에 우리나라에서는 좋아하지 않았다.

마지막에는 왜적이 부산에 머물면서 오래도록 바다를 건너가지 않았고, 책사 이종성이 도망가자 중국 조정에서는 곧바로 심유경을 보내 부사로 임명하고 정사인 양방형과 함께 왜국에 들어가도록 했다. 그러나 결국은 강화를 이루지 못한 채 돌아왔으며, 소서행장과 가등청정 등도 돌아와 바닷가에 진을 쳤다. 그러자 중국과 우리나라에서도 논의가 여러 사람의 입에 오르내려 떠들썩하였는데 모두 심유경에게 허물을 돌렸다. 심한 사람은 간혹 '심유경이 왜적과 함께 도모하여 배반할 낌새가 있다.'라고까지 했다.

우리나라 승려인 송운松雲(사명당 유정)이 서생포에 들어가 가등청정을 만나보고 돌아와서 '왜적이 명나라를 침범하려고 하고, 말하는 것이 매우 이치에 어긋난다.'라고 하자, 즉시 이러한 사실을 갖추어 명나라 조정에 보고하였고, 이 말을 들은 사람들은 심유경에게 더욱 화가 났다.

심유경은 자기에게 화가 미칠 것을 알고 근심스럽고 두려워서 어쩔 줄 몰랐다. 그래서 김명원에게 편지를 보내 자초지종을 서술하여 자기 자신을 변명했다. 그 편지의 내용은 이렇다.

세월이 빨리 지나가니 지난 일이 어제 있었던 일 같습니다. 생각건대 예전에 왜적이 귀국의 국경을 침범하여 곧장 평양에까지 이르렀으니, 그들의 안중에는 이미 조선팔도는 없었던 것입니다. 저는 황제의 명령을 받들어 왜적의 실정을 정탐하고 기회를 엿보아 타일러 통제하려고 했습니다.

그대와 체찰사 이원익과 함께 할 수 있었던 것도 난리 중에 만났기 때문입니다. 평양 서쪽 일대에 거주하던 백성들이 정처 없이 떠돌고 근심 걱정으로 괴로워하기를 마치 바늘방석에 앉은 것 같았고, 아침에 저녁 일을 예측하지 못하는 상황을 목격하고는 너무나 마음이 아팠습니다. 그대도 몸소 그 일을 겪었으니 이 늙은이의 구구한 말을 기다릴 필요도 없을 것입니다.

제가 소서행장을 격문으로 불러, 건복산에서 함께 만나 왜적이 서쪽을 침범하지 않겠다고 약속하게 했습니다. 왜적이 제 명을 듣고 함부로 감히 서쪽으로 넘어오지 못한 지 수개월 만에, 명나라 대병이 연이어 도착함에 이르러 평양의 승전을 이루게 되었던 것입니다.

만일 그 당시에 제가 오지 않았다면, 왜적은 조승훈의 패전을 틈타 의주로 달려갔을지도 모릅니다. 평양 한 도에 거주하는 백성들이 극심한 고통을 입지 않은 것은 귀국에 참으로 다행스러운 일입니다.

얼마 뒤에 왜장 소서행장은 물러가 서울을 지켰고, 총병 수가(우희다수가宇喜多秀家[우키타 히데이에])가 석전삼성石田三成(이시다 미쓰나리), 증전장성增田長盛(마시타 나가모리) 등 30여 명의 장수들을 거느리고, 군사를 합쳐 진영을 연결하여 험준한 요충지를 점거했기 때문에 에워싸도 쳐부술 수 없었으니, 벽제관 전투 이후로는 진격하여 취하기가 더욱 어려웠습니다.

그 당시에 판서 이덕형이 개성에서 저를 만나보고는 '왜적의 세력이 이미 강성해졌는데, 명나라 대병도 물러간다면 서울 수복은 결코 바랄 수 없을 것입니다.'라고 하며, 눈물을 흘리며 저에게 '서울은 나라의 근본이 되는 땅이므로 이를 수복해야 여러 도에서 불러 모을 수 있습니다. 그런데 지금 일의 형세가 이 지경에 이르렀으니 장차 어찌해야겠습니까?'라고 했습니다. 저는 '단지 서울만 수복하고 한강 이남의 여러 도를 수복하지 못한다면, 일의 형세상 뜻대로 펼치기 어려울 것입니다.' 하니, 이덕형은 '만일 서울을 수복하면 실로 바라던 것 그 이상이니, 한강 이남의 지역은 우리나라 군신들이 스스로 미약한 힘이나마 지탱해 나가는 것이 어렵지는 않을 것입니다.'라고 대답했습니다.

제가 '나는 그대의 나라와 함께 도모하여 서울 수복에 힘쓰고, 아울러 한강 이남의 여러 도까지 수복하고, 곧 왕자와 신하들이 돌아오게 하여 바야흐로 나라를 온전하게 해보겠습니다.'라고 하였습니다. 이덕형은 눈물을 흘리며 머리를 조아리고 감격하여, '과연 이렇게만 된다면 어르신께서 우리나라를 다시 만들어주신 공덕이 적지 않을 것입니다.'라고 했습니다.

얼마 뒤에 제가 배로 한강에 이르자, 왕자 임해군 등이 가등청정의 군영에서 사람을 보냈는데, 그 사람이 저에게 달려와, '혹시라도 돌아갈 수 있게 해준다면 한강 이남의 어느 지역이든 구애받지 않고 저들 원하는 대로 줍시다.'라고 하였습니다. 저는 그 말을 따르지 않고, 또 왜장에게 다짐하여 보내기를 '돌려보내려면 돌려보내고, 돌려보내기 싫으면 너희 뜻에 따라 죽여라. 그 밖엔 말할 필요가 없다.'라고 했습니다.

왕자는 귀국의 왕세자인데 제가 감히 소중한 줄 모르겠습니까? 이러한 때는 차라리 죽이라고 말하고서 다른 일을 허락하지 않으려 했던 것입니다. 부산에 도착해서 재물을 소비하고 예를 다하며 여러 방면으로 왕자에게 정성을 다했습니다. 이전에는 거만했지만 이후에는 공경했습니다. 때에는 천천히 할 때와 서두를 때가 있고, 일에는 가벼운 일과 무거운 일이 있으므로 어쩔 수 없이 그렇게 했던 것입니다.

저의 몇 마디 말로 서울의 왜적이 물러갔습니다. 길가의 진영과 목책에 남기고 간 군량은 이루 헤아릴 수 없이 많았습니다. 한강 이남의 여러 도도 다 수복했습니다. 왕자와 신하들도 되돌아왔습니다. 마침내 풍신수길을 한 번 책봉해주는 일로 왜장들을 얽어매서 부산의 궁벽한 바닷가에서 두 손을 공손하게 모으고 명을 기다린 지 3년 동안 감히 함부로 행동하지 못했습니다. 이어서 책봉하는 논의가 성사되자 저는 명을 받들어 분쟁을 조정하고 전쟁을 끝내게 되었습니다.

서울에서 다시 그대와 이덕형 등을 만났을 때, '지금 책봉하러 갑니다.

왜적이 혹 물러갈지도 모릅니다. 귀국의 뒤처리 계획은 어떠합니까?' 하였더니, 이덕형은 응답하기를 '뒤처리는 우리나라 군신들의 책임입니다. 공은 괘념치 마십시오.'라고 했습니다. 제가 그 말을 처음 들었을 때는 그가 큰 역량과 큰 식견을 가지고 있어 위대한 기둥과 주춧돌로 여겨서 일찍이 기특하게 생각하지 않았던 적이 없었습니다. 그런데 지금 그 사실을 확인해보니 그의 말과 업적이 서로 일치하지 않은 것 같으니, 저는 판서 이덕형을 안타깝게 여기지 않을 수 없습니다.

또한 부산과 죽도의 여러 진영이 곧바로 철수했다는 소식을 듣지 못한 일과 같은 것은 저의 책임입니다. 그렇지만 기장과 서생포의 여러 곳에서 왜병이 모두 바다를 건너갔고 진영의 목책이 모두 불타버렸으며, 지방관에게 그 땅을 나누어 주었으니, 이는 모두 그 공문에 있었습니다.

그런데 어째서 가등청정이 한 번 나오자 싸움 한 번 했다는 말을 듣지도 못했는데, 화살 하나를 꺾어보지도 않고 지방관은 도망치고 땅은 왜적에게 주어버렸으니, 어찌된 일입니까? 이미 '한강 이남 지역은 스스로 미약한 힘이나마 지탱할 수 있다.'고 말해놓고서, 어찌하여 이미 수복한 것을 이처럼 다시 잃어버릴 수 있단 말입니까? 또 '뒤처리는 자기 나라 책임이다.'라고 말해놓고서, 어찌하여 큰 계책이 있다는 말은 들어보지도 못했는데, 단지 대궐 아래에서 소리를 높여 우는 계책만 있을 뿐입니까?

병법에 '약한 세력으로 강한 세력에 대적할 수 없고, 적은 수로는 많은 수를 대적할 수 없다'고 하였으니, 저도 귀국의 여러 당사자들에게 어려운 일을 해내라고 요구하는 것은 아닙니다. 다만 '여유가 있을 때는 근본을 다스리고 위급할 때는 말단을 다스린다.'라고 했습니다. 군사를 훈련하고 수비를 강화하여 때를 보아 적군을 제어하는 일은 귀국의 현명한 담당자들이 방치하고 불문에 붙여서는 안 될 것입니다.

바다를 건너온 이후로 저는 귀국의 왕을 네 번 만났는데, 서로 간에 묻고 답한 말은 마음속에서 나왔으며 시의에 적합하여 털끝만큼도 거짓이나 잘못이 없었으니, 국왕의 마음은 저의 마음과 서로 환히 거울을 비춰보듯 분명했습니다. 저는 진실로 '동쪽 나라의 일이 여기에 이르렀으니 다른 염려는 없을 것이다.'라고 생각했습니다. 그런데 뜻밖에도 귀국의 모신과 책사들이 온갖 기지로 이간질을 번갈아하니, 안으로는 거리낌 없는 말로 명나라 조정을 격노케 하고 밖으로는 약한 군사로 일본을 도발하게 했습니다.

송운이 일전에 말한 것을 언급하면 예법 밖으로 벗어난 것입니다. 송운이 전한 가등청정의 말에 '조선이 왜적의 앞에 서서 명나라를 치라.'고 했다가 '팔도를 잘라내어 바치고 국왕이 몸소 바다를 건너가 귀순하라.' 라고 하는 등, 잠깐 사이에 그 말을 두세 번이나 바꾸었습니다. 다만 이 말에서 알 수 있는 것은, 전쟁을 그치려는 국왕의 생각을 바꿀 수 있다는 것과 명나라 조정을 격동시켜 군대를 보내게 할 수 있다는 것입니다.

제가 어찌하여 귀국이 단지 팔도만 소유하려 한다는 것을 생각하지 않았겠습니까? 만약 제가 이를 모두 허락하고 또 국왕이 친히 바다를 건너가 왜적에게 귀순하는 것을 허락한다면, 귀국의 종묘사직과 신하와 백성은 모두 일본 것이 될 것입니다. 또 어떻게 두 왕자를 돌아오게 할 수 있겠습니까? 제 생각에는, 삼척동자라 해도 결코 실언이 여기에까지 이르지 않을 것이고, 가등청정이 비록 제멋대로라고 해도 방자함이 이런 말을 하는 데까지 이르지는 않을 것입니다.

또 왜 이런 생각을 하지 않으십니까? 우리 당당한 명나라 조정에서는 외국의 제후국을 통솔하고 제어할 때는 자체적으로 대원칙이 있어서, 한 번 은혜를 베풀고 한 번 위엄을 보이는 것도 그 나름의 때가 있으니, 반드시 수백 년 동안 전해오던 속국을 내버려두고 도외시하지 않을 것이며, 또 약속을 거행하지 않는 역적이 우리 제후국을 노략질하도록 내버려두지 않을 것이니, 이것은 이치의 형세가 그러한 것입니다.

저는 일을 잘 살피지 못하지만 안과 밖, 친함과 소원함의 구별, 반역과 순종, 따름과 배반함의 실정에 이르러서는 또한 사람마다 깨닫기 쉬운 법입니다. 하물며 황제의 칙명을 삼가 받들어 이 일을 조정하고 중지시키고, 성공과 실패, 기쁨과 슬픔에 관계됨이 가볍지 않으니, 어찌 감히 귀국의 일을 업신여겨 마음을 쓰지 않겠습니까? 또한 감히 일본의 횡포함을 숨기고 보고하지 않겠습니까?

그대가 대원칙을 깊이 이해하고 나랏일을 상세히 알기 때문에 편지를

> 보냅니다. 그대가 저의 평소의 마음을 잘 살피어, 즉시 국왕께 아뢰고 아울러 담당하는 여러 신료들에게도 대강 그 이유를 알려주시기를 바랍니다. 이미 '우리 명나라 조정을 우러러 만전을 기하는 계책으로 삼고, 또 마땅히 명을 듣고 처리하여 끝없는 복을 바란다.'라고 했으니, 한갓 잘못된 계책으로 나날이 애쓰면서 나날이 졸렬해지지는 말아야 할 것입니다. 간절히 부탁드리며, 드릴 말씀을 다 적지 못합니다.

이 편지를 보면, 서울 수복 이전까지는 명확해서 검증할 수 있지만, 왜적이 부산으로 물러간 이후부터는 말이 지리멸렬하고 숨기는 말이 있다. 그러나 공과 죄는 저절로 서로 숨길 수가 없는 것이다. 훗날 심유경을 평론하는 사람은 마땅히 이 편지로 판단해야 할 것이다. 그래서 기록해둔다.

원문

沈惟敬 自平壤 出入賊中 不無勞苦, 然 以講和爲名, 故 不爲我國所喜. 最後 賊留釜山 久不渡海, 李册使 逃還, 中朝 就差惟敬 充副使 與楊使入倭國. 終不得要領而回, 行長 · 淸正等 還屯海上. 於是 中國與我國 論議籍籍[옥대국간藉藉] 皆歸咎沈惟敬. 甚者 或言'惟敬 與賊同謀 有叛形.' 我國僧人松雲 入西生浦 見淸正, 還言'賊欲犯大明 所言絶悖.' 卽具奏天朝, 聞者益怒.

惟敬 知禍至 憂懼 不知所出. 乃貽書金命元 敍其終始 以自辨. 其書曰

> 日月倏[이일간焂]馳 往事如昨. 憶, 昔 倭寇貴境 直抵[간低]平壤, 目中 已無八道矣. 老朽嗡[이일銜]命 哨探倭情 相機撫馭.
>
> 得與足下暨李體察 相會于擾[이일櫌]攘之中. 目擊'平壤迤西一帶 居民流離愁苦 如坐針氈[이일毡;간氈], 朝不謀夕之狀' 殊可痛心. 足下 身歷其事 不待老朽之喋喋者.
>
> 老朽 檄召行長 相[간-]會乾伏山 約束不令西侵. 聽命 罔敢踰越者 數月, 延及大兵之至 而致平壤之克.

設或彼時 老朽不來, 倭乘祖公之敗 而走義州 未可知也. 平壤一道 居民不被其荼毒者 貴國之幸 莫大矣.

旣而 倭將行長 退守王京, 總兵秀家 付將三成・長盛[대成]等 三十餘將, 合兵連營 控險扼[옥대국간阨]要 牢不可破. 碧蹄戰後 尤難進取.

彼時 判書李德馨者 謁見老朽於開城, 將謂'賊勢旣張 大兵且退, 王京 必無可望矣.' 涕泣 語老朽云'王京 根本之地, 得之 可以號召[옥대吕;국呂]諸道, 乃今 事勢至此 將奈之何?' 老朽云'徒復王京 若無漢江以南諸道, 事勢 亦難展布.' 德馨云'苟得王[이일一]京 實出望外, 漢江以南 小邦君臣自能尺寸支撑 不難也.'

老朽云'我 試與爾國 圖之 務得王京, 并復漢江以南諸道, 乃還王子・陪臣 方爲全國.' 德馨涕泣 叩頭感激云'果得如此, 老爺 再造小邦功德 不淺鮮矣.'

俄而 老朽 舟次漢江, 王子臨海君等 自淸正營 遣人 奔語老朽云'倘得歸國, 漢江以南 不拘何地 任意與之.' 老朽不從, 且與倭將誓云'肯還 還之, 不肯還 隨爾殺之. 其他 不必言也.'

王子係貴國儲君 老朽 敢不知重? 當此之時 寧言殺之 而不肯[17]許他事. 及至釜山 損資盡禮 多方曲意于王子. 前倨慢而後恭敬, 時有緩急 事有輕重, 不得已也.

數言之下 王京 倭退矣. 沿途營柵 遺糧 不可勝計矣. 漢江以南諸道 盡得矣. 王子[일臣]・陪臣 歸國矣. 終以一封 羈縻諸酋 斂手於釜山窮海之地 候命三年 不敢妄動. 續以封事議成 老朽 奉命調戢.

王京 復會足下暨李德馨輩 云'今往封矣, 倭或退矣. 貴邦善後之計 何如.' 德馨應聲云'善後之事 小邦君臣責任也. 老爺 不須掛意.' 老朽 初聽其言 未嘗不奇'其大有力量・大有識見 偉然 一柱石'也. 及今覈其事實似覺文章功業 不相符合, 老朽 不能不爲李判書惜.

且如釜山・竹島諸營 未聞卽撤, 老朽責也. 而機張・西生諸處 倭兵盡

17 [일]에서는 '不肯'이 한 칸에 함께 판각되어 있다.

渡 營柵盡焚, 交割地方官 俱有甘結矣.

何乃淸正一來 不聞一戰 不折一矢, 地方官 抽身讓之 何也? 旣言'漢江以南 自能尺寸支撑' 而[이일-]何至已得復失若此乎? 又言'善後之事 小邦責任.' 何不聞大計, 止有號泣闕下之一策乎?

法云'强弱不當 衆寡不敵.' 老朽 亦非責難于貴國諸當事. 但云'緩則治其本 急則治其標.' 鍊[이일練]兵修[이脩]守 相時撫馭[대御], 貴國 當事諸賢 亦不可寘[이일置]之 不問耳.

渡海以來 老朽 四會貴國王, 彼此問對之言 出于胸臆 合于時宜, 毫無假借 毫無虛謬, 國王之心 老朽之心 彼此洞鑑 明矣. 老朽誠謂'東事至此 可無他慮.' 不期貴國謀臣策[이일筴]士 機智百端 間事迭出, 內以危言 激怒于天朝 外以弱卒 挑釁于日本.

至于松雲一番說話 則又出禮法之外. 其曰'前驅[이일駈] 伐大明.' 曰'割八道 國王 親自渡海歸服.' 頃刻之間 二三其說. 但知此言, 可使國王動念矣 可激天朝發兵矣.

獨不念貴國 止有八道. 若盡許之, 又許國王 親自渡海歸服 則貴國之宗社臣民 皆爲日本矣. 又何取于二王子耶? 老朽以爲, 三尺之童 決不失言至此, 淸正雖橫 亦不放肆至此.

又不念, 我堂堂天朝 統馭[이대국御]外藩 自有大體, 一恩一威 亦自有時, 必不肯'以數百載相傳之屬國 置之度外', 亦不肯'縱不奉約束之逆賊 擄我藩籬[이일蘺]', 理勢然也.

老朽 極不省事 至于內外親疎之別 逆順[이일順逆]向背[일皆]之情, 亦人人之所易曉者. 矧玆欽承勅命 調戢此事 成敗休戚 關係非輕, 敢以貴國之事 蔑焉 不加意耶? 又敢以日本之橫 隱然而不報耶?

足下 深于大體 詳于國事 用是走書. 幸足下亮我素衷 卽爲上達國王 倂使當事群僚 槪知所以. 旣云'仰我天朝 以爲萬全之圖, 還當聽命處分 以冀無疆[옥대彊]之福.' 毋徒過計日[대국月]勞而日拙也. 至囑不盡.

觀此書. 王京以前 則鑿鑿可徵矣, 釜山以後 未免支辭隱語. 然 功罪自不相揜[이일掩]. 後之論惟敬者 當以此爲斷案. 故 著之云.

11

심유경은 유세가였다

심유경은 유세하는 선비다. 평양 전투 이후 두 번이나 적진으로 들어갔는데, 이것은 사람들이 어렵다고 여기는 일이다. 마침내 말솜씨로 군대를 대신하여 왜적들을 몰아내고 수천 리의 땅을 수복하였다. 하지만 마지막 한 가지 일이 잘못되어 큰 재앙을 면하지 못했으니, 슬픈 일이다!

대체로 평행장은 심유경을 가장 신임했는데, 평행장이 서울에 있을 때 심유경이 평행장에게 은밀하게 말했다.

"너희들이 이곳에 오래 머물면서 물러가지 않아 명나라 조정에서 다시 대군을 출동시켜 벌써 서해로 왔으니, 충청도로 나와서 너희들의 퇴로를 끊을 것이다. 그때는 비록 물러가려고 해도 갈 수 없을 것이다. 나는 평양에서부터 너와 정이 두터웠기 때문에 차마 말해주지 않을 수 없다." 그러자 평행장은 두려워서 마침내 서울을 빠져나간 것이다. 이 일은 심유경이 우의정 김명원에게 스스로 말한 것인데, 김 우의정이 나에게 이와 같이 말해주었다.

원문

沈惟敬 遊說士也. 平壤戰後 再入賊中, 此人之所難. 卒能以口舌代甲

兵 驅出衆賊 復地[간此]數千里. 末梢[대국일稍]一[국-]事參差 不免大禍, 哀哉!

蓋平行長 最信惟敬, 其在京城時 惟敬密言於行長曰 "汝輩 久留此 不退, 天朝 更發大兵 已從西海來, 出忠淸道 斷汝歸路. 此時 雖欲去 不可得. 我自平壤 與汝情熟, 故 不忍不言耳." 於是 行長懼 遂出城. 此事 沈惟敬 自言於金右相命元, 而金相 爲余言之如此.

서애 류성룡 연보

[출생 및 유년기]

1세(중종 37, 1542)~12세(명종 8, 1553)

황해도관찰사黃海道觀察使를 지낸 아버지 류중영柳仲郢과 김광수金光粹의 딸인 어머니 사이에 외가인 경상도 의성현義城縣 사촌리沙村里에서 태어났다. 어머니가 임신 중일 때, 꿈에 어떤 사람이 공중에서 내려와 "부인께서 훌륭한 아들을 낳을 것이오."라고 했다고 한다. 4세에 글을 읽을 줄 알았으며, 6세에 『대학大學』을, 8세에 『맹자孟子』를 배웠는데 행동거지가 어른스러워 쓸데없거나 상스러운 말을 하지 않았고 글공부에만 전념하였다.

13세(명종 9, 1554)~16세(명종 12, 1557)

13세에 동학東學(조선시대 서울의 중 · 동 · 서 · 남에 세운, 사대부의 자제를 교육시키던 사학(四學)의 하나)에서 『중용中庸』, 『대학』을 공부하였는데, 읽기는 물론 깊은 이치까지 터득하자 강관講官이 "반드시 큰 학자가 될 것이다."라고 크게 칭찬하였다. 16세 봄에 아버지의 근무지인 의주에서 서울로 돌아와 어머니를 뵙고, 가을에 향시鄕試에 합격하였다.

[결혼 및 수학기修學期]

17세(명종 13, 1558)~20세(명종 16, 1561)

17세에 세종대왕 다섯째 아들인 광평대군廣平大君의 5대손 이경李坰의 딸과 결혼하였다. 18세에 간성杆城군수를 지낸 조부 류공작柳公綽께서 돌아가셨다. 겨울에 군위軍威 송현松峴에서 여묘廬墓를 살던 아버지를 찾아가 뵈었다. 19세 가을에 서울로 돌아와 관악산의 암자에 들어가 『맹자』를 읽었는데, 먹고 자는 것까지 잊을 정도로 공부에 몰두하였다. 20세에 고향으로 돌아가서 『춘추春秋』를 읽었다.

21세(명종 17, 1562)

도산陶山에 가서 퇴계退溪 이황李滉 선생을 찾아뵙고, 수 개월을 머물면서 『근사록近思錄』 등을 배웠는데, 성리학에만 전념하면서 실천적인 것과 성현을 목표로 삼아 공부하자 퇴계 선생이 크게 칭찬하였다.

후에 김성일金誠一이 선생에게 "우리들은 퇴계 선생님을 모신 지 오래되었으나, 한 말씀도 칭찬받은 일이 없었는데 공은 선생님을 한 번 뵈었는데도 바로 '이 사람은 하늘이 내었으니 훗날 반드시 큰 일을 할 것이다.'라고 하셨으니, 공은 어떻게 스승에게서 이러한 칭찬을 받게 되었소?"라고 말하였다.

22세(명종 18, 1563)~24세(명종 20, 1565)

22세 가을에 생원生員·진사進士의 초시初試에 합격하였다. 23세 회시會試(초시에 급제한 자가 서울에 모여 다시 보는 시험)에서 생원 1등, 진사 3등으로 두 시험 모두에 합격하였다. 황해도관찰사로 계시는 아버지를 찾아가 뵈었다. 24세에 성균관成均館에 들어가 공부하였다. 당시 성균관 유생들이 승려 보우普雨를 공격하는 상소를 많이 올렸는데, 선생은 상소문을 도맡아 썼다.

[과거 급제와 당하관 시절]

25세(명종 21, 1566)~27세(선조 1, 1568)

25세 봄에 정주목사牧使로 발령난 아버지를 모시고 정주로 갔다가 여름에 서울로 돌아왔고, 10월에 문과에 급제하여 승문원承文院 권지부정자權知副正字(종9품)에 임명되었다. 26세에 예문관검열藝文館檢閱(정9품) 겸 춘추관기사관春秋館記事官(정6품~정9품)이 되었다. 27세 가을에 왕명을 받아 성주星州로 가서 포시曝史(사책(史冊)을 볕에 쬐고 바람을 쏘이는 일) 하였으며, 예문관대교藝文館待敎(정8품)에 올랐고 겸직은 전과 같았다.

28세(선조 2, 1569)~31세(선조 5, 1572)

28세에 인종과 명종의 신주 배치 문제로 조정에 논란이 매우 많았는데, 상소를 올려 왕실의 신주 배열 문제를 해결하여 주목을 받았다. 성균관전적成均館典籍(정6품)이 되었고, 이어 공조좌랑工曹佐郎(정6품)으로 승진되었다. 10월 성절사서장관 겸 사헌부감찰司憲府監察(정6품)로 연경에 갔다. 연경에 들어가서는 양명학이 퍼져있던 중국 태학생들에게 설문청薛文淸이 정통 유학임을 주장하여 존경을 받았고, 궁중에서 줄을 설 때 유생을 도사道士와 승려 뒤에 세우는 점을 지적하여 순서를 바로 잡았다.

29세 3월에 연경에서 돌아왔다. 홍문관부수찬弘文館副修撰(종6품) 지제교知製敎 겸 경연검토관 춘추관기사관에 임명되었고, 수찬(정6품)에 올랐다. 가을에 사가독서賜暇讀書를 하였고 사간원정언司諫院正言(정6품)에 임명되었다. 12월 퇴계 선생의 부고를 받고 여러 문인들과 학봉의 집에 모여서 통곡했다. 이조좌랑(정6품)에 임명되었다.

30세 3월 예안禮安(안동의 옛 지명)에 가서 퇴계 선생 장례식에 참석하였고, 조정에 돌아와 병조좌랑에 임명되었다. 가을에 휴가를 얻어 안동에 계신 어버이를 뵈었다. 낙동강 서쪽 언덕[西厓]에 서당을 지으려 하다가 터가 좁아서 짓지 못하였고, 서애를 호號로 삼았다.

31세 봄에 다시 홍문관수찬에 임명되었는데 겸직은 전과 같았다. 9월

원접사遠接使(중국 사신을 멀리까지 나가 맞아들이던 임시벼슬) 종사관從事官으로 의주에서 명나라의 반조사頒詔使를 맞이하였다.

32세(선조 6, 1573)~37세(선조 11, 1578)

32세 4월에 아들 위褘가 태어났고, 6월 다시 이조좌랑에 임명되었다. 7월 부친상을 당했고, 34세 9월에 상복을 벗었다. 홍문관부교리에 임명되었고, 겨울에 이조정랑(정5품)에 임명되었으나 어머니를 봉양해야 한다고 모두 사양하고 부임하지 않았다. 35세 1월에 홍문관교리에 임명되어 가던 중 사양하고 돌아왔다. 마을 북쪽 강 언덕 위에 다섯 칸 건물 원지정사遠志精舍를 지었다. 4월 사간원헌납獻納(정5품)에 임명되어 부름을 받고 조정에 돌아왔고, 사헌부장령掌令(정4품)에 옮겨 임명되었다. 휴가를 얻어 안동에 계신 어머니를 뵙고 조정으로 돌아왔다. 12월 홍문관부응교副應敎(종4품)에 임명되어 노모의 봉양을 이유로 사직하였으나 허락받지 못했다.

36세 1월에 의정부검상檢詳(정5품)에 임명되었다. 휴가를 얻어 안동에 계신 어머니를 뵈었다. 10월 홍문관응교應敎(정4품)에 임명되어 조정으로 돌아왔다. 37세 봄에 휴가를 얻어 안동에 계신 어머니를 뵙고 조정으로 돌아왔다. 군기시정軍器寺正(정3품 당하관)에 임명되고, 홍문관응교에 전임되었다. 사간원사간司諫(종3품)에 임명되었다. 7월 아들 여䄏가 태어났다. 8월 휴가를 얻어 안동에 계신 어머니를 뵈었다. 조정에 돌아와 다시 홍문관응교에 임명되었다.

[당상관에서 판서 시절]

38세(선조 12, 1579)~41세(선조 15, 1582)

38세 봄 홍문관직제학直提學(정3품 당하관)에, 4월 통정대부 승정원동부승지同副承旨(정3품 당상관) 지제교 겸 경연청참찬관經筵廳參贊官(정3품 당상관) 춘추관수찬관修撰官(정3품 당상관)관에, 7월 홍문관부제학副提學(정3품 당상관)에 임명되었다. 휴가를 얻어 안동에 계신 어머니를 뵈었고 겨울에 다시 승지에 임명되었다. 39세 봄에 홍문관부제학에 임명되었으나 노모의 봉양을 이유로 사직 상소를 올리니, 특명으로 안동과 가까운 상주목사에 임명되었다. 10월 아들 단褍이 태어났다. 40세 1월 다시 홍문관부제학에 임명되어 조정에 돌아왔다. 왕명을 받들어 『대학연의大學衍義』를 지어 올렸다.

41세 봄에 사간원대사간大司諫(정3품 당상관)에 임명되었다. 7월 아들 진袗이 태어났다. 승정원우부승지에 임명되었고, 겨울에 특명으로 도승지都承旨(정3품 당상관)에 승진되었다. 명나라 사신이 왔을 때 바쁜 사무를 빈틈없이 예의와 법도에 맞게 처리하여 사신이 크게 존경하고 감탄하였으며, 꼭 선생이라 부르고 작위를 부르지 않았다. 사신이 돌아간 뒤에 임금님께서 금포錦袍를 하사하였다. 가선대부 사헌부대사헌大司憲(종2품)에 승진되었으며, 왕명으로 『황화집皇華集』 서문을 지어 올렸다.

42세(선조 16, 1583)~44세(선조 18, 1585)

42세 1월 홍문관부제학에 임명되었고, 휴가를 얻어 안동에 계신 어머니를 뵈러갈 때, 임금님께서 어머니에게 호피虎皮 방석을 특별히 하사하였다. 10월 경상도관찰사(종2품)에 임명되었다. 영남은 지역이 넓고 인구가 많아서 일이 많고 복잡하였으나 일을 공정하게 처리하고, 아랫사람을 신의 있게 대하며 폐단을 고쳐 몇 달 사이에 기강이 잡히고 정사와 교화가 널리 퍼져 관리들과 백성들이 법을 어기지 않았다.

43세 7월 홍문관부제학에 임명되어 조정에 돌아왔다. 왕명으로 『문산집文山集』 서문을 지어 올렸다. 예조판서禮曹判書(정2품) 겸 동지경연춘추관사,

홍문관제학提學(종2품)에 임명되었다. 44세 3월 왕명으로 『정충록精忠錄』 발문을 지었다. 4월에 아들 위가 죽었다. 의주 목사 서익徐益이 상소로 선생을 공격하자 사직을 청하였으나 임금님께서 윤허하지 않았다. 왕명으로 포은圃隱 정몽주鄭夢周 선생의 문집을 교정하고 연보와 문집의 발문을 지었다.

45세(선조 19, 1586)~46세(선조 20, 1587)

45세에 휴가를 얻어 고향에 돌아와서 사직 상소를 올렸다. 이후 3년 동안 벼슬하지 않고 후학을 양성하였다. 군위 선영의 남쪽에 남계서당南溪書堂을 지었다. 남계에서 어머니가 계시는 인동仁同(구미의 옛 지명, 당시 형 류운룡이 현감이었음)으로 가서 열흘마다 찾아가 뵈었는데 큰 길로 다니지 않아 재상의 행차인 줄을 아무도 몰랐다. 옥연서당玉淵書堂을 지었다. 선생이 원지정사를 지은 뒤에 마을과 너무 가까운 것을 안타깝게 여겨 북담北潭에다 자그마한 집을 지어 거기에서 노년을 보내려고 하였는데, 승려 탄홍誕弘이 곡식과 비단을 투자하여 10년 만에 완성되었다. 야은冶隱 길재吉再의 충절을 기린 지주중류비砥柱中流碑 후면의 기문을 지었다. 46세에 병산서원屛山書院에서 퇴계선생문집의 편차를 정했다.

47세(선조 21, 1588)~48세(선조 22, 1589)

47세 10월 형조판서刑曹判書에 임명되어 조정에 돌아왔다. 홍문관대제학·예문관대제학·지경연춘추관성균관사를 겸하였다. 48세 봄 사헌부 대사헌에 임명되었다. 병조판서兵曹判書에 임명되었다가 지중추부사를 거쳐 다시 사헌부대사헌에 임명되었다. 6월 왕명으로 『효경대의孝經大義』의 발문을 지었다. 7월에 부인이 돌아가셨다. 9월 예조판서에 임명되었다. 10월 정여립鄭汝立 역모 옥사가 일어나서 여러 번 사직 상소를 올렸으나 윤허하지 않았고, 특별히 이조판서吏曹判書에 임명되었다.

[임진왜란과 재상 시절]

49세(선조 23, 1590)~50세(선조 24, 1591)

49세 4월 휴가를 얻어 고향에 계신 어머니를 찾아뵈었다. 임금이 내전의 옷을 어머니에게 내려 주었고, 선생이 어머니를 뵈러 다니느라 조정에 오래 있을 수 없다고 여겨 어머니를 서울로 모셔 봉양하라고 하고 지나가는 고을마다 음식물을 공급하고 호송토록 명하였다. 승진되어 대광보국 숭록대부 의정부 우의정右議政(정1품)에 올랐다. 6월 종계변무宗系辨誣를 해결한 공으로 수충익모 광국공신輸忠翼謨光國功臣이 되고, 풍원부원군豊原府院君에 봉해졌다.

50세 2월 특명으로 이조판서를 겸하게 하였는데, 삼공이 이조 판서를 겸한 사례가 없었다고 사양하였으나, 적격자의 인재를 가려 등용하고 조정의 기풍을 맑게 하라며 윤허하지 않았다. 좌의정左議政(정1품)에 승진되었고 이조 판서를 겸하였다. 통신사 황윤길 등이 일본에서 돌아왔으며, 조정의 많은 반대를 물리치고 명나라에 사신을 보내 일본이 침공할 조짐을 알렸다. 임금님께서 비변사에 명을 내려 장수가 될 만한 인재를 천거하라고 하자, 형조정랑 권율을 천거하여 의주목사로 삼고, 정읍현감 이순신을 천거하여 전라좌도수사로 삼았다. 경상우병사 조대곤을 이일로 교체하자고 주청하였으나 윤허하지 않았다. 국방체제를 제승방략 체제에서 진관체제로 바꾸도록 건의하였다. 7월 특명으로 홍문관대제학을 겸하였다.

51세(선조 25, 1592)

3월에 평의지가 부산포에 와서 "일본이 명나라에 조공을 바치려 하는데 통할 길이 없으니, 조선이 대신 명나라에 알려 준다면 무사하겠지만, 그렇지 않으면 당연히 변고가 있을 것이오."라고 하였다. 선생은 사람을 보내 위로하면서 실정을 알아보자고 하였으나, 그 의론이 시행되지 않았다.

4월 판윤 신립에게 조총에 대해 방비할 의견을 제시하였으나 신립은 대수롭지 않게 여겼다. 4월 13일에 왜적의 군대가 침입하였다는 보고가 이르자 여러 장수들을 나누어 보내 적군을 막자고 청하였다. 특명으로 병조판서를 겸하여 군사 일을 총괄하였고, 도체찰사都體察使(전쟁 때 지방의 군사 일을 총괄하던 임시 벼슬)에 임명되었다. 신립을 보내 이일을 후원하기를 청하여 윤허를 받았다. 광해군을 왕세자로 세워 인심을 정착시키자고 주청하여 윤허를 받았으며, 경상도우병사 김성일을 사면하자고 주청하여 윤허를 받았다. 30일 어가의 피란이 결정되고 선생은 서울을 지키는 것으로 내정이 되었으나, 도승지 이항복이 대신 중에서 명나라를 상대할 사람은 선생 한 사람뿐이라고 임금님께 아뢰어 어가를 모시고 서쪽으로 갔다. 이때 어머니께서 서울에 있었고 형님 겸암공(류운룡)은 사복첨정司僕僉正이었는데, 선생이 임금에게 "신은 마땅히 목숨을 바쳐 어가를 따라 가겠사오나, 신의 형은 벼슬을 해임시켜 어머니와 함께 피란하도록 하여 주시옵소서."라고 아뢰어 윤허를 받았다.

5월 어가를 모시고 임진 나루를 거쳐 동파에 이르렀다. 위급하면 명나라로 가자는 조정 의견에 반대해 우리나라를 한 발자국이라도 떠나면 안 된다고 주장하였다. 개성에 이르러 영의정領議政(정1품)에 승진되었으나 그날 저녁에 파직되었다. 비록 면직되었으나 어가를 모시고 평양에 이르렀다.

6월 적병이 가까이 왔다는 말을 듣고 성을 나가 피란하자는 주장에 반대해 평양을 굳게 지키자고 청하였으나 윤허 받지 못했다. 함경도로 파천하자는 조정 의견에 반대하여 의주 쪽으로 향하도록 했다. 정주에서 농민들이 창고의 곡식을 약탈하였는데, 촌로들을 설득하여 문제를 해결하였다. 용천에서 종사관 홍종록을 구성龜城에 보내 군량을 조달하도록 하였고, 의주에 도착하여 임금님께 다시 글을 올려 시무時務를 조목별로 진술하였다.

7월 병을 무릅쓰고 명나라 병사의 군량미를 조달하였고, 대정강 · 청천강에 부교를 놓는 일을 독려하였다. 안주에 계속 머물면서 인심을 진정시키고, 조호익을 강동에 보내 모병하도록 하였다.

9월 건주위建州衛(여진을 다스리던 명나라 행정구역) 누루하치가 조선을 돕겠다고 했지만 뒷날의 화근을 염려하여 윤허하지 말도록 청하였다.

12월 평안도도체찰사에 임명되었고, 적의 첩자 노릇을 하던 김순량을 참수하였다. 명나라 제독 이여송이 4만 군사를 거느리고 안주에 이르자, 영접하고 병란의 일을 논의하였다.

52세(선조 26, 1593)

1월 명군과 힘을 합쳐 평양성을 탈환하였고, 적을 추격하기 위하여 임진강에 칡으로 만든 부교를 만들어 대군을 건너게 했다. 충청 · 전라 · 경상 삼도 도체찰사에 임명되었다. 제독 이여송이 벽제에서 패하고 돌아가려 하자 선생이 극력 만류했으나, 제독은 듣지 않았다. 권율과 이빈의 군사를 합쳐 파주산성을 지키도록 하고 모든 장수에게 방법과 계략을 주어 요충지를 나누어 지키게 하였다. 호남에서 모은 곡식으로 굶주린 백성을 구제하는 장계를 올려 그들을 구제하였다.

4월 제독 이여송의 화친 정책이 부당함을 주장하였으나, 끝내 제독이 일본과 정전停戰을 하였다. 서울을 수복한 후 장수들에게 왜적을 추격하게 하는 한편, 백성을 구제하고 잿더미가 된 성을 수습했다. 4월에 병이 나서 위중했는데, 6월에야 비로소 병석에서 일어났다.

6월 정예병을 선발하여 훗날에 도모하기를 청하였고, 장병을 뽑아 명나라의 화포 등의 기술과 훈련법을 배우게 했다. 경상도로 내려가 총병 유정에게 진주를 구원하여 줄 것을 요청하였으나 총병이 듣지 않았다.

8월 소금을 생산하여 굶주린 백성을 구제할 것을 청하였고, 압록강 연안 중강성中江省에 시장을 개설해 요동과 교역하여 식량을 확보하였다.

10월 군사를 훈련시켜 서울을 호위할 것을 청하자 임금님이 훈련도감 제조提調로 삼았다. 다시 영의정에 임명되었다. 11월 명나라는 사신 사헌司憲을 보내 왕이 세자에게 왕위를 물려주도록 하고, 우리나라를 분할하여 통치하려는 의도를 보였는데, 선생이 사헌을 잘 설득하여 이를 중지시켰다.

53세(선조 27, 1594)~54세(선조 28, 1595)

53세 1월 군사를 교련하고, 호서지방의 절에 딸린 토지를 훈련도감에 붙여서 군량을 보충하게 하였다. 2월 한강 상류인 충주를 튼튼하게 방비하게 하고 또 새재에 관문과 둔전을 설치하게 하여 정유재란 때 왜적이 조령을 지나가지 못하게 하였다. 3월 국초에 사용하던 진관제도를 사용할 것을 주장하여 시행하도록 했다. 4월 지방 특산물을 바치는 공물을 쌀로 대신 바치도록 하여 군량미를 확보하게 하였다. 7월 재상부에 들어간 뒤 군사를 교련하고 사열하는 데에 전념할 수 없어서, 병조에서 군사훈련을 전담하도록 하였다. 9월 신분에 관계없이 인재를 널리 구할 것과 군량미를 모으는 네 가지 대책을 건의하였고, 겨울에 당시 군사 정책의 요체인 군국기무軍國機務 10가지를 올려 시행하게 했다.

54세 1월 한강 연안에 둔보屯堡(진과 작은 성)를 설치하고 둔전병屯田兵을 둘 것을 건의하였다. 차자箚子(약식 상소문)를 올려 시무를 건의하였고, 서북인의 등용을 건의하여 시행하게 하였다. 기축년(선조 22, 1589)의 억울한 옥사를 씻어 주기를 요청하였다. 10월 휴가를 얻어 귀향하려고 여주에 이르렀다가 다시 부름을 받게 되자 부모가 계신 남쪽을 바라보고 눈물을 흘리며 조정으로 돌아왔다. 경기 · 황해 · 평안 · 함경도 도체찰사에 임명되었고, 4도 순찰사에게 군사를 교련하게 하였다. 11월 남한산성의 형세를 순시하였다.

55세(선조 29, 1596)~57세(선조 31, 1598)

55세 1월 군사를 훈련시키는 규칙을 정하여 4도에 반포하였다. 2월 경기 위쪽 군읍郡邑의 방어 상태를 순시하고, 귀향하여 노모에게 문안을 드렸다. 4월 조정으로 돌아오는 도중에 말에서 떨어졌다는 소식을 들은 임금이 내구마 한 필을 하사하였다. 7월 위관委官에 임명되어 이몽학李夢鶴의 옥사를 매우 공정하게 다스려 억울해 하는 사람이 없었다.

56세 1월 명을 받고 경기도를 순찰했다. 선생이 이순신의 처벌을 반대하자 임금님께서 경기도를 순찰하라고 한 후에, 2월 조정에서는 이순신을 파면하고 국문하였다. 천거한 책임을 지고 다섯 차례 사직원을 올렸으나 윤허 받지 못했다. 8월 적이 재차 침입하여 전라도와 충청도가 모두 붕괴되자, 경기 · 황해 · 평안 · 함경 등 관할하던 4도의 군사를 징발하여 서울을 호위하였다. 11월 경리 양호楊鎬와 도독 마귀麻貴가 남쪽으로 내려가자, 먼저 내려가 군량을 조달하였다. 12월 봉화로 피란 가 있던 어머니를 찾아뵈었다. 양 경리와 함께 울산에 갔다.

57세 1월 서울로 돌아왔다. 4월 어가를 호종하고 서강西江에 가서 진법을 연습하였다. 7월 벽제에서 군문 형개邢玠를 맞이하였다. 9월 병부주사 정응태丁應泰를 모화관慕華館에서 맞이하였다. 정응태의 무고誣告에 대해 변무하는 문제로 인해 이이첨의 탄핵을 받고 여러 번 사직을 청했으나 윤허 받지 못하다가, 11월에 파직되었다. 12월 삭탈관직 되었다. 태백산 아래 도심촌道心村에 있던 어머니를 찾아뵈었다.

[낙향시절 및 별세]

58세(선조 32, 1599)~62세(선조 36, 1603)

58세 2월 금계에 가서 성묘하고 하회로 돌아왔다. 3월 옥연서당에 머물면서 찾아오는 손님을 사절했다. 부근 사람들이 소를 올려 선생의 억울함을 호소하려 하였으나 말렸다. 6월 임금님의 명으로 직첩職牒(벼슬아치의 임명장)을 돌려받았지만, 삼사의 반대로 직첩을 회수 당했다.

59세 3월 퇴계 선생 연보를 지었다. 11월 직첩을 되돌려 받았다.

60세 3월 형 겸암공의 상을 당했고, 8월 어머니 상을 당했다. 12월 서용敍用(면직되었던 자를 다시 벼슬자리에 등용함)하라는 명이 내려졌다.

61세 2월 『신종록愼終錄』을 지었고, 4월 『영모록永慕錄』을 지었다. 겨울에는 『상례고증喪禮考證』을 수찬했다. 조정에서 청백리로 뽑아 『염근청백록廉謹淸白錄』에 이름이 올랐다.

62세 10월 어머니 삼년상을 마쳤다.

63세(선조 37, 1604)~65세(선조 39, 1606)

63세 3월 관직이 복구되었으며, 다시 부원군이 되었다. 7월 호종공신扈從功臣 2등에 등록되었고, 충근정량효절협책호성공신忠勤貞亮效節協策扈聖功臣의 호를 하사받았다. 8월 상소를 올려 소명召命을 사퇴하고, 훈록勳

錄 삭제를 요청하였다. 9월 충훈부에서 화가를 보내 선생의 초상 그리기를 요청했으나, 훈적을 사퇴했다고 하며 화가를 되돌려 보냈다.

64세 3월 충훈부는 정1품 봉조하奉朝賀(전직 고위관리를 예우하는 명예직) 녹을 주기를 계청하자 선생이 사양했으나, 윤허하지 않았다. 4월 아들 여가 죽었다. 9월 하회에 홍수가 나서 학가산 아래 서미동西美洞으로 이사하였다. 우리나라의 단군부터 중국의 당요唐堯와 비교하여 기술하는 『제왕기년록帝王紀年錄』을 지었다.

65세 3월 서미동에 세 칸의 초당을 지어 '농환弄丸이라 이름 붙였다. 아들 단이 『심경心經』을 배우기를 요청하자 선생이 기뻐하며 「조명설釣名說」을 지었다. 12월 병이 악화되었다.

66세(선조 40, 1607)

2월 교지로 부름이 있었으나, 병으로 사양했다. 3월 임금이 내의內醫에게 약을 보내고 병을 간호하게 했다. 유소遺疏(죽음을 앞두고 임금에게 올리는 상소)를 지어 임금님에게 어진 정사를 당부하였다. 유계遺戒를 지어 후손들에게 장사는 검소하게 지내고 다른 사람에게 비명을 청하여 받지 말라고 하였으며, 착한 일과 효와 화목에 힘쓸 것을 당부하였다.

5월 6일 진시辰時에 서미동 농환재 초당에서 운명하였다. 임금이 승지를 보내 조문하였고, 예관을 보내어 치제致祭했다. 동궁도 관리를 보내서 조문과 치제를 했다. 사대부와 도민都民들이 선생의 서울 집터에 신위를 만들어 곡하였고 조정에서는 3일 동안 업무를 정지하였으며, 시장도 3일 동안 쉬도록 규정하였으나 상인들은 3일 외에 하루를 더 쉬었다.

7월 안동의 서쪽 풍산현 수동리壽洞里 뒷산 자좌오향子坐午向의 언덕에 장사지냈다.

[사후死後]

1614년(광해군 6)
4월, 병산서원屛山書院에 위패를 모셨다.

1620년(광해군 12)
9월, 위패를 여강서원廬江書院의 퇴계 선생 사당에 모셨다.

1627년(인조 5)
10월, 위패를 남계서원南溪書院에 모셨다.

1629년(인조 7)
2월, 문충文忠의 시호가 내려졌다.

1631년(인조 9)
9월, 위패를 도남서원道南書院에 모셨다.

1643년(인조 21)
10월, 위패를 삼강서원三江書院에 모셨다.

1689년(숙종 15)
10월, 위패를 빙계서원氷溪書院에 모셨다.

옮긴이의 말

왜 또 다시 『징비록』인가?

전쟁이란 무엇인가? 전쟁이란 교전交戰 단체 사이에 무력을 사용하여 싸우는 것을 일컫는 말이다. 물론 이 간단한 사전적 정의로는 전쟁의 뜻을 모두 드러낼 수 없다. 우리 인류가 빙하기와 빙하기 사이의 간빙기에 태어나 번영을 누리는 것처럼, 다행스럽게도 필자의 세대는 전쟁과 전쟁의 사이인 간전기間戰期에 태어난 덕분에 전쟁의 참상을 아직까지는 몸소 겪지 않았다. 필자의 아버지나 할아버지 세대는 직접 전쟁을 겪었을 뿐더러 일제강점기라는 혹독한 시련의 시간을 보내기도 했다. 그에 비하면 오늘날 태어난 사람들은 가히 행운아라 이를 수 있을 것이다. 그래서인지 우리는 전쟁을 잘 모른다. 지금 이 순간에도 우리가 사는 지구 어딘가에서 참혹한 전쟁이 벌어지고 있지만, 우리와는 아무런 관련이 없는 이야기처럼 생각한다.

그러나 전쟁은 실로 참혹한 것이다. 전쟁은 숱한 젊은이들의 꿈과 희망을 앗아가는 것은 물론 당사자들을 오로지 생존이라는 극한 상황으로 내몬다. 그 속에서 인간성을 부르짖는 것은 어쩌면 비현실적인 사치일지도 모른다. 그러므로 우리는 최소한 전쟁을 막기 위해서라도 전쟁의 참상을 바로 알 필요가 있다. 왜 전쟁이 일어나고 그 과정은 어떠한지 도대체 그 속에서 무슨 일들이 벌어지는지 알아야 할 필요가 있다. 더군다나 한반도를 중심으로 강대국의 힘의 균형이 깨어졌을 때, 우리가 사는 바로 이곳 한반도에서 우리의 의지와는 상관없이 큰 전쟁이 벌어지곤 했다. 그리고 21세기 현재 한반도를 중심으로 미 · 일 · 중의 힘의 균형이 깨지고 있다. 역자는 이러한 이유로 임진왜란에서 400년도 더 지난 오늘날에도 여전히 『징비록』이 필요하다고 생각한다.

임진왜란이란 무엇인가?

임진왜란이란 무엇인가? 임진왜란은 일본이 명나라를 점령하기 위해 조선을 침략한 사건이다. 임란은 1592년인 선조 25년 4월 13일 일본군이 조선 영해를 침범해 14일에 부산진을 함락시키면서 본격적으로 시작되었다. 이후 1598년인 선조 31년 11월 19일 노량해전이 있었고 26일에 일본군이 모두 퇴각했으며 12월 11일에 조선과 명의 군대가 사천성에 입성하면서 임진왜란이 끝났다.

우리는 이 전란을 임진왜란, 곧 임진년에 왜가 일으킨 난이라고 부르지만, 일본에서는 분로쿠 게이초노 에키文祿慶長の役라고 부른다. 분로쿠文祿와 게이초慶長는 모두 일본의 연호이고 에키役는 전쟁이라는 뜻으로, 자신들이 저지른 침략 전쟁을 은폐하기 위해 중립적인 용어를 사용한 것이다. 이에 비해 중국에서는 항왜원조抗倭援朝라고 한다. 항왜원조는 왜에 대항해 조선을 원조해주었다는 뜻으로 조선은 당연히 중국에 보답해야 한다는 의미를 내포하고 있다. 참고로 6 · 25 동란을 중국에서는 항미원조抗美援朝라고 하는데, 역시 미국에 대항해 조선을 원조해주었다는 뜻이다. 여기서의 조선은 물론 북한이지 남한이 아니다. 명군이 임란에 참전한 것은 기본적으로 조선을 위해서가 아니라 자국의 안위를 위해서였다. 전투와 휴전 협상도 처음부터 끝까지 자국의 이익을 위해서였으며 조선의 입장은 참조 사항 정도였다. 하지만 항왜원조라는 말로 이러한 사실을 은폐하고 은연중 보답을 강요하고 있다. 즉 한 · 중 · 일 삼국은 동일한 사건을 두고도 이처럼 다른 생각을 하고 있다. 그만큼 임진왜란은 나라마다 다른 복잡한 성격을 지니고 있는 것이다.

비록 조 · 명 연합군의 승리로 왜란이 끝났지만 그 피해는 어마어마했다. 일본에게 배상금도 받을 수 없었고, 일본은 전쟁에 졌다고 생각하지도 않았다. 그냥 철수했다고 생각했을 뿐이다. 배상금은커녕 오히려 일본은 정유재란을 기해 조직적으로 조선을 약탈했다. 서적 · 불상 · 도자기 심지어 현판이나 기왓장까지 약탈해갔고, 수많은 기술자와 학자를 포로로 잡아갔다. 이렇게 약탈한 물건과 사람으로 학문과 기술을 축적했고, 그로인해 또 문화의 발전과 막대한 경제적 이익까지 챙겼다. 이때 입수한 도자기 기술로 유럽에서 도자기를 주문받아 수출까지 했다. 그리고 이렇게 축적한 부로 다시 조선과 중국을 침략했고 세계대전을 일으켰다.

임진왜란에서 조선이 입은 피해는 상상할 수 없을 정도로 컸다. 전란 전 170만 결에 이르던 경작지가 54만 결로 감소했다. 한 번 감소된 경작지는 쉽게 회복되지 못했다. 살아남은 사람보다 죽은 사람이 더 많다고 일컬을 정도로 막대한 인적 피해를 보았기 때문이다. 실제로 문학사에 있어서도 임진왜란 이후 70여 년 동안은 이렇다 할 인재가 보이지 않는다. 문학사의 암흑기였다. 과거의 학문과 전통이 끊어졌고 그 공백을 메우기 위해서는 많은 시간이 필요했다.

류성룡의 뼈저린 반성문, 후세를 위한 간절한 선물, 『징비록』!

그렇다면 우리에게 엄청난 재앙을 안겨 준 임진왜란은 왜 일어났는가? 조선은 왜 제대로 대처하지 못했는가? 명군은 과연 조선의 은인이었는가? 전란 중 조선 조정과 관군, 그리고 의병과 백성은 무엇을 했는가? 그리고 이처럼 참혹한 전란을 미리 막을 수는 없었을까? 이러한 의문에 대한 대답이 바로 류성룡의 『징비록』이다. 류성룡은 임진왜란 중 영의정과 삼도체찰사를 지냈기 때문에 전황을 누구보다 잘 파악할 수 있는 위치에 있었다. 또 시시각각 변해가는 전황에 대응하고 역전의 전략을 구상한 핵심 인물이기도 했다.

실제로 일본은 『징비록』이 일본에 전해지기 전까지는, 조선군은 형편없고 오로지 왜군은 명군과 싸웠다고 잘못 알고 있었다. 중국에서도 임진왜란에 대한 상세한 내용을 알지 못했고, 오히려 류성룡을 간신으로까지 인식했다고 한다. 이 모든 인식을 180도 전환시킨 것이 바로 류성룡의 『징비록』이었다. 류성룡의 『징비록』이 없었다면 우리는 임진왜란의 실상을 제대로 파악하지 못했거나, 파악한다 해도 더 많은 혼선을 빚어야만 했을 것이다.

『징비록』의 '징비懲毖'는 『시경』 「소비小毖」편의 첫 두 구절인, "여기징予其懲, 이비후환而毖後患.", 곧 "내 이전의 잘못을 반성하여[懲], 훗날의 근심을 조심할 수 있을까[毖]."에서 "징懲"과 "비毖"를 따온 말이다. 왜란이 왜 발생했고 어째서 그토록 참혹한 화를 당했는지 그리고 어떻게 극복할 수 있었는지를 기록하여, 후세에는 이러한 재난을 다시는 당하지 않기를 바라는 절실한 마음에서 류성룡은 이 책을 지었다. 『징비록』은 류성룡의 뼈저린 반성의 결과물이자 다음 세대를 위한 간절한 선물이었다.

『징비록』이 우리에게 묻는다!

『징비록』을 통해 하고 싶은 말은 참으로 많지만 짧은 지면으로 이를 다 할 수는 없다. 『징비록』을 번역하면서 느낀 점 몇 가지로 이를 대신하고자 한다.

7년 동안의 전란 중 조선군이 고전을 면치 못한 것은 전쟁 발발 처음 두 달뿐이었다. 왜군이 부산진을 점령한 이후, 조선은 드디어 올 것이 오고 말았다는 극심한 공포와 생전 처음 들어보는 천둥 같은 조총 소리에 혼비백산하여 제대로 대응하지 못했던 것이다. 이후 조선군은 왜군과 점차 대등한 싸움을 벌였고 결국 왜군을 압도하기에 이르렀다.

류성룡이 『징비록』에서 "불행하게도 경상도 수군과 육군의 장수들이 모두 겁쟁이였다."라고 한탄했던 것처럼, 조선이 초기에 맥없이 무너진 것은 제대로 된 장수를 전방에 배치하지 못했기 때문이다. 좌수사 박홍과 우수사 원균, 그리고 좌병사 이각은 싸우지도 않고 도망쳤다. 특히 원균은 전선 백여 척과 화포와 병장기 등을 모조리 수장시키고 도주하려고 했다. 박홍과 원균이 바다에 나가 적의 상륙을 지연시켰다면 그 사이 육지에서도 대비할 수 있었을 것이다. 하지만 후방에 이순신 같은 인재를 배치한 것은 불행 중 다행이었다. 인재를 발탁해 적재적소에 배치하는 일은 이처럼 중요하다.

명나라 군대는 조선을 지키기 위해 온 것이 아니라 명을 지키기 위해 왔다. 그리고 제대로 싸우지도 않았다. 명군은 왜군이 압록강을 넘으면 방어할 수 없다는 생각에 순망치한脣亡齒寒의 논리로 참전한 것이다. 명군은 평양성을 탈환한 이후 곧이어 벽제관 전투에서 패하자 전쟁이 아닌 협상에만 매달렸다. 그런데 조선은 싸우지도 않는 군대에게 군량을 보급해야 했다. 그 군량만큼 굶주린 백성을 구제할 수 없었고 군대도 양성할 수 없었다. 더 한심한 것은 명군은 조선군의 작전을 방해했고 조선군이 싸우지 못하게 했다. 명군이 장기 주둔하면서 그 폐해가 점차 심각해져 "명군은 참빗, 일본군은 얼레빗"이란 말이 나올 정도였다. 조선이 전란을 승리로 이끌 수 있었던 것은 명군이 왜군과 싸웠기 때문이 아니라 조선의 군민이 일치단결하여 치열하게 싸웠기 때문이다.

전쟁은 조선 땅에서 벌어졌는데도 조선은 전시작전권이 없었다. 마치 6·25 때 유엔군이 들어오면서 자연스럽게 전작권이 유엔군으로 넘어갔던 것처럼, 명군이 들어오자 전작권이 자연스럽게 명군의 수중으로 들어갔고, 결국 조선군은 독자적인 작전을 펴는 데 많은 한계를 감수해야 했다. 심지어 명나라 제독 이여송은 류성룡을 비롯한 조선의 고관들을 무릎 꿇리고 군법으로 처벌하려고까지 했다. 대신들을 무릎 꿇리는데 그 이하는 말해 무엇 하겠는가?

어떤 이들은 우리 민족이 침략을 당하고 나라를 빼앗겼다며 우리 민족의 나약성을 탓하기도 한다. 하지만 역자는 생각이 다르다. 원죄는 어디까지나 강도를 당한 피해자가 아니라 강도짓을 한 가해자에게 있으며, 따라서 그 비난의 대상도 피해자가 아닌 가해자여야 한다. 그리고 우리 민족은 힘이 약해서 남의 나라를 침략하지 못한 것이 아니라, 이유 없이 남의 나라를 침략해서는 안 된다고 생각했기 때문에 침략하지 않은 것이다. 패권주의를 거부하고 평화를 사랑했다고 해서 비난할 수는 없다. 인도의 간디를 비난하고, 몽골의 징기스칸, 일본의 풍신수길과 이등박문, 독일의 히틀러를 찬양할 수는 없지 않은가?

역사란 현재를 비추어보는 과거의 거울이다. 역사를 망각한 민족에게는 미래가 없다고도 한다. 그러므로 결국 『징비록』은 우리에게 이렇게 묻는다. "너희는 대비를 잘 하고 있는가?"라고.

색인

〈인명〉

〈지명 및 사항〉

(ㄱ)

(ㄴ)

징비록

지은이 서애 류성룡
교감역주 신태영·정영호·조규남·김태주·박진형
초판 1쇄 발행 2016년 6월 30일
초판 2쇄 발행 2017년 11월 30일
펴낸곳 논형
펴낸이 소재두
등록번호 제2003-000019호
등록일자 2003년 3월 5일
주소 서울시 영등포구 양산로 19길 15 원일빌딩 204호
전화 02-887-3561
팩스 02-887-6690
ISBN 978-89-6357-174-4 94910
값 22,000원

이 도서의 국립중앙도서관 출판예정도서목록(CIP)은 서지정보유통지원시스템 홈페이지(http://seoji.nl.go.kr)와 국가자료공동목록시스템(http://www.nl.go.kr/kolisnet)에서 이용하실 수 있습니다.(CIP제어번호: CIP2016015174)